빈티지 인더스트리얼 디자인

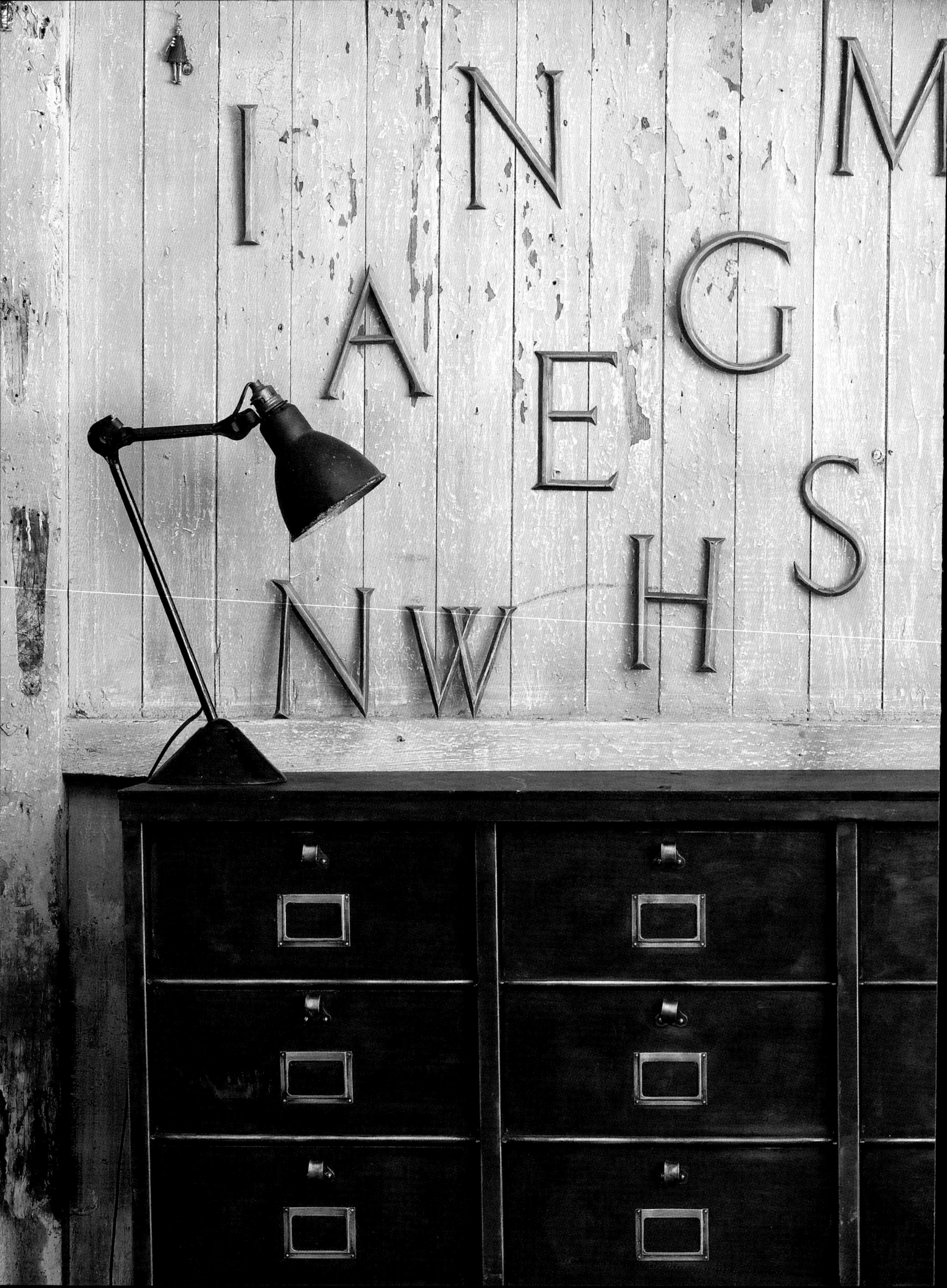

Vintage Industrial

빈티지 인더스트리얼 디자인

1900~1950 기계시대의 디자인 아이콘

미샤 드 포테스타
패트리스 파스칼

BOOKERS

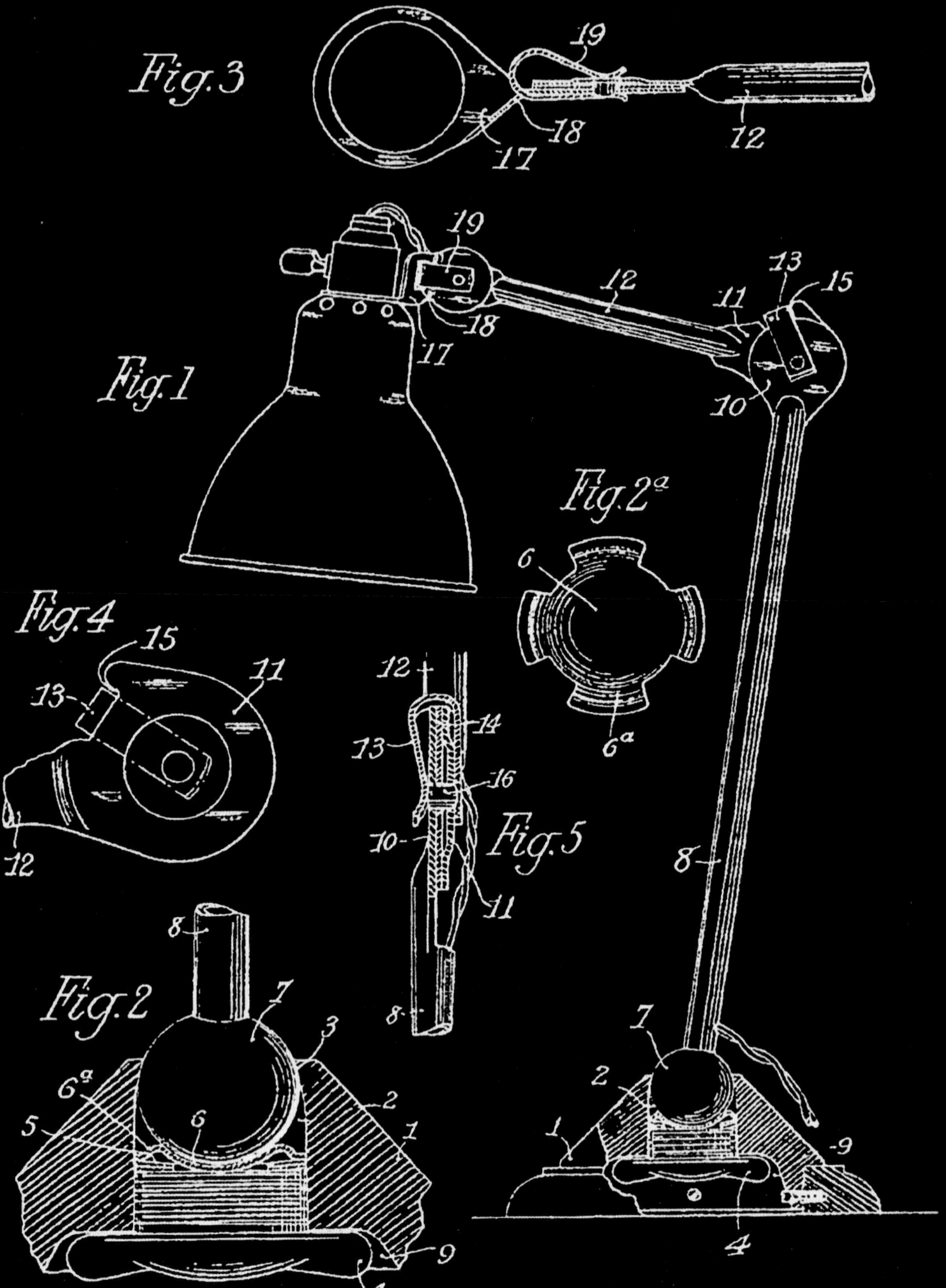
Fig. 3
19
18
17
12
Fig. 1
19
12
13
15
11
18
17
10
8
7
2
1
9
4
Fig. 2ª
6
6ª
Fig. 4
15
11
13
12
Fig. 5
12
14
13
16
10
11
8
Fig. 2
8
7
3
6ª
2
5
6
1
9
4

CONTENTS
목차

PREFACE

시작하며

20세기 초는 가구 역사에서 아주 중요한 시기였다. 이때 만들어진 훌륭한 작품들은 지금까지도 수많은 디자이너와 건축가, 엔지니어에게 영감과 힌트를 주고 있다.

전례 없는 기술의 발전이 창조 정신과 결합하면서 산업용 가구와 설비 디자인에도 모더니즘의 바람이 일었다. 생산 설비가 거대해지고 산업 공간이 점점 더 확장되면서 그 공간을 체계적으로 조직할 새로운 접근법이 필요하게 되었다. 혁신가들은 생산 속도 향상과 작업량의 증대뿐 아니라 작업자의 안전과 효율, 편의까지 충족시킬 수 있는 새로운 형태, 시스템, 장치를 설계하기 위해 과학적이고 기술적으로 접근했다.

당시의 엔지니어들은 최신 과학 연구를 참고삼았으나 사회에서는 그들을 예술가로 인식했다. 에펠탑을 설계해 큰 논란을 불러일으켰던 구스타브 에펠(Gustave Eiffel)도 그중 한 사람이다. 이들 디자인은 비약적으로 산업화된 세상이 도래할 것임을 시사했다. '기계'가 빠르게 변화하는 20세기 초의 미학을 지배했듯, '디자인'이 제2차 산업혁명에서 빼놓을 수 없는 요소가 된 것이다.

만국 박람회를 방문한 사람들은 철과 유리로 만들어진 거대한 건물 안에서 '전기'의 마력에 사로잡혔다. 디자이너와 엔지니어들은 이 새로운 에너지에서 커다란 가능성을 보았다. 산업용 건물과 공공 건축물의 조명 설계를 맡은 그들은 조명 분야에서 눈부신 혁신을 이루었다. 프리즘 유리를 활용해 빛의 밝기를 향상시킨 공공장소용 전등, 고정과 이동, 빛의 방향 조절이 가능하며 필요한 곳을 정확히 비출 수 있는 램프, 수술을 집도하는 의사의 손이 그림자에 가려지지 않게 하는 의료용 램프 등을 탄생시킨 것이다.

사무실과 공장의 일자리가 점점 늘어나고 전문화되면서 디자이너들은 다양한 체형과 작업 환경에 맞도록 가구를 개선해 안전성과 생산성이라는 두 마리 토끼를 잡았다. 높낮이 조절 기능이 있고 360도 회전하는 의자는 타이피스트의 편의를 고려해 설계되었다. 뒷다리가 없는 캔틸레버 의자는 인체 공학과 심플하면서도 우아한 디자인을 결합해 디자인 역사의 전환점이 되었다.

한편 대량 생산된 스태킹 의자는 생산 원가를 낮추고 공간을 효율적으로 활용할 수 있게 했다.

엔지니어들의 전문 지식과 창의적인 발상은 공장과 공방, 사무실에 수많은 혜택을 안겨 주었다. 대량의 문서나 장비를 보관할 수 있도록 새로이 개발된 수납 시스템은 작업을 체계화시켰고, 머지않아 작업자나 특정 작업에 맞게 설비를 갖추는 일은 상식이 되었다. 일터에는 높낮이를 조절할 수 있는 의자, 접이식 의자, 쌓아 올릴 수 있는 의자가 구비되었고, 업무 환경에 맞춘 수납 공간과 램프, 테이블이 설치되었다. 건축가 프랭크 로이드 라이트(Frank Lloyd Wright)는 당시의 철학을 "형태와 기능은 하나여야 한다"(Form and function should be one)라고 표현했는데, 이 말은 현대 디자인의 격언이 되었다.

20세기 초의 엔지니어와 발명가들은 예술과 과학을 결합해 저렴하면서도 '스마트'한 가구를 탄생시켰다. 균형 잡힌 심플한 라인과 불필요한 요소를 걷어내고 특정 기능에 충실하도록 세심하게 설계된 가구에는 자연스러운 아름다움이 묻어난다. 실용적인 목적으로 대량 생산된 이들 가구에는 '디자인'이라는 말의 의미가 무엇인지 잘 나타나 있다. 철학자 폴 수리오(Paul Souriau)도 1904년에 발표한 저서 ≪합리적인 미≫(*La Beauté Rationnelle*)에서 "미와 기능은 충돌하지 않는다. 형태가 기능을 발휘하는 물건에는 미가 깃들어 있다"라고 말했다.

이 책에서는 1900년에서 1950년 사이에 디자인 된, 정밀하면서도 합리적인 인더스트리얼 가구를 소개한다. 공장과 공방, 창고, 집 등을 일일이 찾아다니며 촬영한 사진에는 그 유산의 가치가 고스란히 담겨 있다. 혁명기 혁신의 상징인 이 가구들은 고고학자처럼 도시를 찾아 헤매는 골동품 딜러에게 발굴되어 재단장을 거친 후 다시 예전처럼 제 기능을 다하며 세상의 주목을 받고 있다. 지금까지도 현대 디자이너들에게 엄청나게 많은 영감을 주고 있는 인더스트리얼 가구의 다양성과 창의력을 한껏 느낄 수 있기를 바란다.

미샤 드 포테스타

SEATING
의자

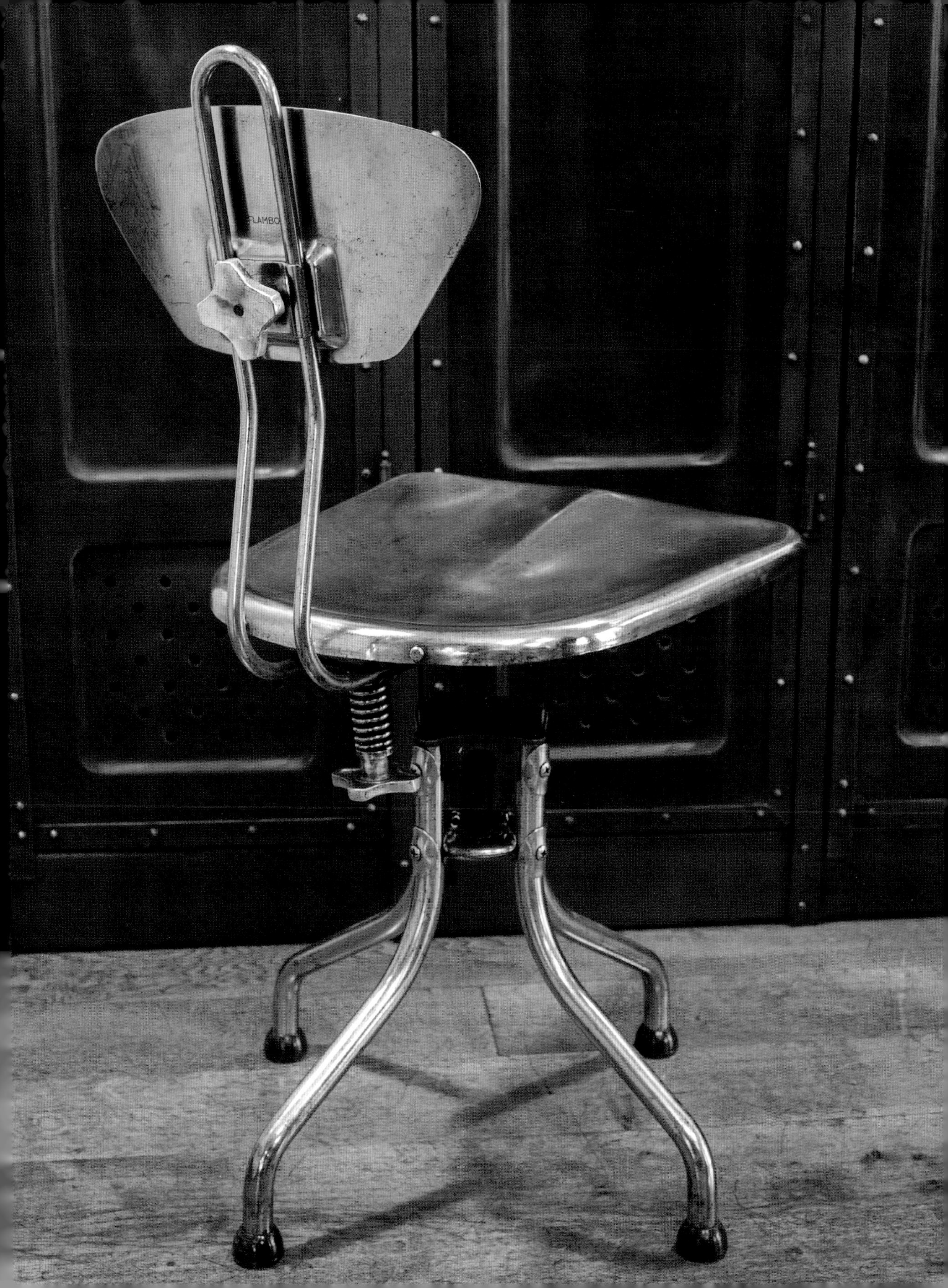
FLAMBO

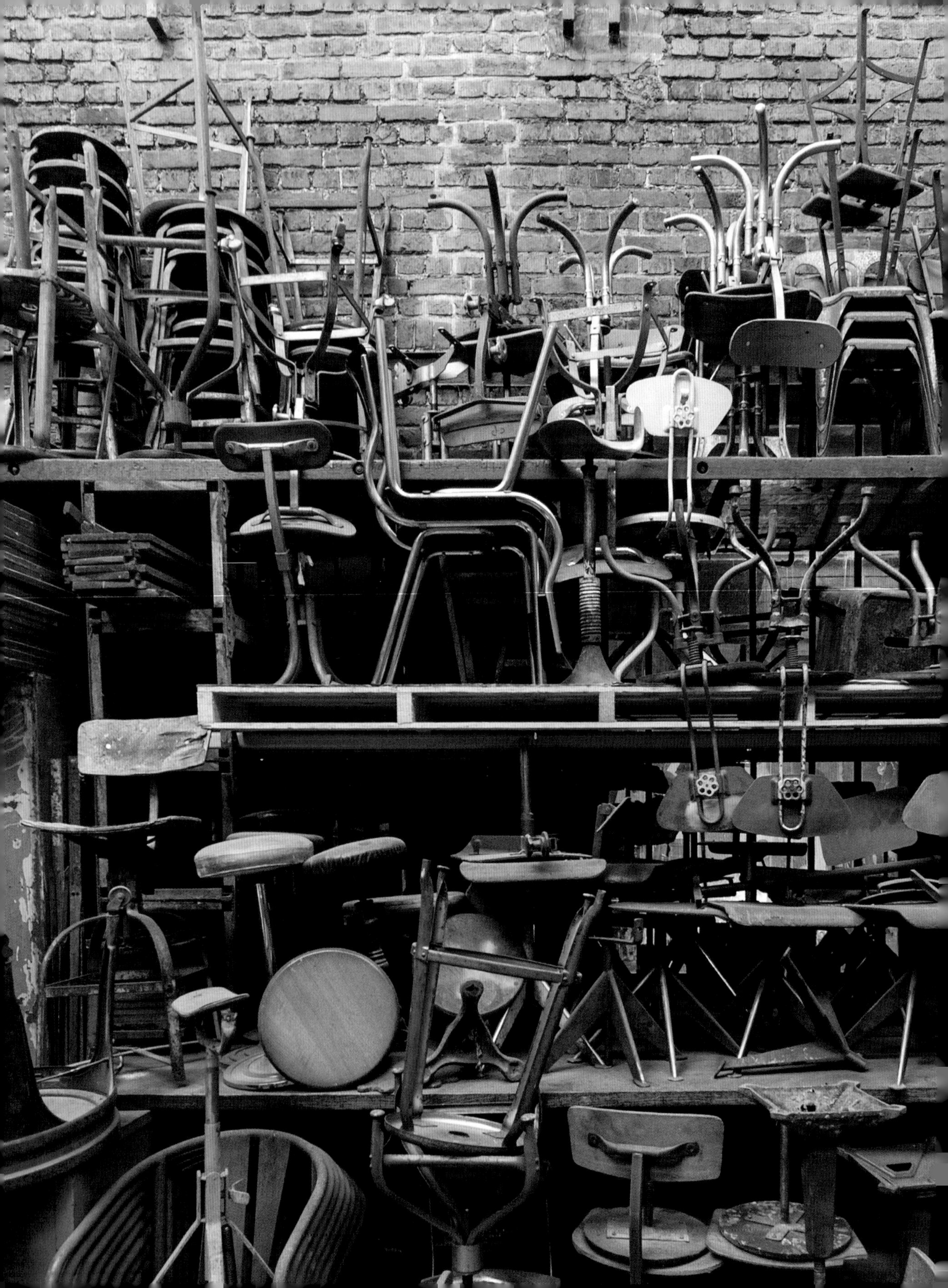

맞춤형 가구 MADE TO MEASURE

1930년대, 품질과 생산성을 끌어올리기 위해 작업용 의자를 개선한 디자이너들

«
골동품 딜러의 작업실에 쌓여있는 의자들. 복원을 거친 후 다시 사용된다. 비에네즈, 플램보, 멀티플즈, 니콜 같은 인더스트리얼 의자의 걸작들도 눈에 띈다.

의자는 사회가 산업화되면서 필수적인 업무용 가구로 자리매김했지만, 예전에는 사무실에조차 존재하지 않았다. 19세기 후반까지는 글도 책상 앞에 서서 썼고, 작업장이나 기계 주변, 제도대 앞에도 의자는 없었다. 하지만 근대에 들어 작업량이 증가하고 자세에 관한 연구가 진행되면서 편의성에 대한 요구가 높아짐에 따라 업무용 의자가 탄생했다.

처음에는 섬유 공장이나 봉제 공장에서 일하는 직공과 여공들에게 간이 의자가 제공되었다. 이윽고 가구를 작업자에게 맞춘다는 사고방식이 생겨나면서 어설프나마 좌판과 등받이가 곡선형인 데다 높낮이를 조절할 수 있는 의자가 도입되었다(그중에는 바퀴가 달린 의자도 있었다).

금속을 구부리거나 압착하거나 성형할 수 있는 기계가 등장하면서 혁신적인 가구를 저렴한 가격에 대량으로 생산할 수 있게 되었다. 모더니즘 지지자들은 작업 환경을 개선하기 위해 이 기술을 적극적으로 받아들였다. 이러한 노력의 흔적은 비에네즈(Bienaise)의 스태킹 의자(Stacking chair)에 고스란히 담겨 있다. 엔지니어 조제프 마슈(Joseph Mathieu)는 프레스 가공 기술을 이용해 두 가지 부품만을 조립해 완성하는 스태킹 의자를 대량 생산함으로써 현대적인 생산 방식의 첫 사례를 보여주었다. 인체와 설계된 환경의 관계를 과학적이면서도 체계적으로 분석하는 인체 공학(ergonomics)이 시대를 풍미하면서 디자이너와 엔지니어들은 작업자의 자세나 움직임을 연구하는 데 전념했다. 공중위생과 생산 효율이라는 새로운 세기의 이상(理想)과 맞물려 기계가 인간에게 맞춰 설계되기 시작한 것이다.

1926년, 이런 흐름에서 영감을 얻은 디자이너 앙리 리베르(Henri Liber)는 자세에 관한 최신 연구를 참고하여 인체 공학을 기반으로 한 최초의 사무용 의자 'M42'를 설계했다. 같은 해 건축가 마르트 쉬탐(Mart Stam)도 캔틸레버 의자(Cantilever Chair)를 발표하면서 강철관으로 만든 의자는 황금기에 접어들었다.

이들 의자에 담긴 합리적인 미(美)는 모더니즘 철학과 정확히 일치한다. 선구자적 디자이너들의 혁신적인 정신에서 비롯된 이 새로운 형태는 현대의 가구 디자인에도 계속해서 영감을 불어넣고 있다.

P.9
인체 공학을 기반으로 제작된 사무용 의자 M42. 등받이는 높이를 조절할 수 있고 중심축에 스프링이 달려 있어서 유연하게 움직인다. 1926년 앙리 리베르 디자인, 플램보사 제작.

접이식 의자의 우아한 단순미

THE ELEGANT SIMPLICITY OF FOLDING CHAIRS

심플하고 실용적인 접이식 의자의 고전, 비에네즈 의자

20세기 들어 기계가 주역이 되고 작업 방식이 변화하면서 의자 등의 업무용 가구에도 보관과 이동의 용이성을 요구하는 목소리가 높아졌다. 곡선적인 강철관과 판지로 만들어진 지극히 단순하고 실용적인 비에네즈의 접이식 의자 디자인은 이러한 시대의 요구에 완벽하게 부응한 하나의 아이콘이 되었다.

영국 빅토리아 시대(빅토리아 여왕이 영국을 통치했던 1837년부터 1901년까지의 기간_역자 주)에 장식품을 만들기 위해 사용되었던 판지를 의자 등받이와 좌판에 사용한다는 것이 다소 의아하게 느껴질지도 모르지만, 판지는 튼튼하고 탄력이 있는 데다가 가볍기까지 하다. 잘게 찢은 종이와 풀, 녹말과 찰흙을 섞어 반죽한 다음, 본을 떠서 건조 처리하고 광택제를 바르면, 공장이나 사무실에서 거칠게 다뤄도 견딜 만큼 튼튼하다. 재료에서 비롯된 풍부한 녹청 빛은 이제 수집가들 사이에서 높이 평가받고 있다.

이 의자는 20세기 인더스트리얼 가구의 표준이 되었고, 비에네즈사(社)는 1960년대까지 더욱 세련되고 정교해진 제품을 계속 출시하였다.

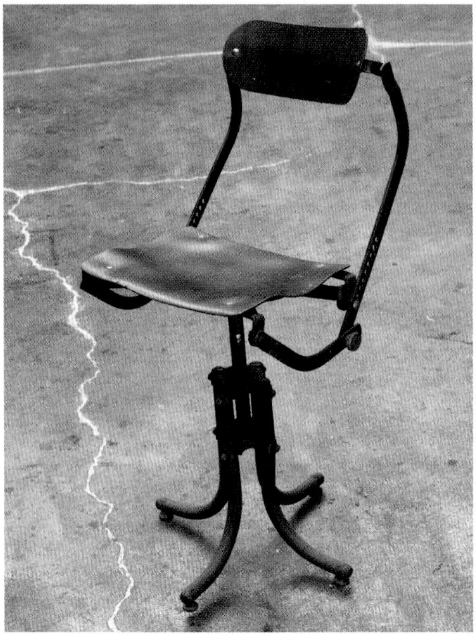

«
비에네즈의 회전의자. 다리는 강철관으로 만들었고 등받이 높이를 조절할 수 있다.

»
어느 각도에서 보아도 군더더기 없고 실용적인 비에네즈 접이식 의자. 산업용으로는 최초의 접이식 의자다.

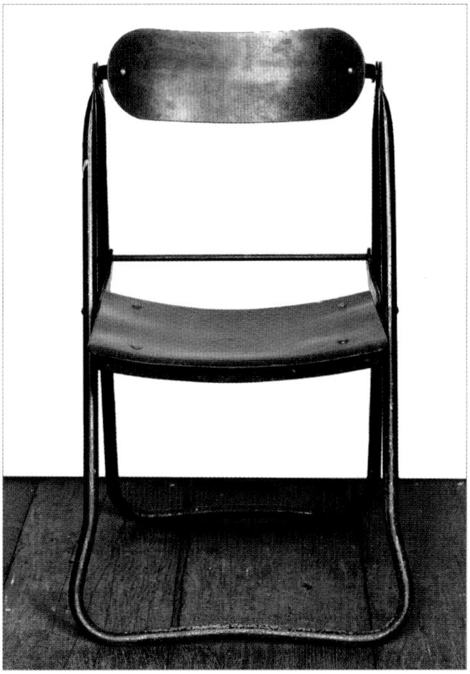
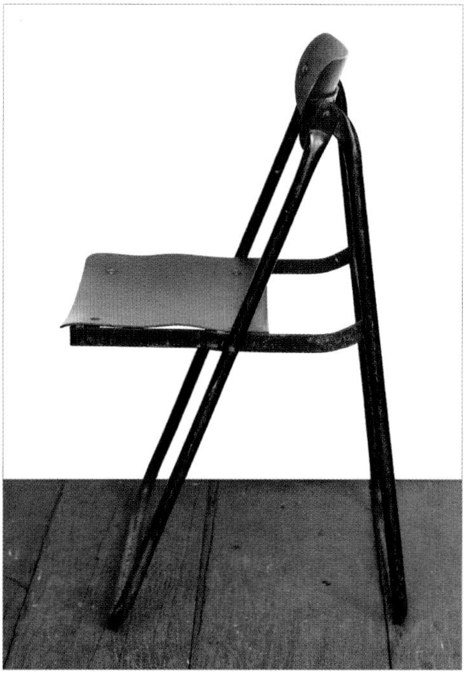
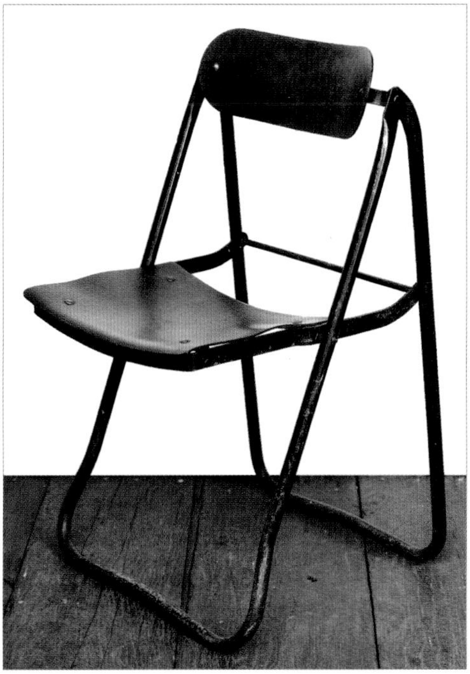
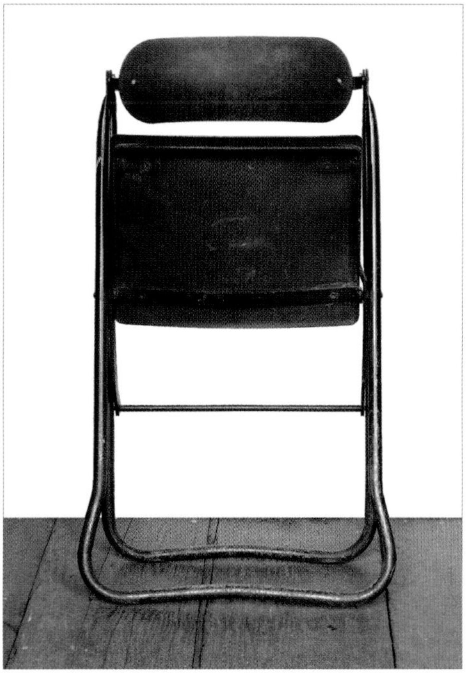

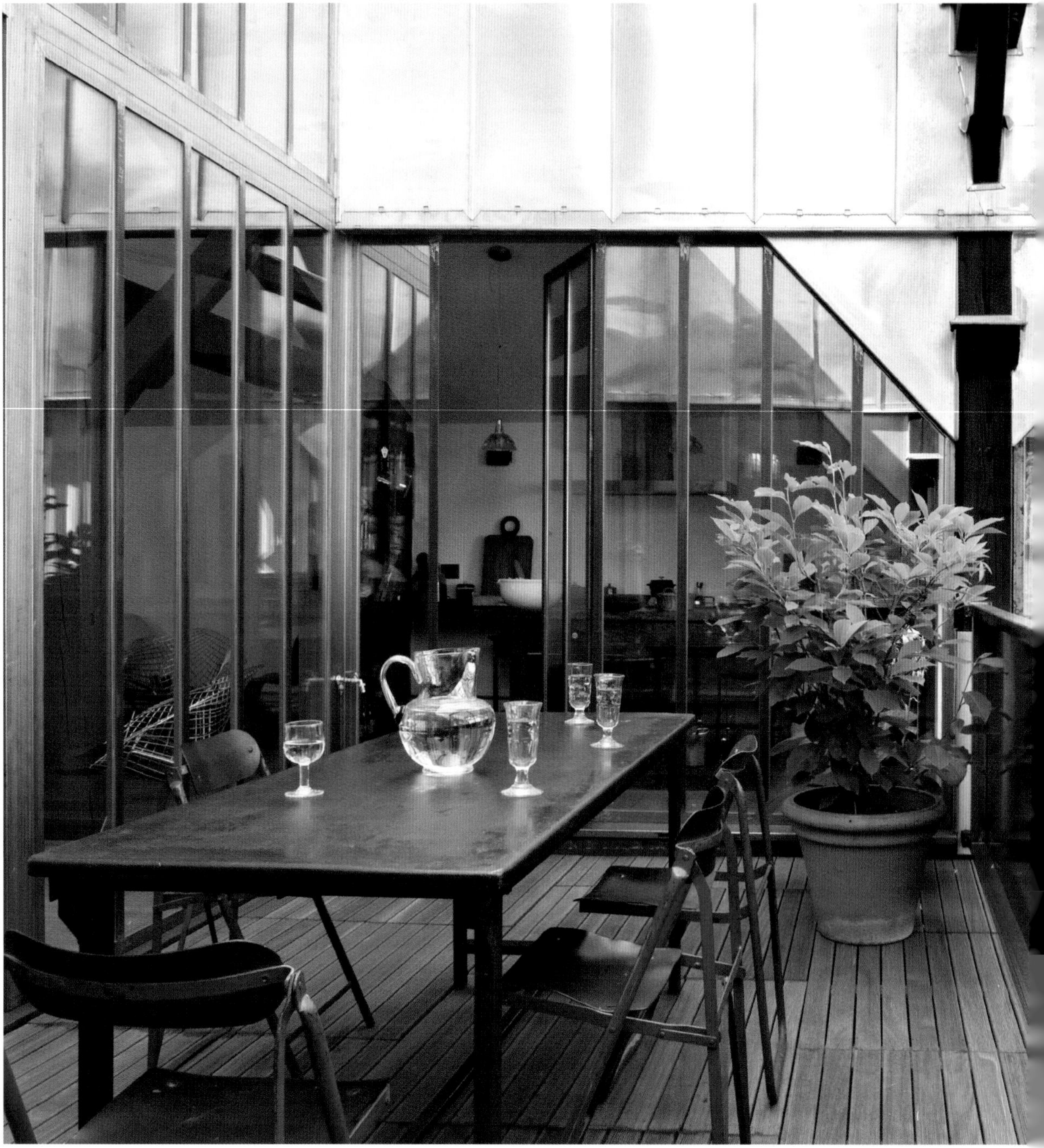

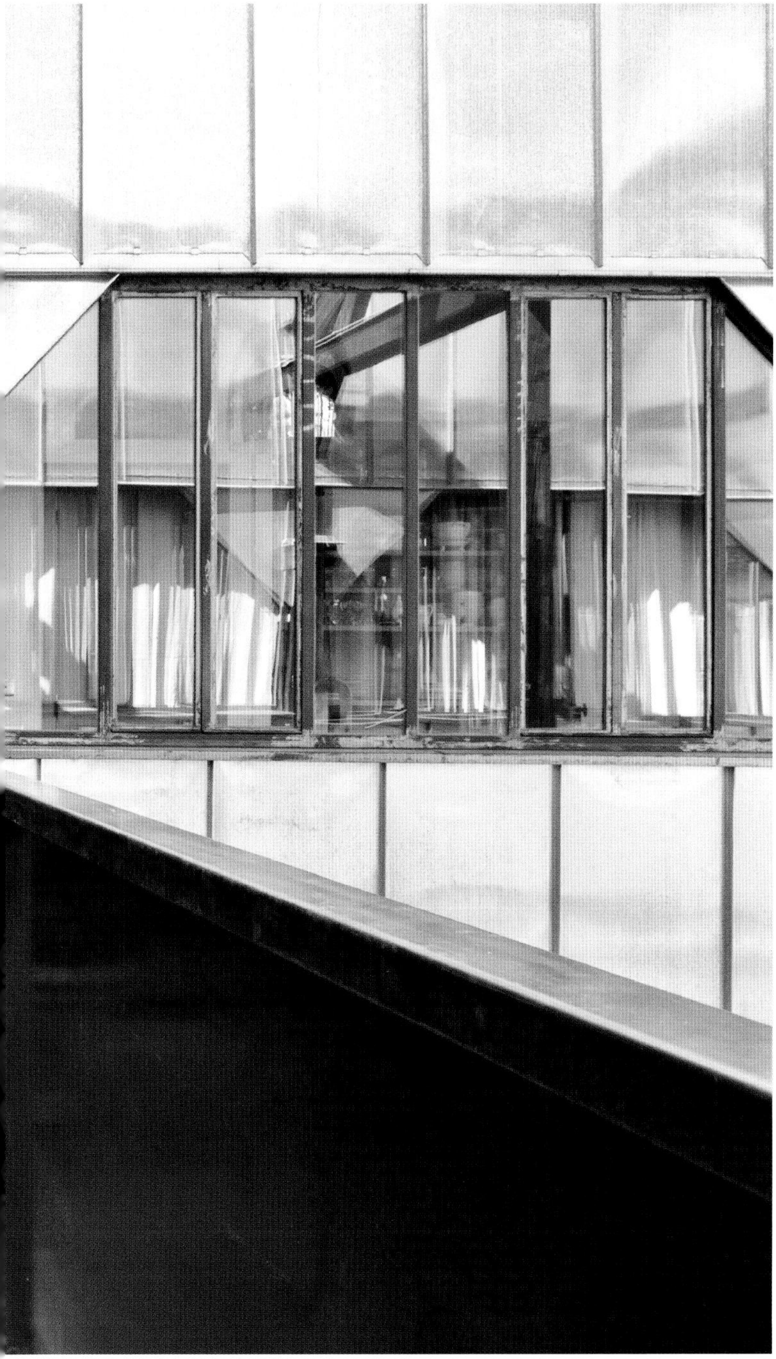

«
리모델링한 작업실의 현대적인 풍경에 자연스럽게 어우러져 있는 비에네즈 접이식 의자. 인테리어 디자인은 미셸 페라슈(Michel Peraches)와 에릭 미엘(Eric Miele).

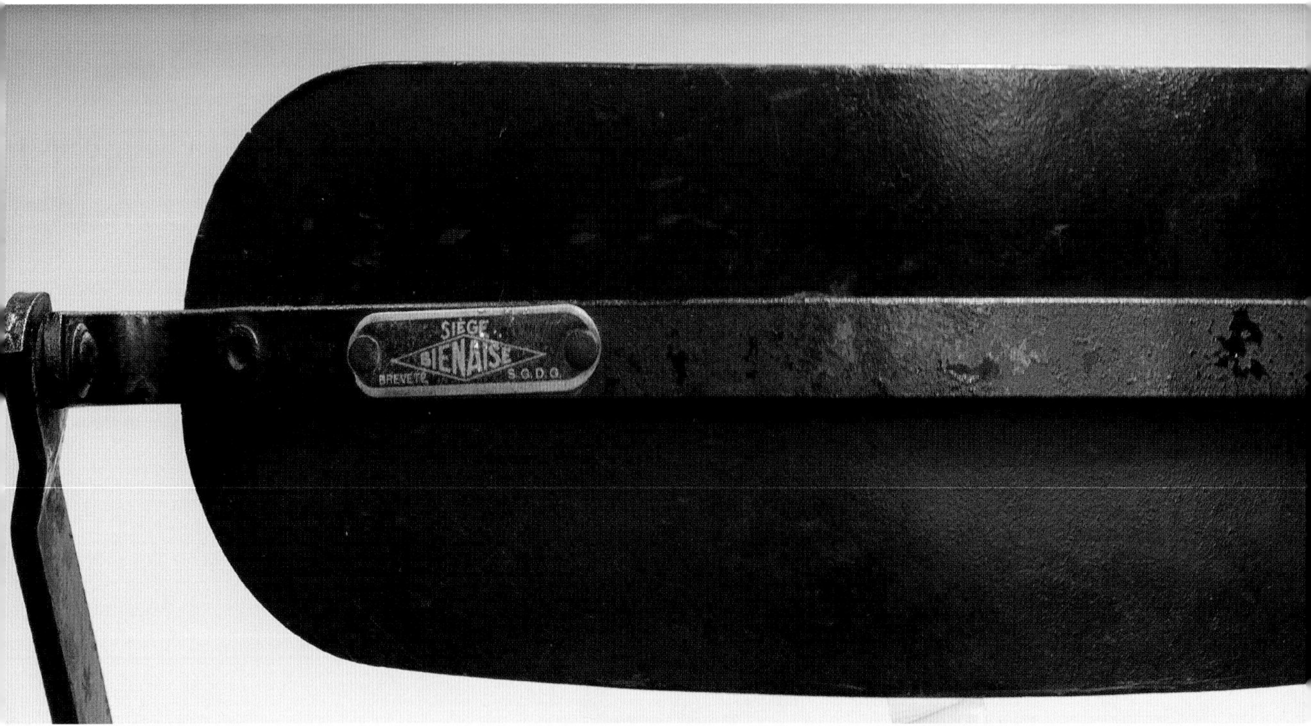

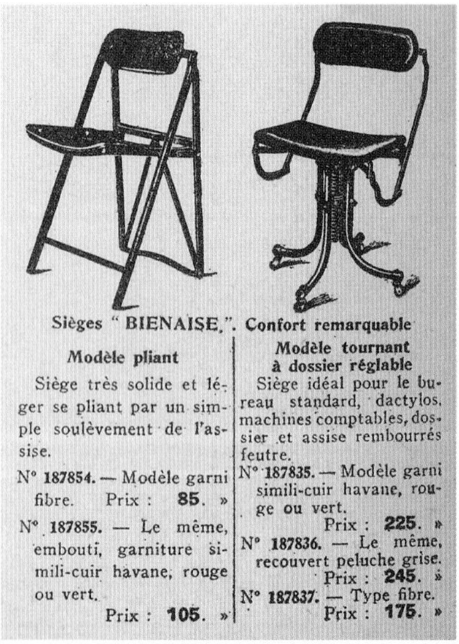

Sièges " BIENAISE,". Confort remarquable

Modèle pliant

Siège très solide et léger se pliant par un simple soulèvement de l'assise.

N° 187854. — Modèle garni fibre. Prix : **85.** »

N° 187855. — Le même, embouti, garniture simili-cuir havane, rouge ou vert.
Prix : **105.** »

Modèle tournant à dossier réglable

Siège idéal pour le bureau standard, dactylos, machines comptables, dossier et assise rembourrés feutre.

N° 187835. — Modèle garni simili-cuir havane, rouge ou vert.
Prix : **225.** »

N° 187836. — Le même, recouvert peluche grise.
Prix : **245.** »

N° 187837. — Type fibre.
Prix : **175.** »

«
산업 장비 전문 회사인 메스트르 에 블랏제(Mestre & Blatgé)의 카탈로그에서.

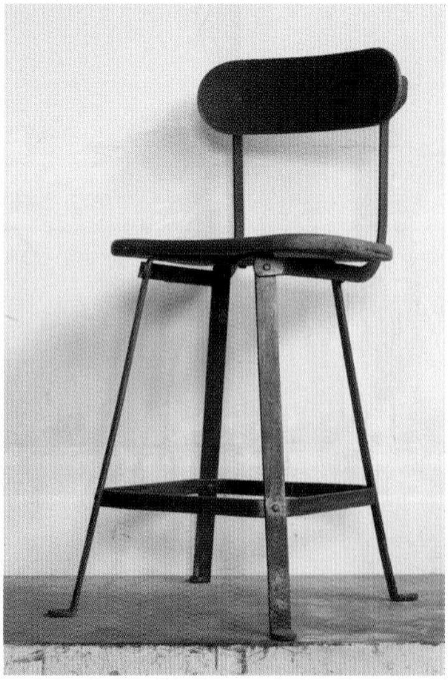

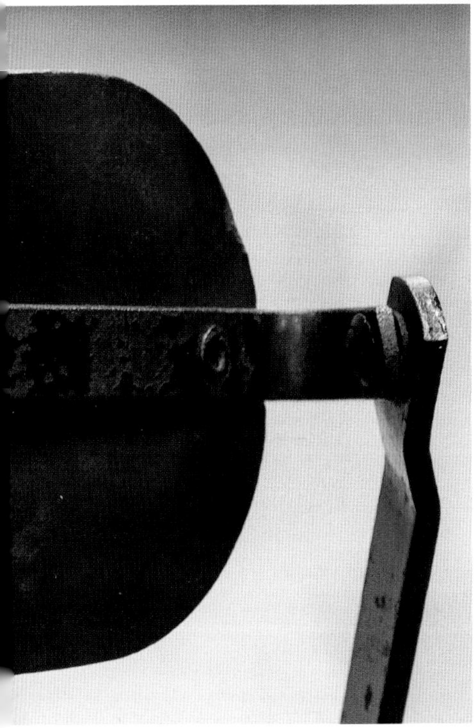

«
등받이를 판지로 만든 1세대 비에네즈 의자의 뒷면. 금속 로고판이 리벳으로 고정되어 있다.

신작이 발표될 때마다 프레임은 평평한 철판이나 강철관으로, 좌판과 등받이는 나무나 판지나 천으로, 다리는 세 개나 네 개로, 높이는 표준적인 유형이나 높직한 유형 등으로 재질과 구조가 달라지면서 선택지도 늘어났다.
»

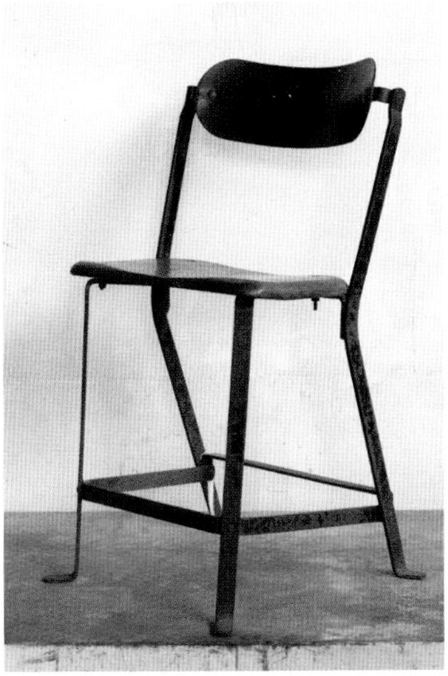

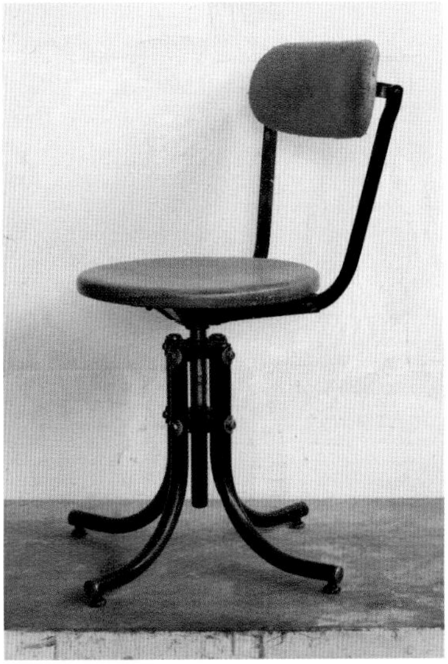

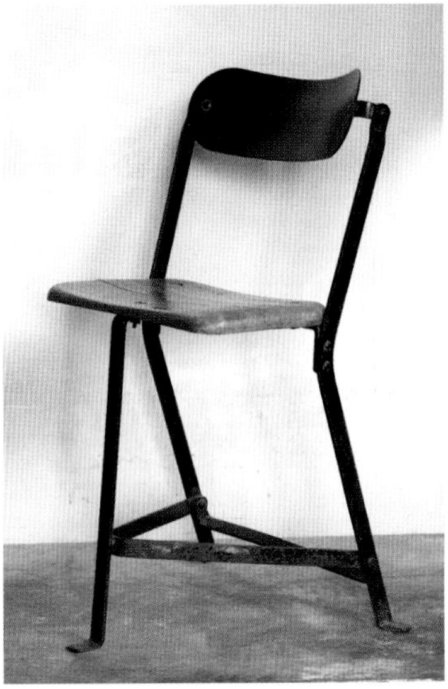

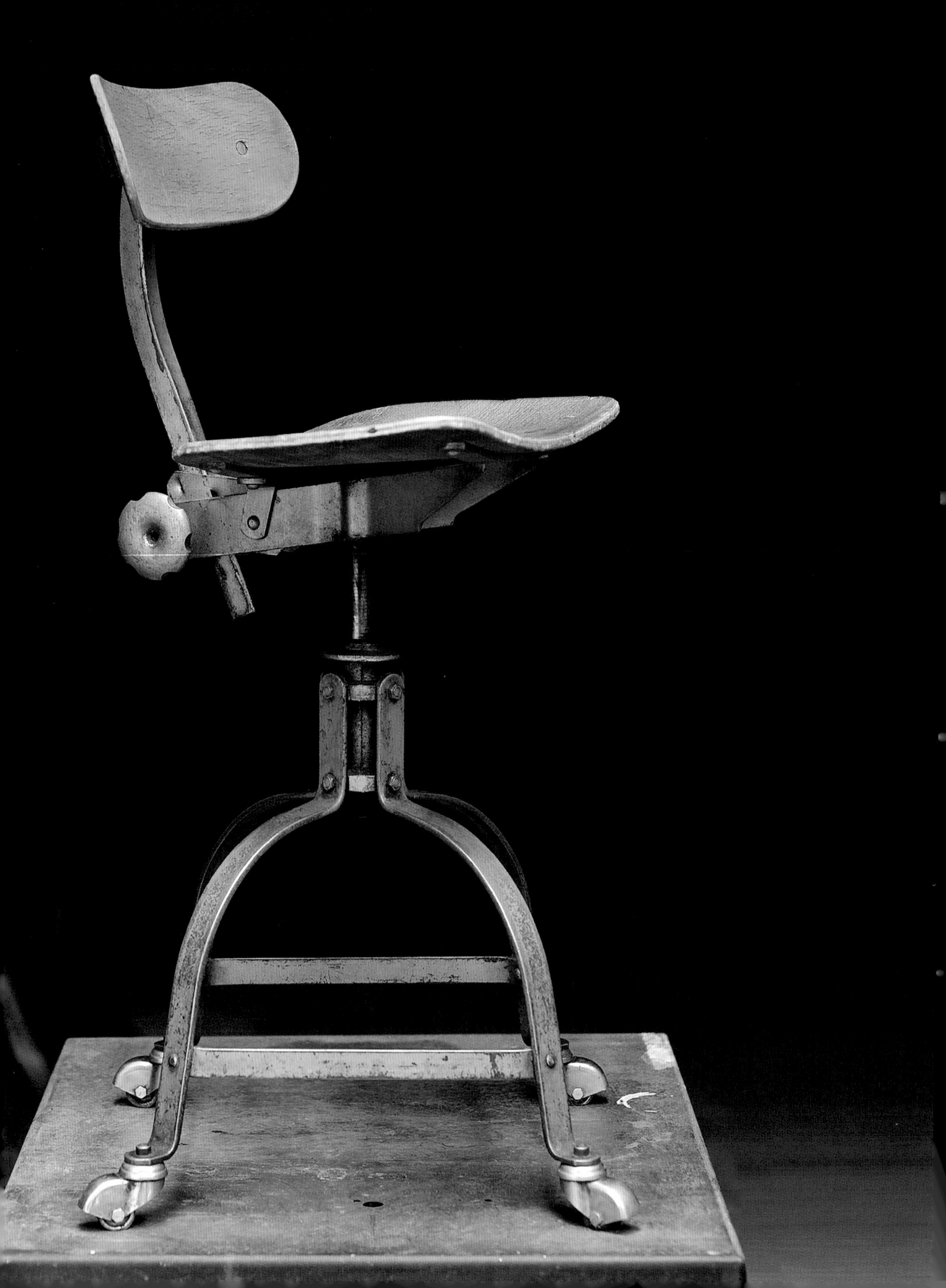

«
원형 그대로 보존된 신형 비에네즈 의자.

»
1946년 비에네즈사가 파리에서 특허를 신청할 때 첨부한 도면. 등받이의 높이와 각도를 조절하는 장치에 관해 설명하고 있다.

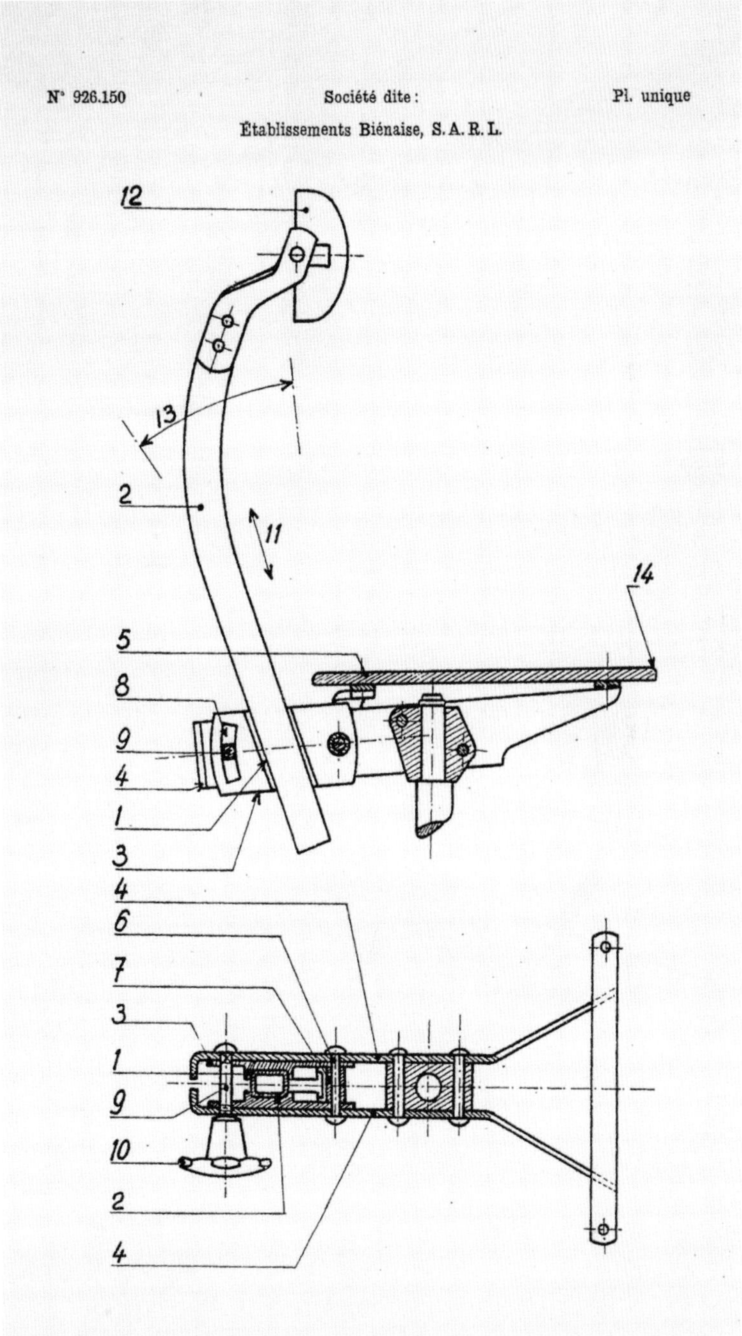

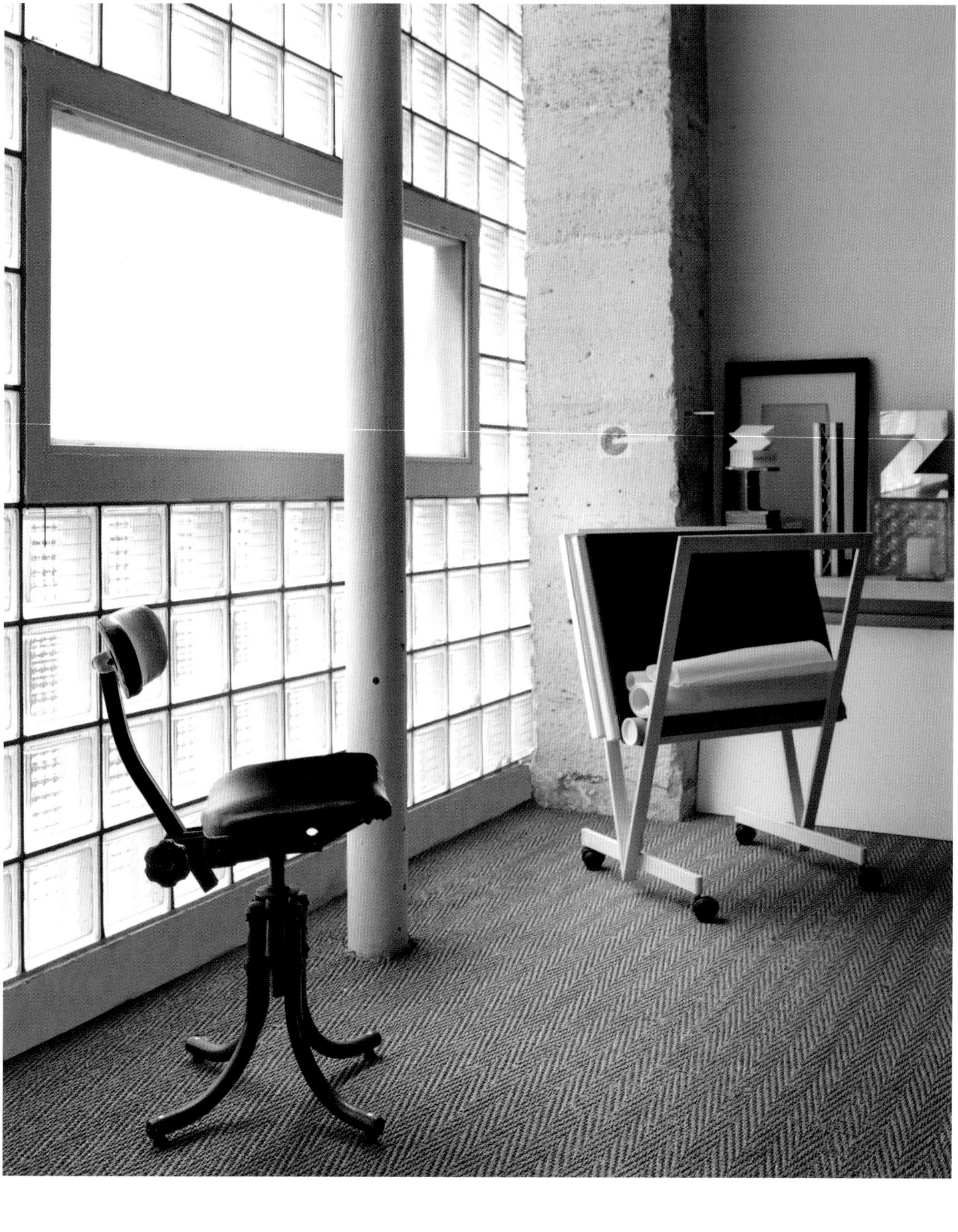

«
건축사 사무실에 놓여 있는 비에네즈 의자. 1950년대에 출시된 사무용 의자로, 높이 조절이 가능한 좌판과 등받이에 푹신한 완충재를 채워 넣어 편의성을 한층 끌어올렸다.

파리의 플리흐 강변길에 위치한 사무실에서. 실용적인 비에네즈 의자는 세월이 흘러도 변함없는 매력을 발산하며 자리를 빛낸다.
»

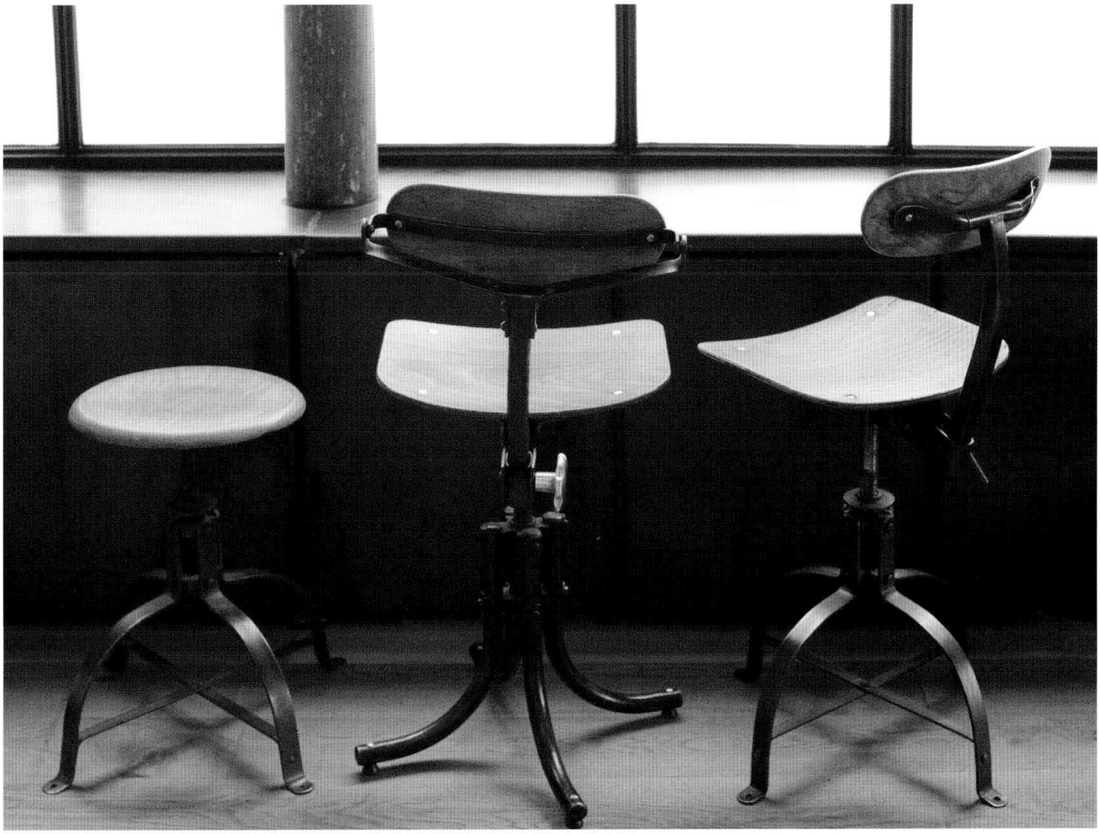

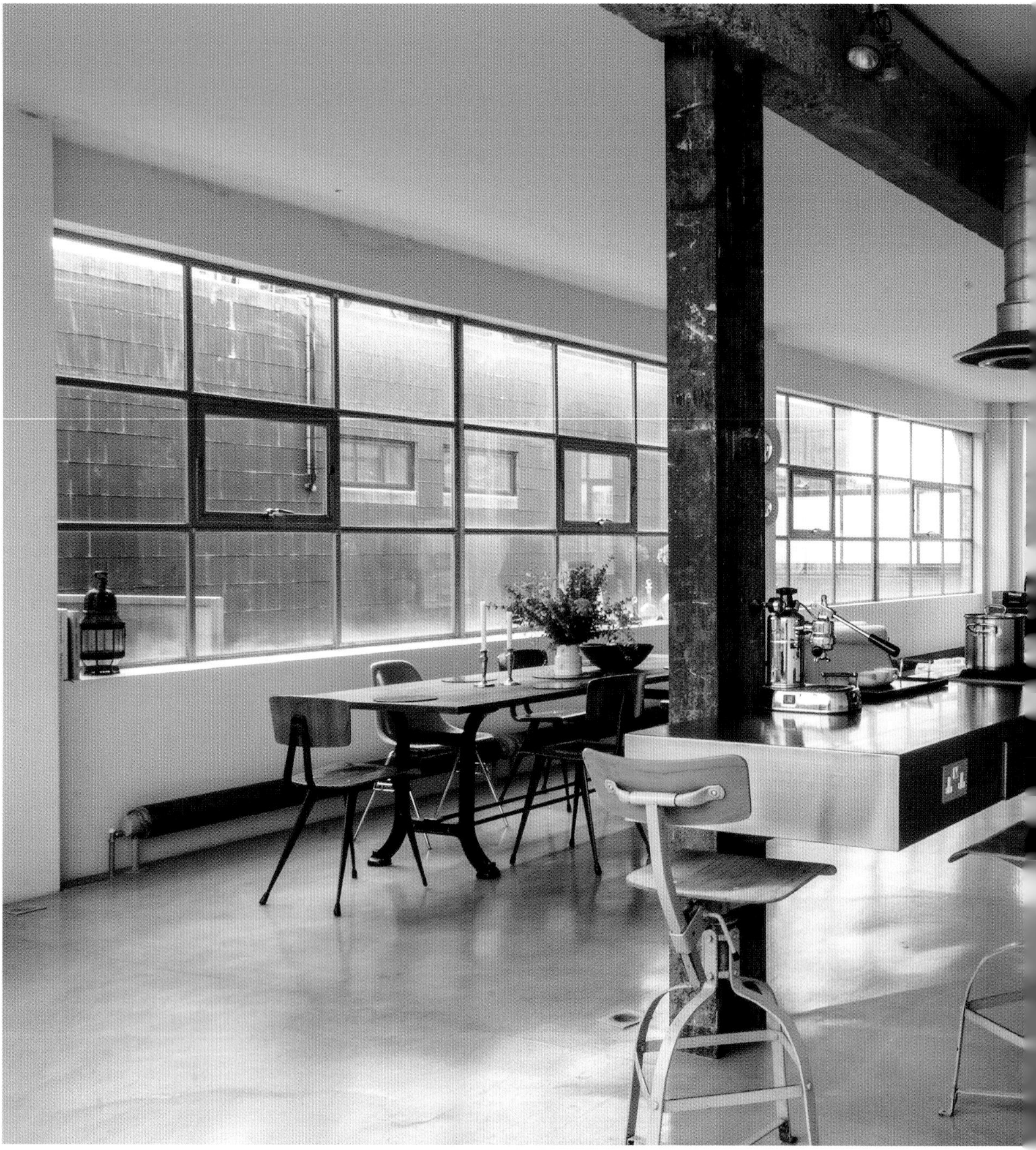

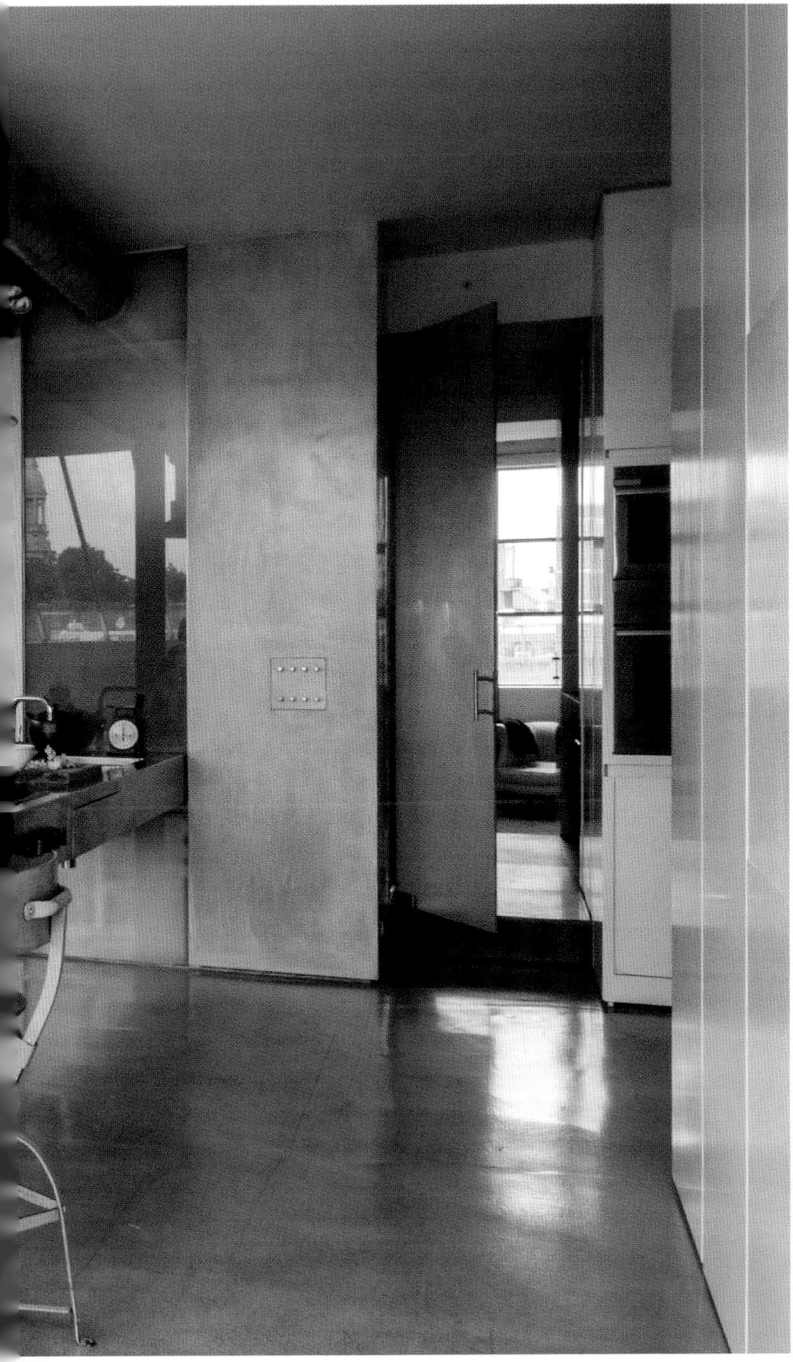

«
가구 및 조명 회사 오커(Ochre)와 디자이너 솔렌 드 라 푸샤르디에르(Solenne de la Fouchardiére)가 밝은 로프트로 재탄생시킨 런던의 섬유 공장. 탁 트인 공간은 콘크리트 바닥으로 통일하였고, 철제 기둥이 떠받치고 있는 주방 유닛(kitchen unit : 개수대, 싱크대, 서랍을 겸한 주방 설비_역자 주)은 마치 공중에 떠 있는 듯해 시선을 잡아끈다. 비에네즈 의자는 산업 공간이었던 이 건물의 정신을 구현하는 데 완벽한 몫을 하고 있다.

직장 여성들 WOMEN AT WORK

재봉틀이 발명되어 섬유 산업에 혁명이 일어나면서 반복 작업을 빠르게 할 수 있도록 개선된 의자

1851년 이미 암반 굴착기 등을 발명한 미국의 기계공 아이작 메릿 싱어(Isaac Merritt Singer)는 경쟁 업체가 만든 재봉틀로는 급증하는 섬유 산업의 수요를 따라잡을 수 없다고 판단했다. 그는 회전할 때마다 실이 꼬여 쓰기 불편한 회전식 북집을 직선으로 움직이는 수직식 북집으로 바꾸고, 손으로 돌려 사용하던 돌림 바퀴를 발로 조작할 수 있도록 발판을 추가하여, 공장에서 장시간 가동해도 끄떡없는 튼튼한 재봉틀을 개발했다. 이 재봉틀 덕분에 봉제 속도가 빨라져 저렴한 비용으로 의류를 생산할 수 있게 되었다.

일하는 여성이 늘면서 오랜 시간 반복 작업을 하는 것에 대한 우려의 목소리가 높아졌다. 1926년 싱어제조회사(Singer Manufacturing Company)는 봉제 작업장용 의자의 특허를 취득한다. 처음에는 높이만 조절할 수 있는 스툴이었지만 등받이가 추가되면서 편한 자세로 재봉 작업을 할 수 있게 되었다.

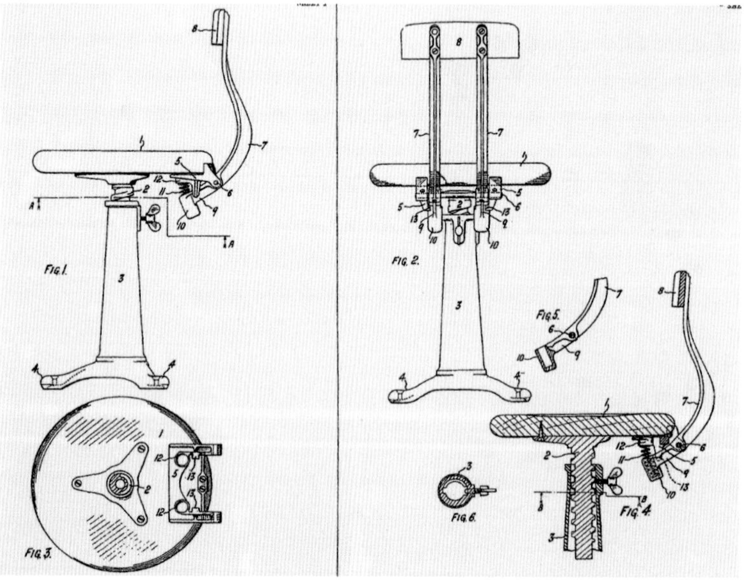

«
1926년 싱어사(社)가 런던에서 특허를 취득할 때 첨부한 도면.

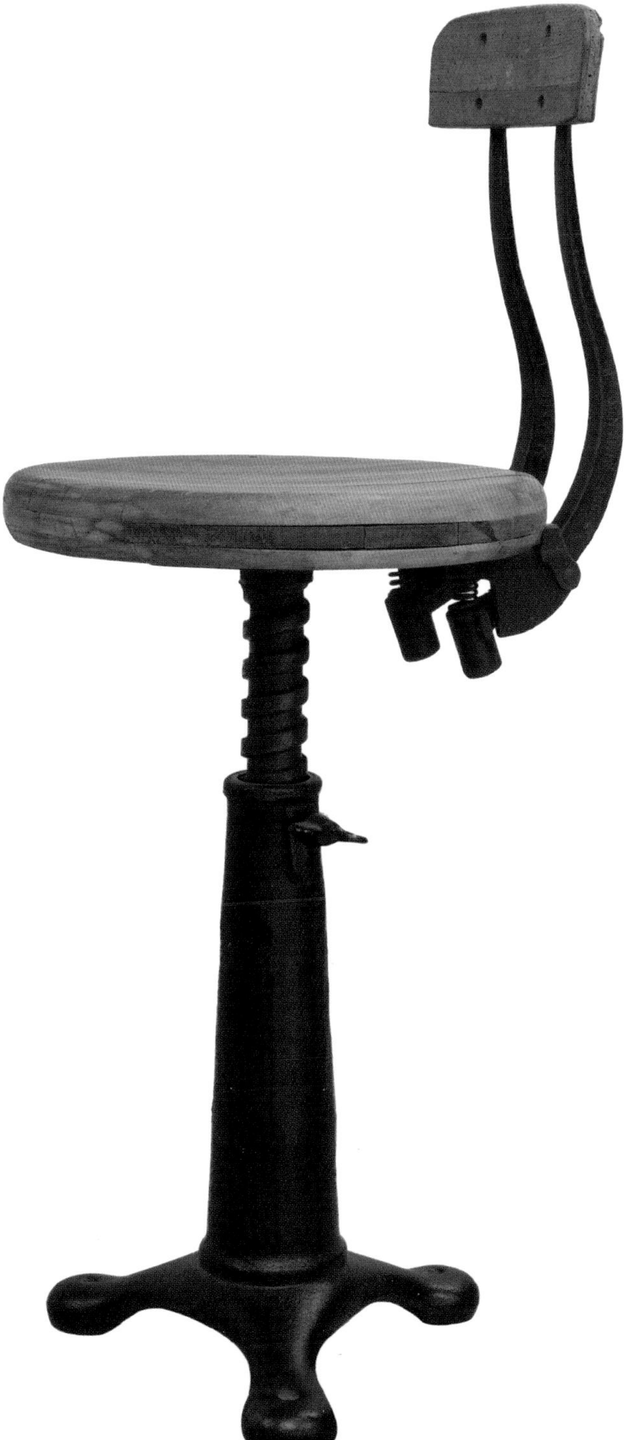

»
싱어사(社)에서 제작한 의자. 다리 밑부분의 주조 금속 원통은 속이 비어 있어서 바닥에 부착할 수 있다. 다리 축이 나사못 형태로 되어 있어 높이를 조절할 수 있고, 주조 금속 원통에 달린 나비형 나사로 단단히 고정할 수 있다. 스프링이 달려 있어 등받이가 부드럽게 움직인다.

인체 공학의 실현 ERGONOMICS BECOMES A REALITY

사무용 의자의 원조로 자리매김한 앙리 리베르의 타이피스트용 의자

앙리 리베르는 1920년대부터 1930년대에 걸쳐 선반이나 서랍을 슬라이딩 도어로 닫는 시스템, 전시용 받침대, 바퀴 달린 파일 캐비닛, 디자인용 도구, 개량된 카본지 등 사무용 가구와 사무용품에 관한 특허를 여럿 취득했다. 1926년에는 레일을 따라 좌우로 이동할 수 있는 의자의 특허를 취득했는데, 레일에서 분리해 독립시킨 모델이 타이피스트용 의자 M42다. 이 모델은 높이를 조절할 수 있고 360도 회전 가능하며 코일 스프링이 달려 있어 등받이가 거꾸로 뒤집어지는 일 없이 안전하게 젖혀지는 등, 비서 업무에 필요한 다양한 기능이 갖춰져 있다. 1930년 플램보(Flambo)라는 브랜드명으로 출시된 M42는 인더스트리얼 의자의 표준이 되었다.

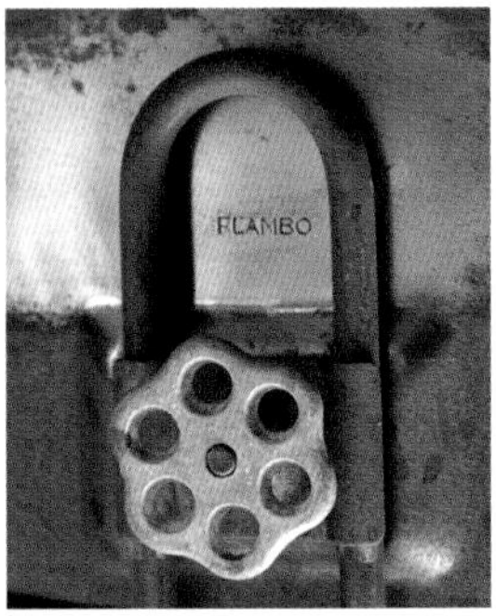

︽
등받이 뒷부분. 높이 조절 장치 위에 브랜드명이 새겨져 있다.

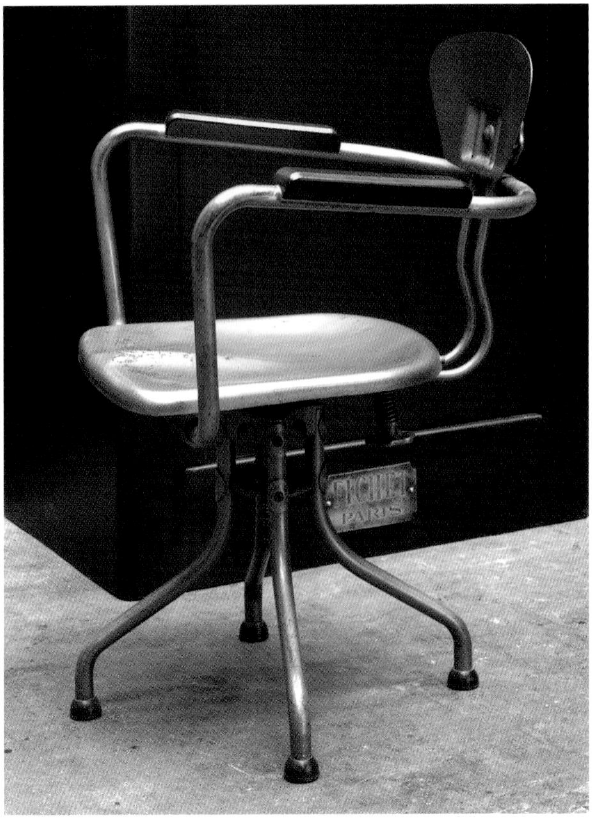

«
플램보의 팔걸이의자. 그레이그린은 당시 색상 그대로이고, 좌판과 등받이에 끼웠다 뺐다 할 수 있는 쿠션이 제공되었다.

»
1926년 앙리 리베르가 '플램보'라는 브랜드명으로 디자인한 사무용 의자 M42.

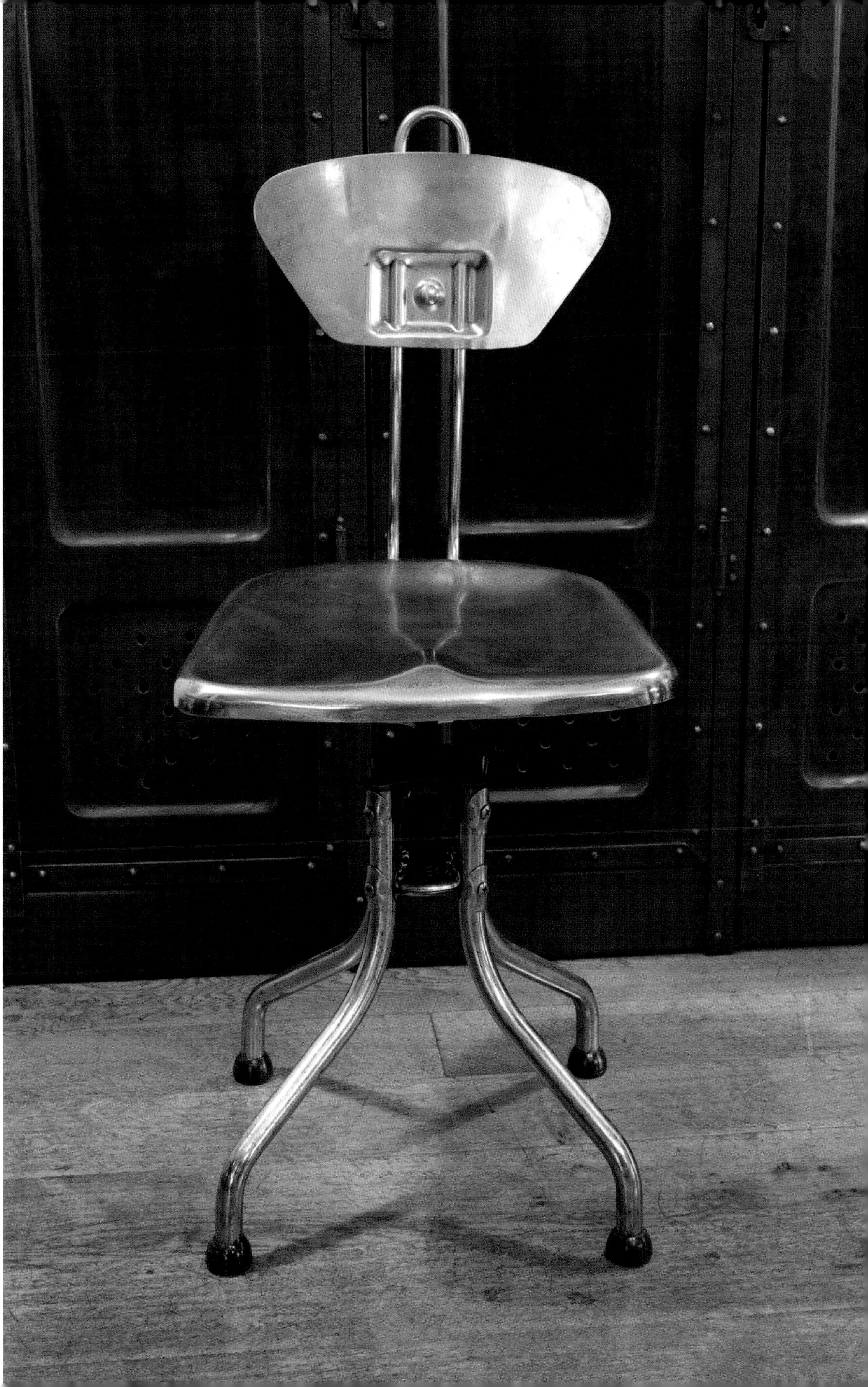

맞춤형 디자인 CUSTOM DESIGN

근로자의 쾌적성에 관한 연구를 바탕으로 디자인한 인더스트리얼 가구

산업화와 더불어 다양한 체형과 자세에 적합하게 설계된 업무용 의자가 등장했다. 회의실에는 메모할 수 있도록 책상이 달린 의자가 구비되었고, 미국의 다림질 공장에는 여성 근로자들의 피로를 덜어주기 위해 자세에 맞춰 유연하게 휘어지는 의자가 다리미판 앞에 설치되었다.

»
오크와 주조 금속으로 만든 회의용 의자. 바닥에 고정할 수 있고, 하나만 또는 여러 개를 줄지어 설치할 수도 있다. 작은 책상이 달려 있어 메모하기 편하다.

의료 장비 전문 기업 주앙(Jouan)의 카탈로그에서 발췌. 1923년 설립된 알프레드 프루니에 과학연구소(Institut Alfred Fournier) 회의실에 회의용 의자가 설치된 모습.

JOUAN PARIS

SALLES DE CONFERENCES

Installation complète de salles de cours, de conférences, avec bancs à pupitres.

Nous recommandons comme plus confortable l'installation avec fauteuils fixes indépendants, avec tablette pour écrire sur la droite du fauteuil.

200. D. Prix du fauteuil suivant détails de construction : **140** à **220** fr.

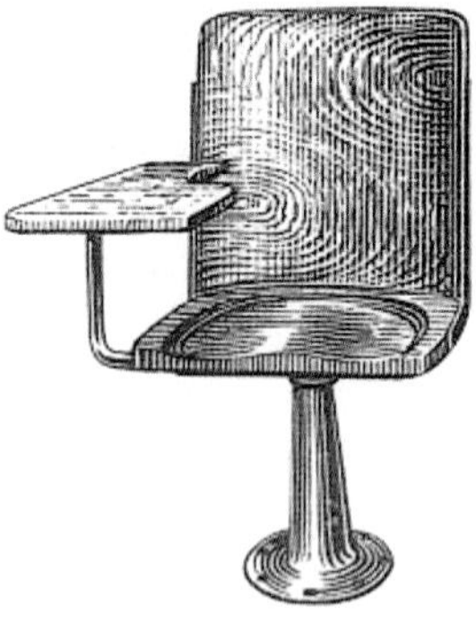

200 D

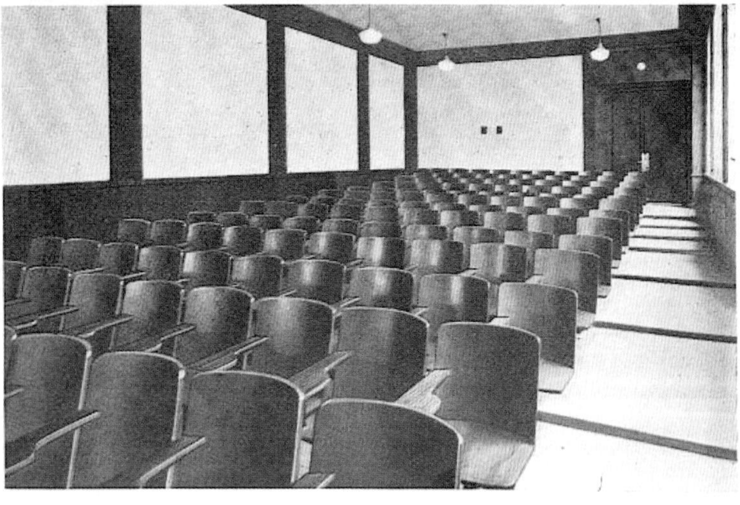

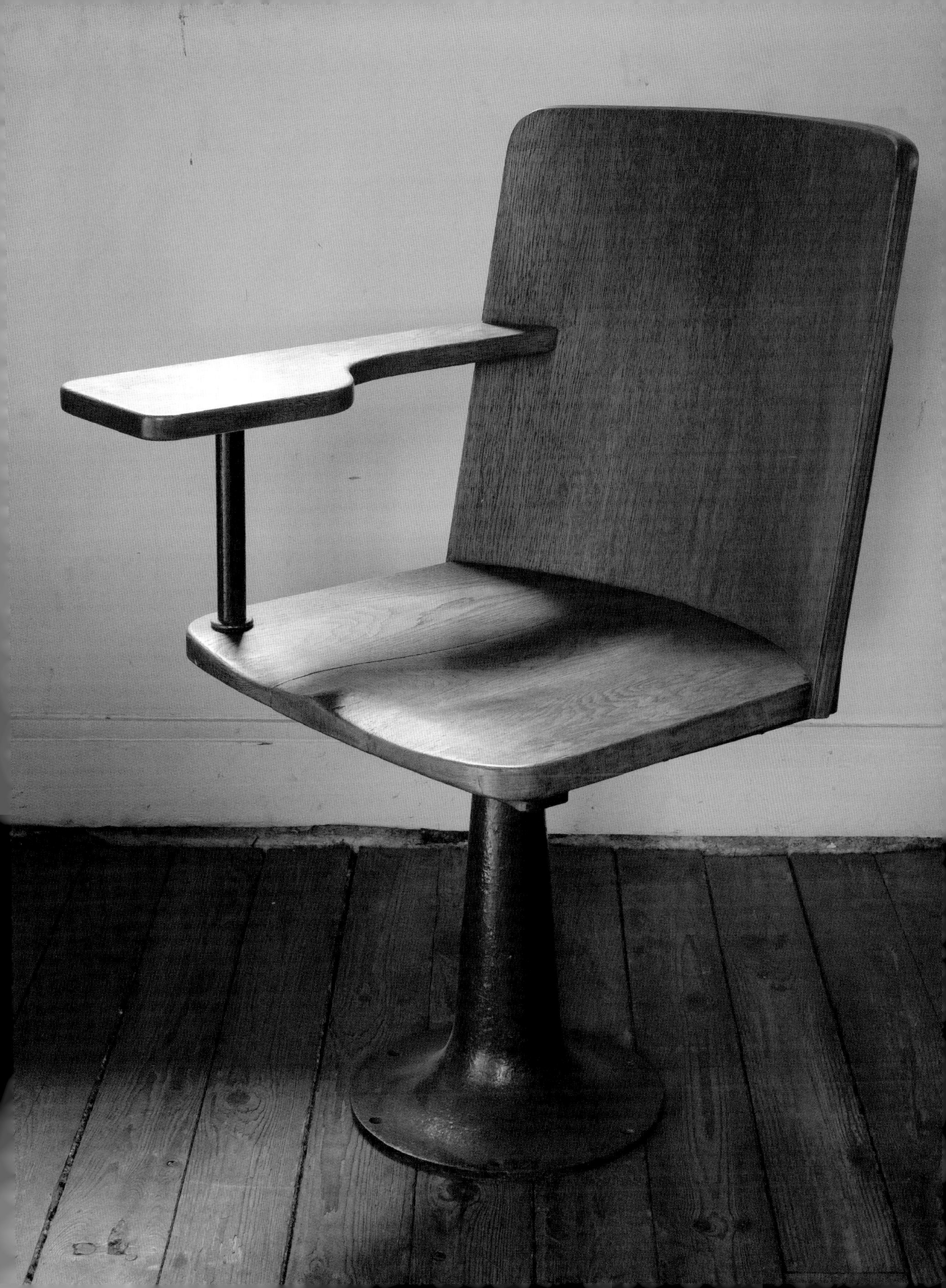

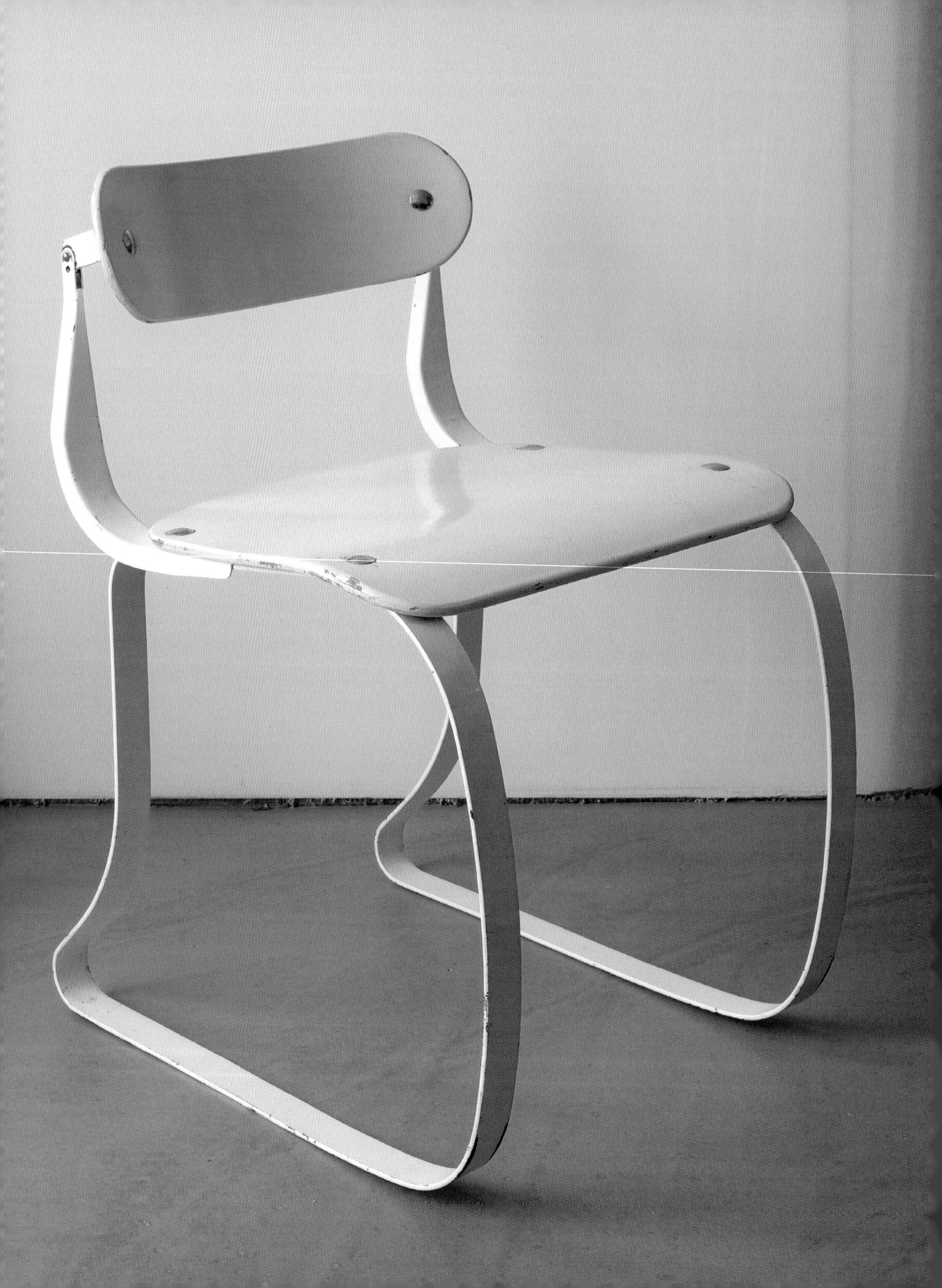

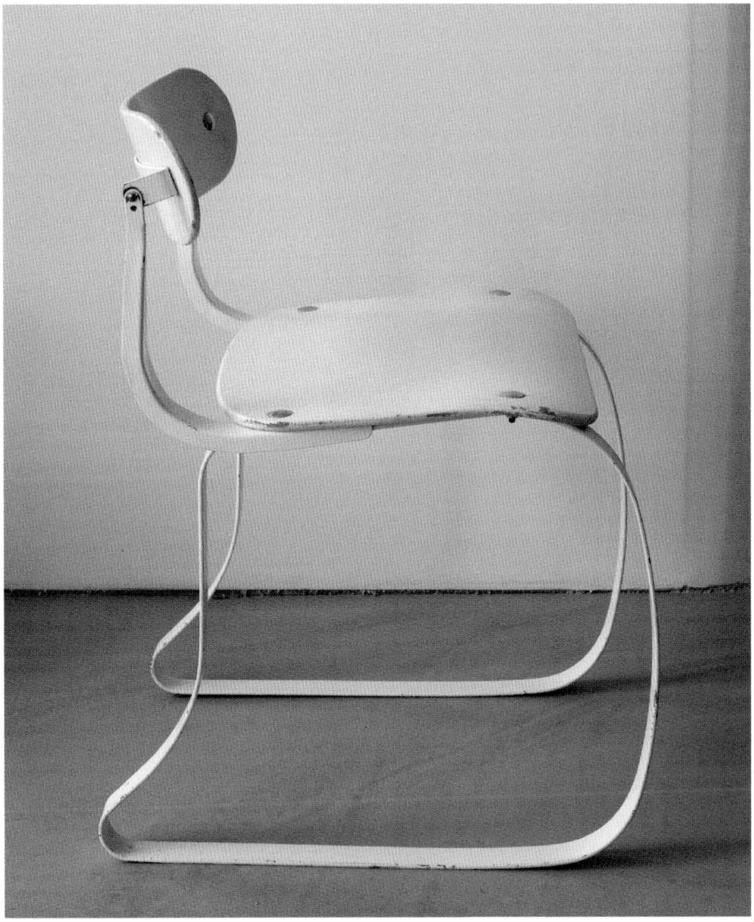

《
파리의 갤러리 뒤오(Galerie Duo)에 전시된 아이언라이트 헬스 체어. 연한 크림색은 당시 색상 그대로다. 탄력성이 있어서 자세에 맞춰 휘어지므로 편안하게 작업할 수 있다.

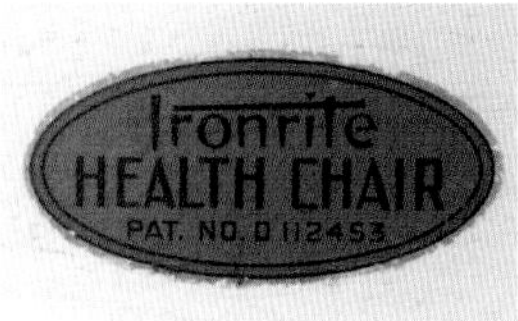

^
등받이 뒤에 붙어 있는 금속판으로 모델을 식별할 수 있다.

미국 디트로이트에 위치한 슈펠리히 앤드 울리그사(Sperlich and Uhlig Company; 훗날의 아이언라이트 아이어너사[Ironrite Ironer Company])는 1918년부터 산업용 다리미를 제작했다. 1938년, 이 회사는 다림질 작업장에서 장시간 일하는 여성들을 위해 헬스 체어(Health Chair)를 출시했다. 이 의자는 당시 최신 과학 분야였던 인체 공학을 바탕으로 설계되었다. 베니어합판에 래커로 색을 입힌 등받이와 좌판은 얇은 금속판으로 지탱되는데, 이 금속판은 탄력성과 복원성이 있어서 작업자가 편하게 움직일 수 있도록 도와준다. 이 인체 공학적인 의자는 머지않아 일반 가정에서도 널리 쓰이게 되었고 지금은 뉴욕현대미술관(MoMA)의 영구 소장품 갤러리에 전시되어 있다.

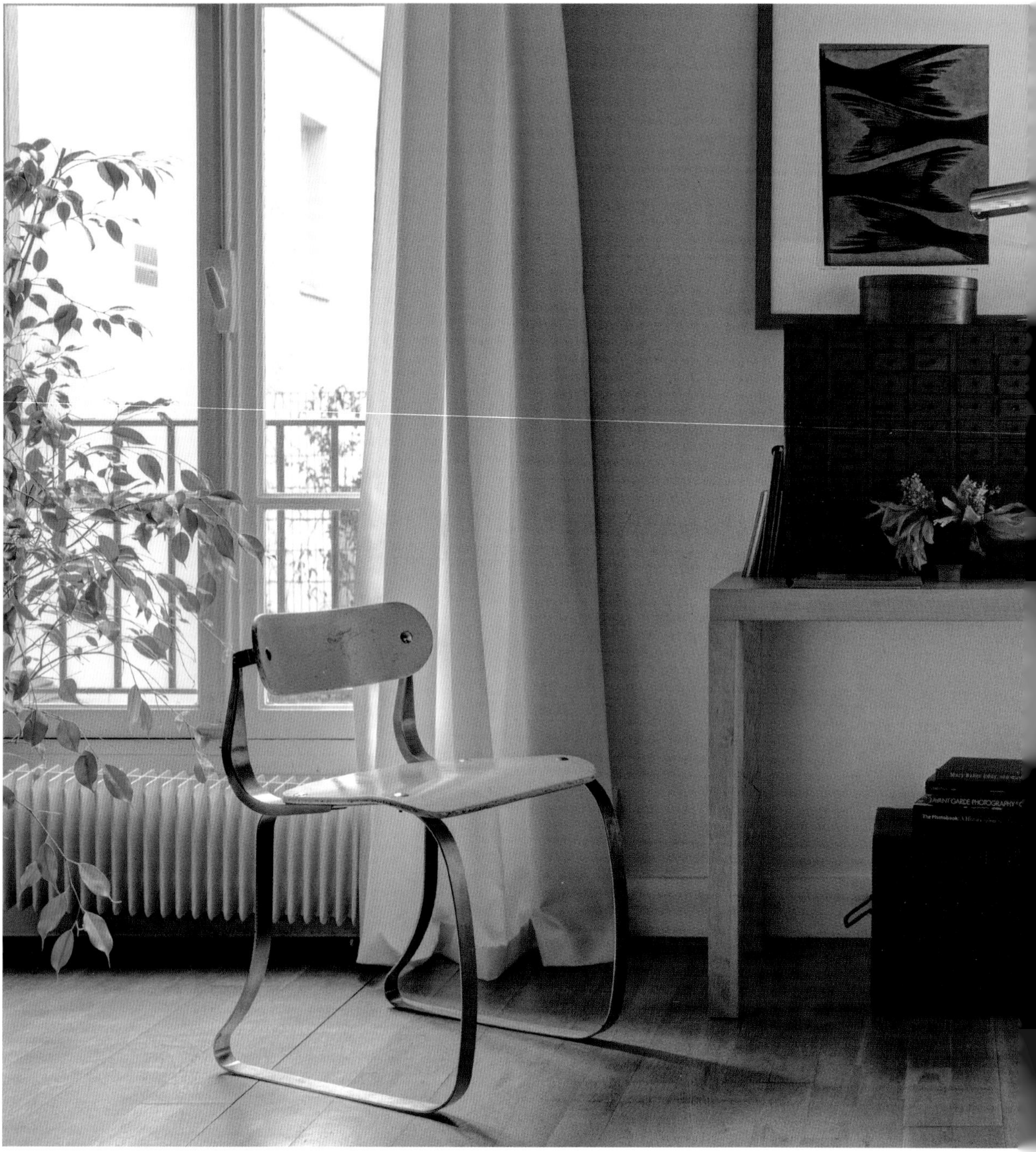

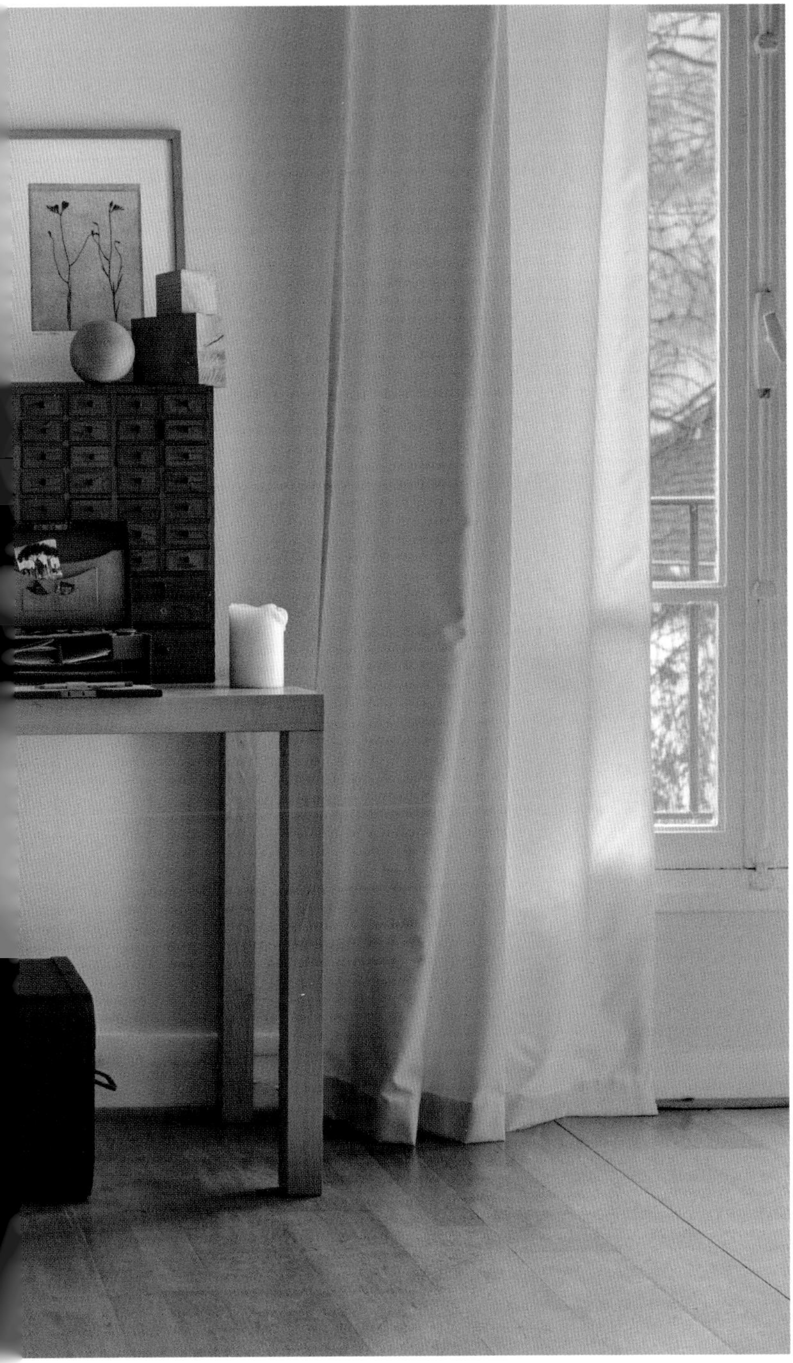

«
파리의 한 아파트에서. 시계 작업장에서 쓰였던, 서랍이 많이 달린 나무 서랍장이 헬스 체어와 조화롭게 어우러져 있다. 1938년 인체 공학을 바탕으로 설계된 헬스 체어는 미국 다림질 공장에서 사용할 목적으로 제작되었지만 시간이 지나면서 일반 가정에서도 널리 쓰이게 되었다.

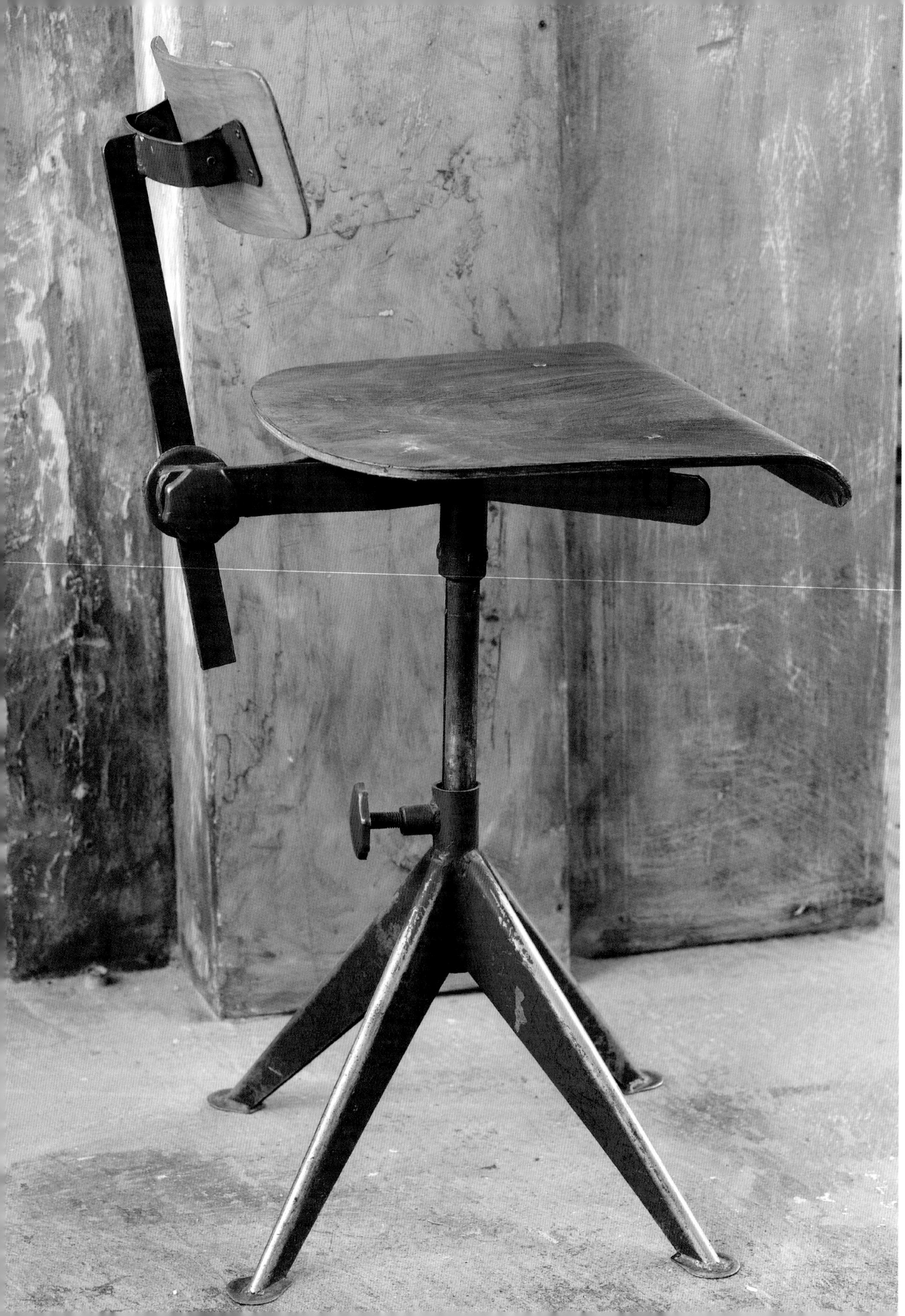

«
스웨덴 스톡홀름의 철강 사업가 안데르스 올슨(Anders Olson)과 존 오델버그(John Odelberg)가 함께 디자인한 사무용 의자. 보르도 레드 색상으로 칠한 강철과 자작나무 합판으로 이루어진 사진 속 T60U 모델은 1947년 미국 놀(Knoll)사에서 제작되었다.

»
기계공용 의자. 스위스의 K. 미스케 손(K. Mischke Sohn) 제작.

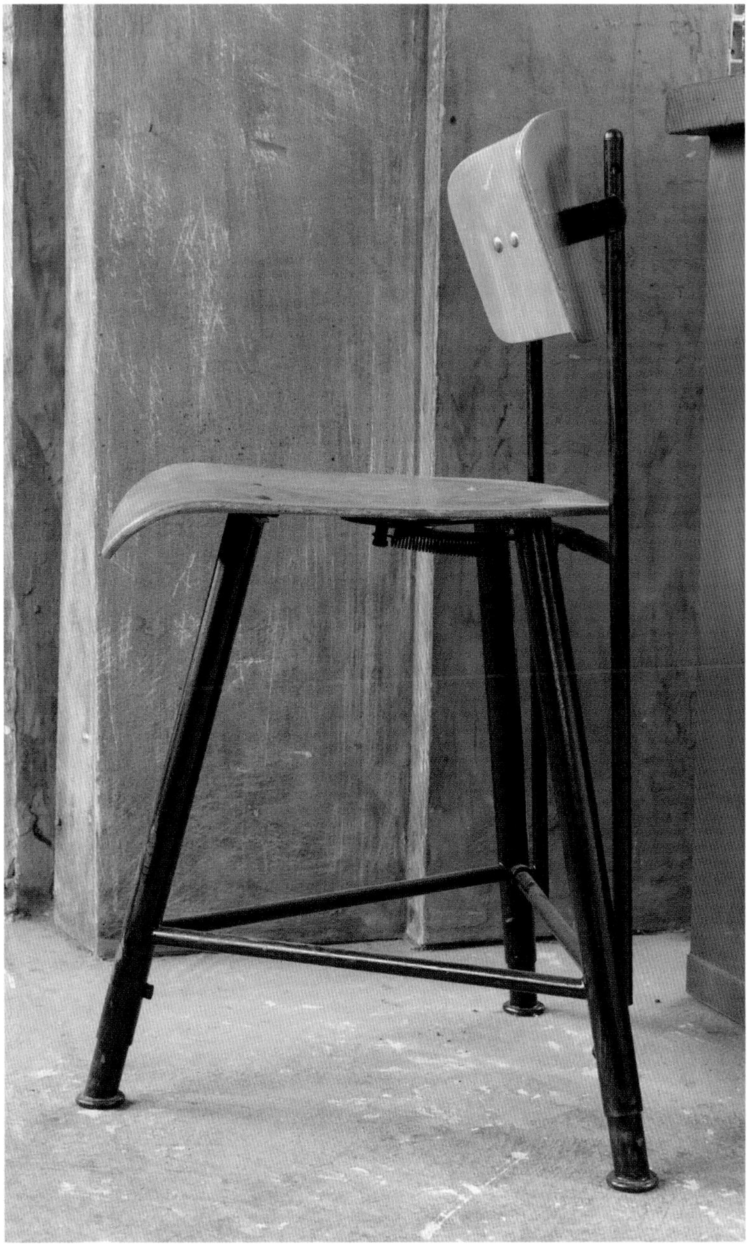

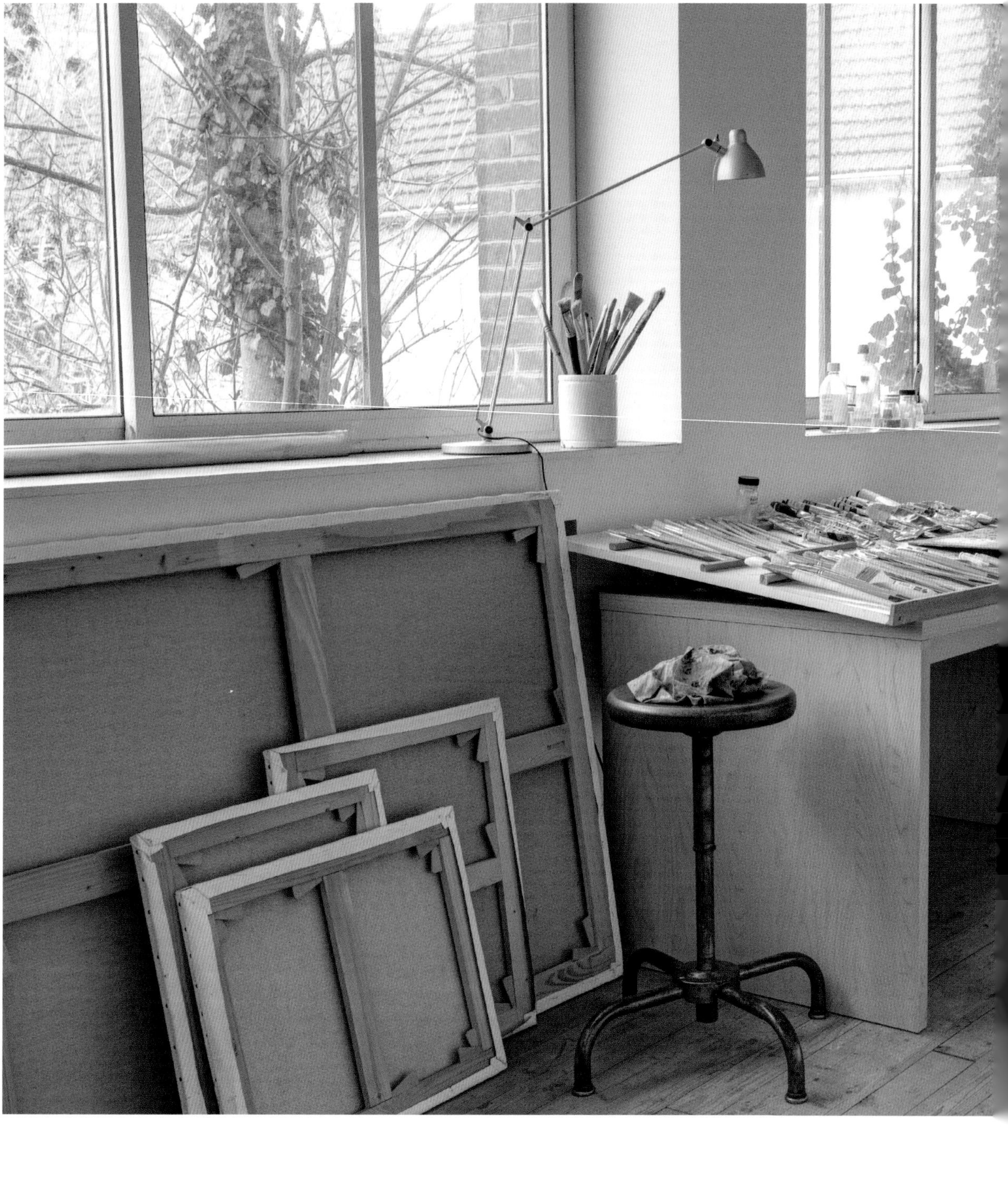

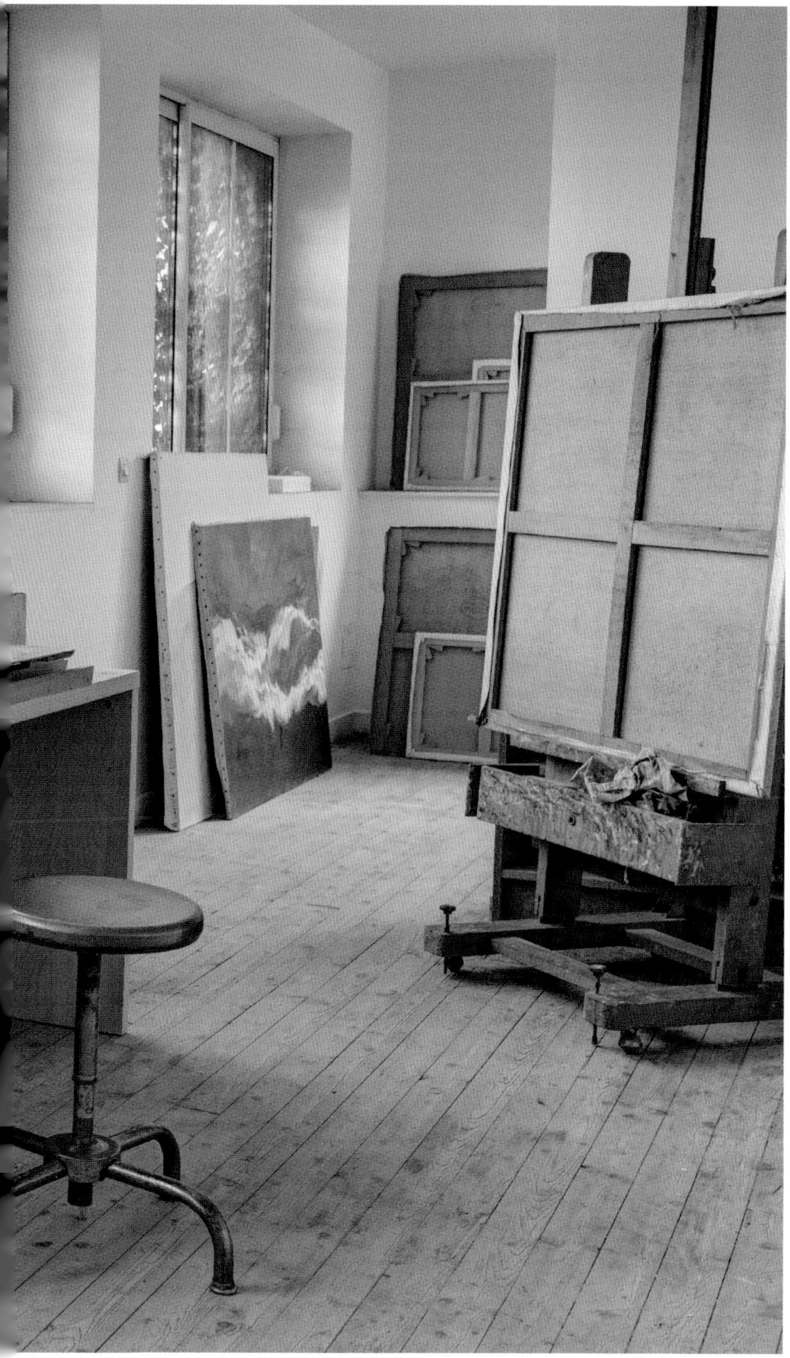

«
화가의 아틀리에에 놓인 높이 조절이 가능하고 이동하기 편한 스툴. 제작자 미상.

효율적인 공간 활용 ECONOMIZING ON SPACE

원가 절감, 생산 속도 향상에 더해 가구의 혁신까지 불러일으킨 프레스 가공 기술

프랑스 리옹 출신의 엔지니어 조세프 마티유(Joseph Mathieu)는 프레스 가공한 금속 부품 두 개로 이루어진 스태킹 의자를 대량 생산하는 방법을 발명했다. 스태킹 의자는 다리와 등받이 부분을 별도의 공정을 거쳐 제조하는데, 음각 거푸집과 양각 펀치(relief punch)로 구성된 금형 사이에 금속판을 넣고 강력한 전기 프레스 기계로 압착하여 형태를 만든다. 그렇게 만들어진 다리와 등받이를 나무나 금속으로 만든 좌판에 리벳(rivet; 대가리가 둥글고 두툼한 버섯 모양의 굵은 못_역자 주)으로 부착시킨다.

마티유는 1919년부터 1922년까지 쉽고 효율적으로 의자를 쌓아 올릴 수 있는 시스템에 관한 특허를 여럿 취득했다. 오목한 다리 구조가 특징인데 이러한 구조 덕에 공간이 한정적일 때 의자를 차곡차곡 쌓아 올려 보관할 수 있다. 이 의자는 멀티플즈(Multipl's)라는 브랜드명으로 출시되었으며 튼튼하고 실용적이어서 정원이나 카페 테라스에서 애용되었다.

» 1922년 조세프 마티유가 미국에서 특허를 취득할 때 첨부한 도면.

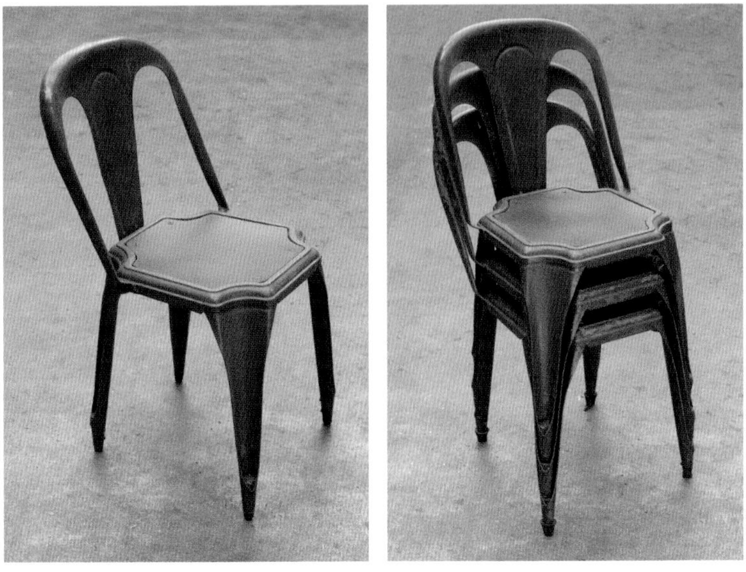

« 1920년 조세프 마티유가 디자인한 스태킹 의자. 프레스 가공 기술을 이용해 제작했다. 멀티플즈라는 브랜드명으로 출시된 이 의자는 밑으로 내려갈수록 가늘어지는 오목한 다리가 특징이다. 이러한 구조는 의자를 쉽게 쌓을 수 있도록 해 사용하지 않을 때는 최소한의 공간에 보관할 수 있다.

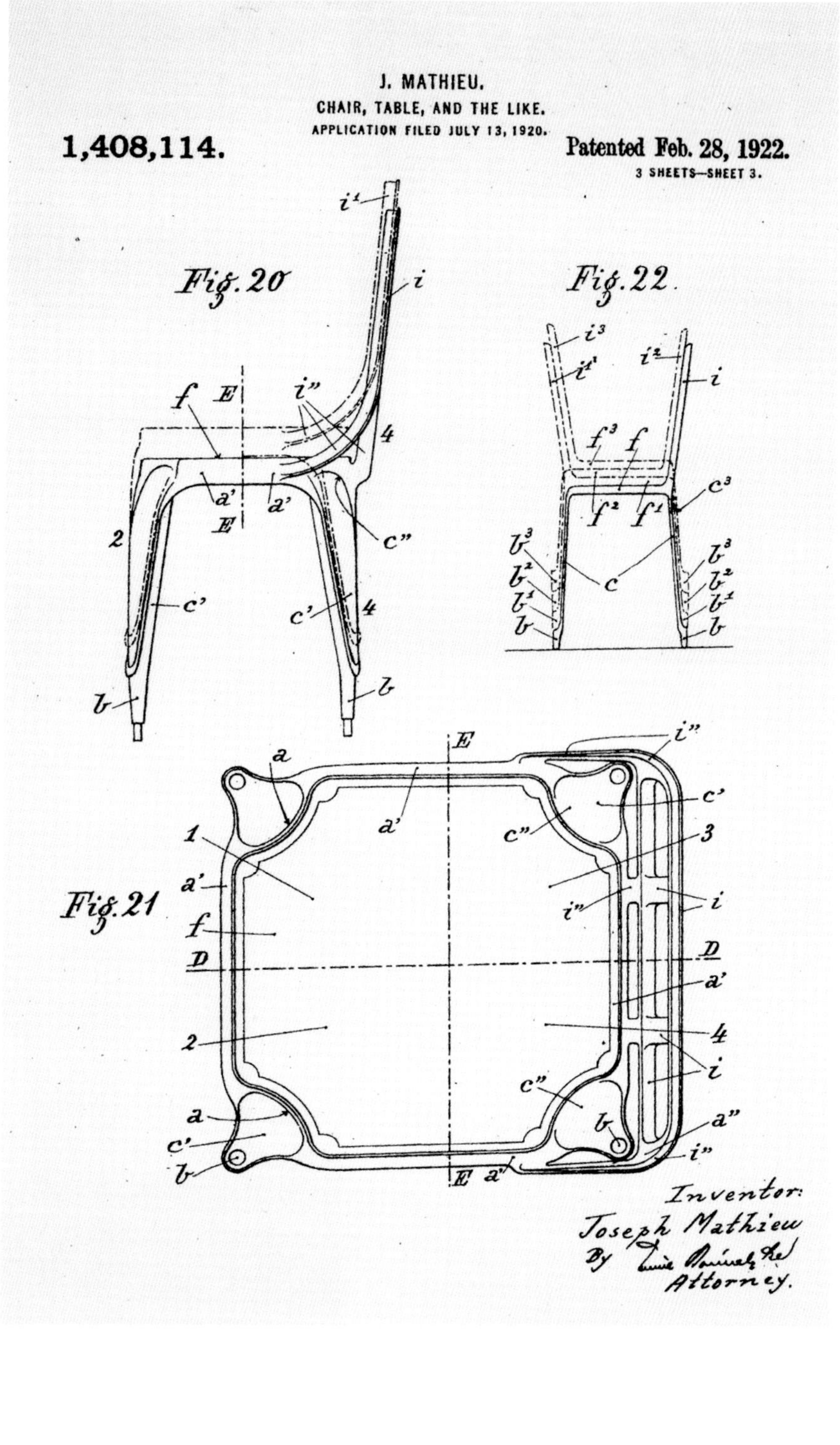
J. MATHIEU.
CHAIR, TABLE, AND THE LIKE.
APPLICATION FILED JULY 13, 1920.
1,408,114.
Patented Feb. 28, 1922.
3 SHEETS—SHEET 3.
Fig. 20
Fig. 22
Fig. 21
Inventor:
Joseph Mathieu
By
Attorney.

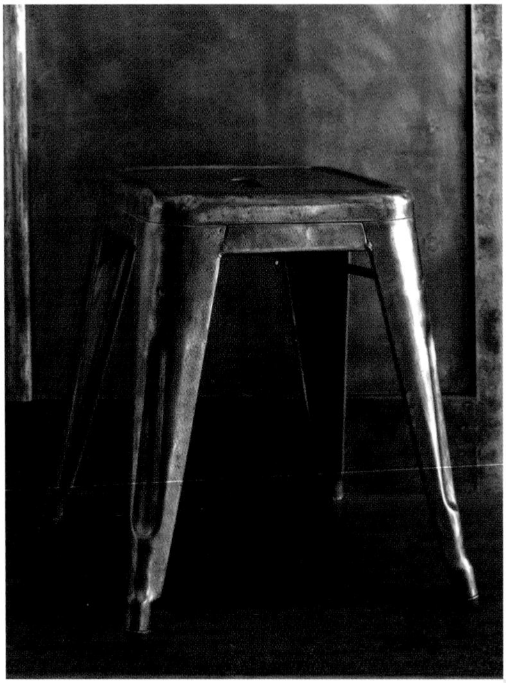

«
원래의 페인트를 벗겨낸 톨릭스 스툴.

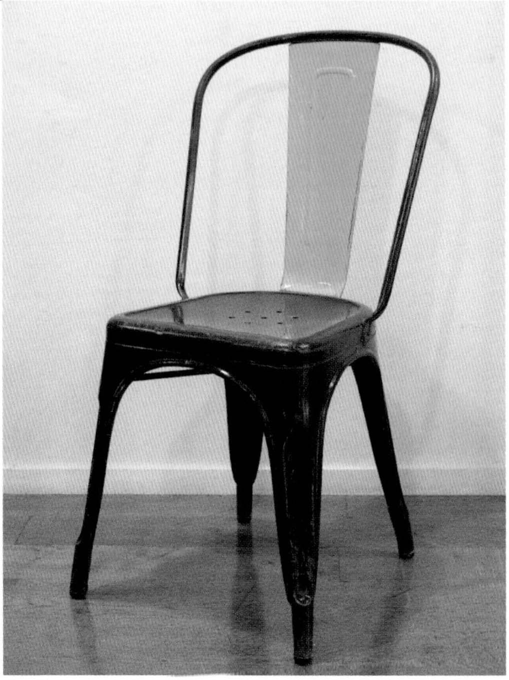

»
자비에 포샤르가 디자인한 톨릭스의 A체어. 다리가 볼록해서 차곡차곡 쌓아 보관할 수 있다.

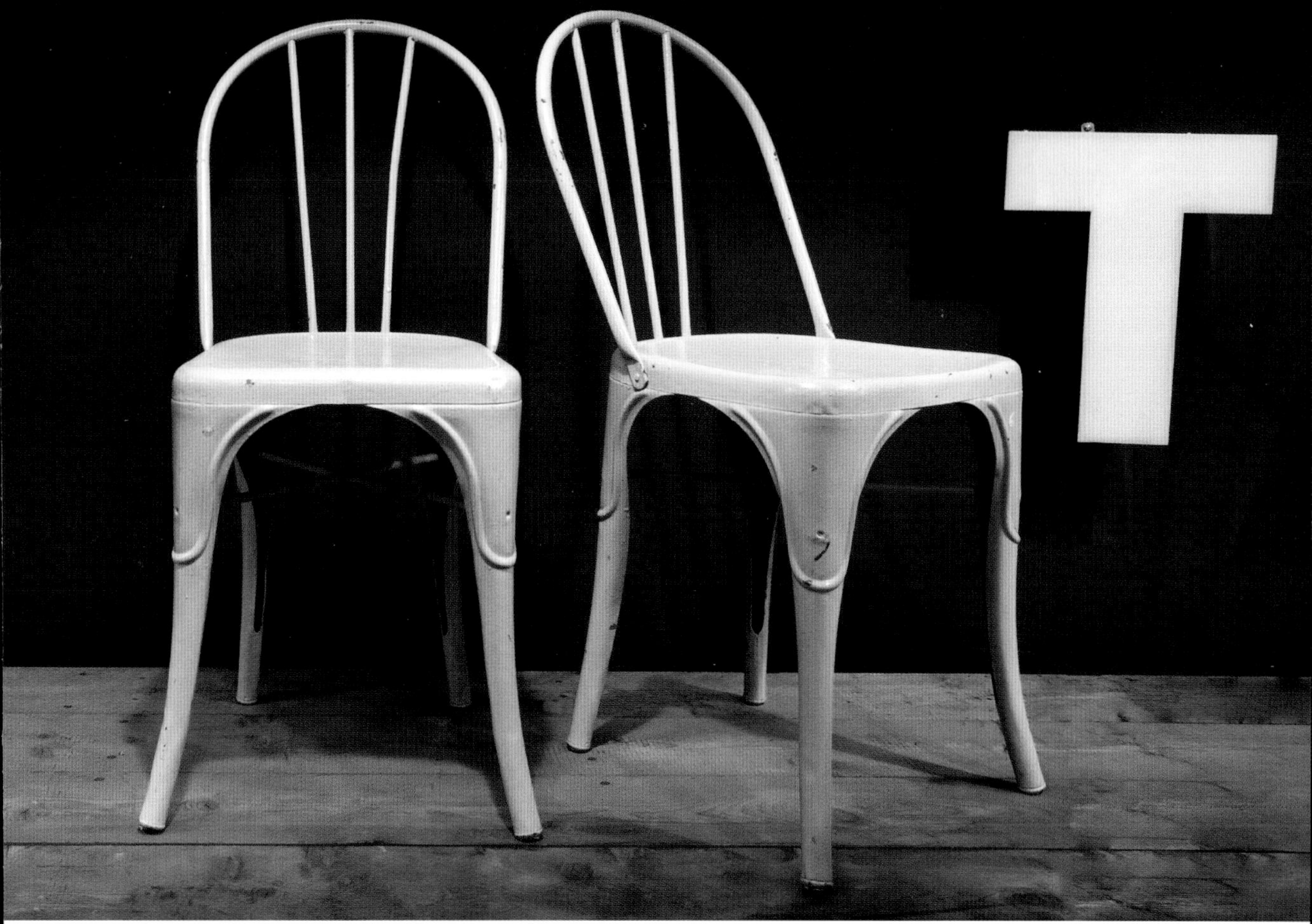

⌃
1920년경 포샤르가 디자인한 초기 버전. 이 모델은 아직 쌓아 올릴 수 없다.

기업가였던 자비에 포샤르(Xavier Pauchard)는 프레스 가공의 가능성을 꿰뚫어 보고 1934년 모델 A라고도 불리는 A체어(Chaise A)를 발표했다. 작은 식당이나 술집에서 전형적으로 쓰이는 이 의자는 프랑스 부르고뉴 지방의 오탕에서 톨릭스(Tolix)라는 브랜드명으로 생산되었다. 이전의 스태킹 의자와 달리 다리가 볼록해서 더욱 견고하고 차곡차곡 포갤 수 있는 데다 쓰임새도 다양해서 기계 공장부터 공원까지 프랑스 전역에서 널리 쓰였다. 1935년에는 미국행 호화 여객선인 노르망디호에서 사용할 의자로 채택되기도 했다.

현재 뉴욕현대미술관, 파리 퐁피두 센터(Centre Pompidou), 독일 비트라 디자인 미술관(Vitra Design Museum)에 소장되어 있으며 지금도 부르고뉴에서 생산을 이어가고 있다.

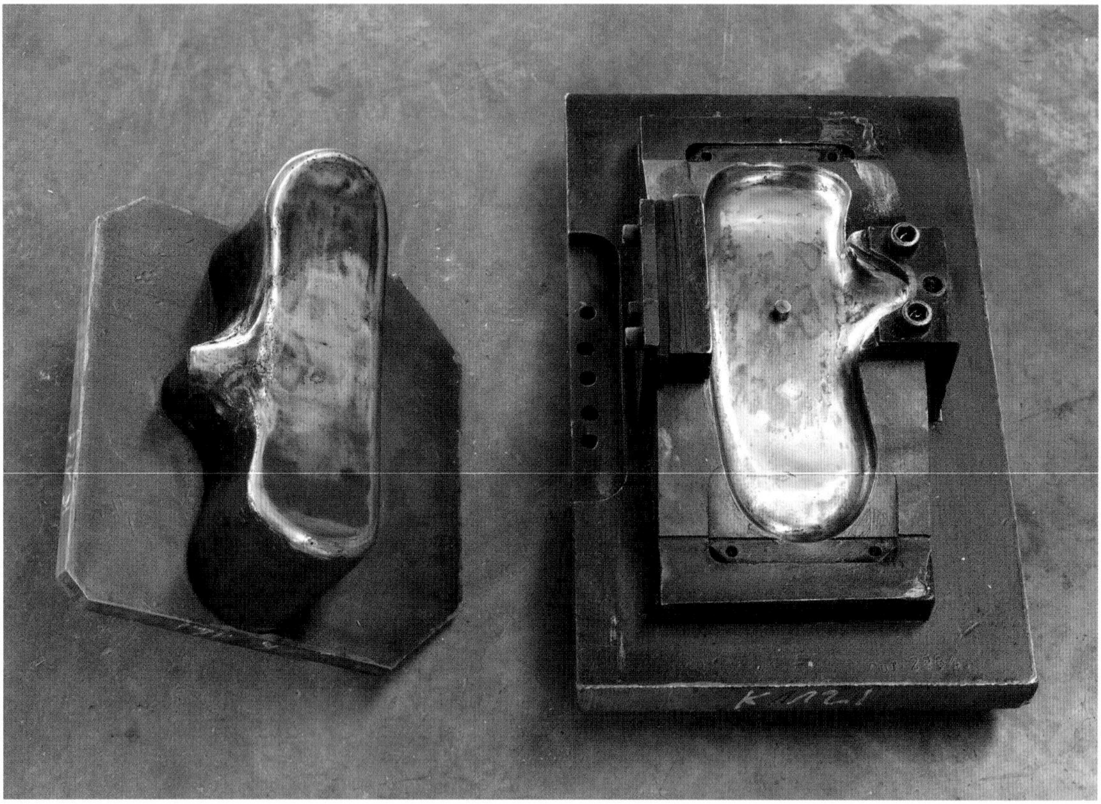

한편 니콜 체어(Nicolle chair)는 1933년 파리 교외에 있는 프레스 가공 공장에서 탄생했다. 편의성과 안전성을 당시 최고 수준으로 설계하여 어떤 작업장에서도 사용하기 적합했다. 이 의자는 인더스트리얼 가구 카탈로그를 통해 공장, 공방, 사무실에 판매되었는데, 카탈로그에는 다른 빈티지 인더스트리얼 가구도 여럿 실려 있어 카탈로그 자체도 인더스트리얼 디자인의 훌륭한 표본으로 여겨지고 있다.

니콜 체어는 1990년에 생산이 중단되었지만 수집가들 사이에서 열광적인 지지를 받아 원작의 금형과 제조 방식을 그대로 반영해 제작한 의자가 재출시되었다. 고래의 꼬리를 닮은 등받이가 상징인 니콜 체어는 원래 산업용으로 제작되었지만 지금은 주거 공간과 도시 공간을 멋지게 장식하고 있다.

︽
니콜 체어 특유의 고래 꼬리 모양 등받이를 제작할 때 사용했던 금형. 1933년 당시 실제 쓰던 것으로 왼쪽은 양각 펀치, 오른쪽은 음각 거푸집이다.

》
골동품 딜러의 복원 작업실에서. 작업대 앞에 놓인 니콜 체어와 스툴. 원래부터 이런 작업용으로 설계된 의자였다.

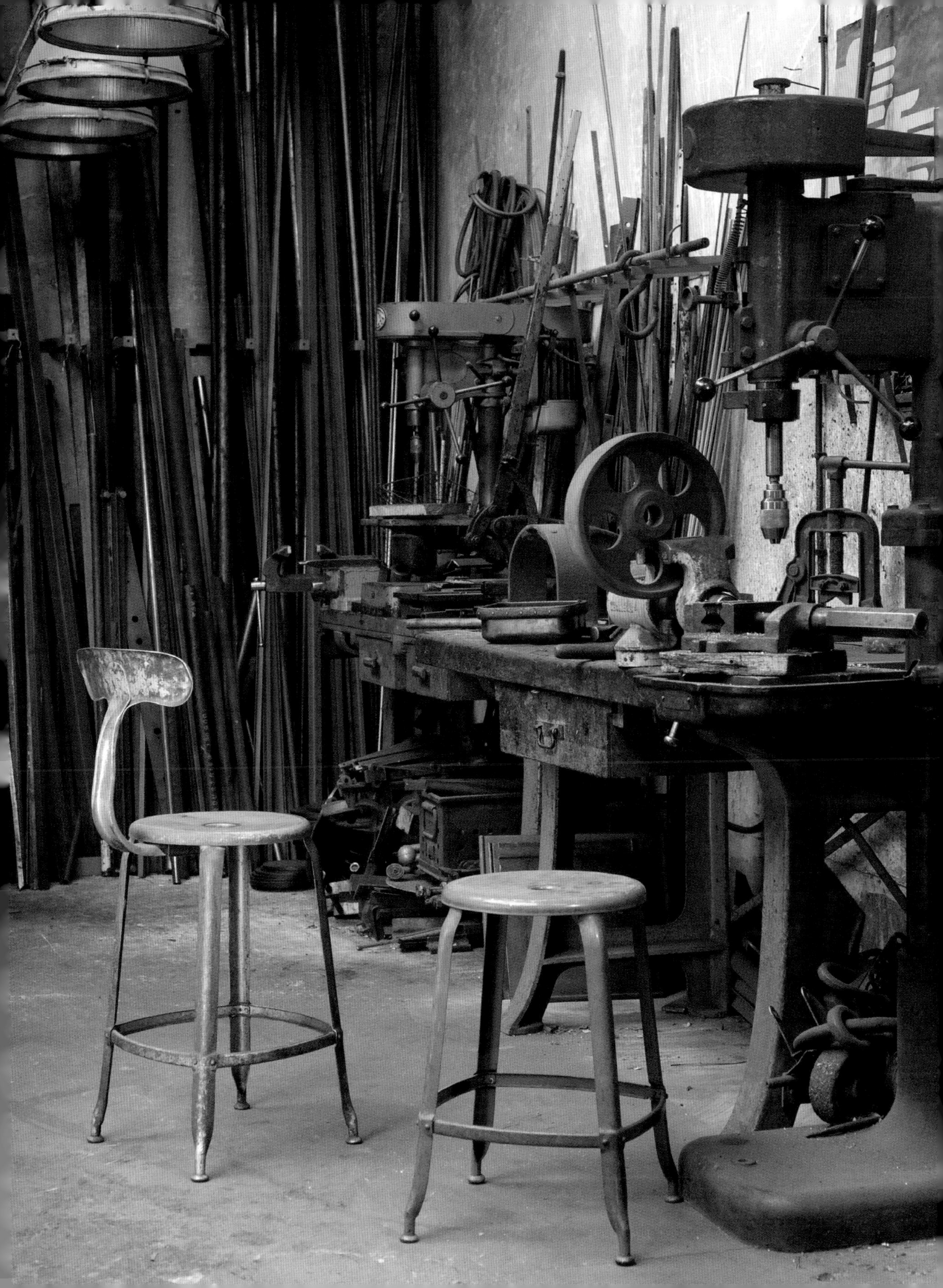

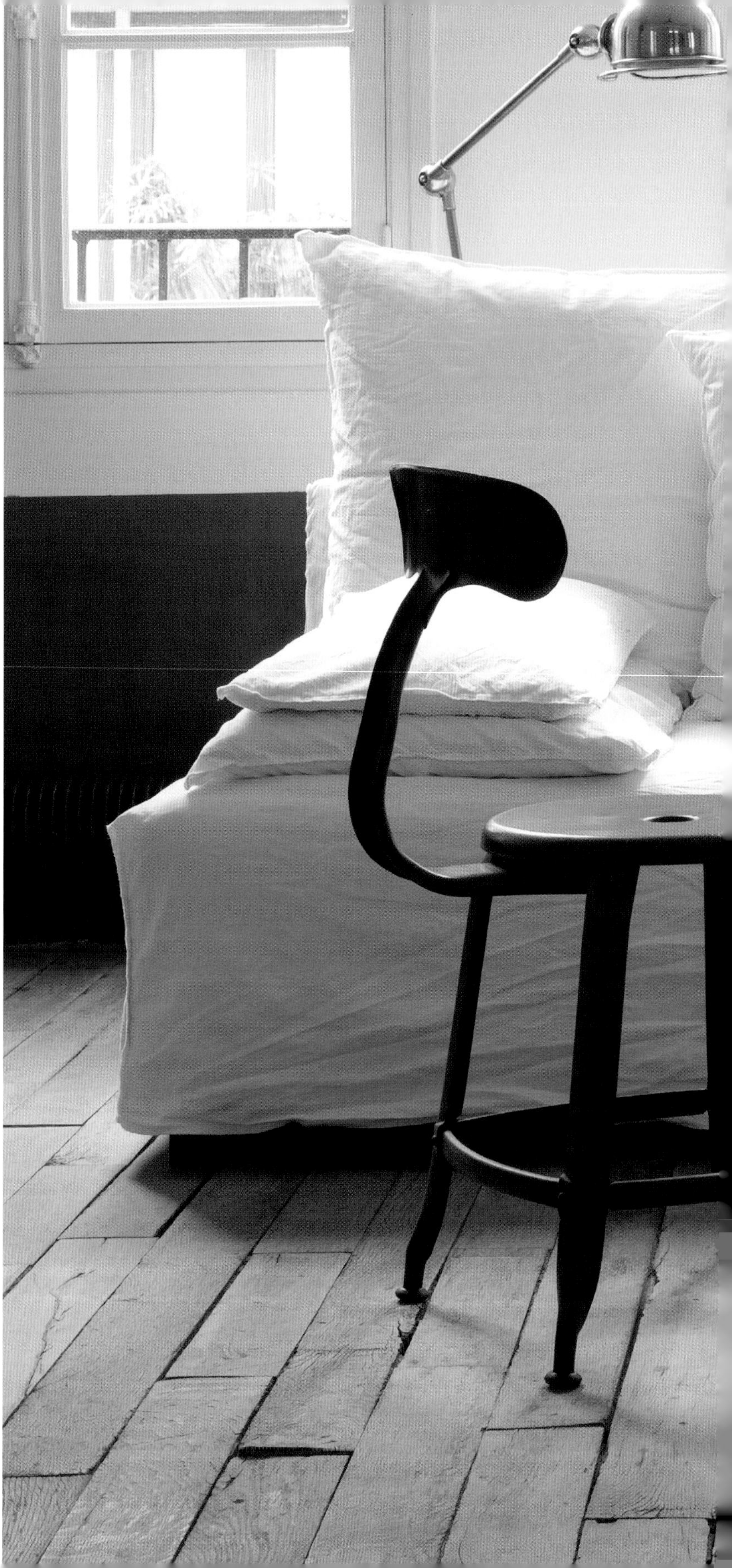

»
디자이너 파올라 나보네(Paola Navone)
의 파리 아파트에 있는 니콜 체어. 독특한
실루엣이 마치 대화를 나누는 듯하다.

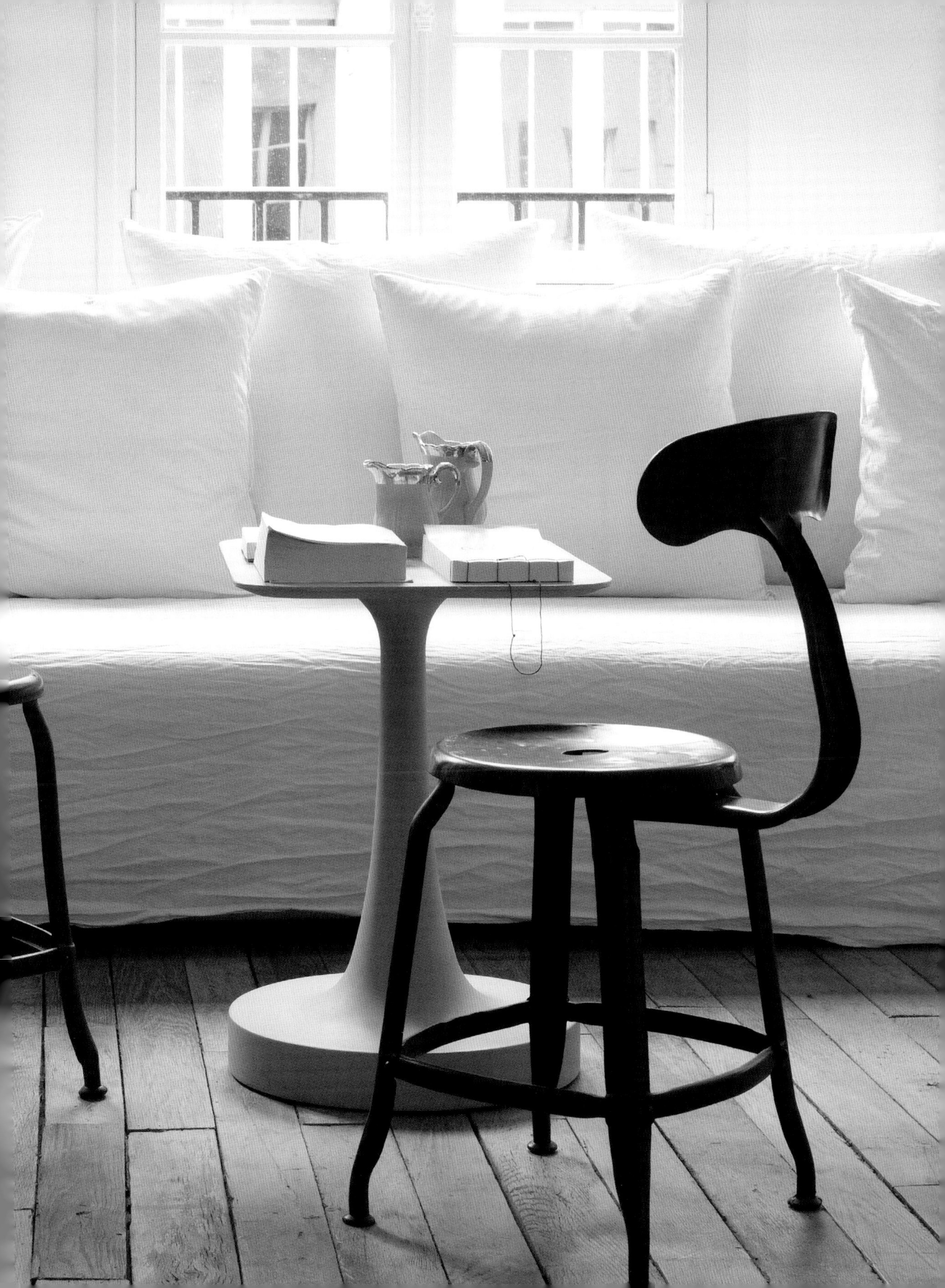

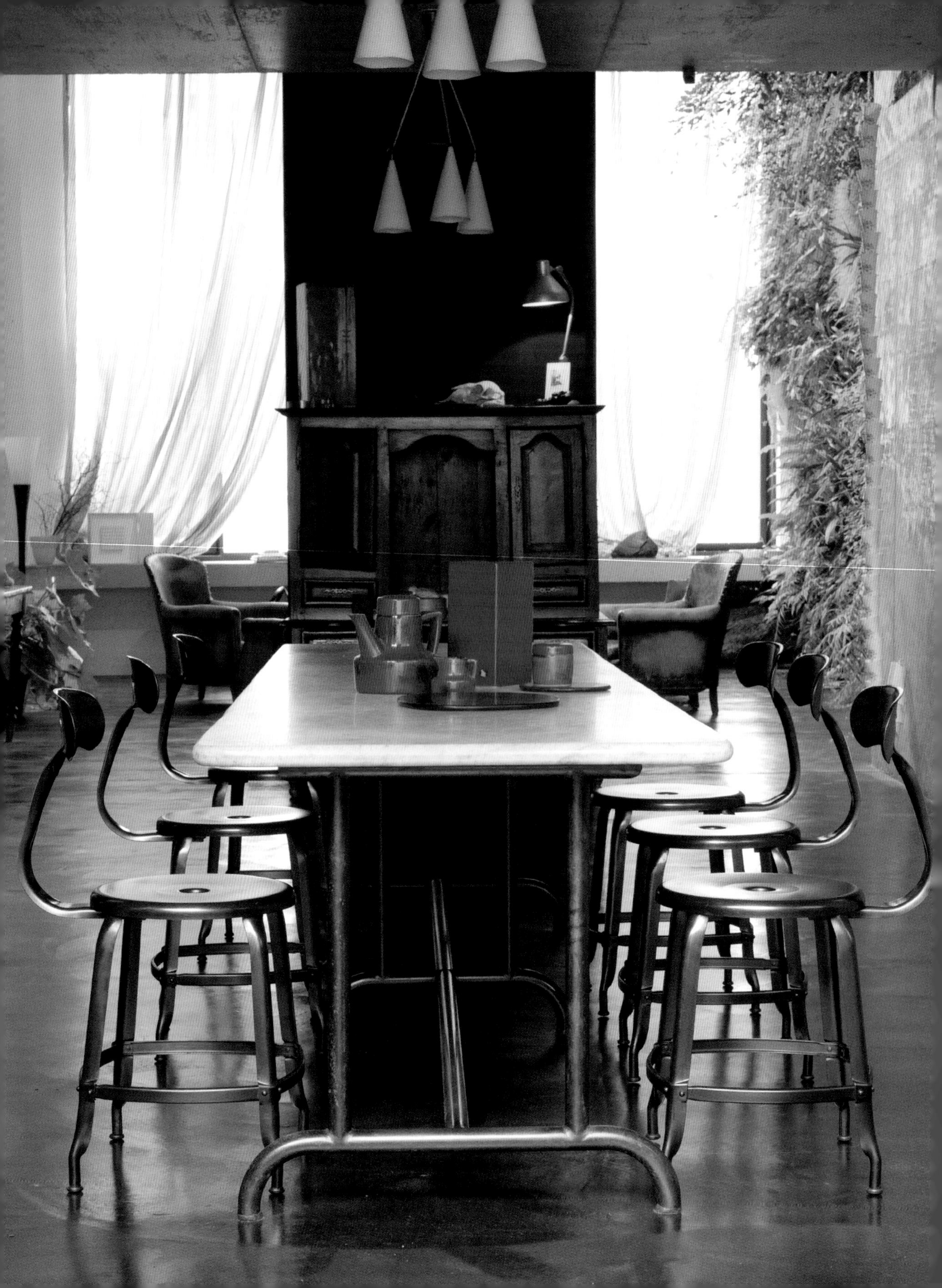

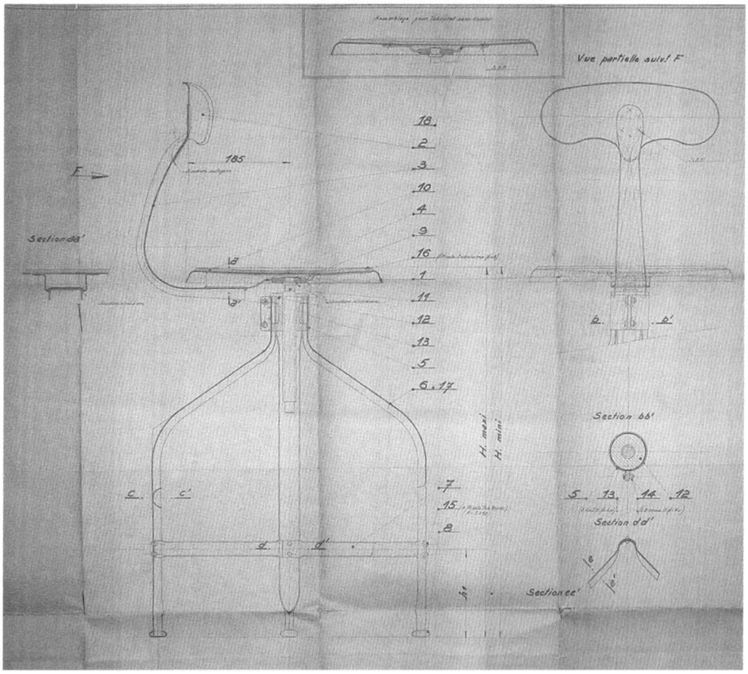

»
1940년대에 출시된 회전형 니콜 체어의 설계도. 생산 공정이 자세히 적혀 있다.

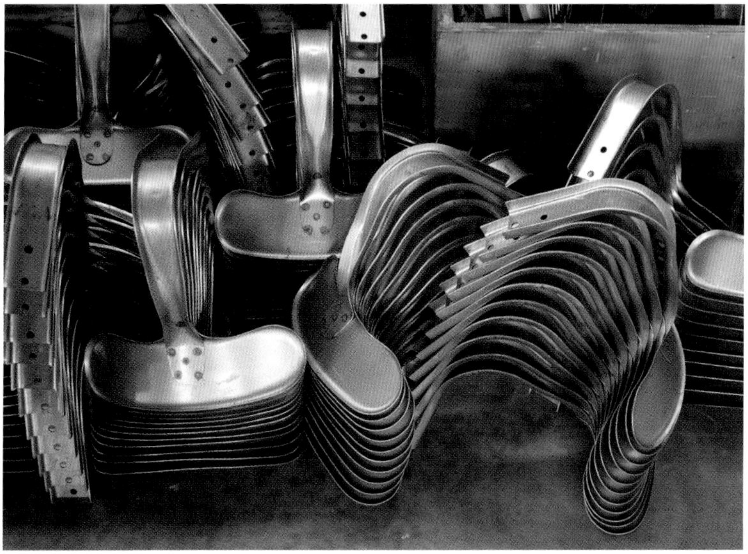

»
파리에 위치한 니콜 체어 제조 공장에서. 등받이 부분이 차곡차곡 쌓인 채 조립을 기다리고 있다.

«
디자이너 장 마르크 디망슈(Jean-Marc Dimanche)의 파리 저택에서. MIJL(Mobilier Industriel Jérôme Lepert)사에서 재출시한 니콜 체어가 나란히 놓여 있어 식탁에 품위를 더한다.

새로운 형태 NOVEL FORMS

내구성과 유연성이 뛰어나고 무게가 가벼워서 제1차 세계대전 항공기 제조에 사용되었고, 모던 스타일 가구의 발전에도 활력을 불어넣은 강철관

조형 예술의 효율성과 기능미를 중시한 독일 바우하우스의 사상에서 영감을 얻은 건축가이자 가구 디자이너 마르트 쉬탐(Mart Stam)은 1926년 획기적인 의자의 프로토타입을 제작했다. 이 의자는 가스 배관과 배관을 연결하는 부품으로 이루어져 심플하고 탄력이 있으며, 캔틸레버(보를 받치는 양쪽 기둥 중 한쪽을 없애 한쪽이 공중에 떠 있는 구조, 외팔보라고도 한다_역자 주) 원리를 응용하여 뒷다리 두 개가 없었다.

이후 쉬탐은 강철관을 사용해 날렵하고 유연하며 모던한 스타일의 캔틸레버 의자를 완성했다. 바우하우스와 관련이 깊은 건축가 마르셀 브로이어(Marcel Breuer)와 미스 반 데어 로에(Mies van der Rohe)도 쉬탐의 대담한 디자인에서 영감을 얻어 같은 원리를 적용한 의자를 디자인했다. 쉬탐이 디자인한 심플하고 기능적인 캔틸레버 의자는 지금도 토넷(Thonet)사에서 제작되고 있다.

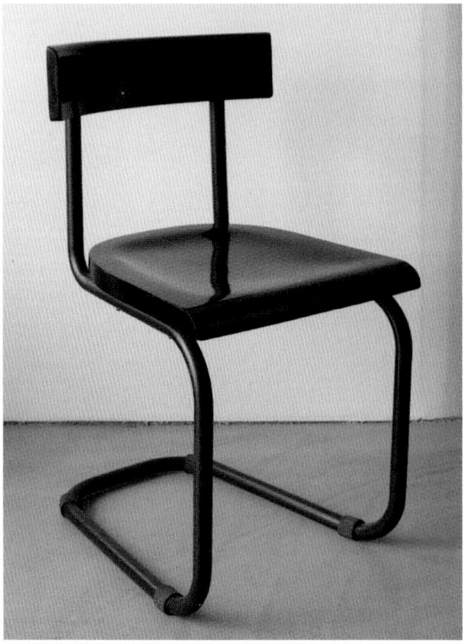

«
1930년 토넷사에서 제작한 캔틸레버 의자. 가스 배관으로 만든 프로토타입을 바탕으로 하여 강철관으로 제작했다. 탄력성이 있어서 편안하면서도 실용적이다.

»
1929년 쉬탐이 독일에서 특허를 취득할 때 첨부한 도면이 실린 카탈로그 〈토넷 클래식〉(Thonet Classic)에서 발췌. 쉬탐의 연구가 얼마나 광범위했는지 알 수 있다.

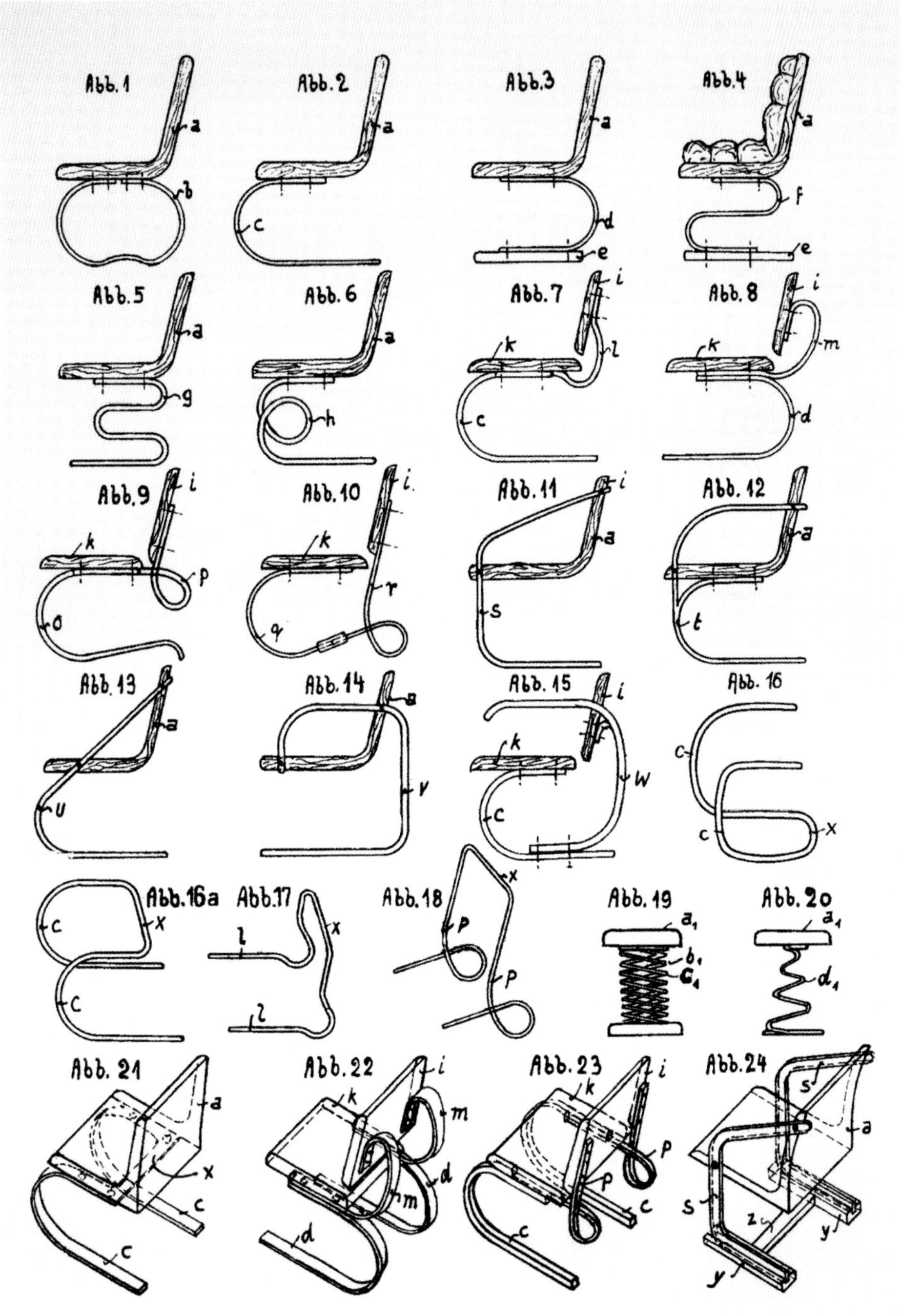
Abb. 1
Abb. 2
Abb. 3
Abb. 4
Abb. 5
Abb. 6
Abb. 7
Abb. 8
Abb. 9
Abb. 10
Abb. 11
Abb. 12
Abb. 13
Abb. 14
Abb. 15
Abb. 16
Abb. 16a
Abb. 17
Abb. 18
Abb. 19
Abb. 20
Abb. 21
Abb. 22
Abb. 23
Abb. 24

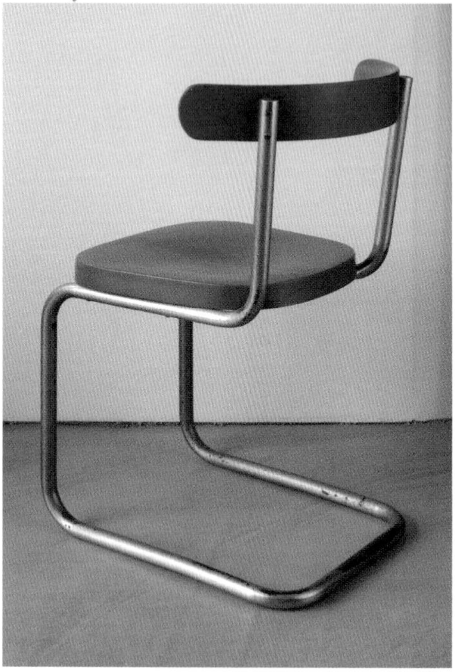

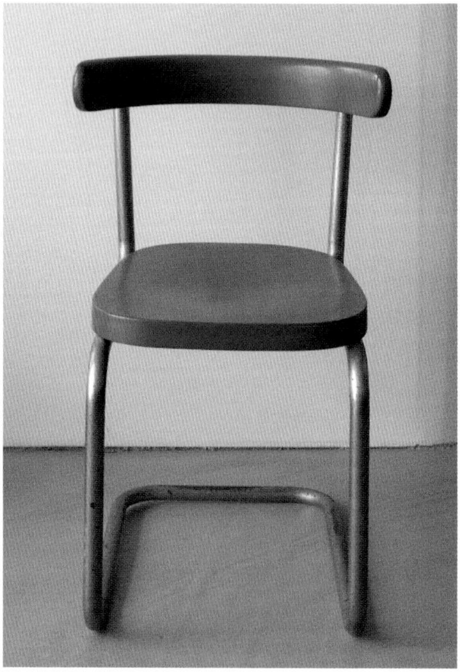

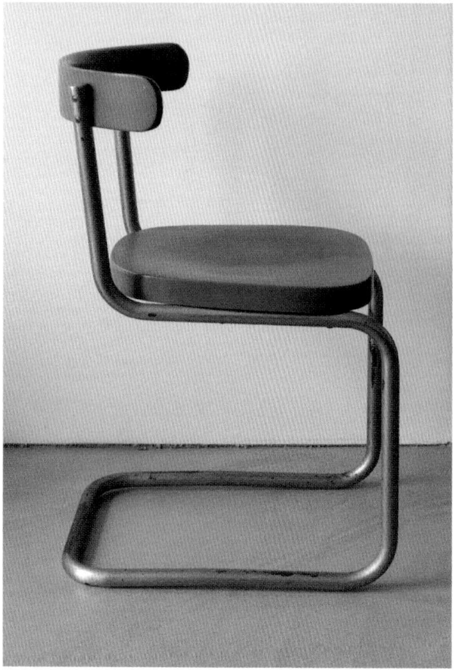

«
갤러리 뒤오에 전시된 No.B263 모델. 어느 각도에서 봐도 실용성과 멋스러움을 두루 갖추었다. 마르트 쉬탐이 디자인한 이 강철관 의지는 1932년 토넷사에서 처음 제작되었다.

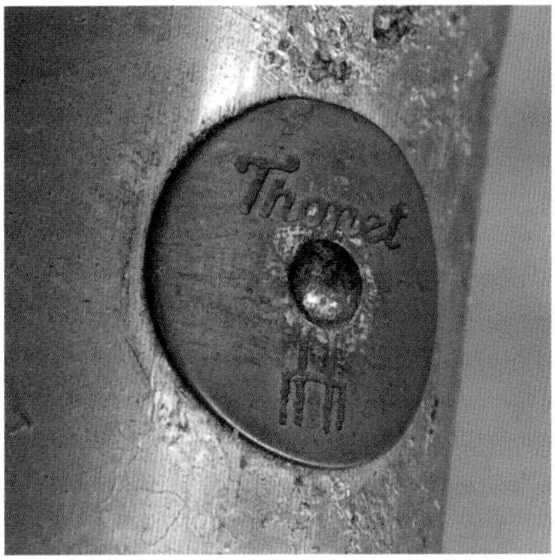

«
의자 프레임에 리벳으로 박혀 있는 자그마한 로고.

마르트 쉬탐이 디자인한 초기의 캔틸레버 의자에는 뛰어난 내구력과 유연성이 가장 큰 특징인 강철관이 사용되었다. 제1차 세계대전 때 항공기와 자동차에 처음으로 사용된 강철관은 독일과 네덜란드의 모더니즘 운동에 심취해 있던 건축가 쉬탐의 상상력을 자극했다. 쉬탐이 디자인한 의자는 심플하고 기능적이며 가벼웠다. 이 의자를 사용한 이들은 마치 공중에 앉아있는 것 같다고 평가했다. 혁명적이라고도 말할 수 있는 이 의자는 시대정신(Zeitgeist)을 반영했다. 군더더기 없이 매끈한 실루엣은 당시의 건축과 완벽하게 조화를 이뤘다. 게다가 대량 생산용으로 디자인되어 생산 원가가 낮고 판매 가격이 저렴했다.

19세기 중반 No.14라는 이름의 의자를 발표한 토넷사 역시 모던 인더스트리얼 디자인의 선구자 반열에 올랐다. 곡선 가공한 나무를 이용해 제작한 이 의자는 조립되지 않은 채 규격화된 부품 상태로 판매되었다. 현대 DIY 제품의 전신이라고도 할 수 있는 이 방식은 효율적인 대량 생산 기법으로 여겨지면서 전 세계로 확산되어 가구 혁명의 불씨를 당겼다.

토넷사의 카탈로그에는 지금도 쉬탐이 디자인한 여러 버전의 캔틸레버 의자나 동일한 콘셉트를 기반으로 제작된 마르셀 브로이어와 미스 반 데어 로에의 의자가 실려 있어 강철관 가구의 꾸준한 인기를 실감할 수 있다. 기계가 만들어낸 강철관 의자의 유선형 라인은 모더니즘 미학의 완벽한 표본이다.

스태킹 의자 STACKED PRECISION

효율적인 공간 활용을 중시한 의자가 쏟아져 나온 1930년대

1927년, 파리의 카페테라스와 공원에 수필 체어(Surpil Chair)가 처음으로 모습을 드러냈다. 이 의자를 디자인한 사업가이자 발명가 줄리앙 앙리 포르쉐(Julien-Henri Porché)는 쌓을 때나 분리할 때나 큰 힘을 들이지 않고도 가지런하게 쌓아 올릴 수 있는 완벽한 스태킹 의자를 만들고 싶어 했다. 그 우아할 만큼 심플한 구조는 감탄이 절로 나올 정도이고, 좌판과 등받이를 감싼 두 개의 강철관은 안정성과 가벼운 무게를 두루 갖추었다.

수필 체어의 혁신적인 디자인은 쌓아 올렸을 때 더욱 도드라진다. 다리의 각도와 위치가 대단히 치밀하게 설계되어 쌓아 올렸을 때 바닥을 차지하는 면적이 의자 하나일 때와 크게 다르지 않다. 기능적이고 우아하며 견고한 데다 남다른 개성까지 갖춘 수필 체어는 그라 램프(Gras lamp)를 재출시한 프랑스의 조명 및 가구 디자인 회사 DCW에서 2012년 재출시되었다.

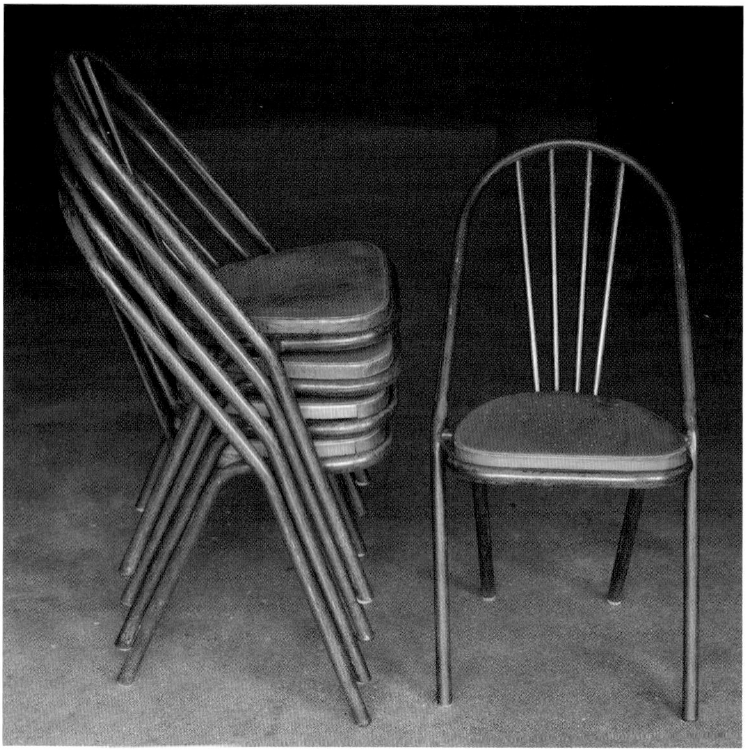

«
줄리앙 앙리 포르쉐가 디자인한 수필 체어는 가지런히 쌓아 올릴 수 있어서 공간을 넓게 활용할 수 있다.

»
수필 체어의 깔끔한 라인이 거실 분위기를 편안하면서도 세련되게 연출한다.

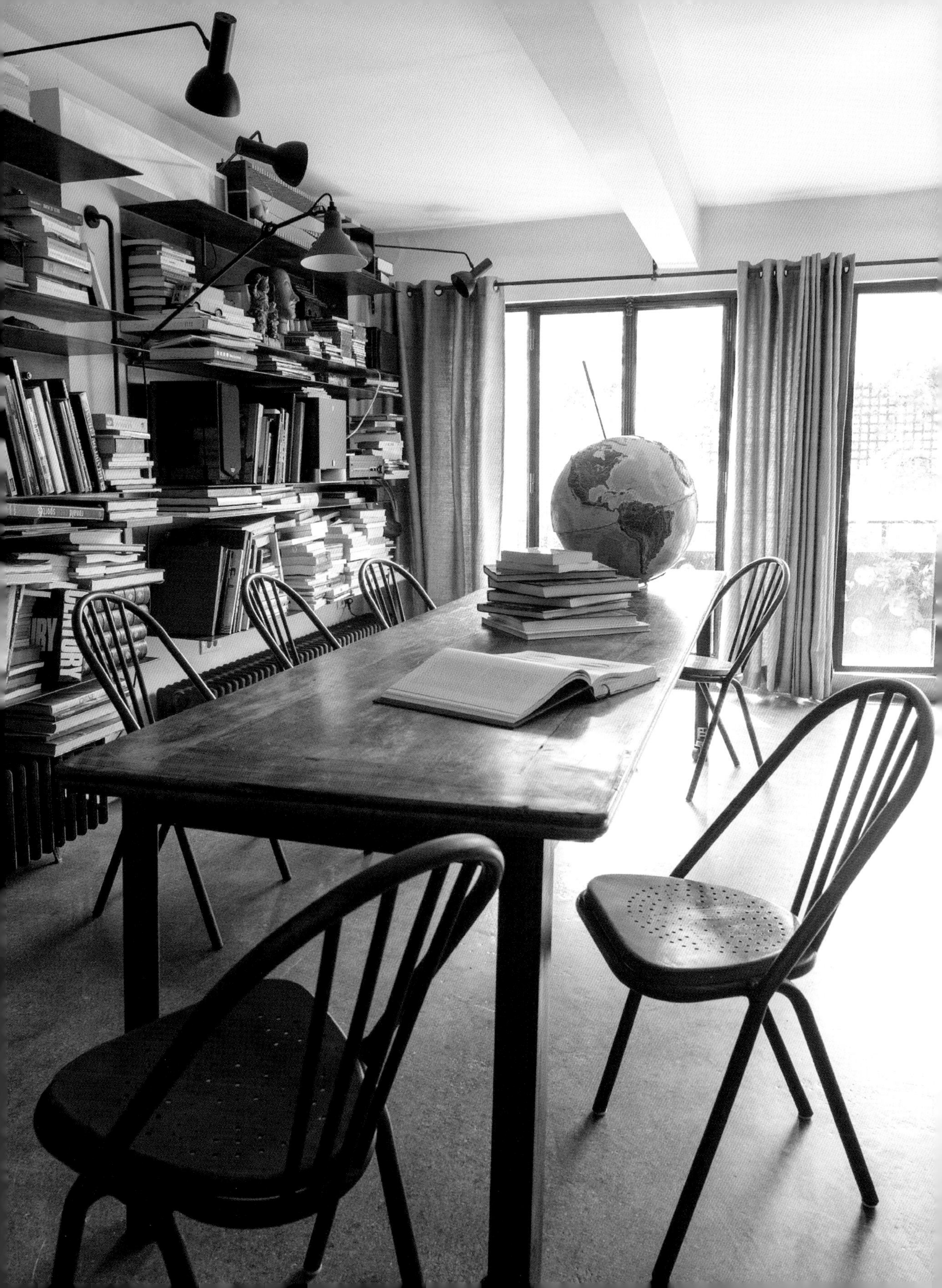

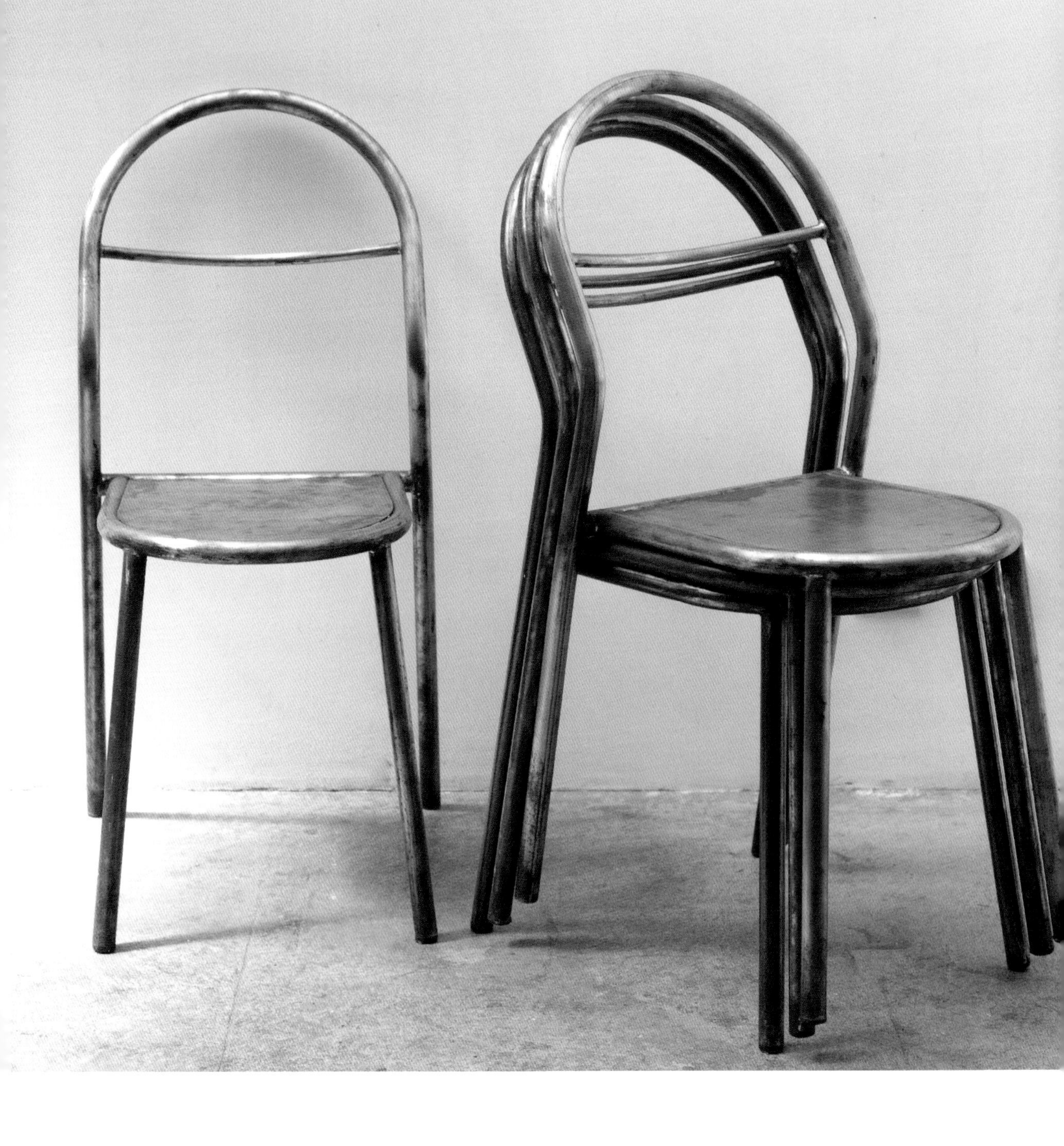

»
로베르 말레 스테뱅스가 디자인한 스태킹 의자. 튜버 체어의 심플한 라인을 그대로 반영했다. 제조 방식이 단순하고 다리와 좌판의 설계가 정교해서 빈틈없이 깔끔하게 쌓아 올릴 수 있다.

«
1950년 프랑스의 실내 건축가이자 디자이너인 자크 히티에(Jacques Hitier)가 디자인한 강철관 의자.

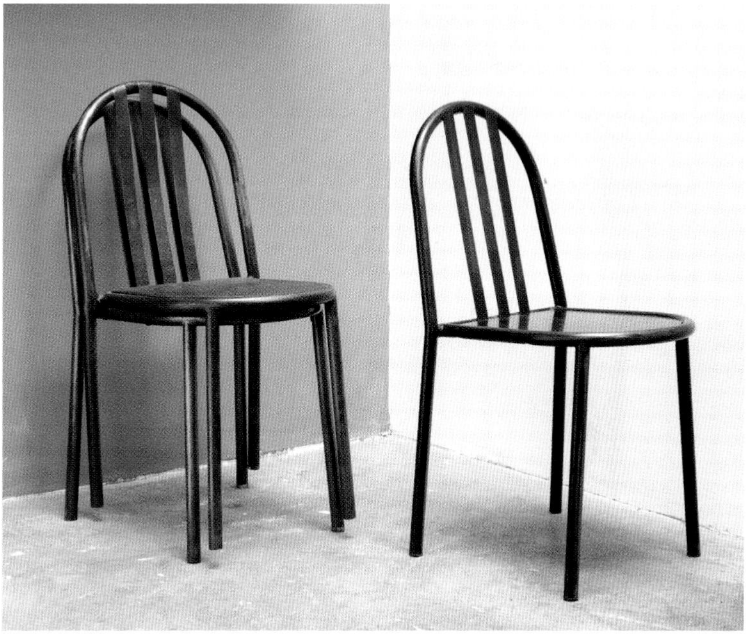

프랑스 건축가 로베르 말레 스테뱅스(Robert Mallet-Stevens)의 디자인으로 널리 알려진, 간결하고 우아한 튜버 체어(Tubor chair)는 1931년 열린 파리 식민지 박람회에 채택되어 수천 개나 사용되었다. 그해, 사업가 앙리 에브라(Henri Hébrard)는 튜버 브랜드를 설립하고 특허 두 건을 신청했다. 그는 이 경량 의자의 다리 형태와 등받이, 좌판의 디자인이 보관뿐 아니라 조립과 생산까지 용이하다고 설명했다. 또 쌓아 올린 의자를 안전하게 옮기는 카트를 소개하며 의자를 운반하는 방법까지 제시했다.

에브라가 특허를 신청할 때 첨부한 도면에는 간결한 라인의 의자가 그려져 있는데, 이 그림은 실내 장식가이기도 했던 스테뱅스의 흥미를 끌기에 충분했다. 금속에 대한 지식이 풍부하고 예술가나 음악가, 디자이너, 영화감독과 수차례 공동 작업을 즐겼던 스테뱅스가 에브라와 함께 의자를 개발하는 것은 지극히 자연스러운 선택이었다. 스테뱅스는 디자인과 제조 공정을 개선하는 데 중요한 역할을 했으며, 에브라가 개발한 기본 모델을 그때그때 목적에 맞게 수정하여 주거 공간이나 현대예술가협회(Union des Artistes Modernes; 1929년 스테뱅스가 설립한 건축가와 디자이너 단체)에서 개최한 전시회의 인테리어에 자주 활용했다.

스페셜 에디션 SPECIAL EDITIONS

프랑스의 학교 의자로 선정된 뮐카 체어와 70년 전 미국 인더스트리얼 디자인의 초석을 다진 에메코 네이비 체어

1940년대 후반에 출시된 뮐카 체어(Mullca chair)는 프랑스 전역의 학교 의자로 채택되었다. 아래 그림은 특허를 취득했을 때 첨부한 도면인데, 왼쪽은 가스통 카바용(Gaston Cavaillon)이 디자인한 오리지널 버전이고, 오른쪽은 업그레이드된 버전과 간단해진 조립 방법에 대한 설명이다. 등받이에 홈이 있어서 슬라이드식으로 밀어 넣어 조립할 수 있다.

1944년 이후 지금까지 꾸준히 생산되고 있는 네이비 체어(Navy chair)는 바다 생활을 염두에 두고 디자인되었다. 에메코(Emeco)사에서 제작한 이 의자는 미국 해군(U.S. Navy)의 구축함과 잠수함용으로 설계되어 가볍고 쉽게 녹슬지 않는다는 특징이 있다. 강철보다 세 배나 강한 특수 알루미늄으로 제작된 네이비 체어는 이제 바다뿐 아니라 여러 장소에서 다양한 용도로 널리 쓰이고 있다.

»
파리 마레 지구의 섬유 공장을 개조해 만든 건물에 위치한 메르시(Merci)는 패션 상품과 인테리어 소품, 가구 등을 판매하는 친환경 콘셉트의 편집숍이다. 매장 안에 있는 아늑한 분위기의 카페에는 헌책과 인더스트리얼 가구, 빈티지 뮐카 체어가 놓여 있다. 현재 프랑스의 건축 디자인 스튜디오인 시구(Cigüe)에서 세련미를 한층 끌어올린 가죽 버전 뮐카 체어가 생산되고 있다.

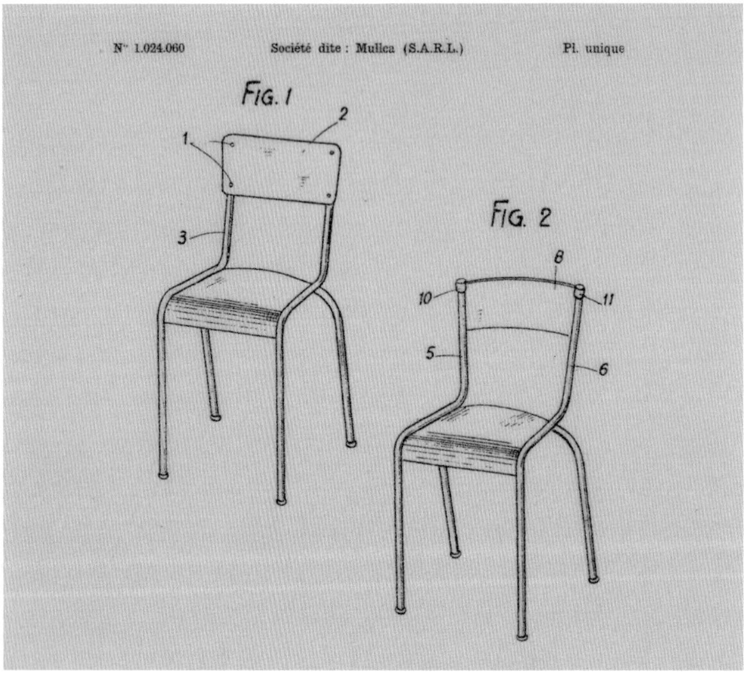

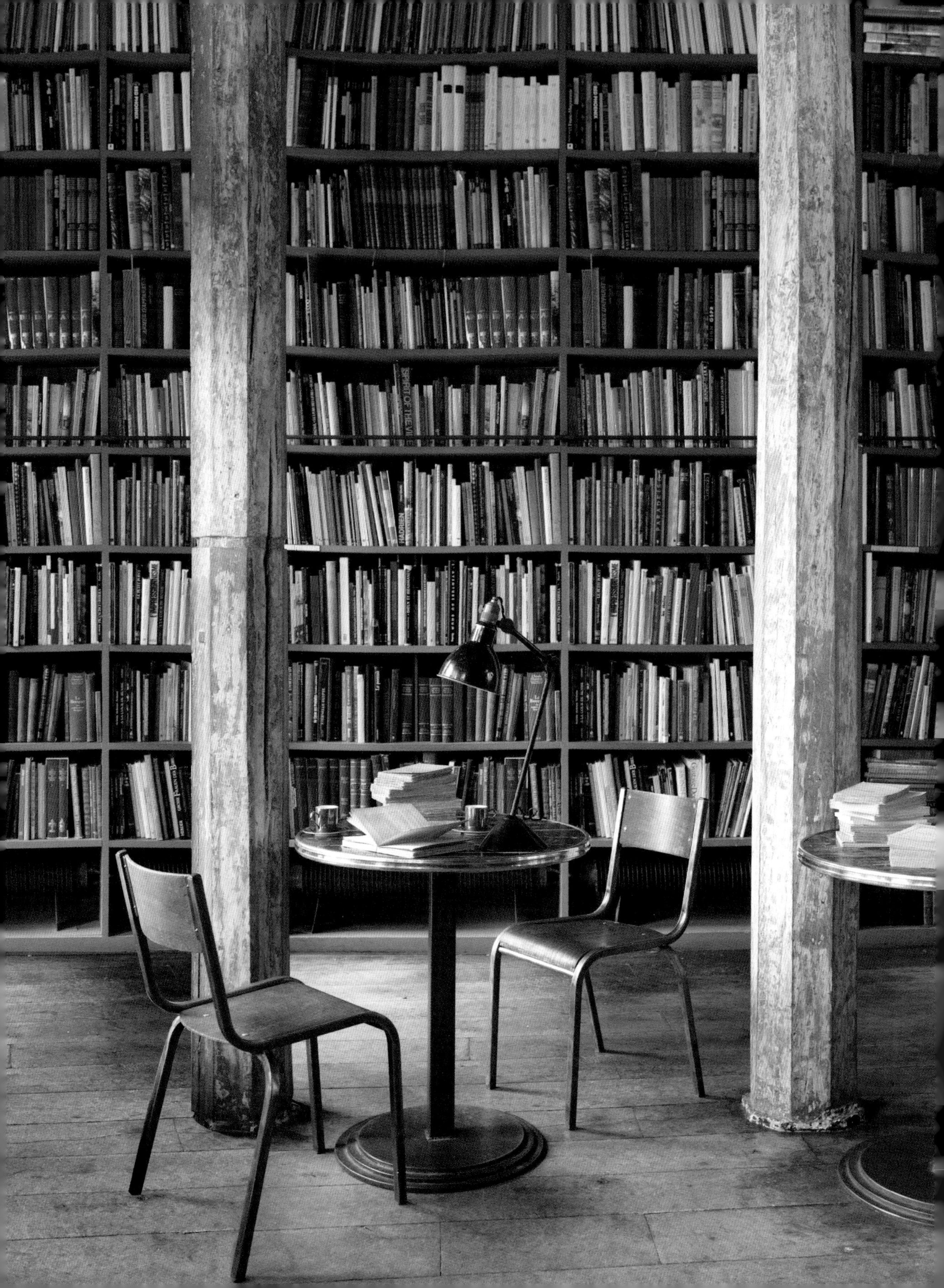

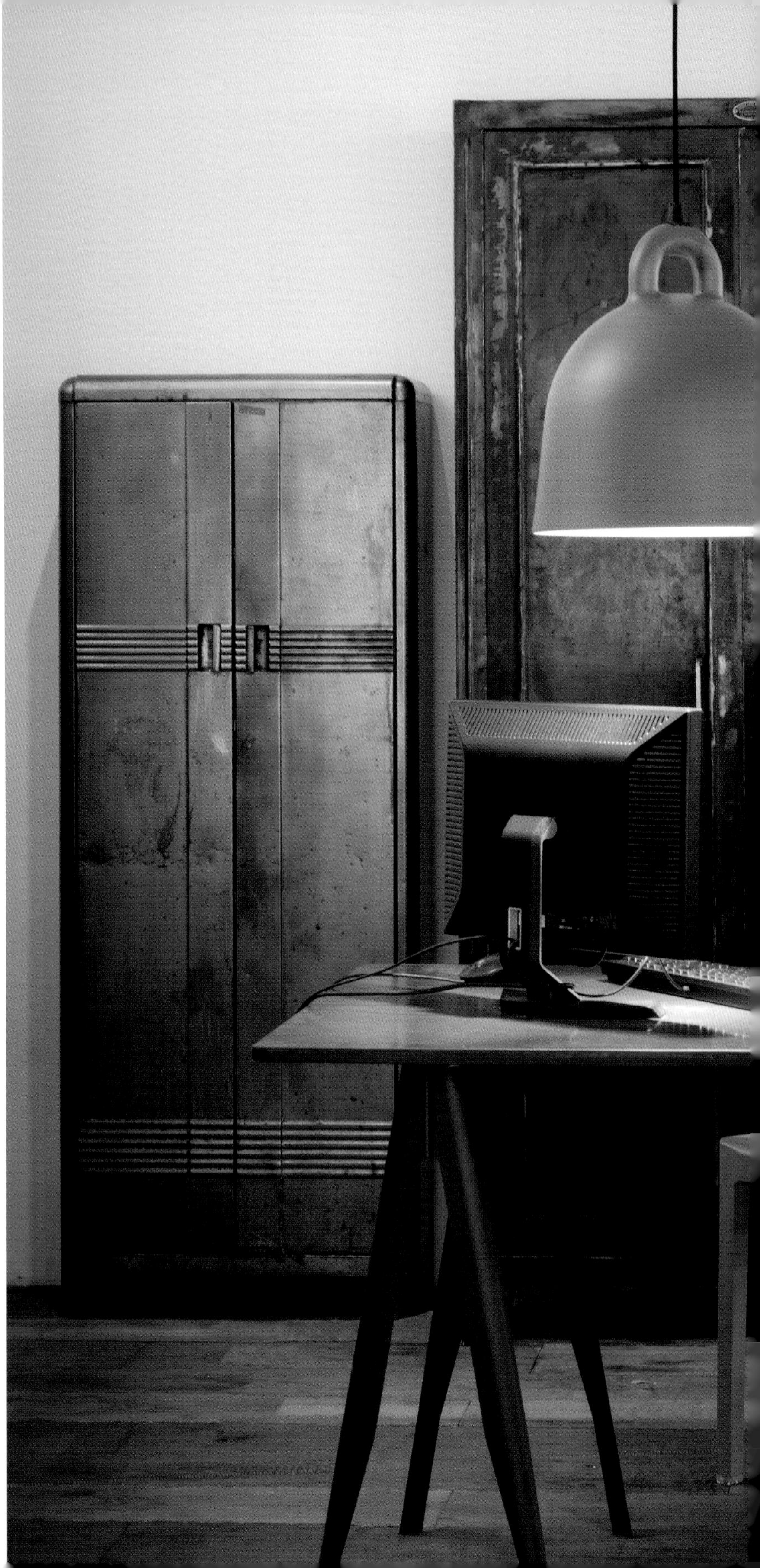

»

메르시에 진열된 111 네이비 체어가 빈티지 가구, 현대 가구, 재출시된 가구와 조화롭게 어우러져 있다. 1950년대에 제작된 인더스트리얼 캐비닛 앞에는 철제 다리와 섬유 보강 콘크리트제 상판으로 이루어진 톨릭스 테이블이 직원의 업무 공간으로 꾸며져 있다.

에메코와 코카콜라의 합작으로 탄생한 111 네이비 체어의 이름은 재활용 플라스틱병 111개로 만들었다고 해서 붙여졌으며, 1944년 알루미늄으로 제작된 오리지널 모델 1006 네이비 체어와 사이즈가 정확히 동일하다. 1006 네이비 체어는 미국 정부로부터 군함 및 잠수함용으로 가벼우면서도 물과 염분에 강하고 거친 환경에서 사용할 수 있는 튼튼한 의자를 만들어 달라는 주문을 받아 제작되었으며 지금까지도 미국에 위치한 같은 공장에서 계속 생산되고 있다.

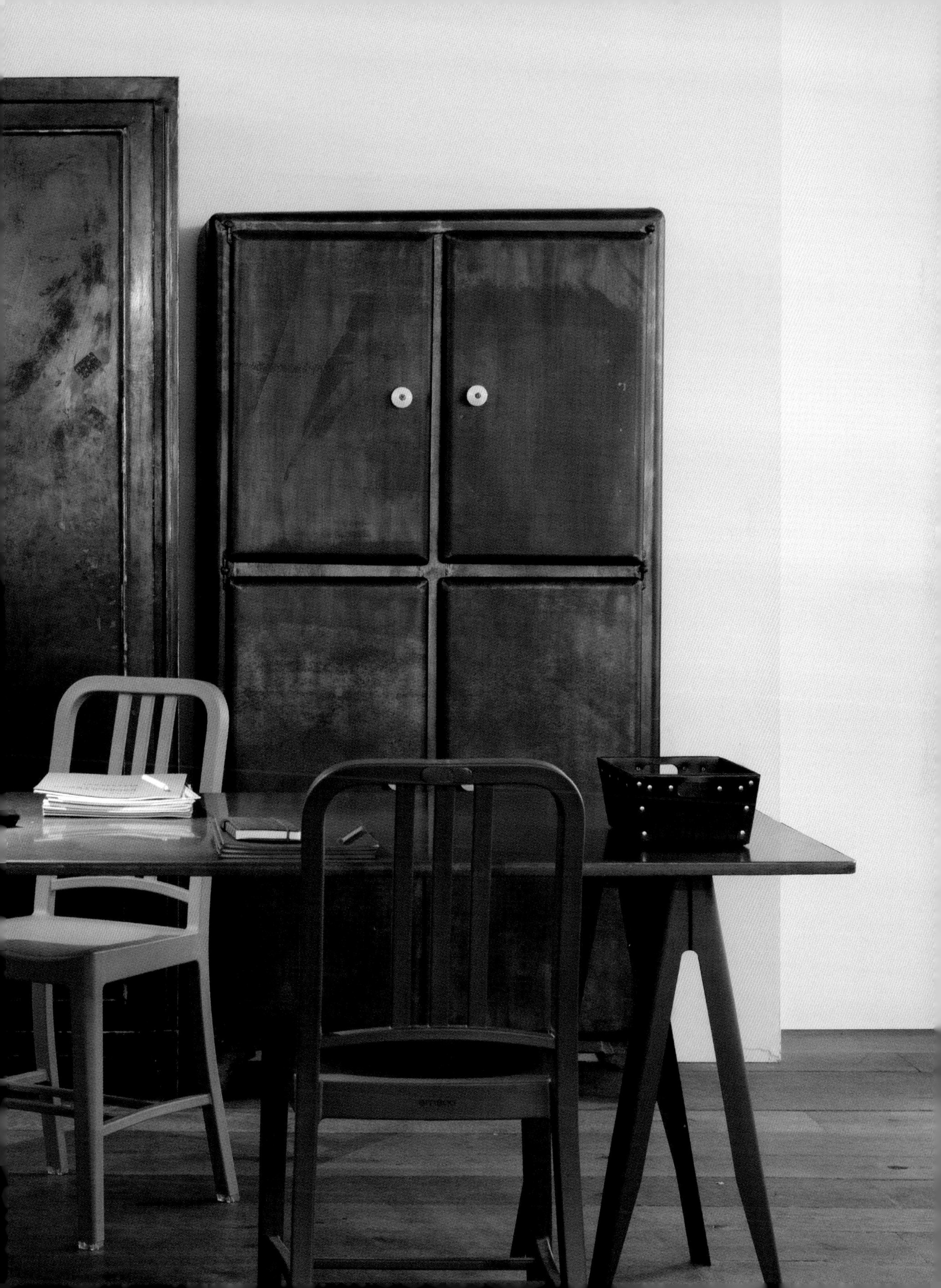

TABLES
테이블

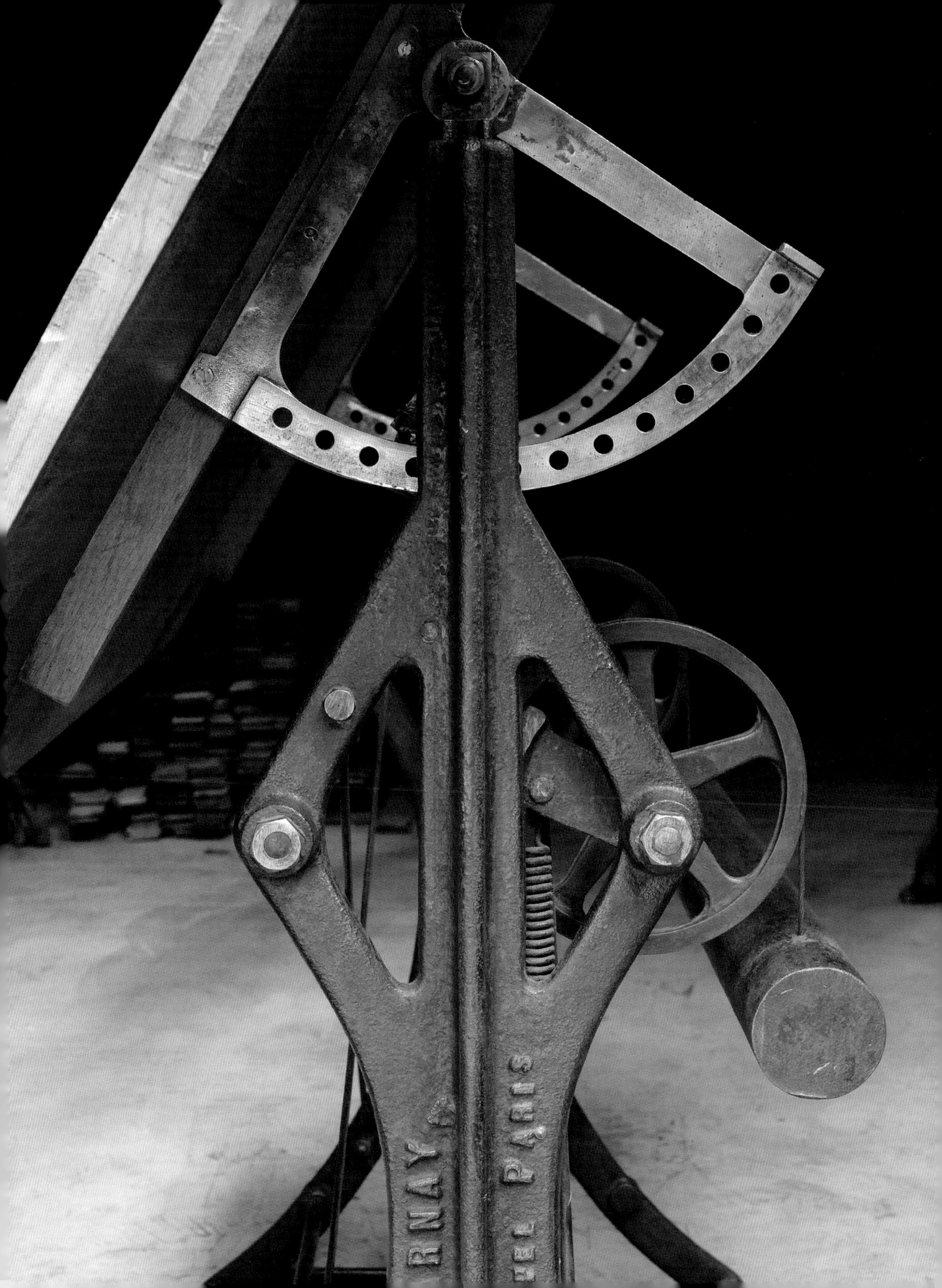
RNAY
PARIS

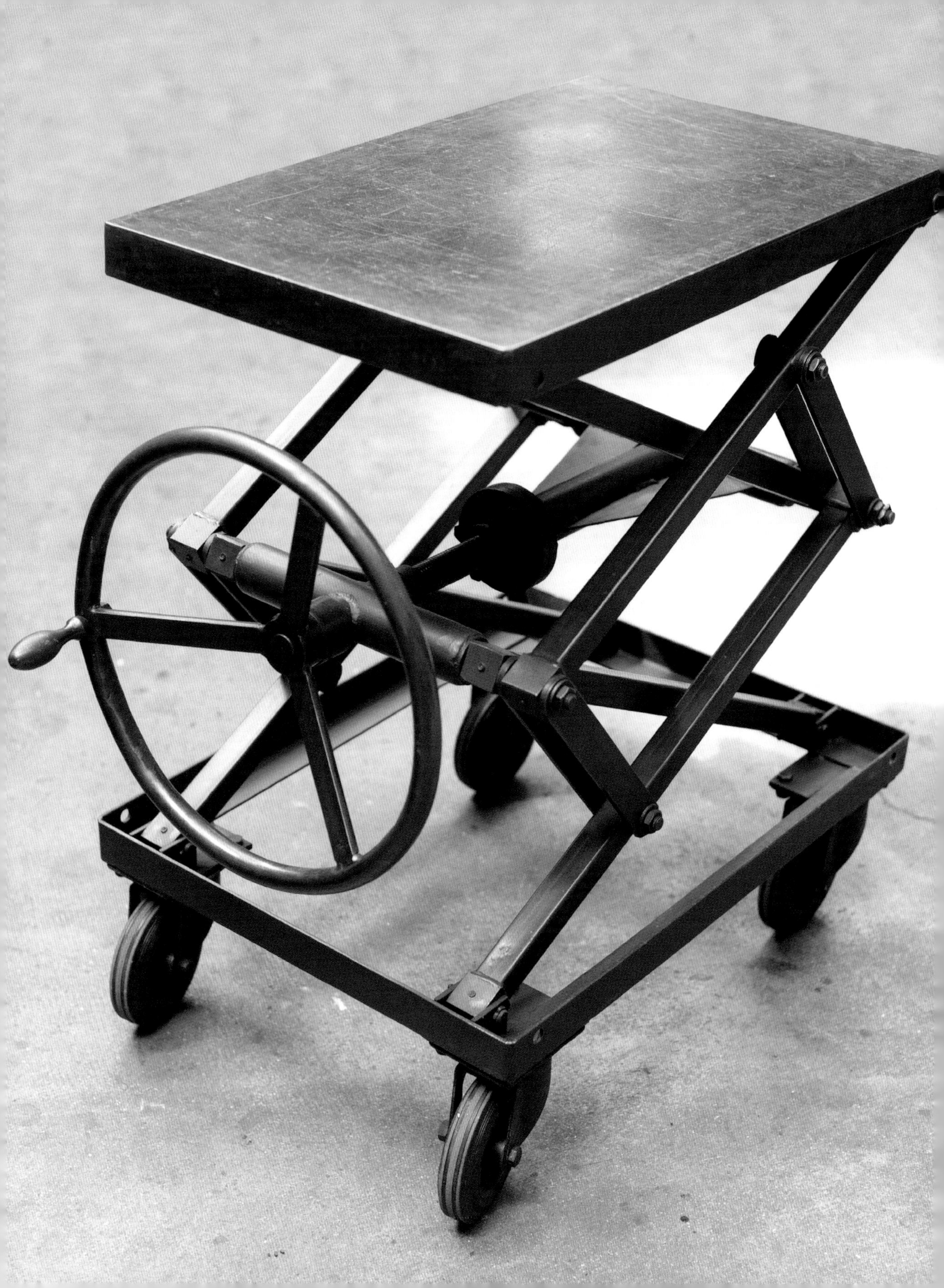

과학과 기능성 SCIENCE AND FUNCTIONALITY

무역의 전문화와 생산의 가속화가 가져온 업무용 가구의 변화

«
책으로 높이를 조절해 무거운 짐을 들어 올릴 수 있는 테이블.

디자이너와 엔지니어들은 인체 공학을 바탕으로 공간과 기계, 작업 흐름에 최적화된 구조를 개발하고자 근로자들의 움직임을 면밀히 관찰했다. 특히 테이블은 작업자의 움직임에 맞춰 반복 작업과 피로를 최소화할 수 있는 여지가 많았다. 그래서 서서 일하는지 앉아서 일하는지 같은 근로자의 자세와 사용하는 장비의 무게나 크기 같은 요인을 고려하게 되었다.

산업용 테이블은 상판을 주철이나 강철로 만들고 다리에 바퀴나 잭(jack)을 달아서 무거운 기계를 들어 올리거나 운반할 때 드는 수고를 큰 폭으로 줄였다. 사무실에도 이러한 변화의 바람이 불어 사용하기 편하면서도 세련된, 래커 칠한 강철 가구가 도입되었다. 개인용 책상에는 급증하는 문서와 편지를 충분히 수납할 수 있는 서랍을 달아 비서나 타이피스트 같은 새로운 직종의 효율성을 높였다.

업무 현장의 공간과 비용을 절약하는 데 성공한 엔지니어와 디자이너들은 이러한 가구를 자신의 작업실에서 사용하며 테이블 상판의 각도와 높이를 조절할 수 있는 시스템을 발명했다. 이 시스템은 제도용 기구와 평행자 등이 테이블에 고정되어 있어서 상판을 수직 또는 수평 방향으로 움직이면 함께 움직이는 구조로 이루어져 있다. 구조가 복잡한 테이블이나 무거운 물건을 수월하게 옮길 수 있는 테이블 등 혁신을 이룬 이들 테이블은 오늘날 수집가의 손을 거쳐 여러 건축 스튜디오와 사무실을 장식하고 있다.

P.61
페르디난 다네이가 디자인한 클래식 제도대. 상판을 조절하고 고정하는 장치를 가까이에서 찍은 사진이다.

기능적인 가구 UTILITARIAN FURNITURE

대규모 생산 공간에서 빛을 발하는 이동이 간편하고 견고한 가구

굴림대가 달린 높직한 테이블, 가벼운 이동식 테이블, 몇 톤이나 되는 무게를 지탱하는 대형 주철 테이블은 모두 재료를 운반하기 쉽게 도와주어 효율성과 생산성을 높였다.

»
기계 공장에서 사용했던 주물로 만든 제도대. 빈 공간을 투박하면서도 아름다운 존재감으로 채우고 있다.

기계 부품을 조립할 때 쓰는 낮은 테이블. 상판 밑에 회전축이 달려 있어서 상판이 돌아간다.
︾

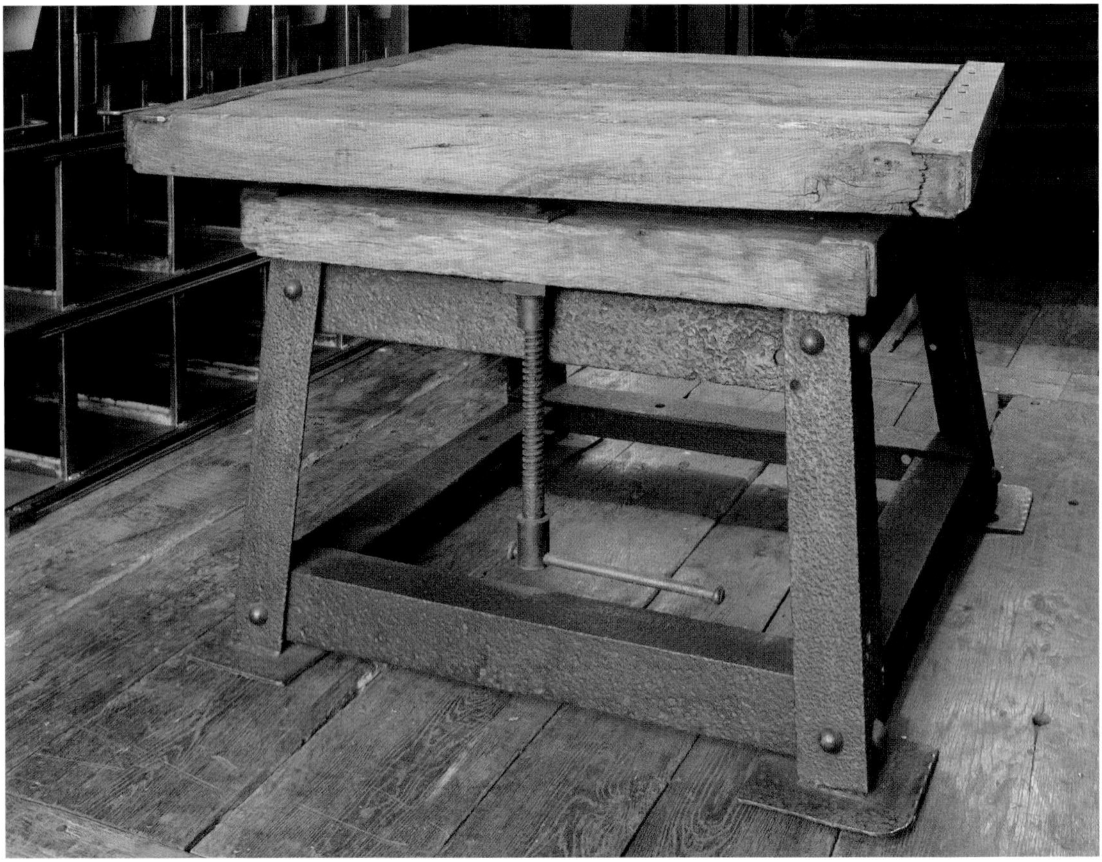

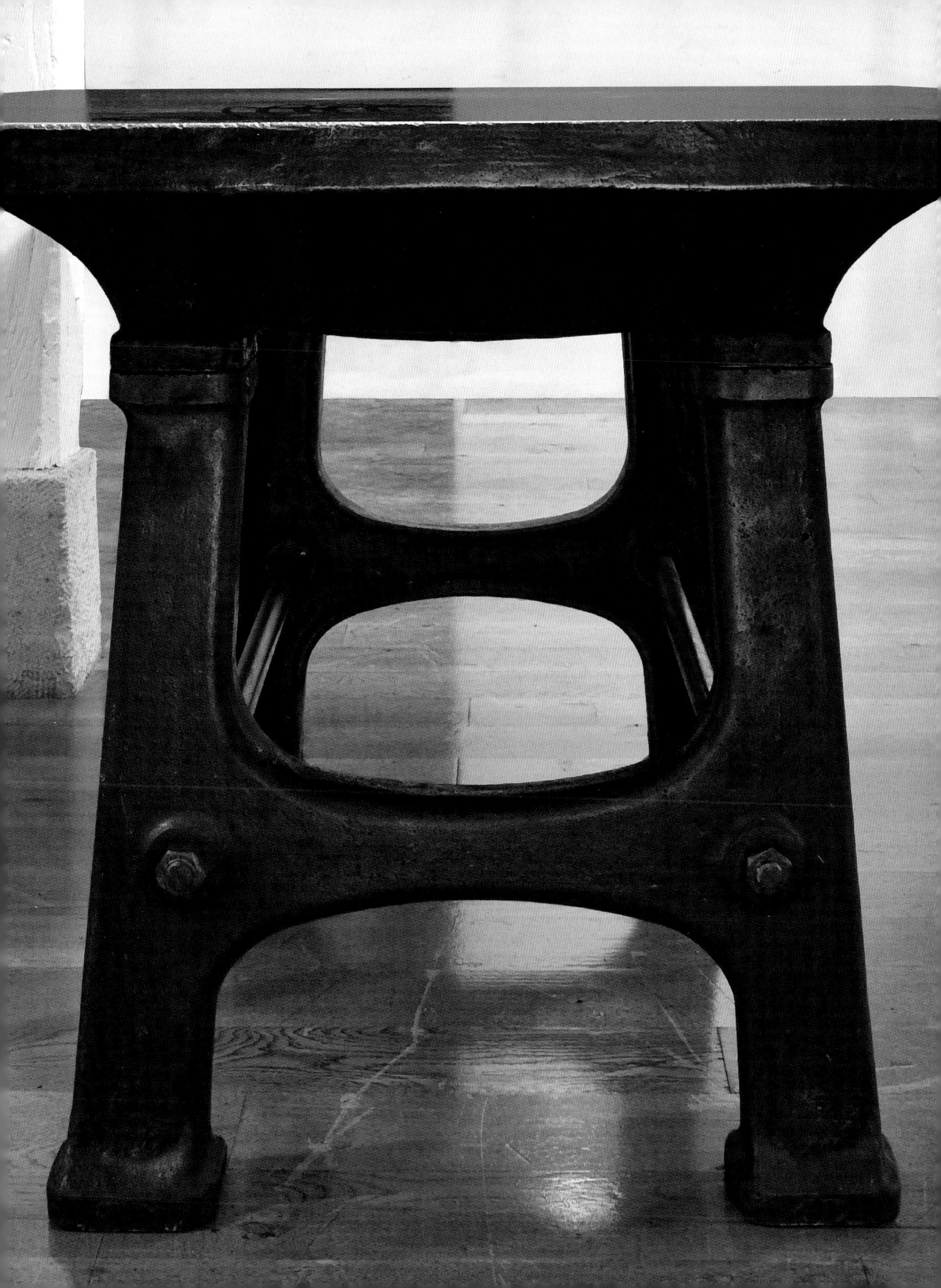

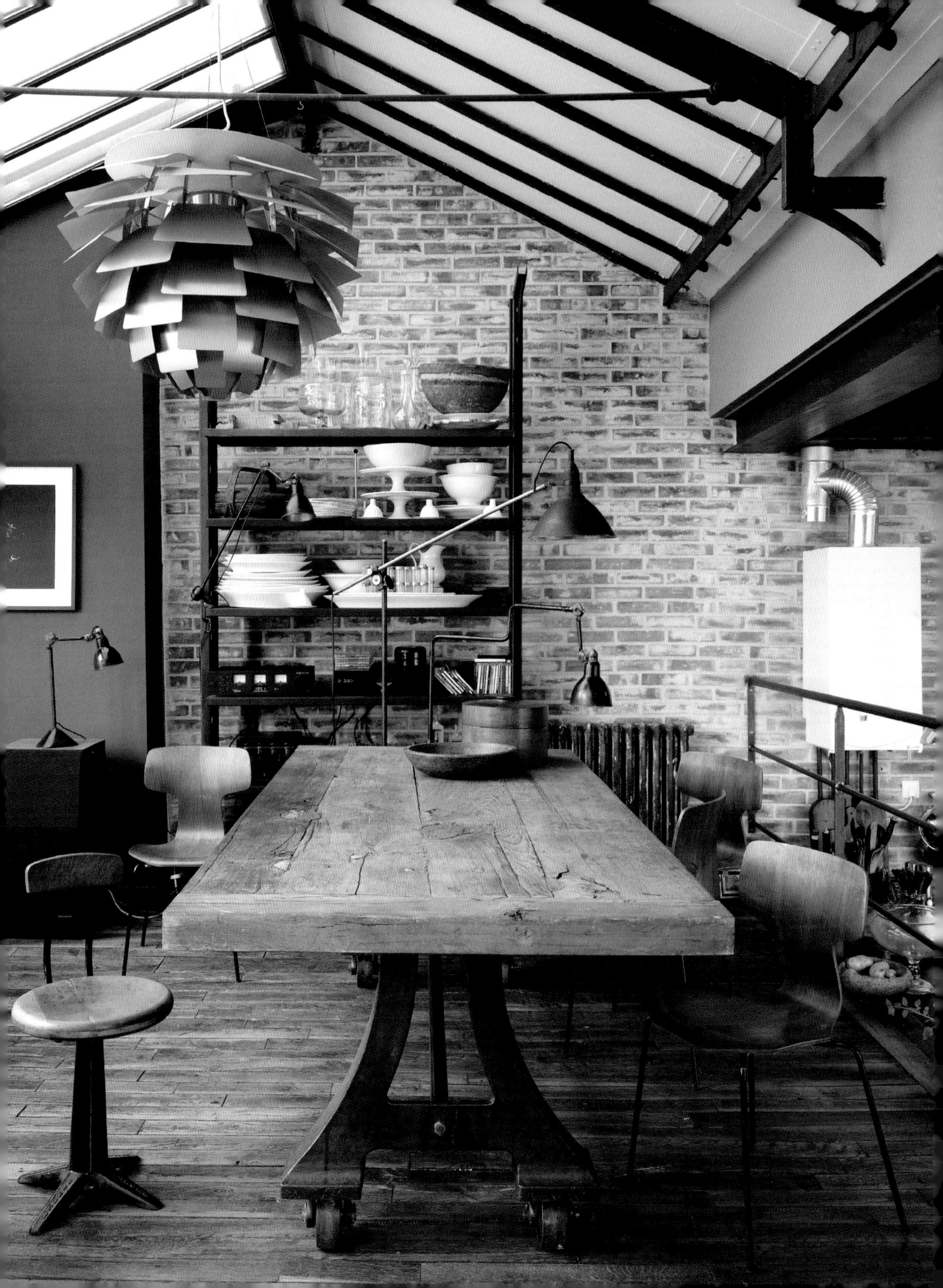

작업장을 리모델링한 주거 공간. 공장에서 사용하던, 주물 다리가 달린 묵직한 목제 테이블은 식탁으로 변신했다. 조명은 그라 램프와 1958년 덴마크 건축가 폴 헤닝센(Poul Henningsen)이 디자인한 루이스 폴센(Louis Poulsen) 사의 아티초크 펜던트 램프(Artichoke pendant lamp).

섬유 공장에서 사용하던 아토스(Athos)의 커팅 테이블. 3미터 길이의 상판에는 천 길이를 재는 기구가 달려 있고 상판의 각도를 조절할 수 있다.

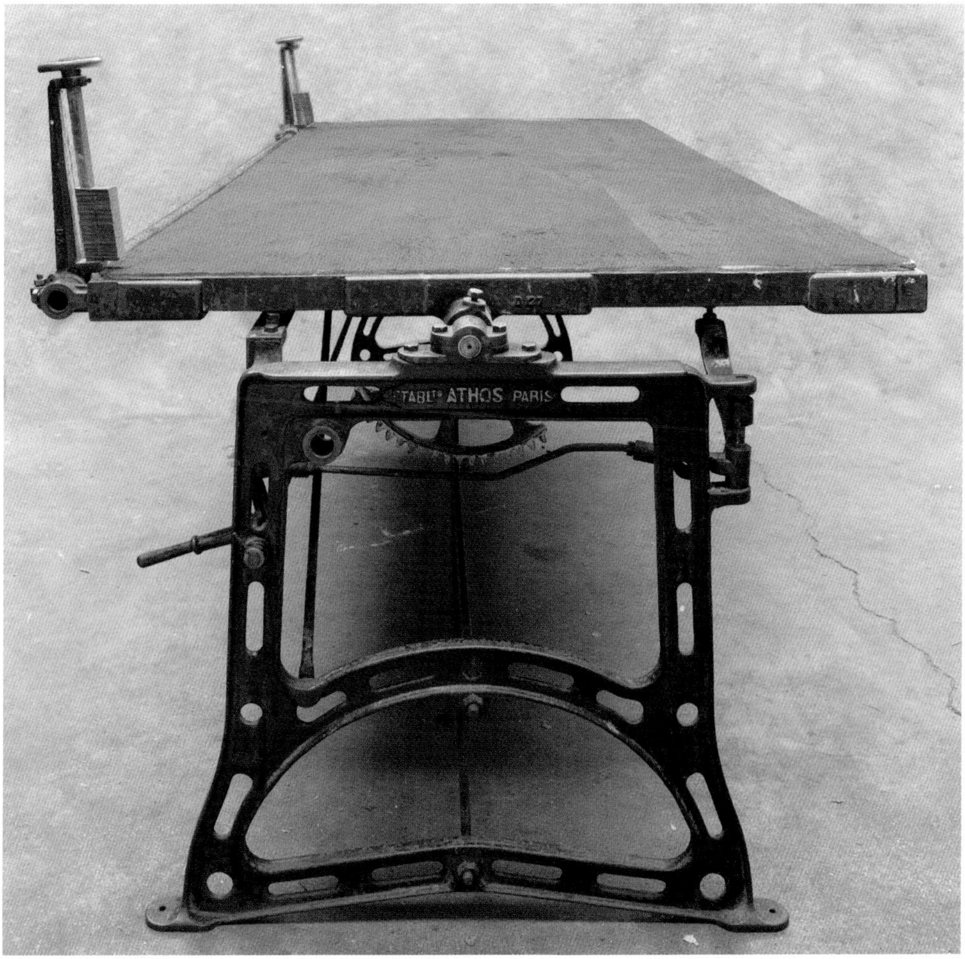

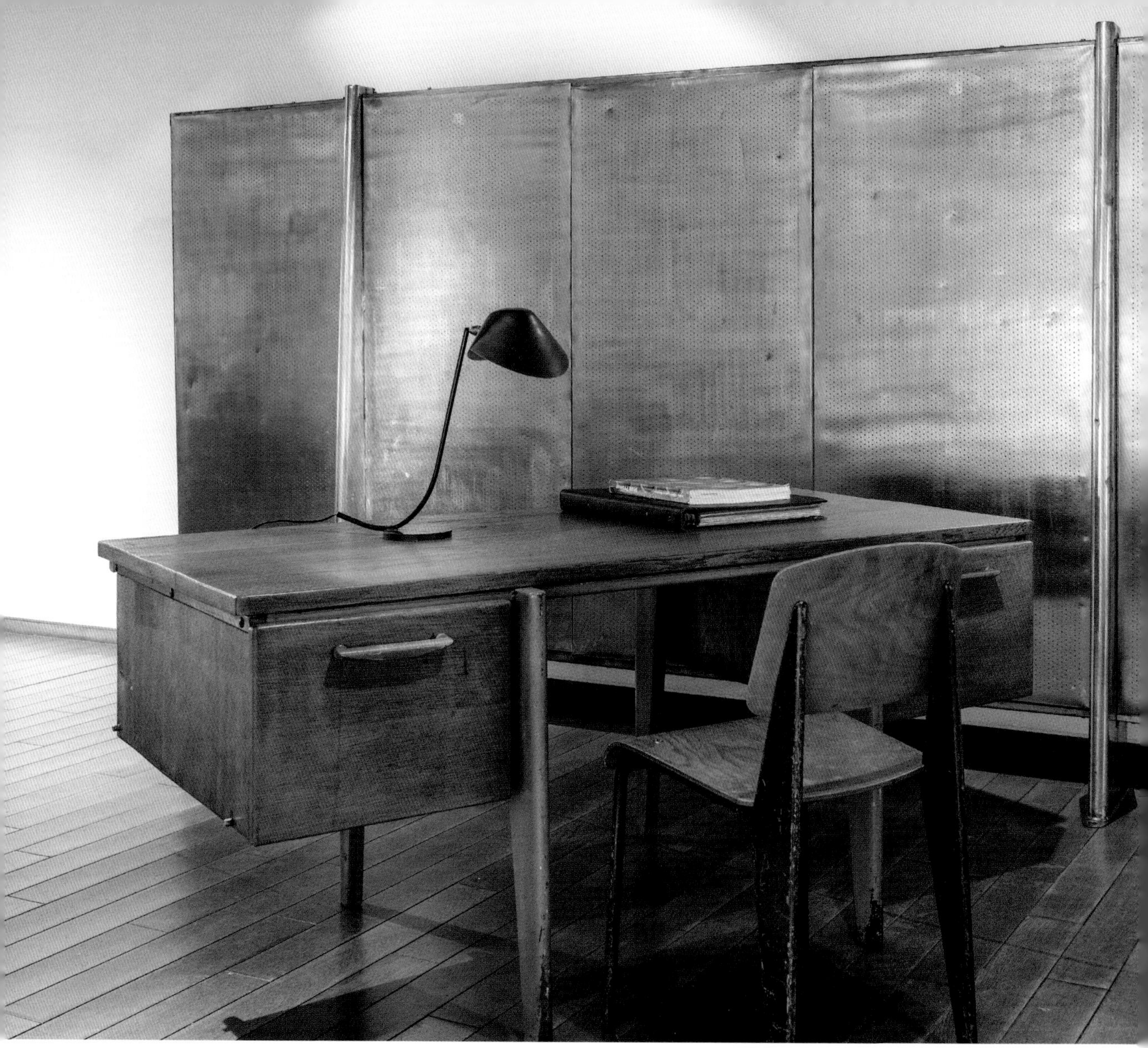

1940년 곡선 가공한 강철판과 나무로 제작된 엘 다비옹(Aile d'Avion; 항공기 날개) 책상과 스탠더드 체어. 뒤로 보이는 곡선 가공한 강철판과 타공 알루미늄으로 만든 방음용 파티션은 파리 교외에 있는 카샹 고등사범학교의 학생식당용으로 제작되었다.

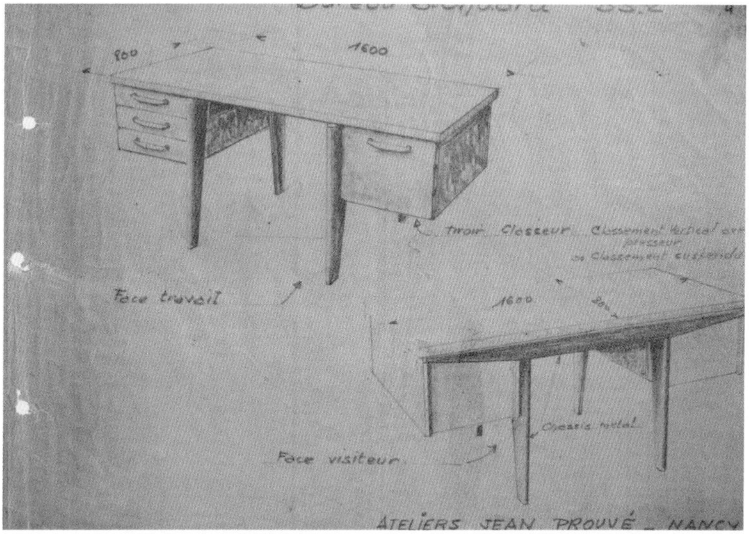

프랑스 낭시의 '아틀리에 장 프루베'가
소장한 스케치북에서. 서랍과 수납장이
달린 스탠더드 책상이 그려져 있다.

장 프루베: 모더니티와 인본주의

JEAN PROUVÉ: MODERNITY AND HUMANISM

가구와 건축 분야의 모범으로 세계적 명성을 떨친 프루베의 작품들

금속 세공사이자 대장장이, 엔지니어, 독학 건축가, 디자이너인 장 프루베는 모든 분야에서 끊임없이 혁신을 추구했다. 기업가이기도 했던 그는 1923년 첫 공방을 설립했다. 첫 번째 고객은 건축가 로베르 말레 스테뱅스였고 훗날 피에르 잔느레(Pierre Jeanneret), 샬로트 페리앙(Charlotte Perriand), 르 코르뷔지에(Le Corbusier)와 함께 공동 작업을 했다.

1930년에는 현대예술가협회를 조직하는 데 힘을 보탰고, 이듬해 프랑스 낭시에 '아틀리에 장 프루베'를 설립했다. 자동차 산업과 항공기 산업의 영향을 받아 공공 부문에 관심이 많았고 1944년에는 낭시 시장으로 당선되기도 했던 프루베는 구부리거나 압착하거나 물결 모양으로 가공한 판금을 이용해 학교, 병원, 관공서의 건물과 가구를 설계했다. 작품들은 모두 그가 늘 원칙으로 여겼던 경제성, 내구성, 생산성을 두루 갖추고 있다.

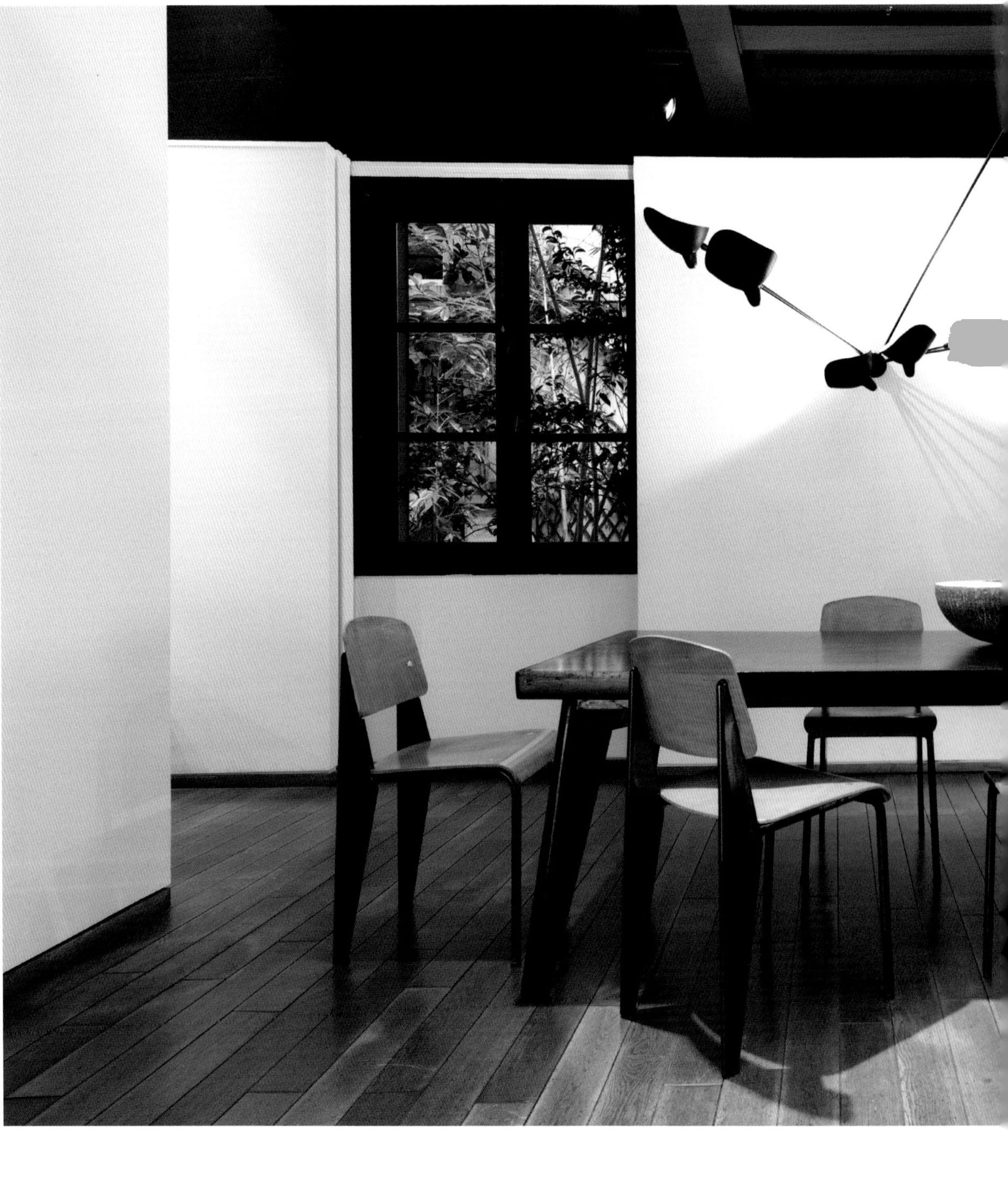

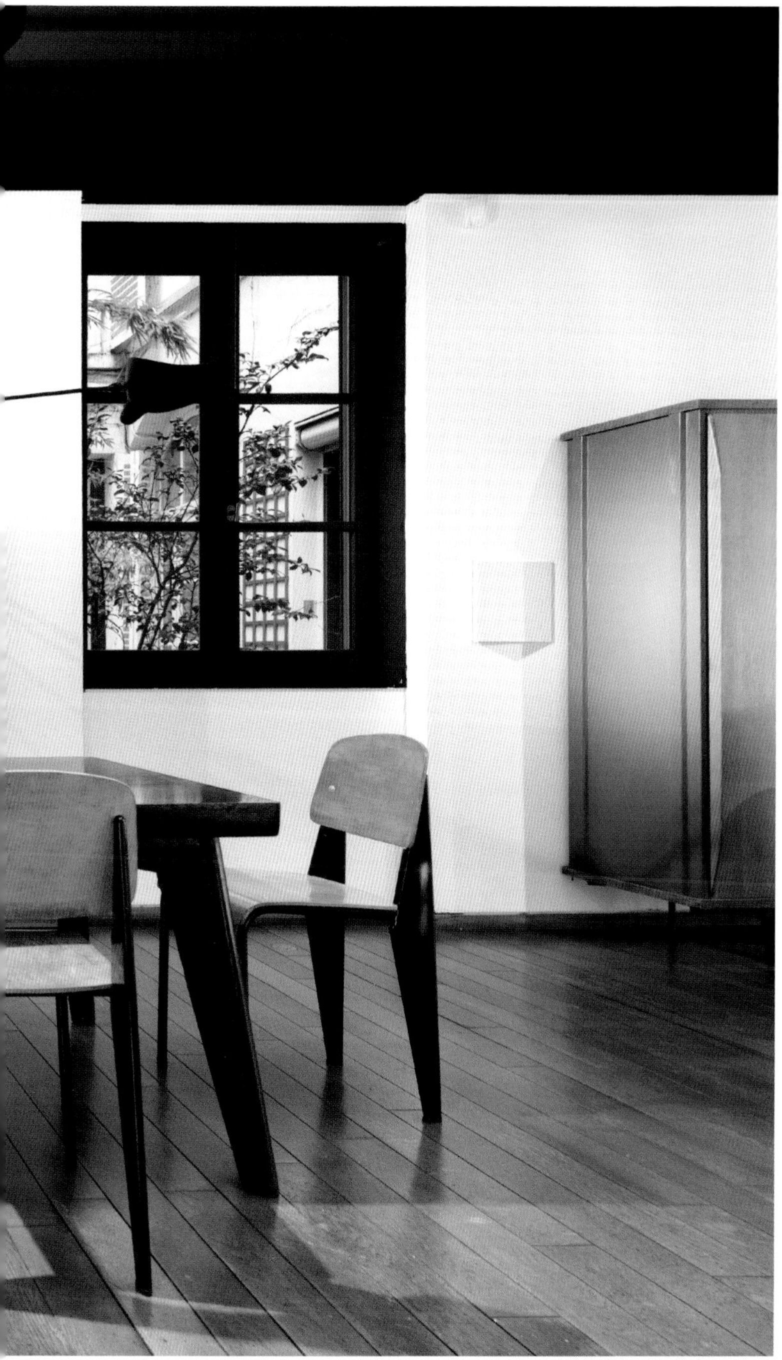

«
파리에 위치한 갤러리 주스(Galerie Jousse)에서. 피에르 잔느레가 디자인한 테이블 주위에는 1934년 장 프루베가 디자인한 곡선 가공한 강철판과 성형 합판으로 만든 스탠더드 체어가 놓여 있다. 사진 속 모델은 1950년대에 출시된 제품으로 훗날 스위스의 가구회사인 비트라(Vitra)에서 재출시되었다. 세르주 무이(Serge Mouille)가 디자인한 스파이더 램프가 실내를 밝히고 있고, 테이블 위에는 크리스틴 맥커디(Kristin McKirdy)가 디자인한 세라믹 볼이 놓여 있다.

현대적인 사무실 THE MODERN OFFICE

진화와 효율을 실현한 현대적인 사무용 가구

19세기 후반의 생산 시설은 지금의 기준에서 보자면 열악하기 짝이 없었다. 특히 사무실은 공장의 '부속품' 정도로만 여겨져서 서류를 작성하거나 문서를 보관하는 공간은 혼돈 그 자체였고 편의성이라고는 눈을 씻고도 찾아볼 수 없었다.

하지만 20세기 들어 다양한 혁신이 이어지면서 사무실에도 변화가 찾아왔다. 가장 손꼽히는 변화는 1873년 미국에서 개발되어 20세기 초 유럽에 상륙한 레밍턴 타자기(Remington typewriter)였다. 거의 같은 시기에 카본지(얇은 종이에 기름, 납, 안료 따위의 혼합물을 칠해 복사하는 데 사용하는 종이_역자 주)까지 등장하면서 서류의 양은 급증했고 비서와 사무직원들은 서류를 정리하는 데 많은 시간을 빼앗겼다. 관리 부문과 마케팅 부문이 중요해지면서 문서, 편지, 청구서, 영수증 등 서류의 종류는 점점 더 많아졌고 결국 사무직의 수도 늘어나게 되었다.

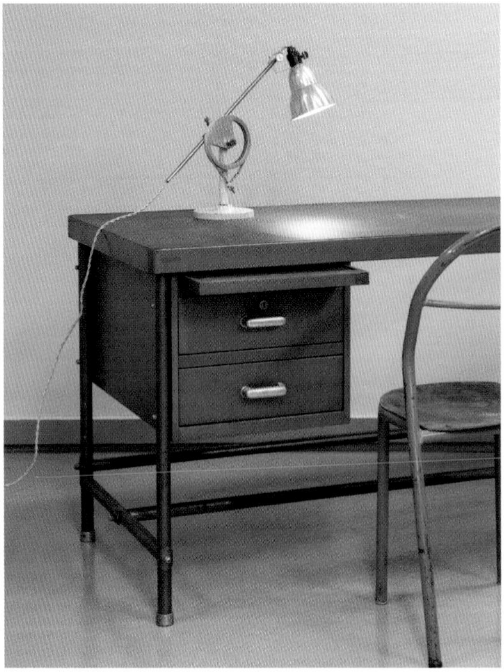

« 필기구를 보관할 수 있는 슬라이딩 선반이 달린 사무용 책상. 당시 상태 그대로 보존되어 있다. 책상을 비추고 있는 조명은 르네 에르뷔스트가 디자인한 360 램프.

» (위) 사무기기 전문 회사인 아르텍(Artec)의 광고에서. 현대적인 사무실에서 질서와 전문성이 느껴진다. 맨 앞에 놓인 타자기와 플램보의 타이피스트용 의자가 시선을 끈다.

(아래) 복원을 끝낸 임원용 책상. 세월을 덧입어 녹청이 낀 강철에서 특유의 정취가 느껴진다.

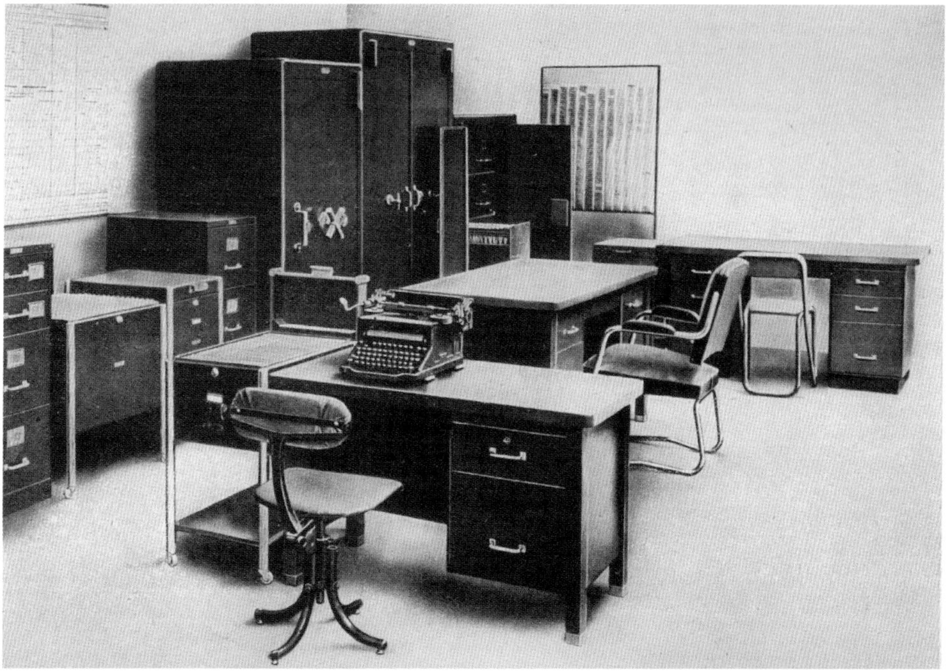

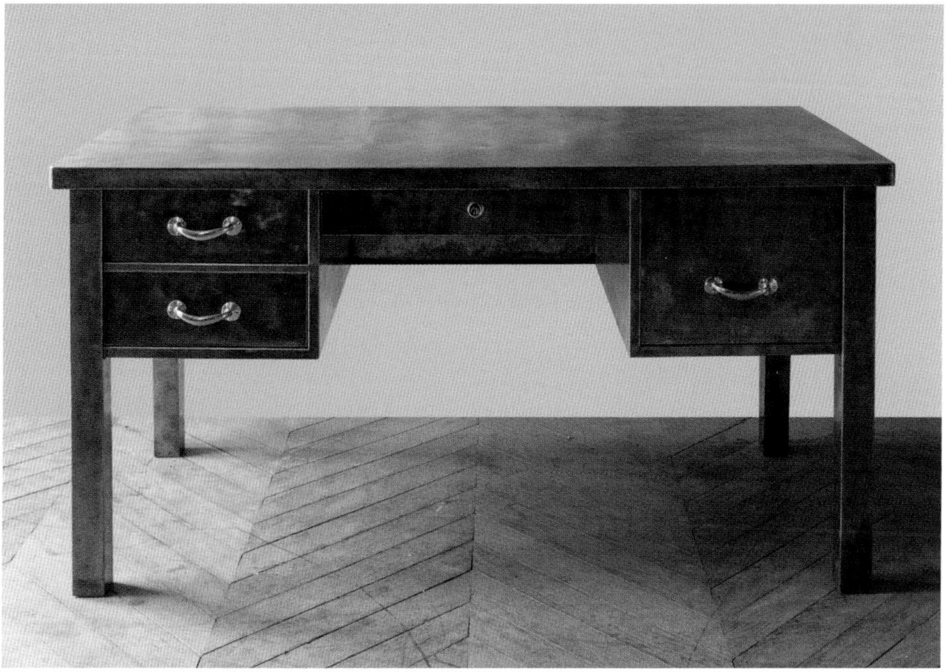

디자인 스튜디오 DESIGN STUDIOS

평형추와 주변 장치의 복잡한 시스템으로 현대화된 제도대

엔지니어와 기술자, 산업 디자이너 같은 전문가들은 신제품을 개발하고 생산할 때 디자인 스튜디오에 모여 공동으로 작업했다. 그들이 편하게 작업하기 위해 사용했던 제도대는 평형추나 페달, 핸들로 제도판을 조절할 수 있고 잠금장치가 있어서 고정도 가능하다. 목제 제도판에는 위아래로 움직일 수 있는 평행자가 달려 있고, 작업자의 자세나 상황에 맞게 제도판의 각도를 조절할 수 있다.

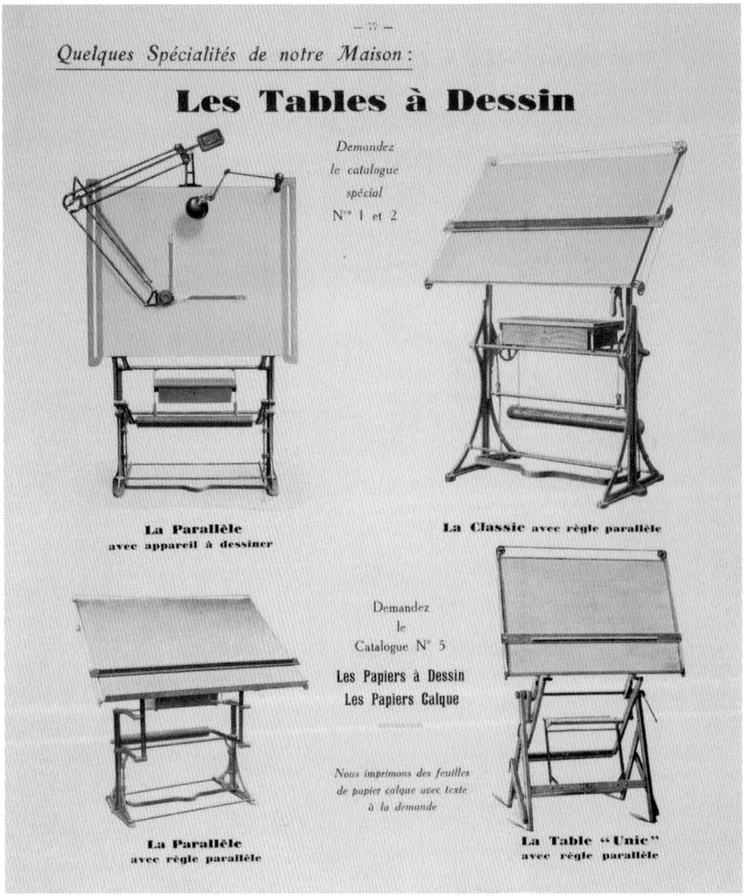

«
1931년 페르디난 다네이가 발행한 카탈로그 〈모던 디자인 스튜디오〉(The Modern Design Studio)에서. 다네이가 개발한 클래식 제도대와 유니크 제도대가 소개되어 있다.

»
1920년 뤼시앵 소트로가 디자인한 접이식 유니크 제도대.

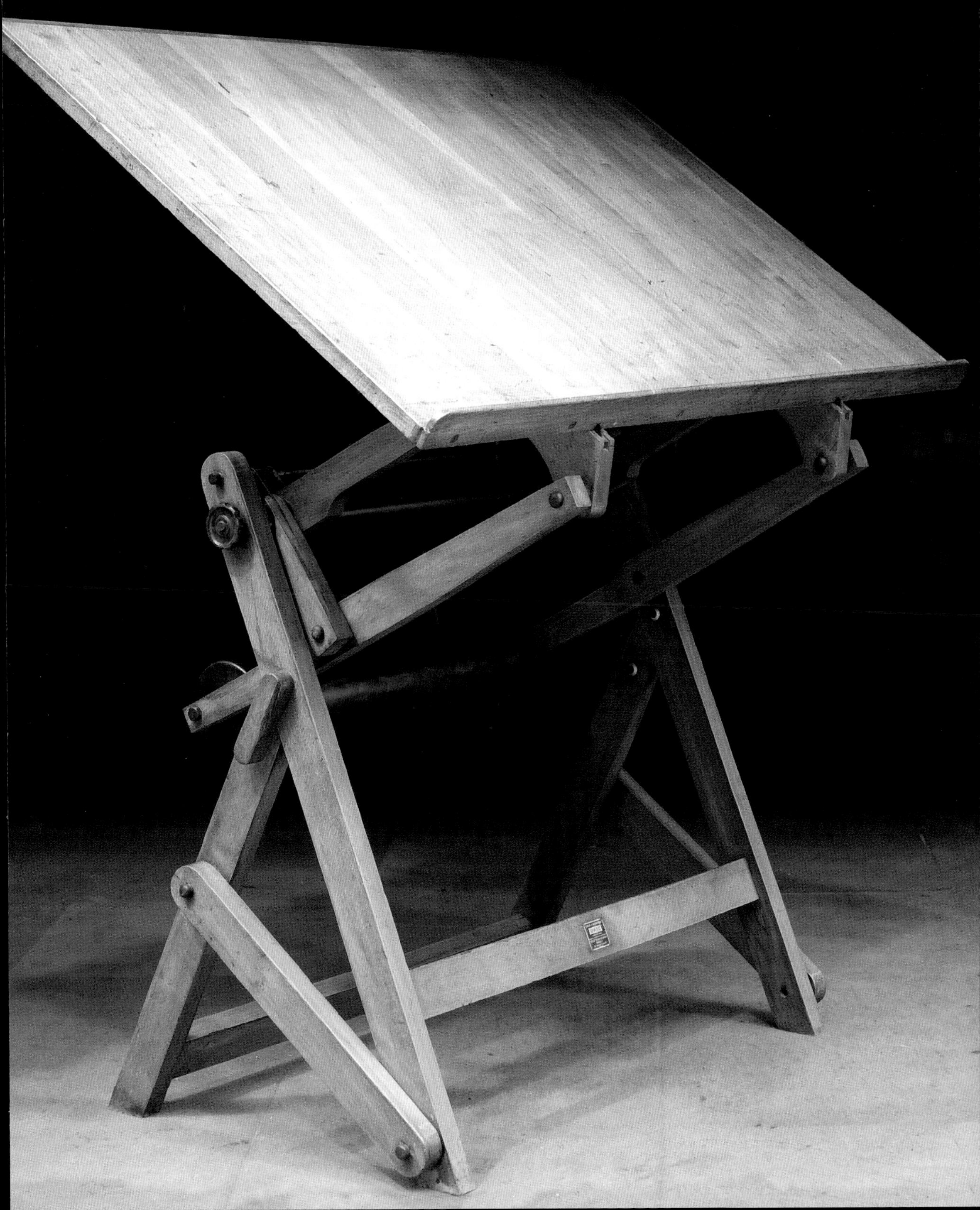

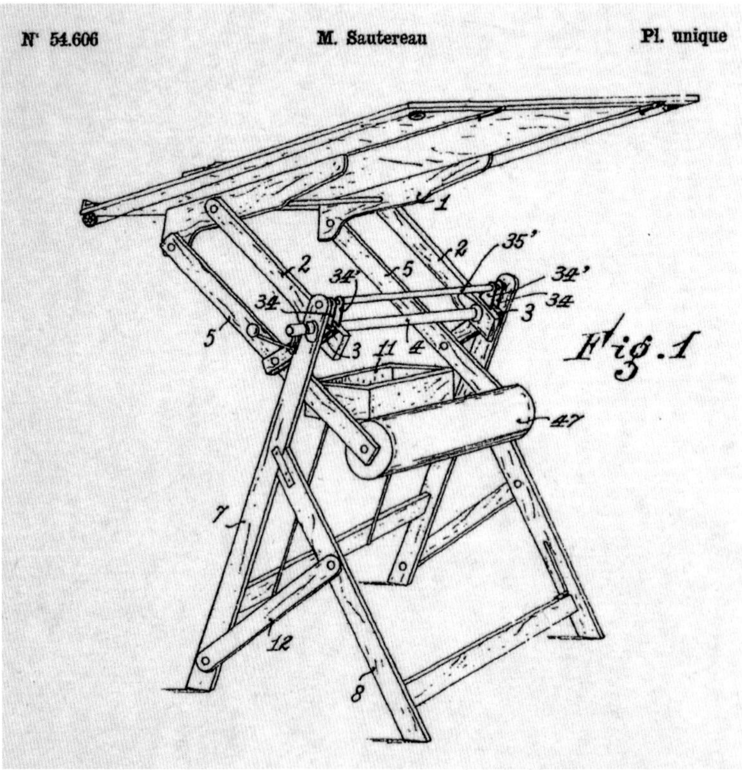

«
1949년 뤼시앵 소트로가 취득한 특허에 첨부된 도면.

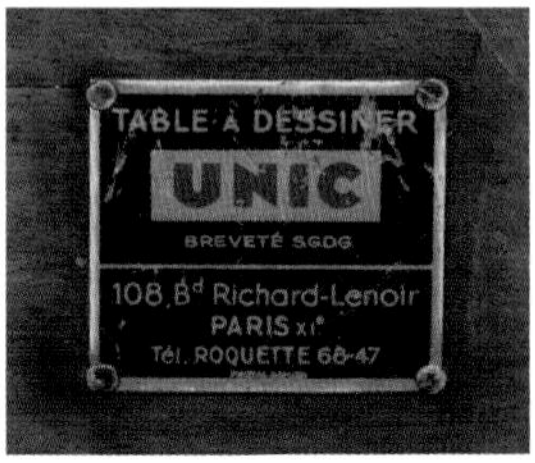

︽
제도대에 리벳으로 박혀 있는 로고.

1920년 뤼시앵 소트로(Lucien Sautereau)가 디자인한 유니크 제도대는 심플한 외관과 변칙적인 라인이라는 우아한 발상이 특징이다. 나무 프레임에는 제도판을 받쳐주는 폴딩암(folding arm) 두 개가 달려 있고 평형추로 균형을, 잠금장치로 안정성을 확보했다. 제도판의 높이와 각도를 맞추고 나면 단단히 고정할 수 있다. 기존 제도대는 제도판이 공간을 많이 차지했지만 유니크 제도대는 접을 수 있어서 좁은 공간에 수납할 수 있고 운반하기도 쉽다.

'완벽히 합리적인 구조'를 갖춘 심플한 테이블을 목표로 했던 소트로는 20세 때 초라한 공방에서 첫 번째 유니크 제도대를 디자인하고 제작했다. 그 후로도 개선을 반복하며 유니크(Unic)라는 브랜드명으로 계속해서 새로운 테이블을 발표했다.

소트로가 디자인한 제도대. 어느 각도에서 봐도 우아한 데다 디자인 스튜디오에서 필요한 요소를 모두 갖추었다.

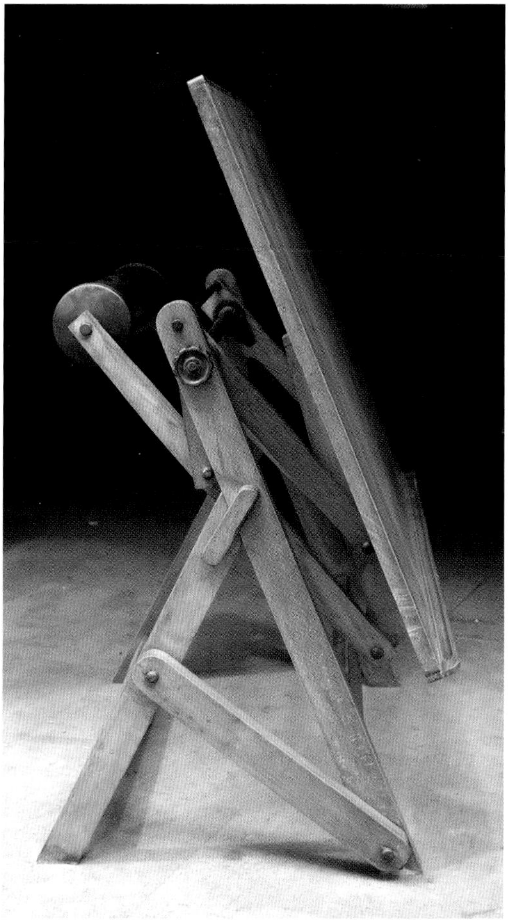

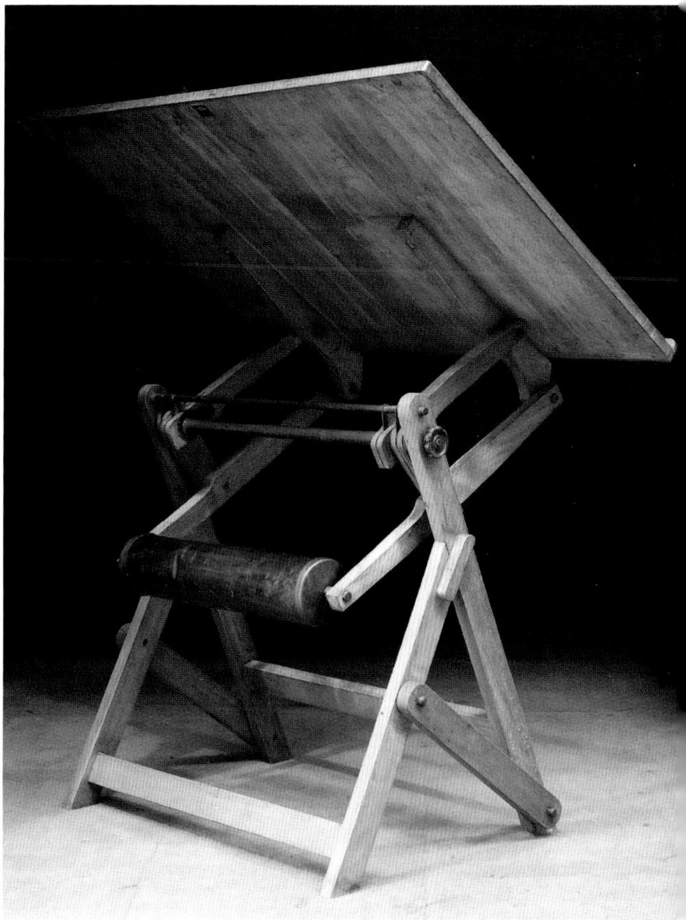

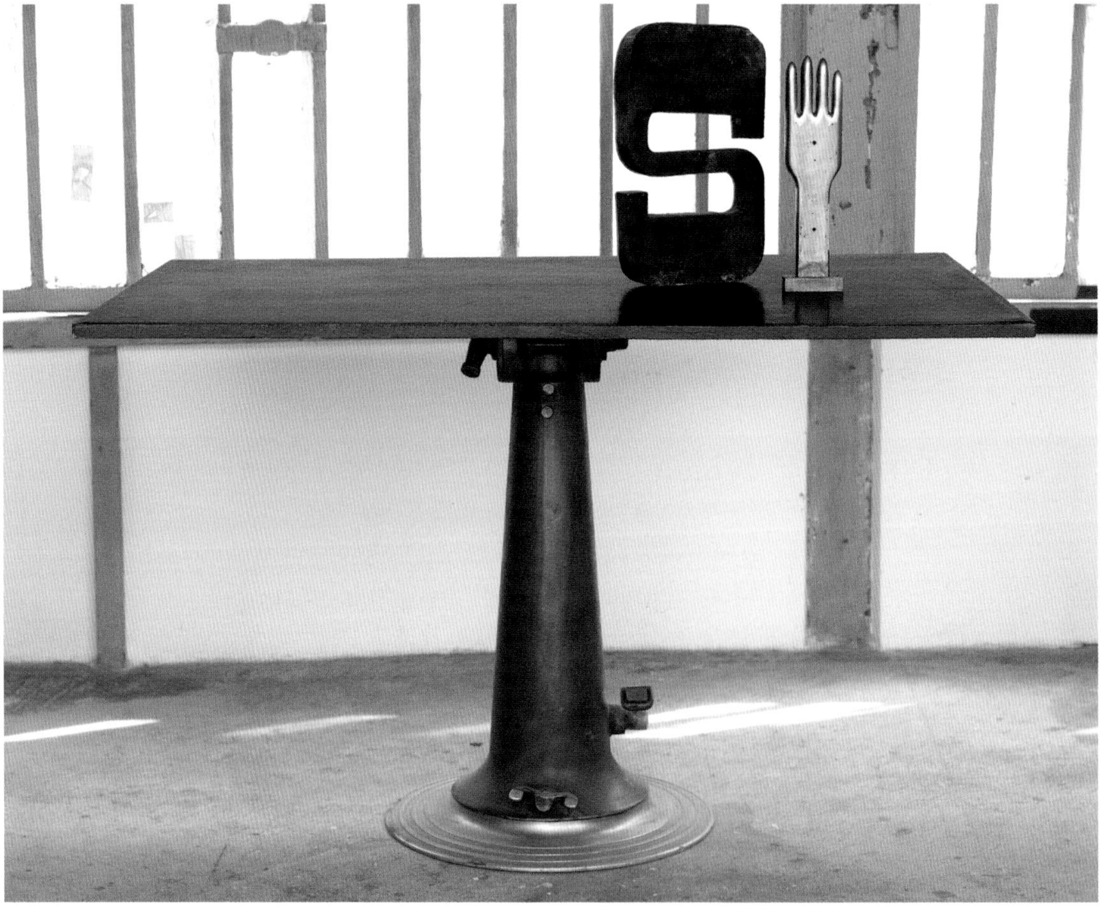

⌃
스웨덴의 디자이너가 디자인한 테이블. 오브제 두 개가 놓여있어 우아하면서도 익살스럽다.

»
주물로 만든 제도대. 상판과 다리 모두 접이식 구조로 만들어졌다.

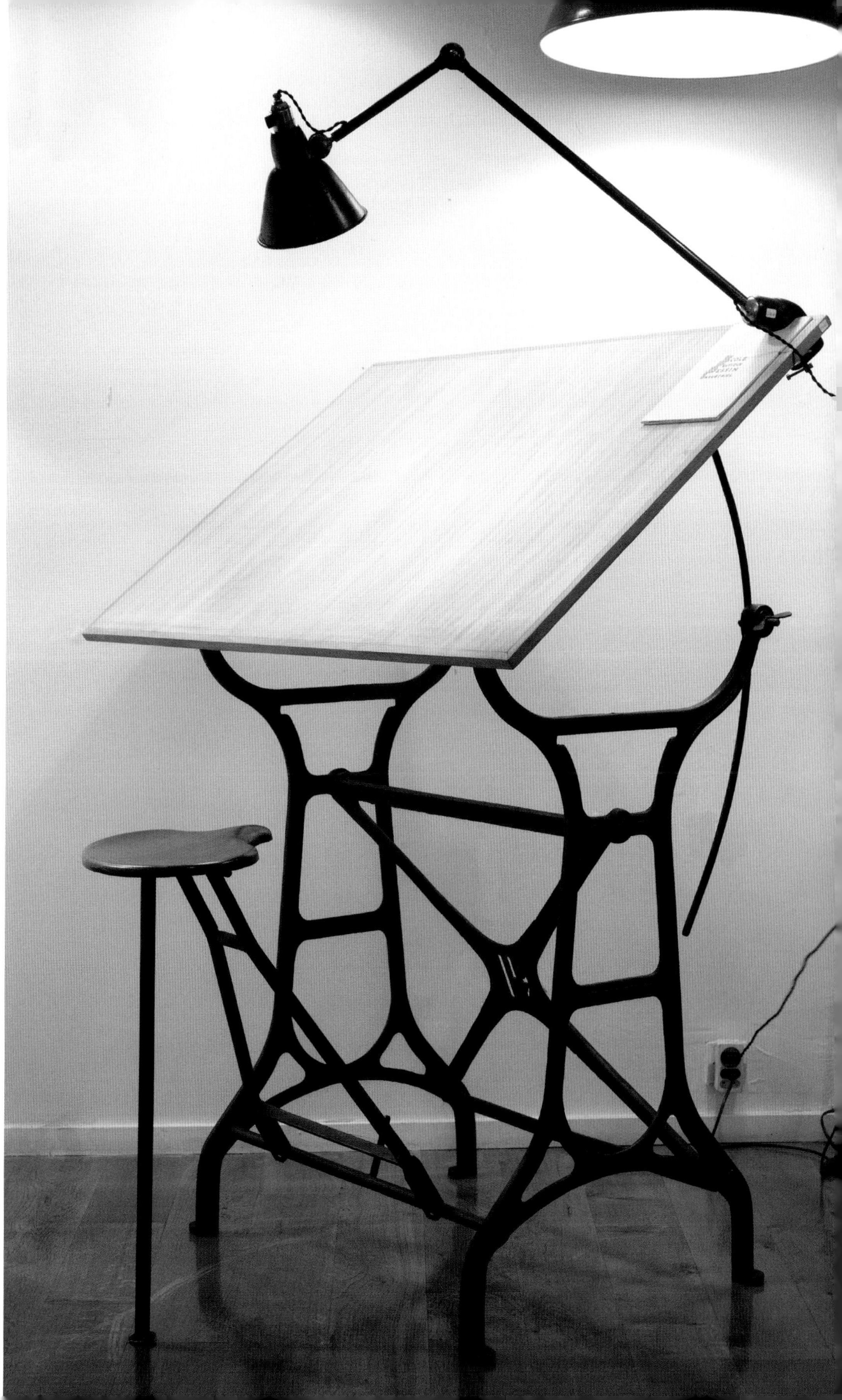

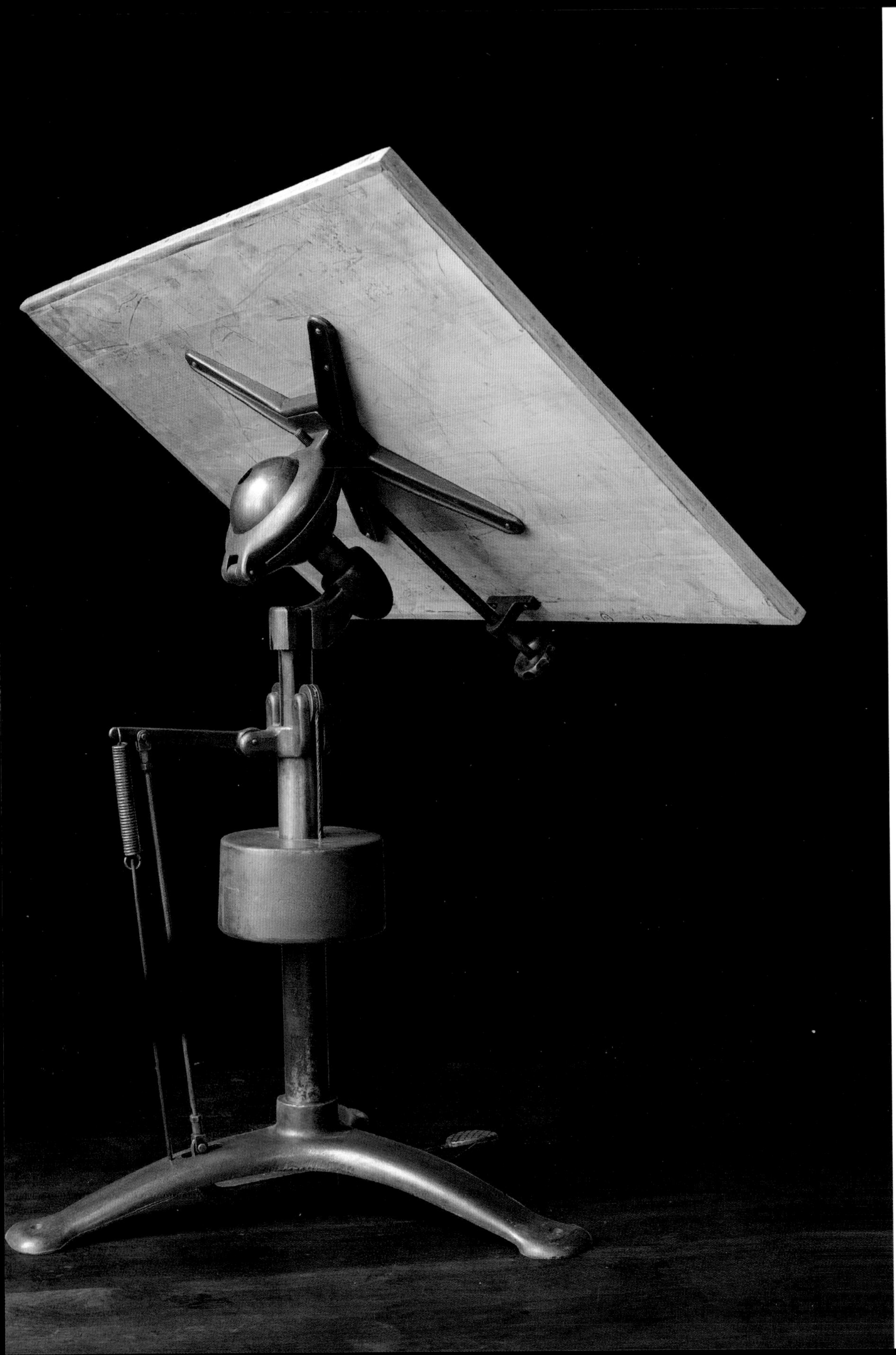

독창적인 메커니즘 INGENIOUS MECHANISMS

업그레이드된 제도대는 예술 작품일까,
나사 하나 바꾼 수준의 사소한 개선품일까?

1932년 열린 파리 박람회에서 두 가지 상을 받은 마프몽드(Mappemonde) 제도대는 제도판을 지탱하는 다리가 중첩식이어서 원하는 높이로 조절할 수 있다. 제도판도 회전이 가능해서 필요한 위치에 고정할 수 있다. 무엇보다 가장 큰 특징은 주철로 만든 큼지막한 원형 조인트다.

« 주철로 만든 원형 조인트와 받침대의 우아한 메커니즘은 그 자체로도 조각 작품이다.

» 1932년 마프몽드 제도대의 광고. 원형 조인트가 달린 유일한 제도대였다.

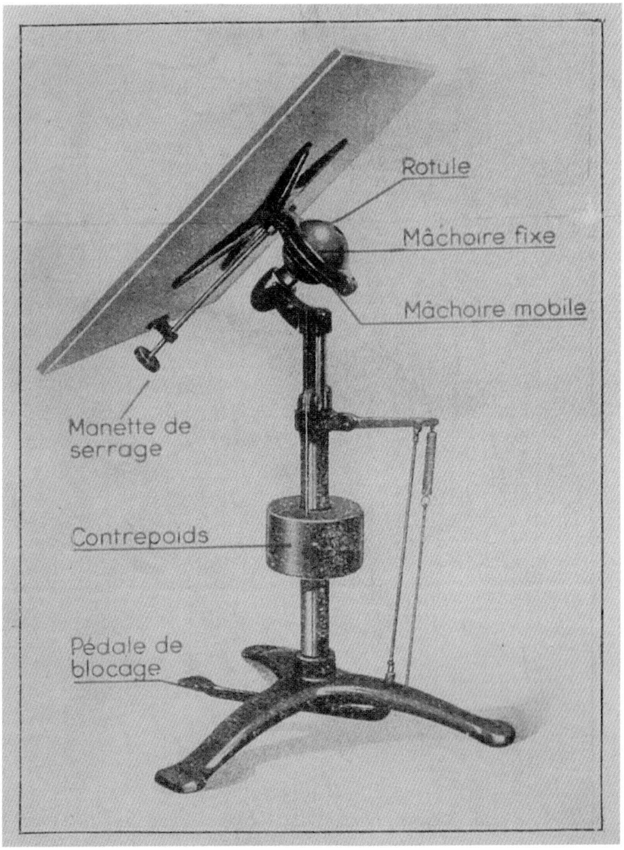

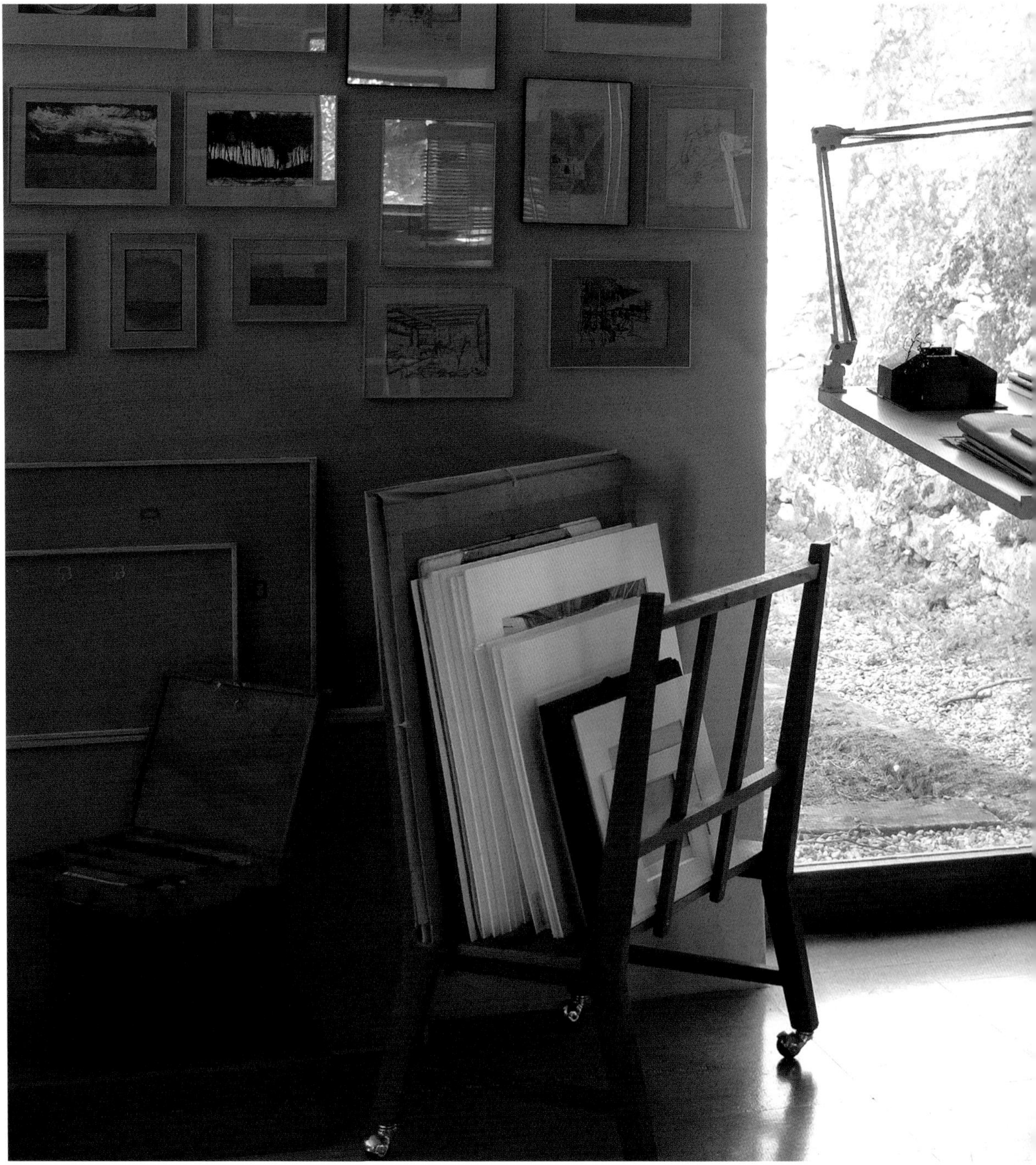

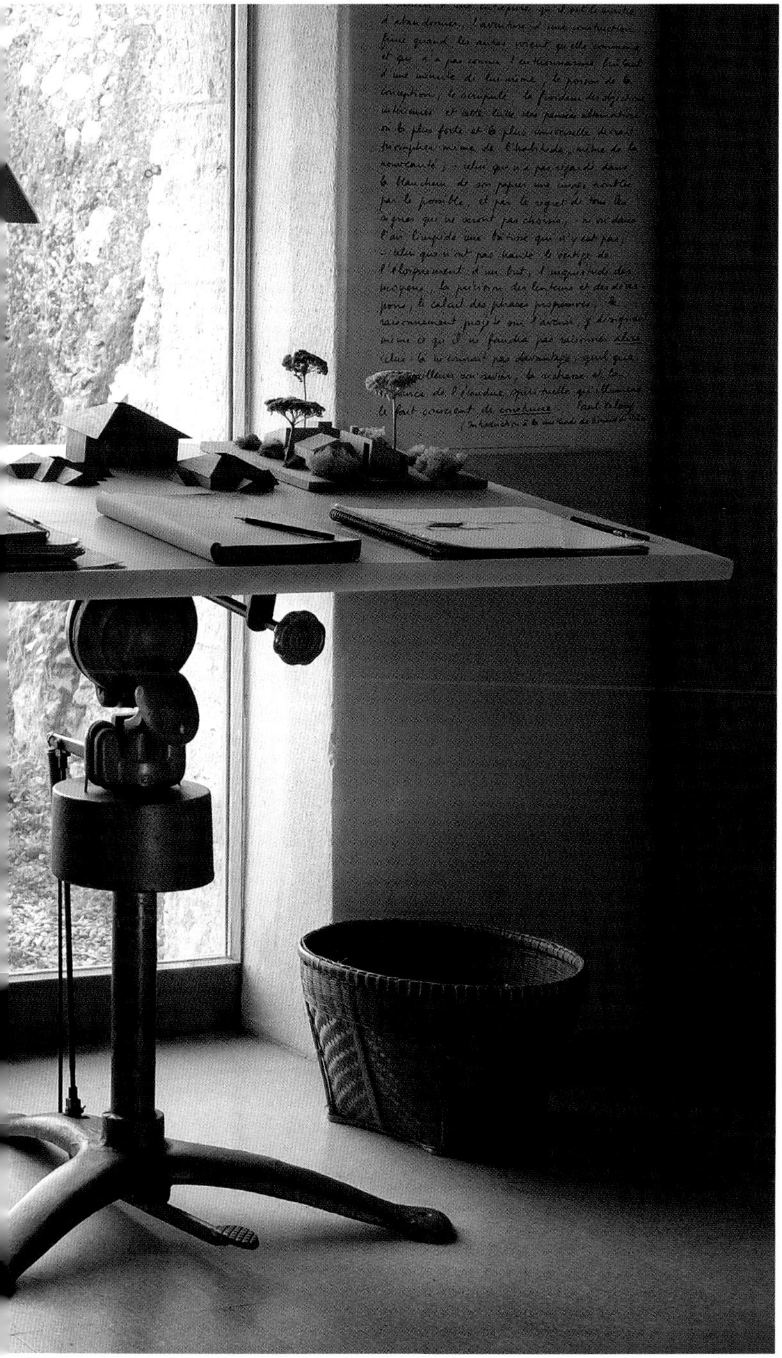

«
화가의 작업실에 놓인 마프몽드 제도대. 금속으로 된 핸들을 돌려서 제도판의 각도와 높이를 쉽게 조절할 수 있다. 지능적으로 설계된 테이블은 아름다운 오브제이기도 하다.

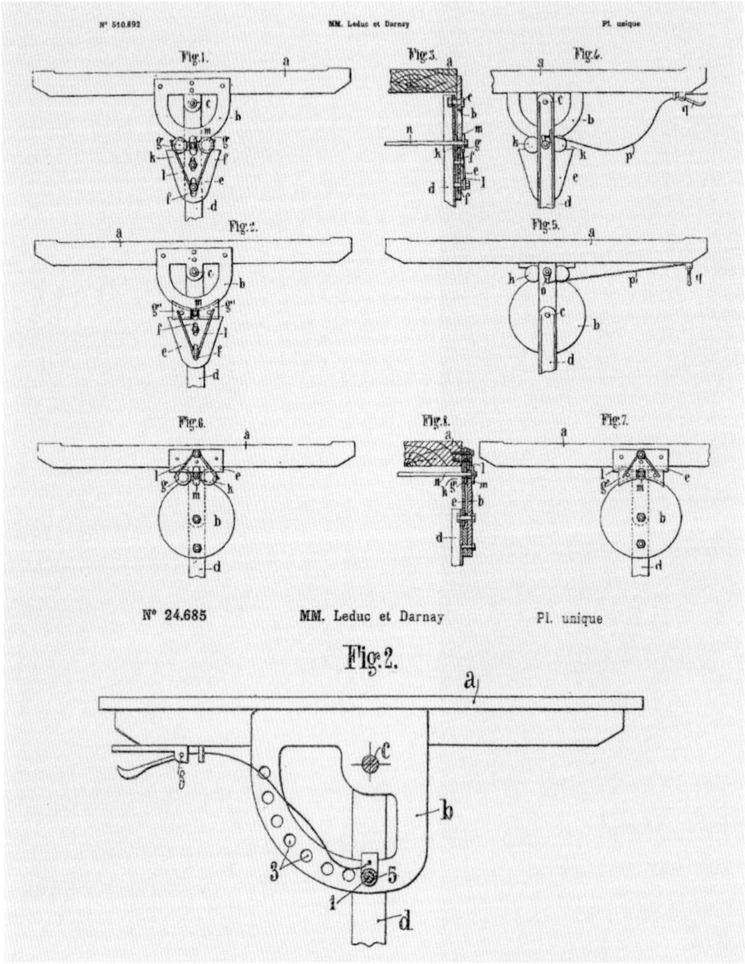

«
페르디난 다네이와 모리스 르뒤크가 취득한 여러 특허 중 하나. 제도판의 조절 장치에 대해 설명하고 있다.

»
다네이가 디자인한 클래식 제도대. 하부 구조물은 주철로, 조절 장치는 청동으로 만들었고, 평형추와 리프팅바(lifting bar)가 있어 각도를 쉽게 조절할 수 있다.

1920년, 엔지니어이자 디자이너인 페르디난 다네이(Ferdinand Darnay)와 모리스 르뒤크(Maurice Leduc)는 산업 예술 부문에서 공동으로 특허를 취득했다. 그들이 발명한 제도대는 나사 장치로 원하는 위치에 제도판을 고정할 수 있고 가요성 케이블(flexible cable)과 핸들로 각도를 조절할 수 있다.

1931년 다네이는 엔지니어와 디자이너를 위한 도구와 용품을 소개하는 카탈로그를 발행했다. 이 카탈로그에는 그가 디자인한 제품뿐 아니라 제조사별로 뛰어난 제품들이 엄선되어 있어서 지금은 20세기 초 디자인의 백과사전적인 카탈로그로 꼽힌다.

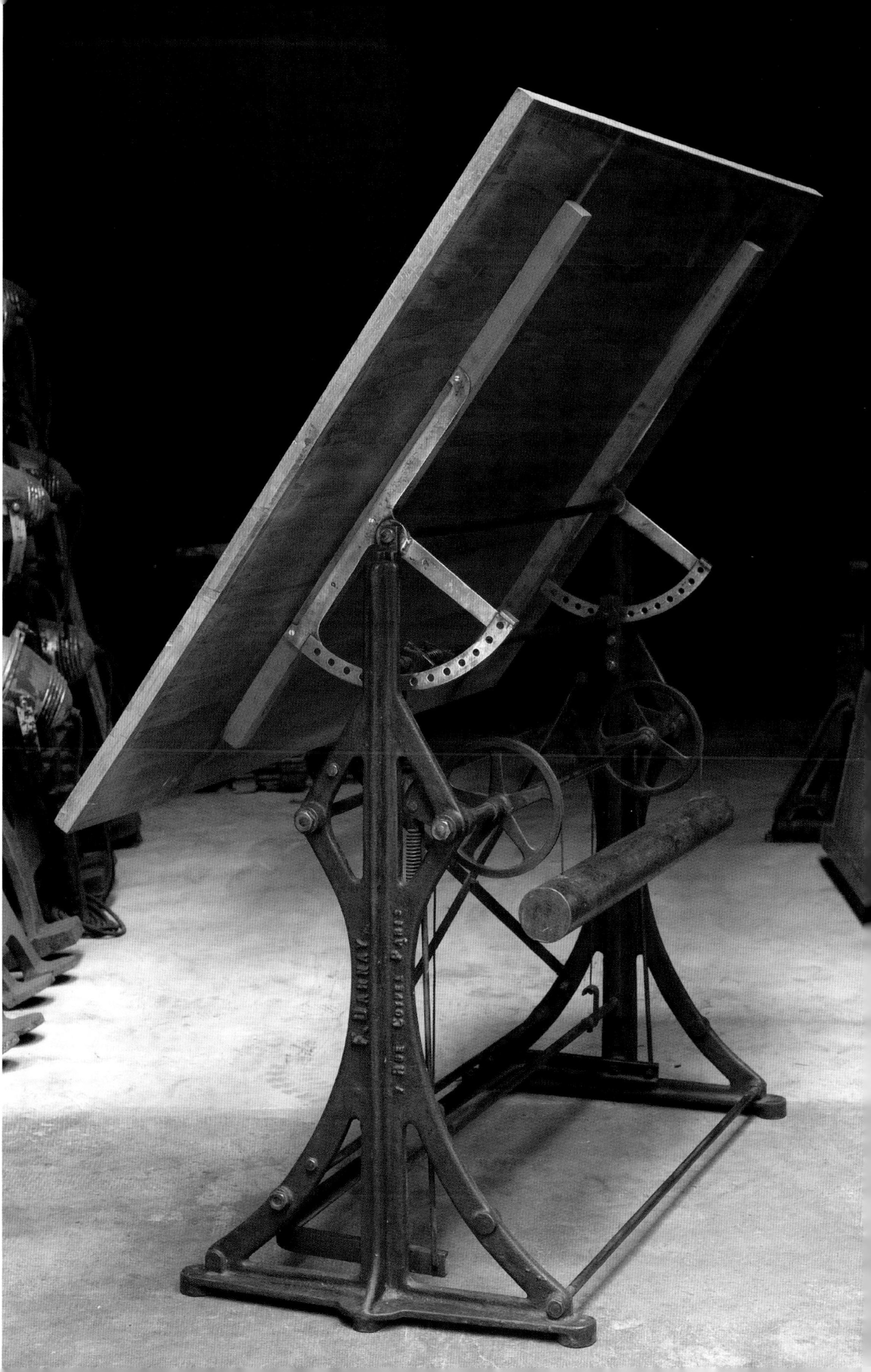

STORAGE
수납

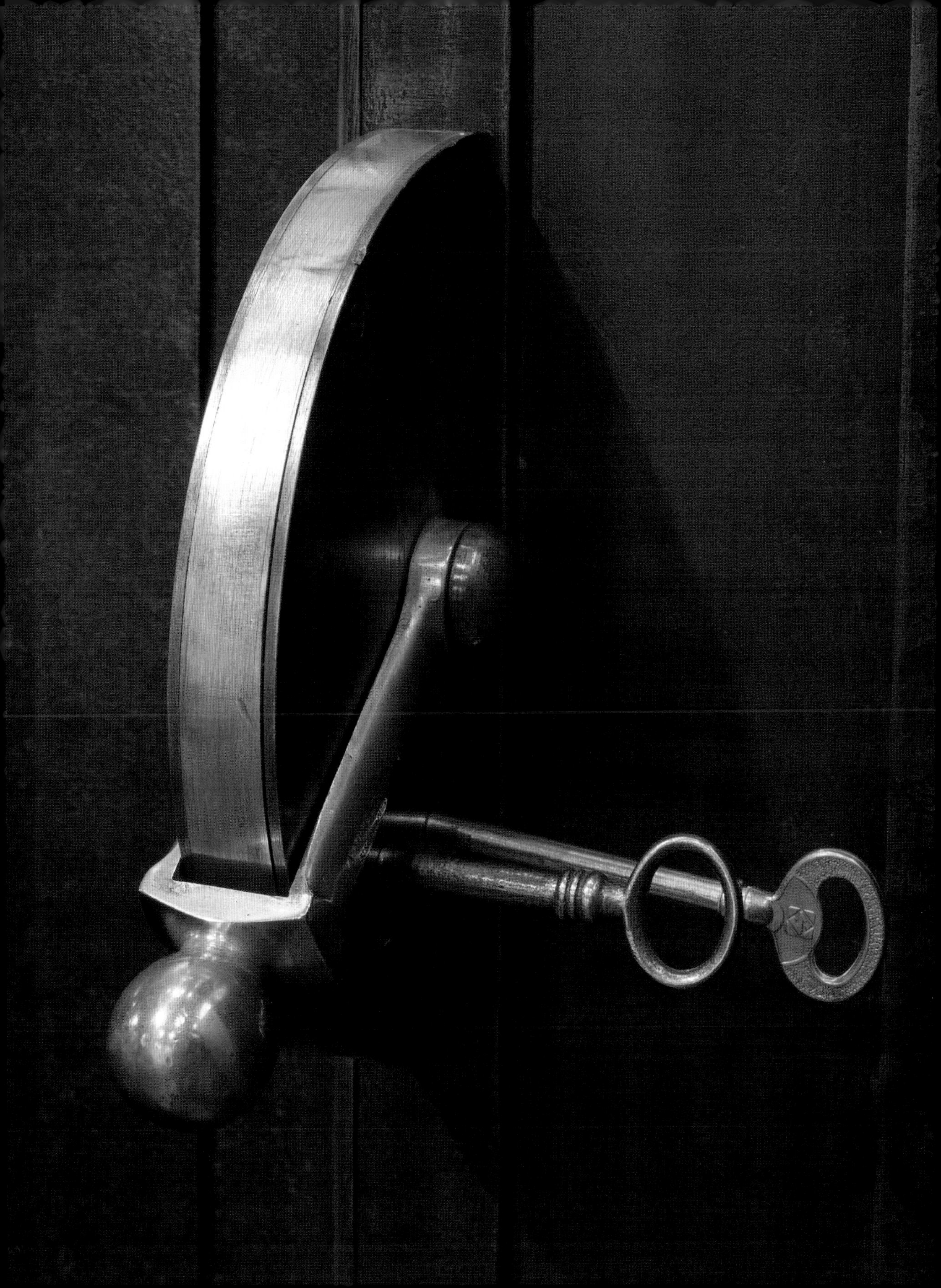

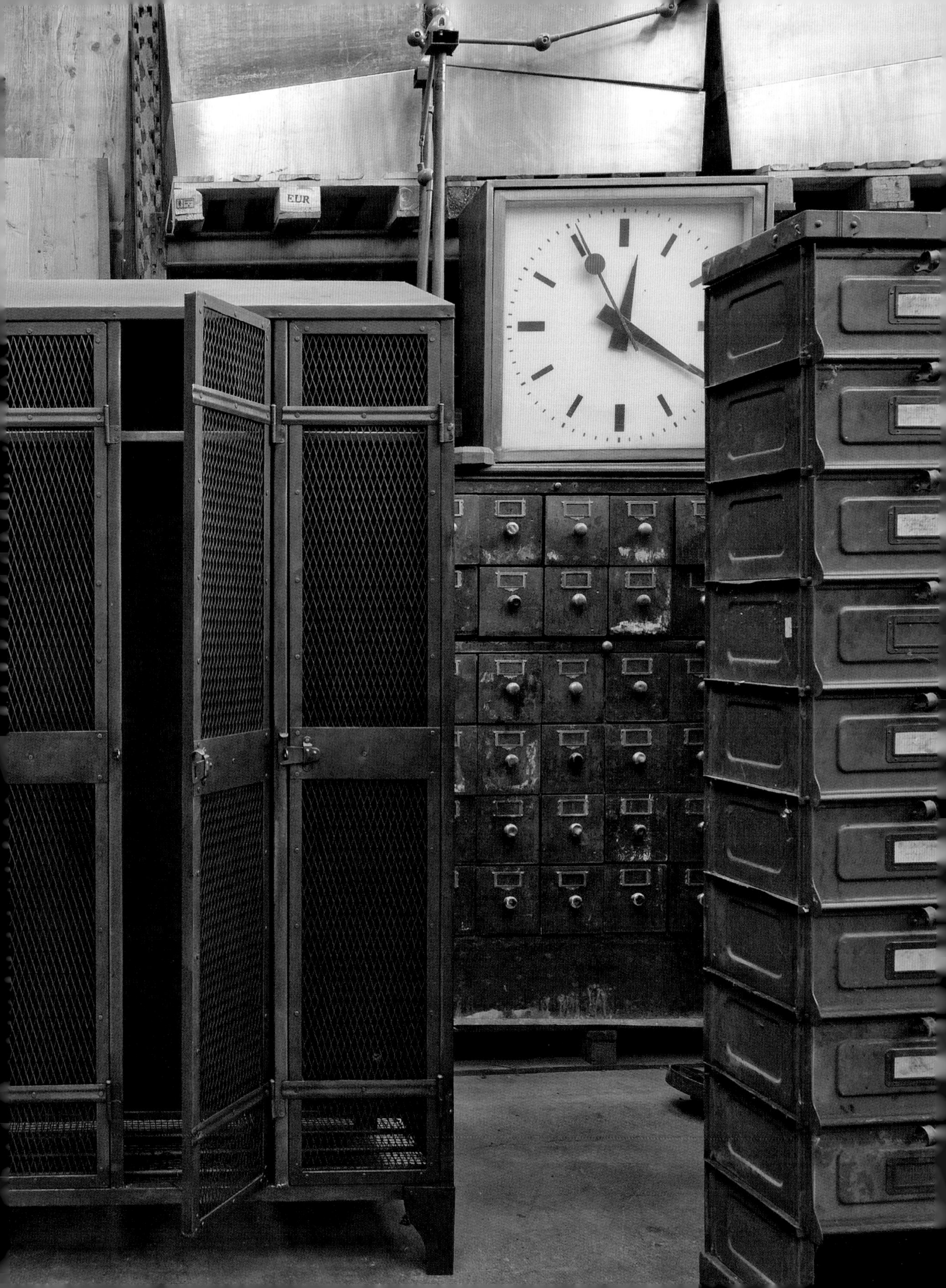
EUR

업무 흐름의 체계화 ORGANIZING THE WORKFLOW

작업의 시스템화와 기술의 발전으로 전례 없이 늘어난 문서와 기록들

«
작업장에서 복원의 손길을 기다리는 사물함과 공구 보관함, 파일 캐비닛.

대량 생산이 진행되면서 문서를 보관하고 분류하고 정리하는 작업이 업무의 많은 부분을 차지하게 되었다. 사무실과 관공서는 급증한 서류를 체계적으로 관리할 도구와 방법 마련이 시급했다. 이에 디자이너들은 과학적이면서도 창의적인 해결책을 찾아 나섰다.

20세기 초, 미국 총기 제조사인 레밍턴에서 타자기가 발매되자 업무 속도와 효율이 크게 향상되어 펜과 잉크의 존재감이 희미해질 정도였다. 타이피스트라는 새로운 직종이 등장했고 전문학교에는 타이피스트 강의가 개설되었다. 종이 사이즈도 타자기와 파일 캐비닛 크기에 맞춰 표준화되었다. 머지않아 타자기에 카본지와 반투명지 같은 복사용지를 사용하게 되면서 문서의 양은 폭발적으로 증가했다.

업무 기록뿐 아니라 편지, 청구서, 주문서, 도면 같은 문서의 양이 엄청나게 늘어나면서 사무실, 공장 할 것 없이 모든 일터에 서류를 보관할 가구가 필요해졌다. 서랍과 캐비닛, 벽장, 선반의 수요가 높아지자 디자이너들은 더 효율적으로 공간을 절약할 수 있는 수납 도구를 개발해야 했다.

특히 공장과 작업장은 문서뿐 아니라 자재와 제품을 관리하고 보관할 대규모 설비가 필요했다. 그로 인해 저렴하고 빠르게 설치할 수 있는 규격화된 조립식 수납 가구와 거칠게 다뤄도 쉽게 망가지지 않는 튼튼한 철제 가구가 도입되었다. 이렇게 해서 공구 보관함, 수납 선반, 높낮이를 조절할 수 있는 시스템 선반, 벽장, 서랍장, 사물함 등은 필수적인 업무용 가구로 자리 잡았다.

이러한 가구들은 시대가 흐르면서 먼지를 뒤집어쓴 채 잊혀 갔지만 안목이 뛰어난 골동품 딜러들의 눈에 띄어 복원을 거친 후 그 아름다움을 새로이 발산하고 있다.

P.87
반원형 청동제 자물쇠가 특징인 프랑스 국립 은행의 금고. 문을 열려면 열쇠를 하나씩 나눠 가진 책임자 두 명이 입회해야 한다.

모더니티와 혁신 MODERNITY AND INNOVATION

기업과 업무의 조직 방식이 유연성과 편의성을 중시하는 현대적인 형태로 변화하면서 촉진된 다양한 혁신

튼튼하면서도 가벼운 금속 선반은 현대의 일터에서 익숙한 존재다. 하지만 20세기 초에는 대단히 획기적이어서 최신식 가구를 손꼽아 기다리던 공장과 사무실의 주문이 쇄도했다.

1919년 설립된 포르주 드 스트라스부르(Forges de Strasbourg)는 금속 가구 제조의 선구자이자 철제 가구 분야의 프랑스 최대 제조사였다. 원래는 고품질 경량 판금을 전문으로 했지만, 1926년 가구 부문을 설립하고 회사명을 축약해서 붙인 스트라포(Strafor)라는 브랜드로 디자인 마케팅에 나섰다. 철제 가구에 강하다는 점을 적극 활용한 스트라포는 독창적인 금속 선반을 저렴하게 출시하여 수납 해결책을 제시했다. 1974년 미국 회사인 스틸케이스(Steelcase)와 합병한 후에도 그동안 축적한 노하우를 살려 사무 설비 분야에서 명성을 이어가고 있다.

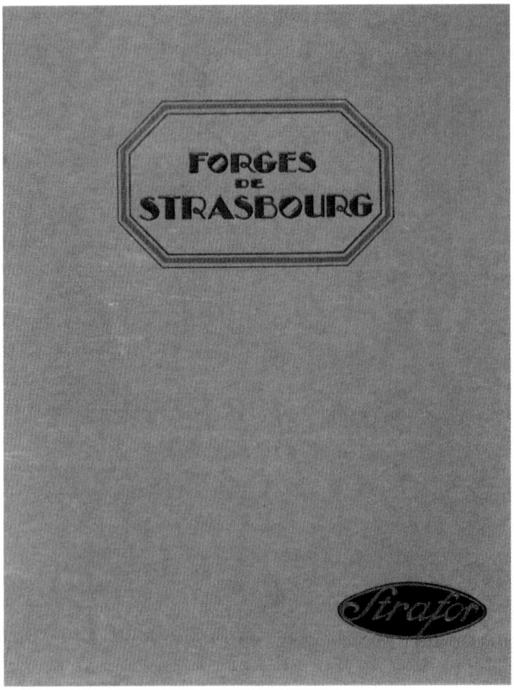

«
1926년 포르주 드 스트라스부르의 카탈로그 표지. 스트라포는 세계적인 브랜드로 자리 잡았다.

»
대량 생산되었던 스트라포 캐비닛. 서랍 문은 아래로 당겨 여는 드롭다운식이어서 어떤 서류가 들었는지 한눈에 확인할 수 있다.

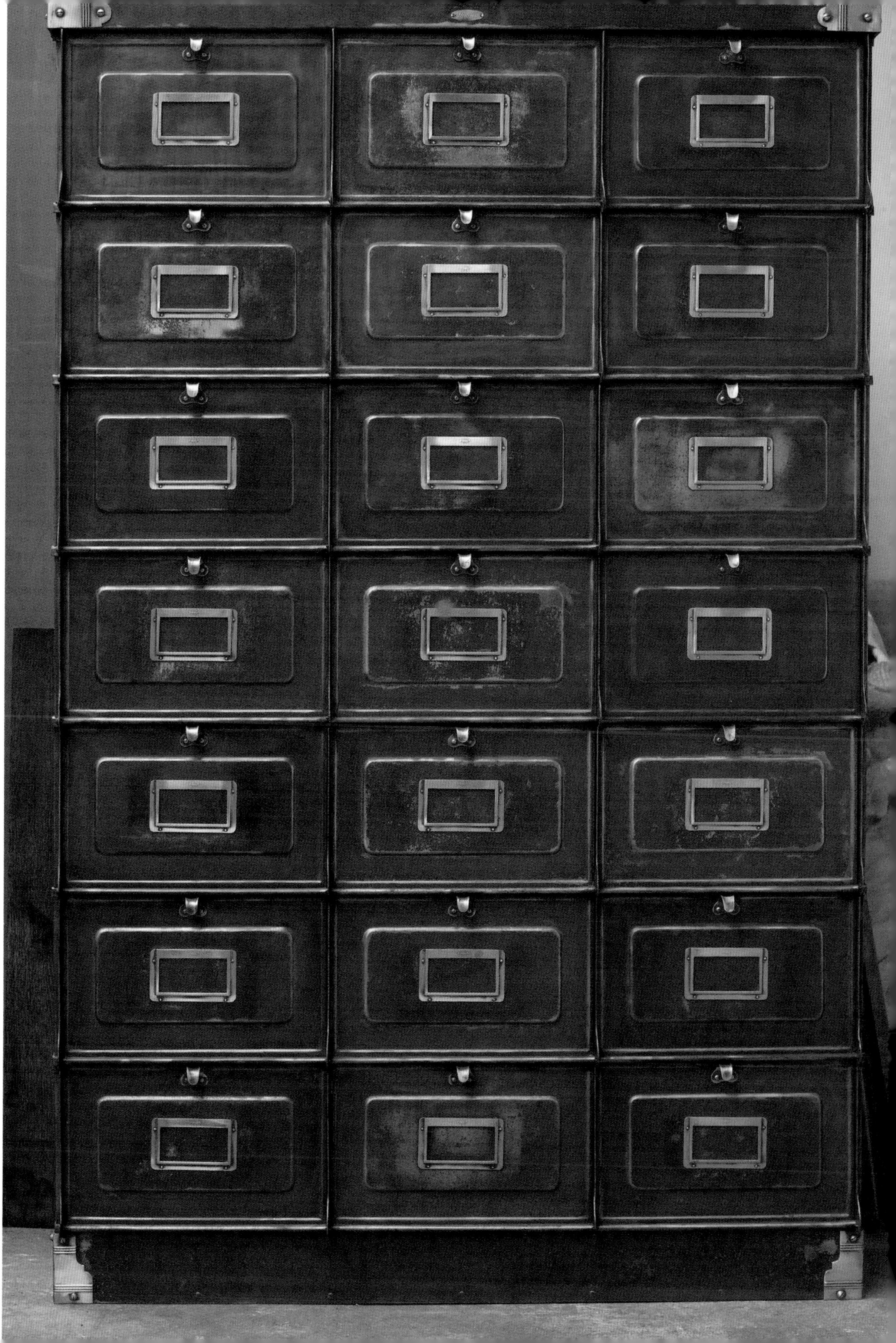

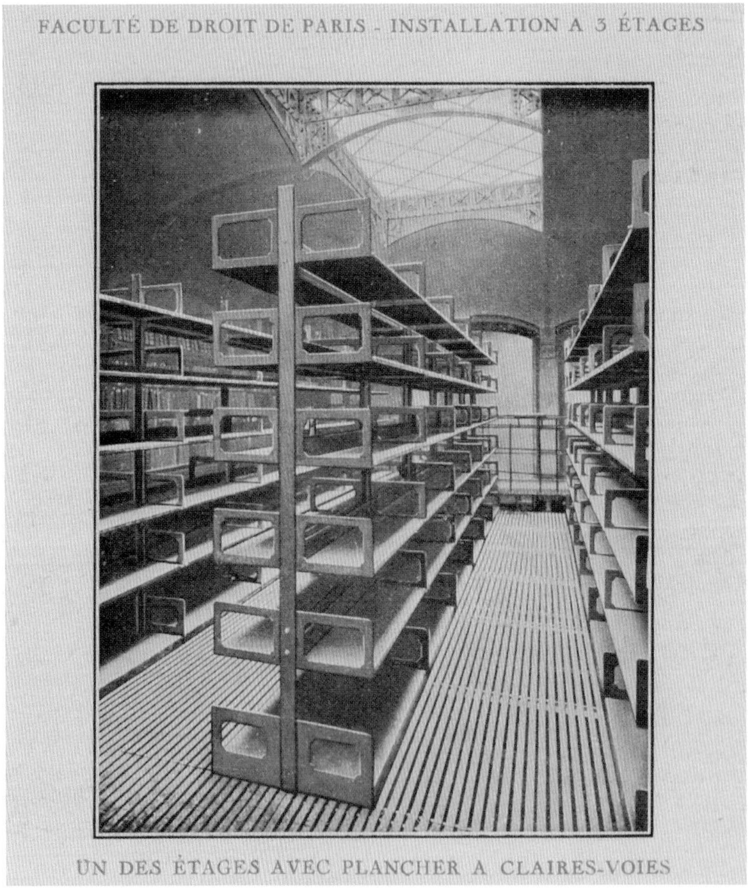

«
파리의 한 법학 대학원에 설치된 스트라포 선반 시스템.

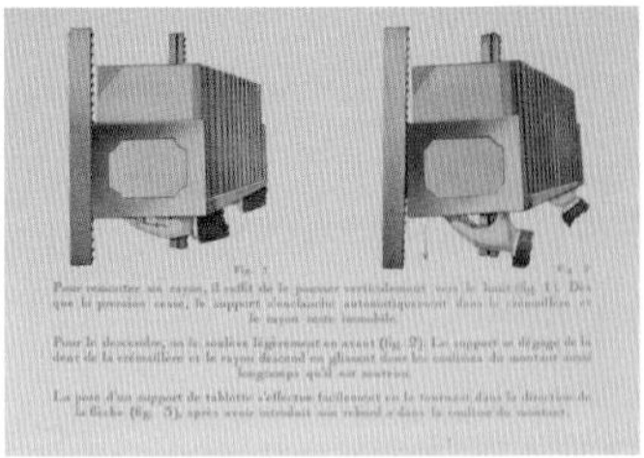

︽
1926년 포르주 드 스트라스부르가 발행한 카탈로그에서. 선반을 설치하고 조절하는 방법이 설명되어 있다. 선반에 물건을 올려 둔 상태에서 선반과 선반의 간격을 1.5cm 단위로 조절할 수 있다.

스트라포는 수납 가구의 표본으로 여겨진다. 높낮이를 조절할 수 있는 선반은 벽을 따라 일렬로 또는 사무실 한가운데에 등을 맞대어 설치할 수 있는 받침대로 연결되어 있다. 게다가 부품이 규격화되고 분리가 가능해서 용도에 맞춰 다시 조립할 수 있고 문서와 물품을 쉽게 찾을 수 있다. 치밀하게 설계된 선반 시스템은 열연 강판(고온에서 가열한 뒤 누르고 늘여서 두께를 얇게 만든 강판_역자 주)으로 제작한 후 조립하지 않은 부품 상태로 판매되었다. 19세기 중반 무렵 토넷사에서 도입한 '키트'(kit; 소비자가 직접 조립할 수 있게 구성된 부품 세트_역자 주)와 동일한 콘셉트다. 또 스트라포의 선반이나 드롭다운식 서랍이 달린 파일 캐비닛은 모두 대량 생산이 가능하고 쉽게 조립할 수 있도록 디자인되었다. 이 획기적인 가구의 심플한 라인은 스트라포 브랜드의 상징인 청동제 손잡이, 라벨 홀더와 어우러져 더욱 빛을 발한다.

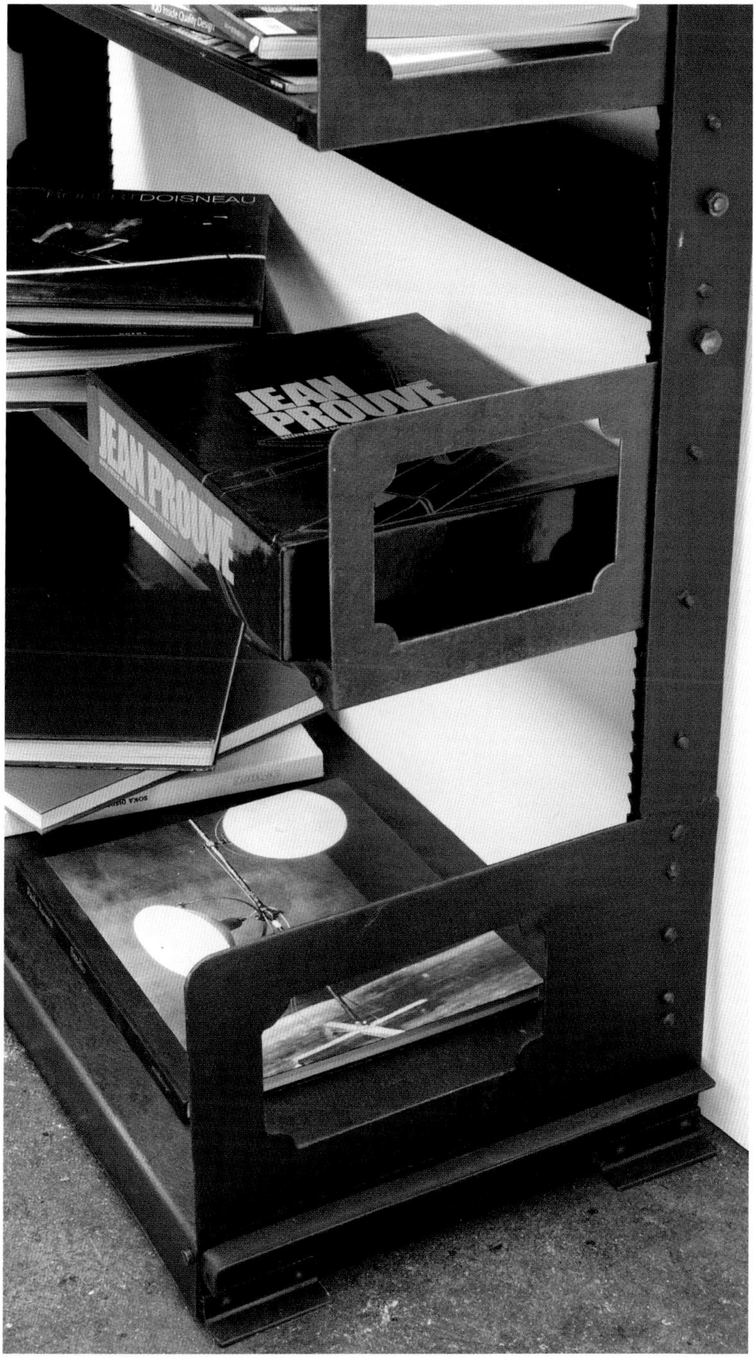

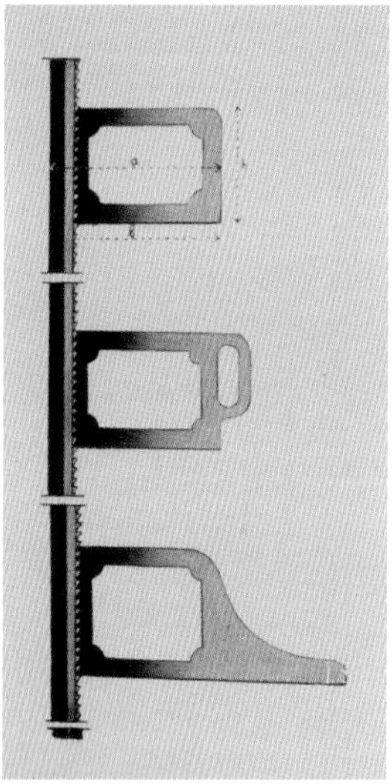

«
흠잡을 데 없이 완벽히 설계된 스트라포의 선반. 다양한 조직에서 용도에 맞춰 활용할 수 있다.

»
포르주 드 스트라스부르의 카탈로그에서. 세계 각지에 스트라포 제품이 설치된 사례가 소개되어 있다. 94쪽은 공방에 대규모로 설치 중인 모습이고, 95쪽은 벨기에 문서 보관소의 설치 사례다.

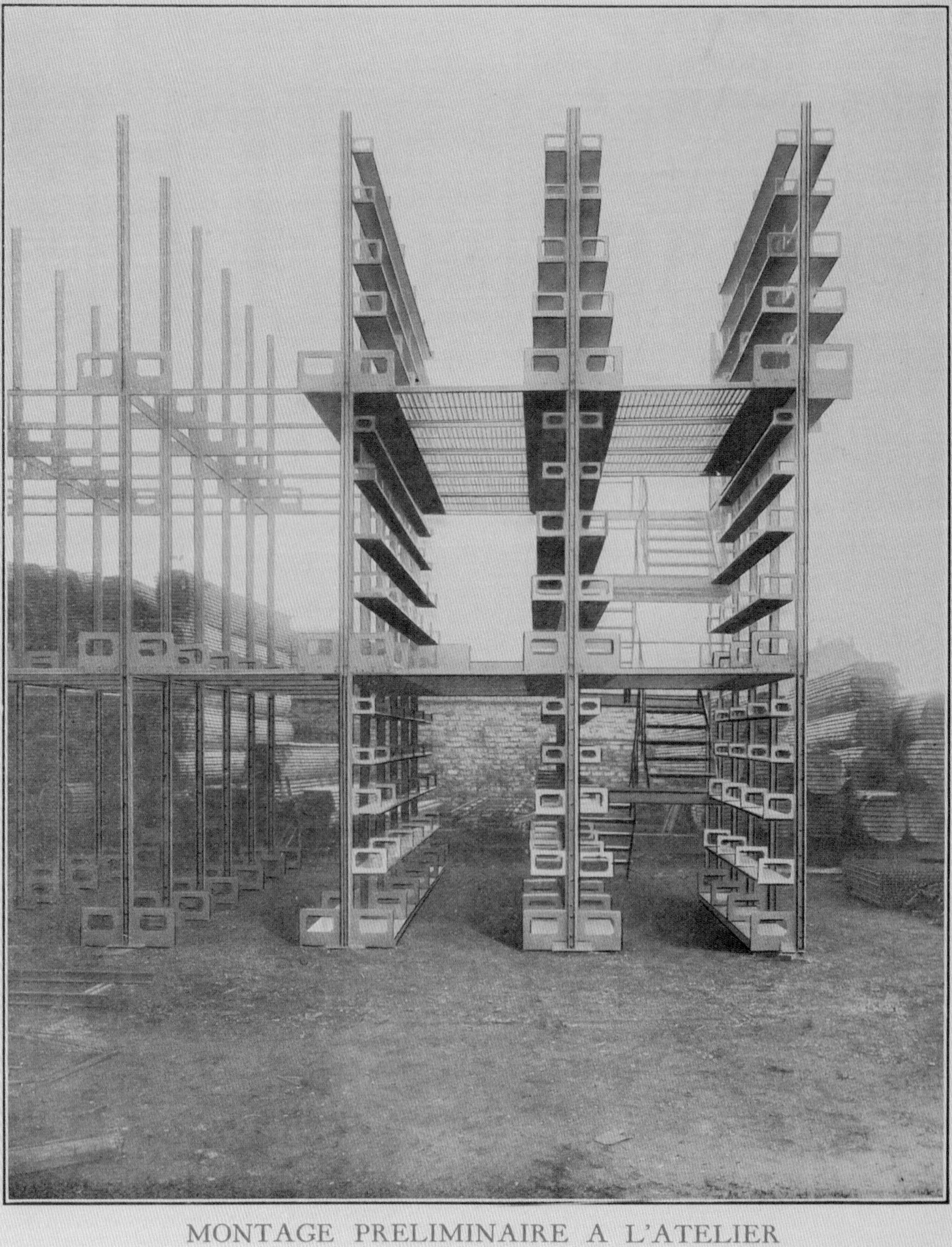

MONTAGE PRELIMINAIRE A L'ATELIER

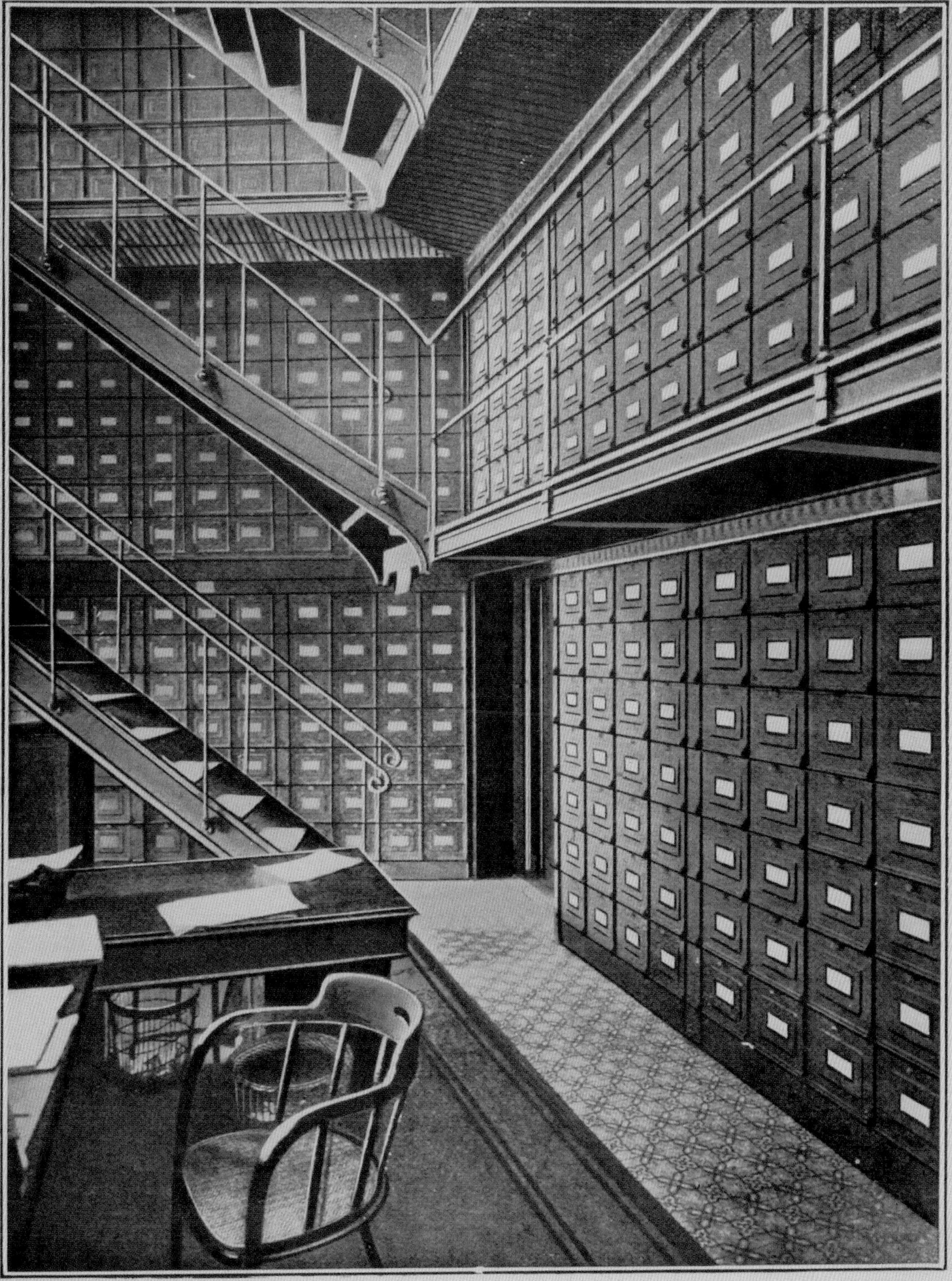

SOCIÉTE DE TRANSPORTS ET D'ENTREPRISES INDUSTRIELLES A BRUXELLES

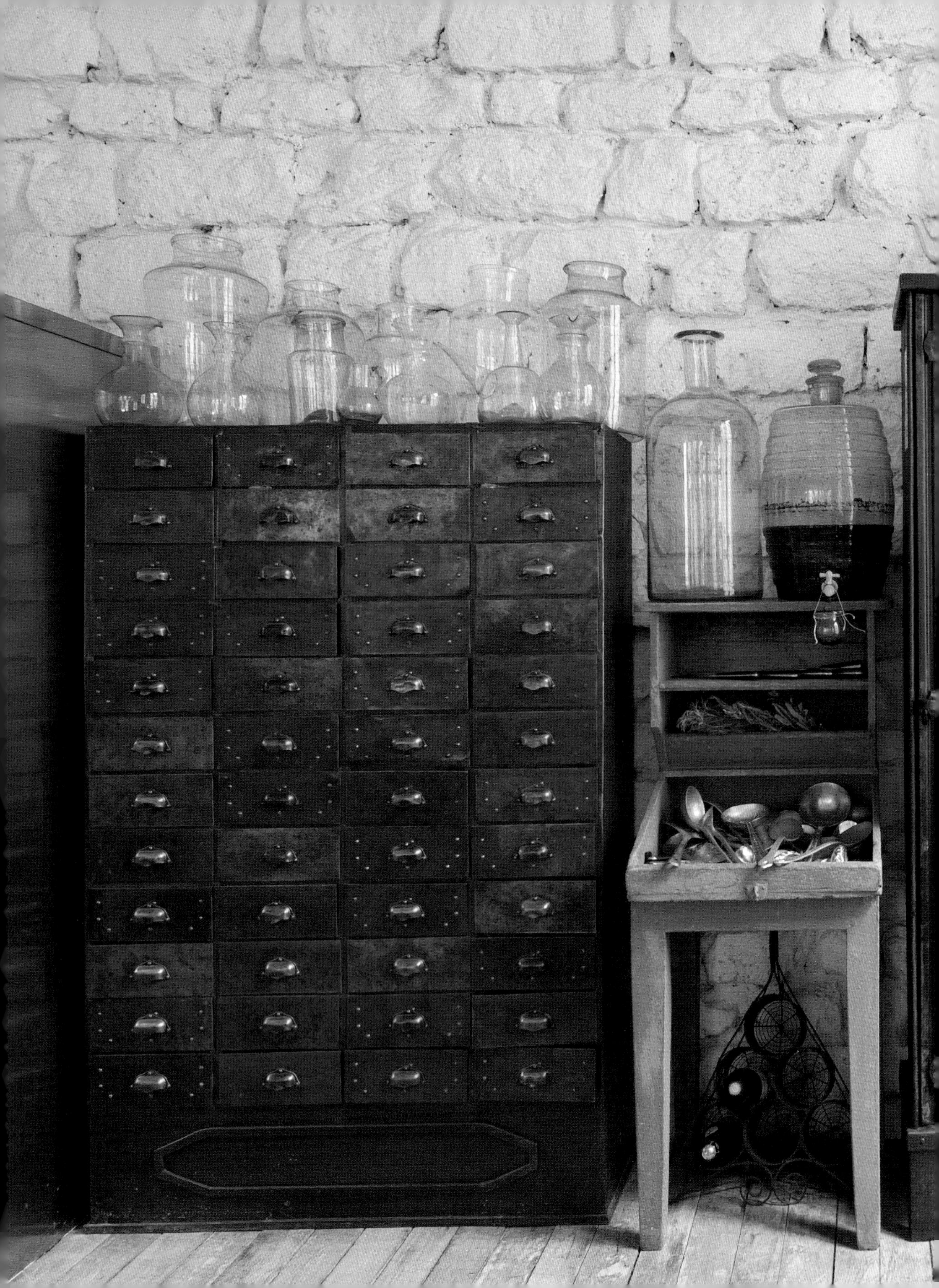

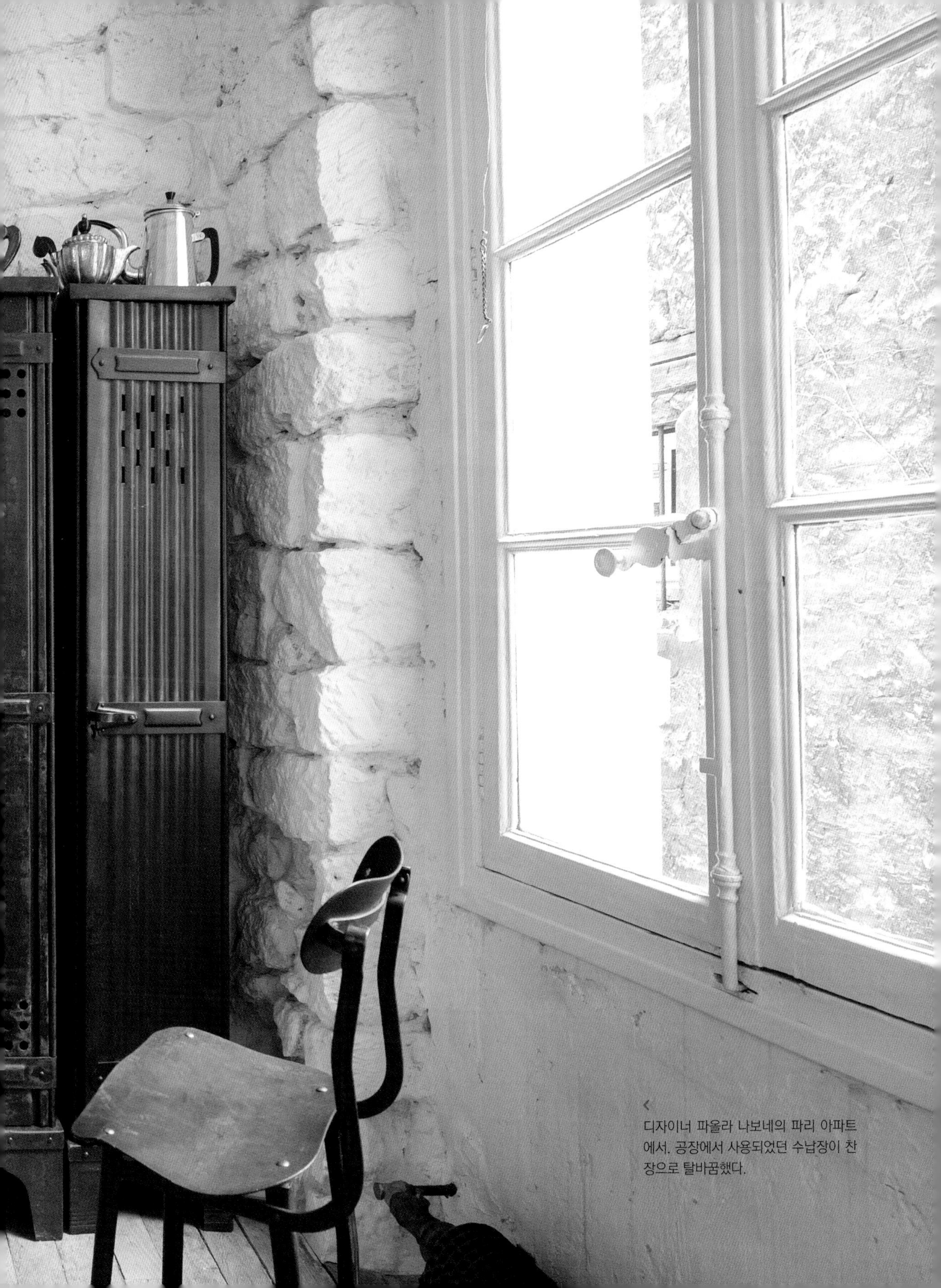

<
디자이너 파올라 나보네의 파리 아파트에서. 공장에서 사용되었던 수납장이 찬장으로 탈바꿈했다.

섬세한 개선 REFINEMENTS

사소한 부분도 놓치지 않고 손본 가구 디자이너들

어느 회사에서 제작한 수납 가구인지 확인하려면 손잡이나 라벨 홀더, 금속 장식 등에서 단서를 찾을 수 있다. 서랍 손잡이 하나만 해도 심플한 모양부터 구리나 강철로 만든 꽃잎 모양까지 각양각색이고 앞부분에 우아한 골드 색상 명판이 붙어 있는 경우도 있다.

디자이너들은 사무용 가구의 문을 여닫는 방식과 자물쇠를 잠그는 방식에 변화를 주었다. 18세기에 디자인된 롤탑 책상(rolltop desk; 뚜껑을 뒤로 밀어서 여는 책상_역자 주)은 연접식 강철로 된 뚜껑이 윗부분에 달린 축을 중심으로 접혀 올라가는 구조로 변경되었다. 이러한 '커튼 스타일'의 롤다운 개폐 방식은 원래 진귀한 목재로 수공예 책상을 제작할 때 사용되었지만 관절형 강철을 사용하면서 대량 생산이 가능해졌다.

»
(위) 전통적인 원목 가구에서 아이디어를 따온 금속 서랍장.

(아래) 스트라포의 파일 캐비닛을 가까이에서 찍은 사진. 아래로 당겨 여는 드롭다운식 문에 청동 장식과 꽃잎 모양 손잡이가 달려 있다.

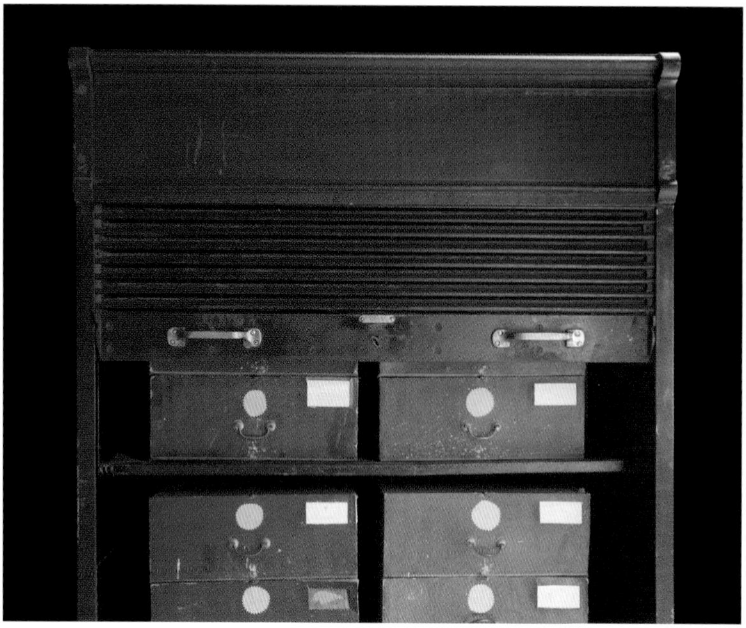

«
공증인의 파일 캐비닛. 금속 재질의 롤다운식 커튼이 달려 있다.

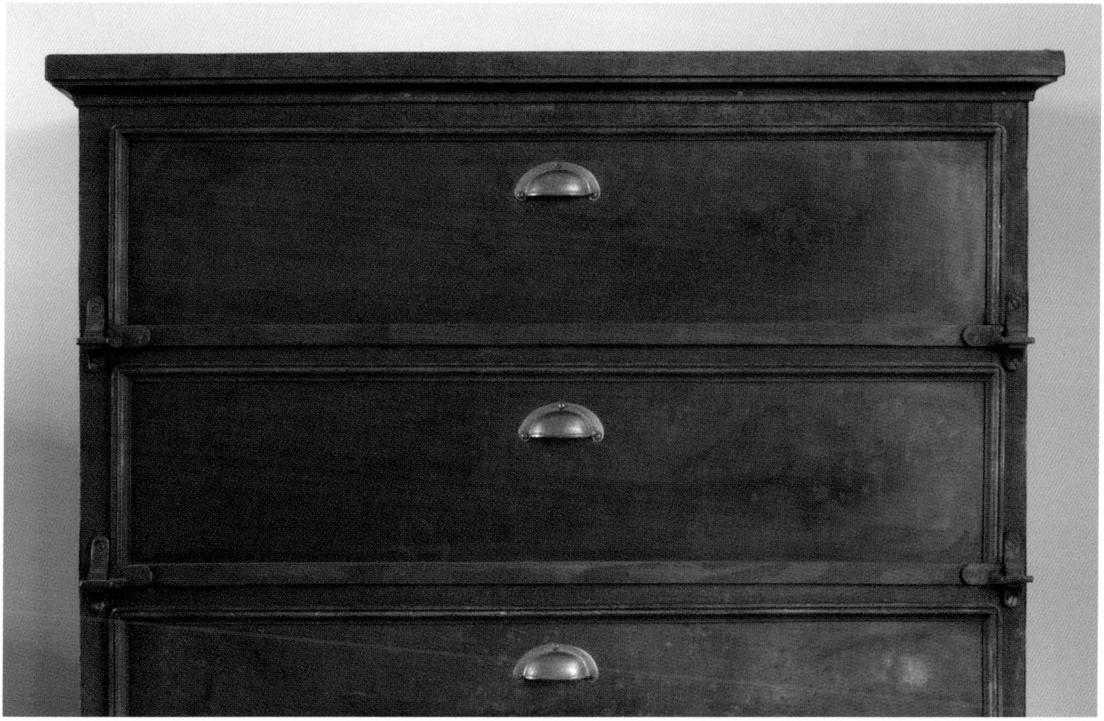

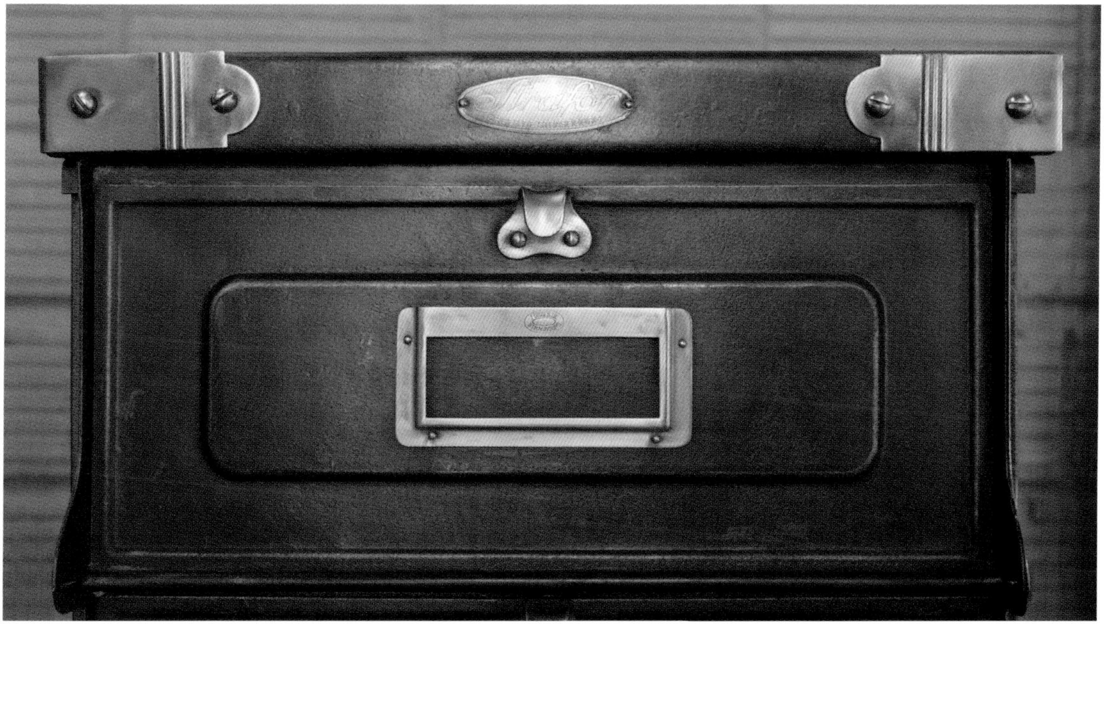

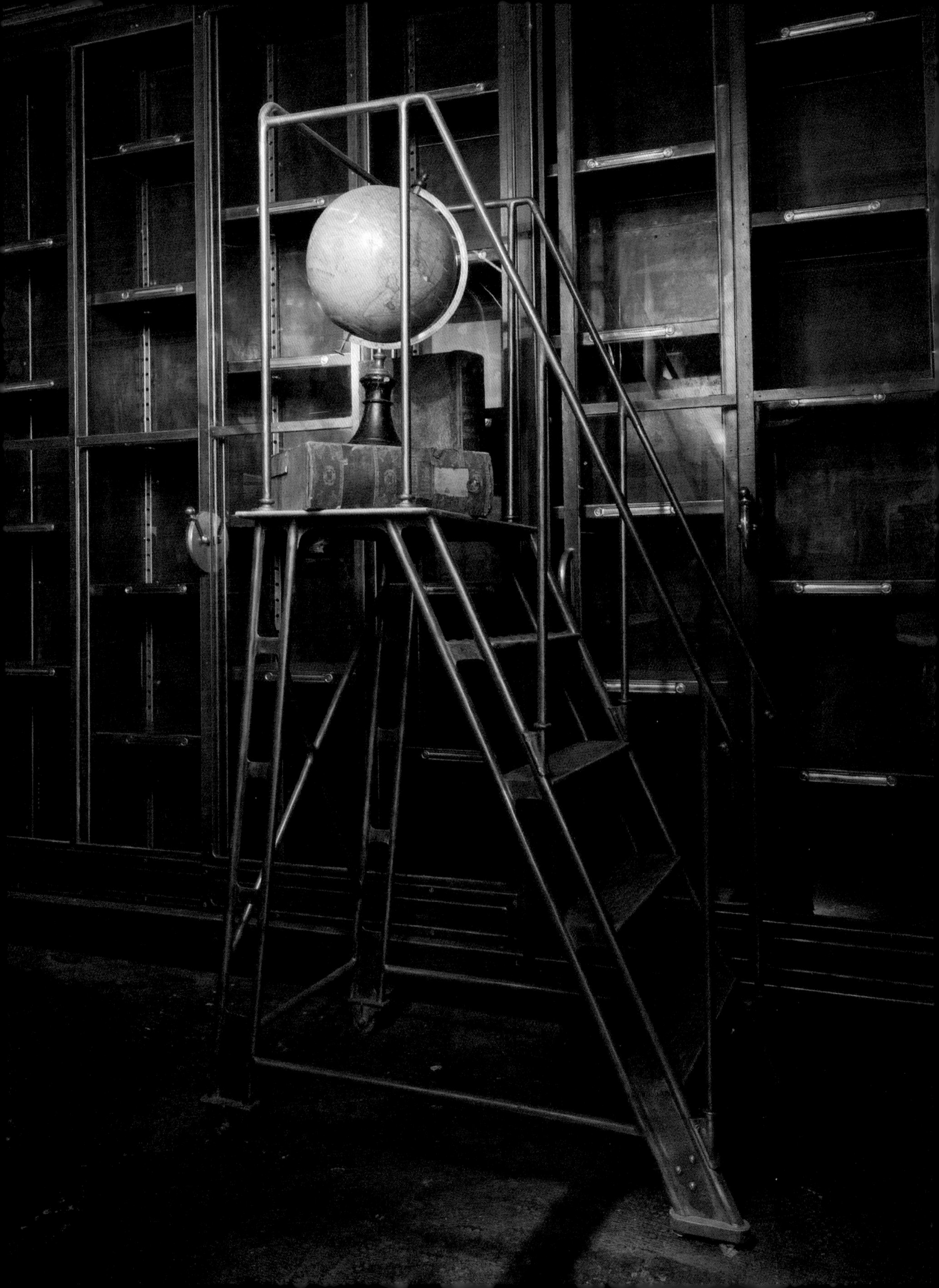

보안 대책 SECURITY MEASURES

정교한 메커니즘으로 귀중품과 서류를 보호하는 강철 가구

대단히 정교한 접근 시스템과 자물쇠를 갖춘 강철제 선반과 금고, 파일 캐비닛은 기본적인 사무 가구로 자리 잡았다. 이들은 언뜻 일반 가구와 비슷해 보이지만 두꺼운 강철로 제작되었고 주물 장식이나 광택이 도는 청동 손잡이를 달아 화려함을 더했다. 주로 은행, 의료 시설, 관공서 등에서 사용되었다.

»
반질반질 윤기가 도는 황동 자물쇠와 손잡이. 프랑스 국립 은행 전 지점의 금고에 설치되었다.

«
건축가 알퐁스 데프라스(Alphonse Defrasse)가 디자인한 금속 캐비닛. 1910년부터 1930년까지 프랑스 국립 은행의 지점이 생길 때마다 동일하게 설치되었다. 낡은 지폐를 폐기 처분할 때까지 안전하게 보관하는 용도로 쓰였으며 지금은 파리에 위치한 캉테상스(Quintessence)에 전시되어 있다. 슬라이딩 도어에는 데프라스 팀이 특별 제작한 반원형의 자물쇠가 달려 있다.

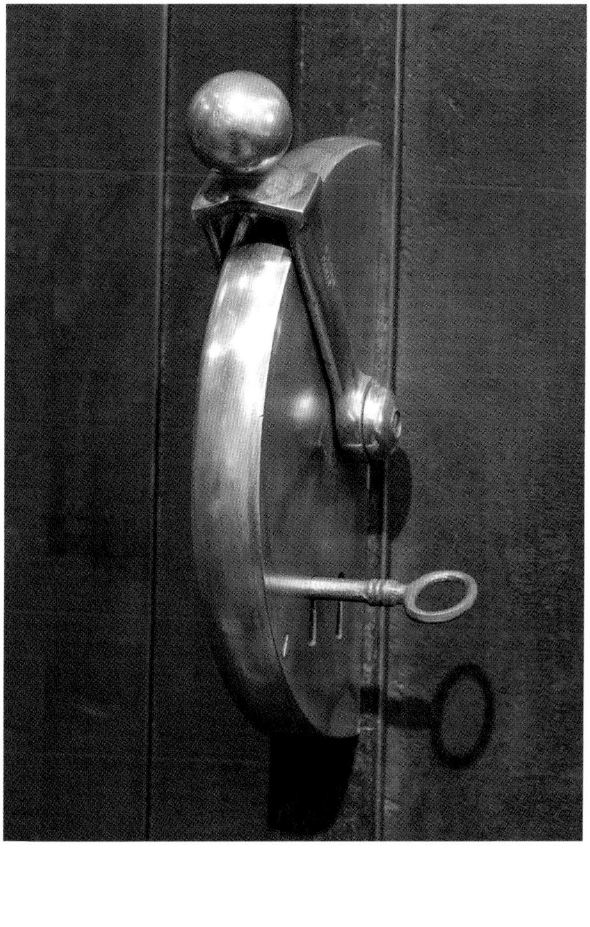

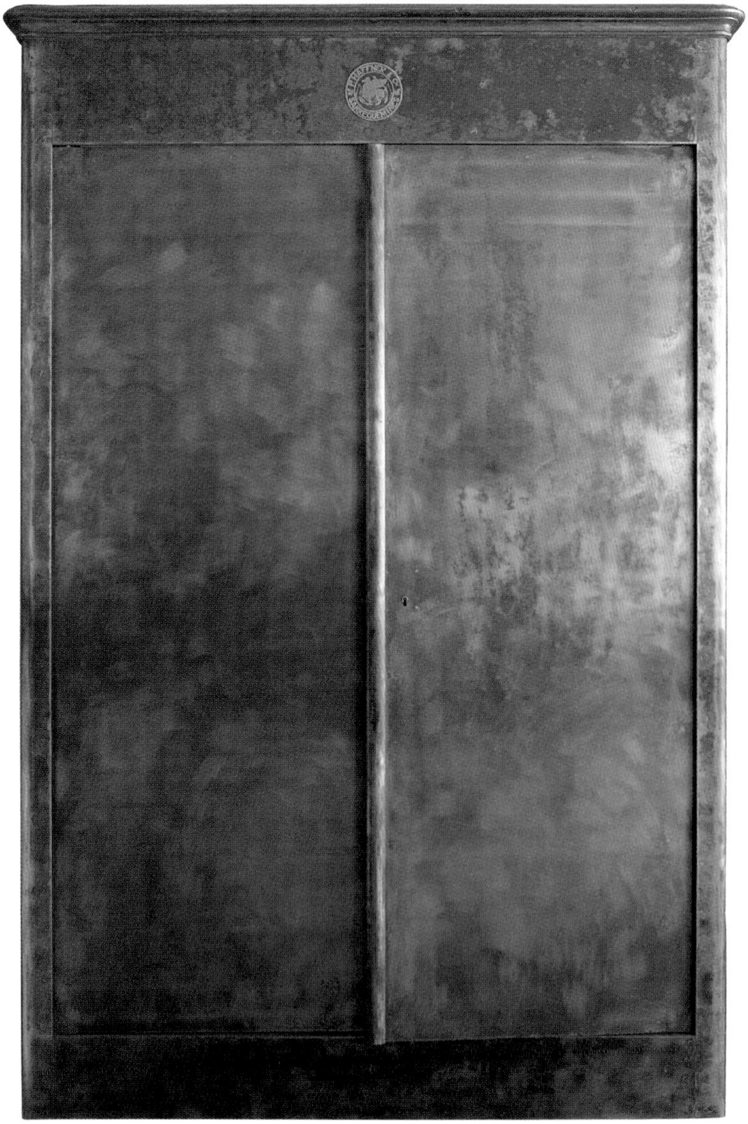

«
근엄한 분위기를 풍기는 금고. 프랑스 북동부 사르그민에 위치한 P. 하프너 에 시에(P. Haffner&Cie) 사에서 1900년경 제작.

»
클링거(Klinger)사에서 제작한 금고. 육중한 강철로 만든 보호 케이스가 있어서 암호가 있어야만 열 수 있다.

»
공증인이 사용했던 캐비닛. 롤다운 식 금속 커튼을 내려 잠글 수 있고 서랍이 여러 개 달려 있다.

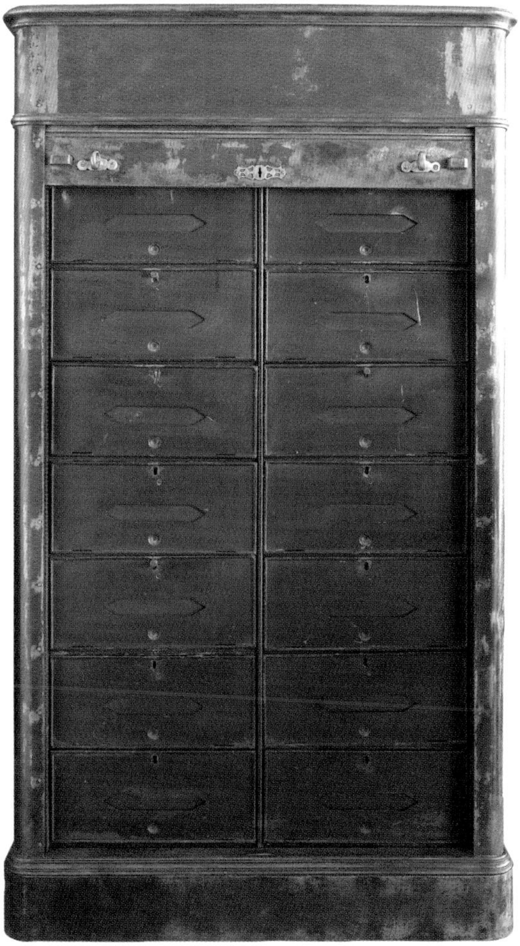

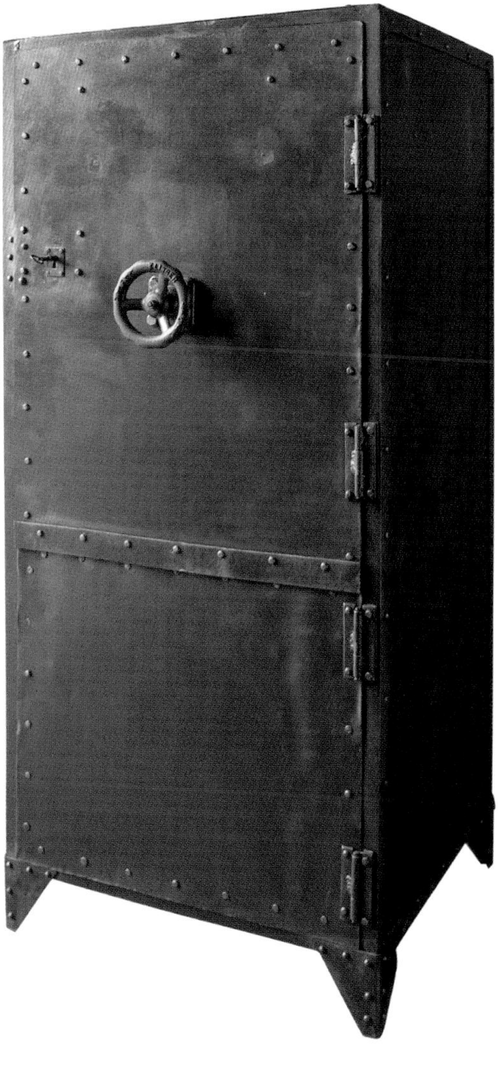

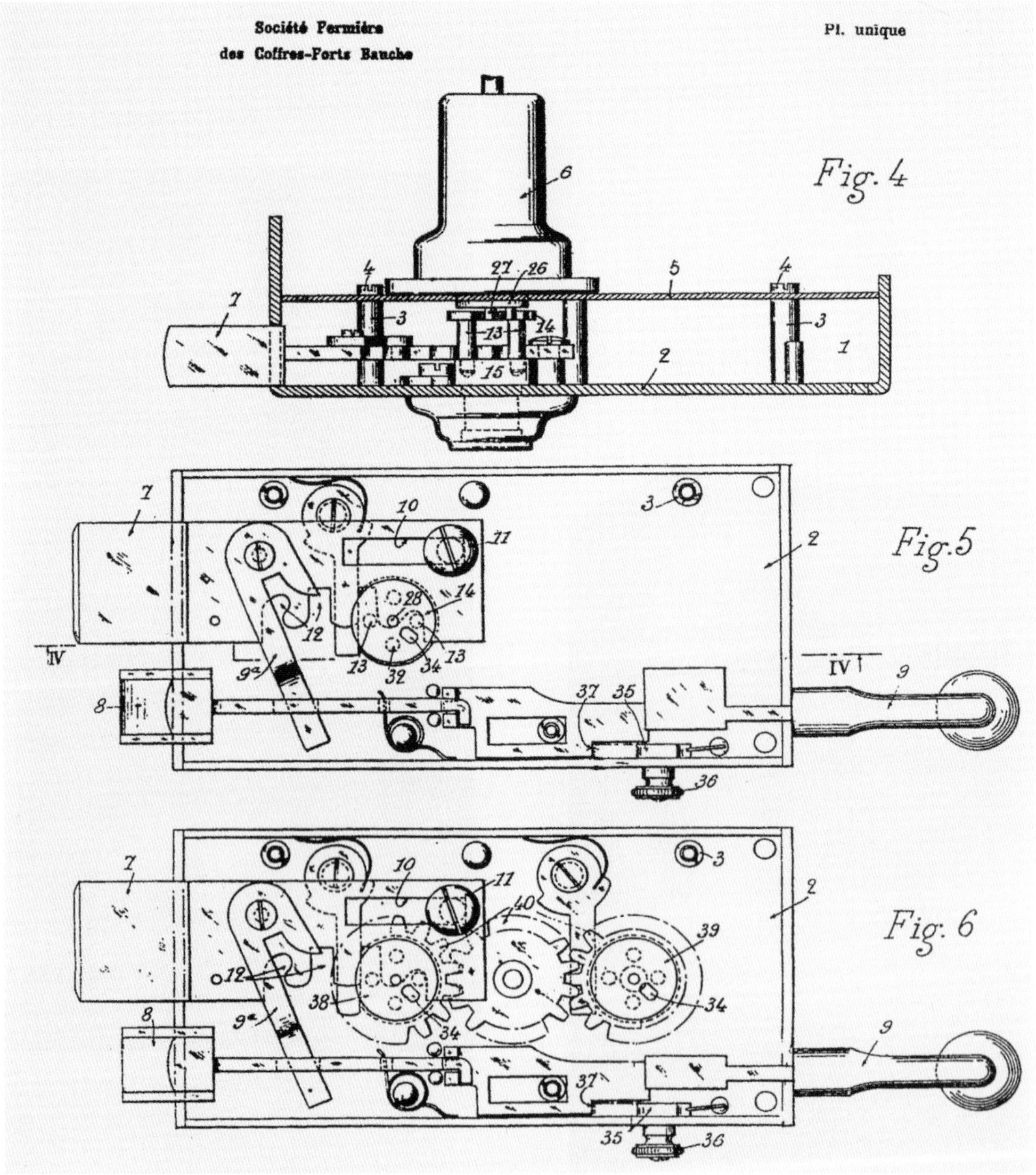

^
1928년 코프르포르 보슈(Coffres-Forts Bauche)사가 고급 잠금장치의 특허를 신청할 때 첨부한 도면. 1825년 설립된 이래 업계를 선도했던 이 회사는 지금도 피세 보슈(Fichet-Bauche)라는 브랜드명으로 계속해서 금고를 제작하고 있다.

»
파리 중심부 센 강에 정박해 있는 바지선(barge). 공장의 보일러실에 설치되어 있던 문을 이용해 리모델링했다.

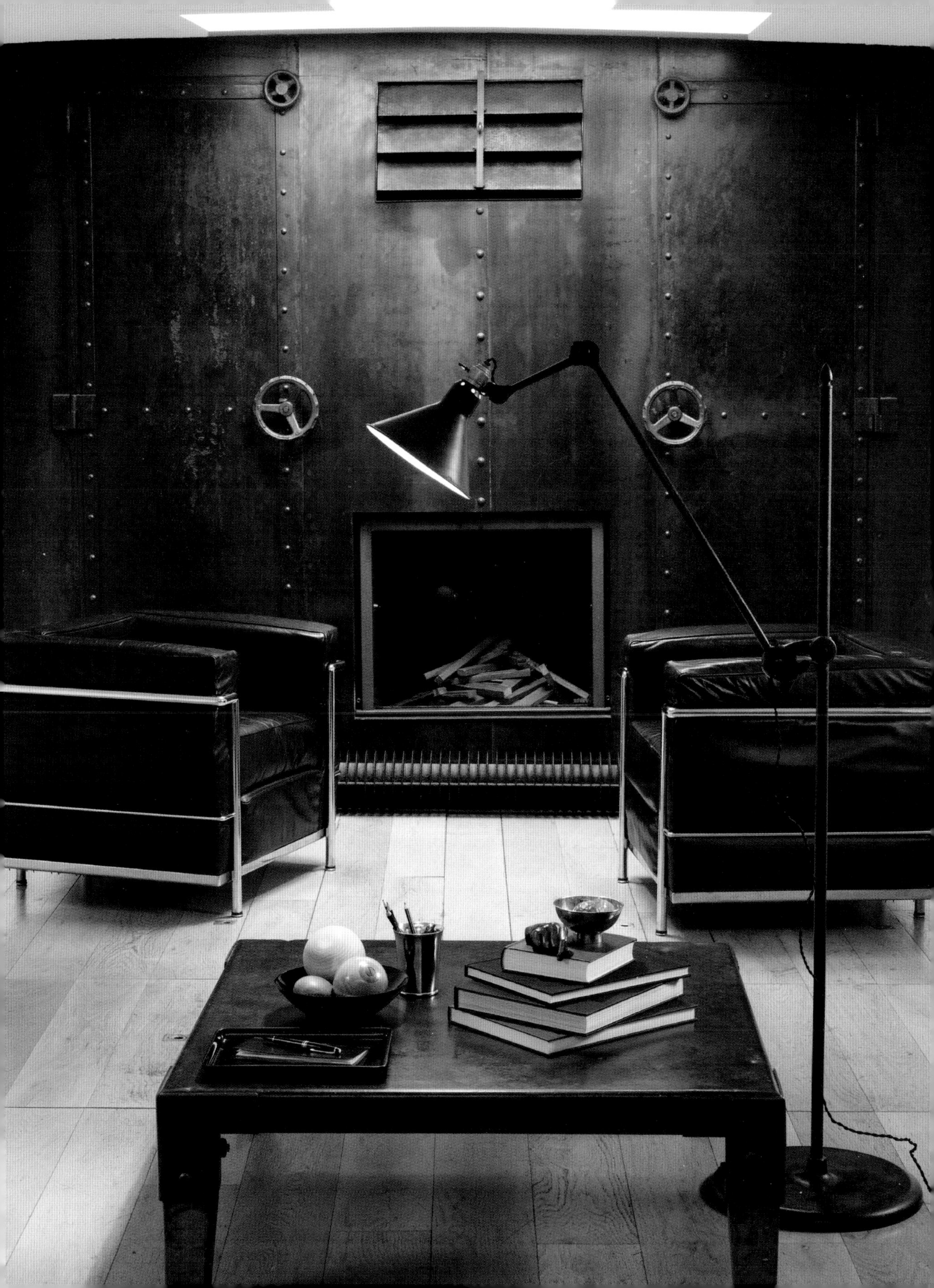

개인 공간 INDIVIDUAL SPACE

산업이 급속도로 성장해 근로자의 수가 늘어나면서 필요해진 개인 물품 보관 공간

일터에는 직원들이 개인 물품을 보관하거나 업무 전후에 옷을 갈아입기 위한 개인 사물함이 지급되기 시작했다. 스트라포는 모든 업종을 고객으로 확보하기 위해 사물함마다 자물쇠가 달린 금속 사물함 7종을 출시했다. 사물함은 특히 내구성이 중시되었는데, 스트라포 제품은 가장 튼튼하고 매끄러운 강철판으로 만들어졌다. 스트라포의 카탈로그에는 나무로 만든 제품보다 깨끗하고 위생적이라고 소개되어 있는데, 실제로 쓱 문지르기만 해도 깨끗해졌고 옷을 걸어두는 공간이 있어서 일일이 갤 필요도 없었다. 당시 유행하던 챙이 넓은 모자가 들어갈 만큼 공간에 여유가 있는 여성용 사물함도 있었다. 이렇듯 강철은 현대 가구의 필수 재료가 되었다.

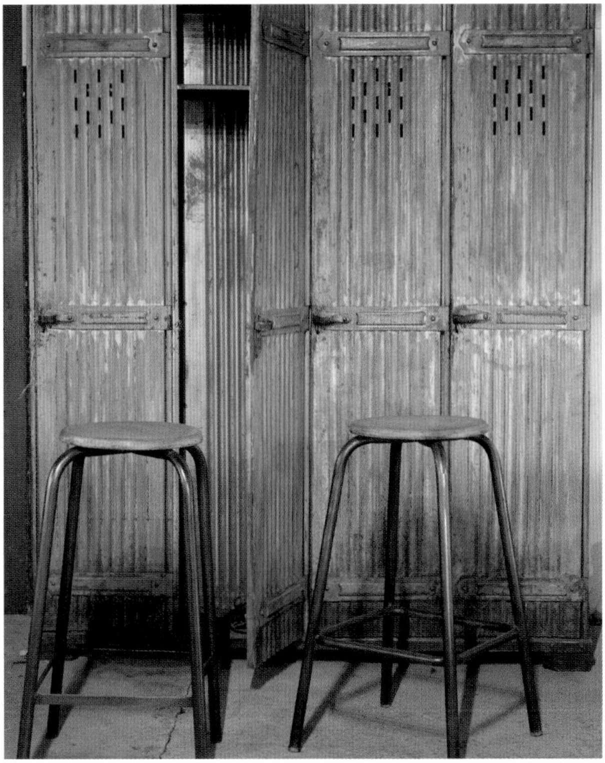

« 세로로 물결 모양의 홈이 파인 강철판으로 만든 스트라포 사물함. 1930년경. 스툴은 제작자 미상.

» 막 복원을 마친 멋스러운 암회색 사물함. 다시 가구로 쓰일 예정이다.

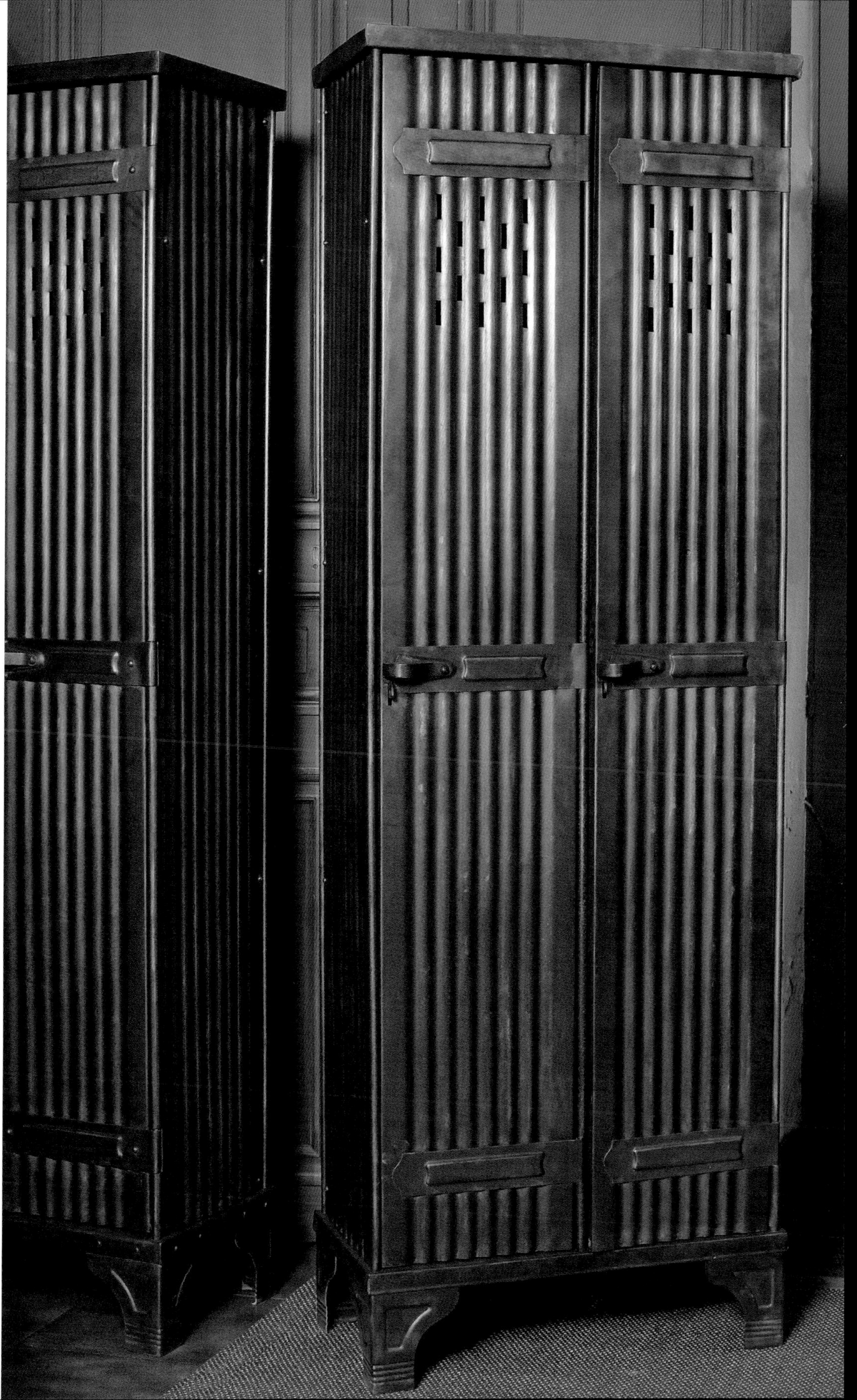

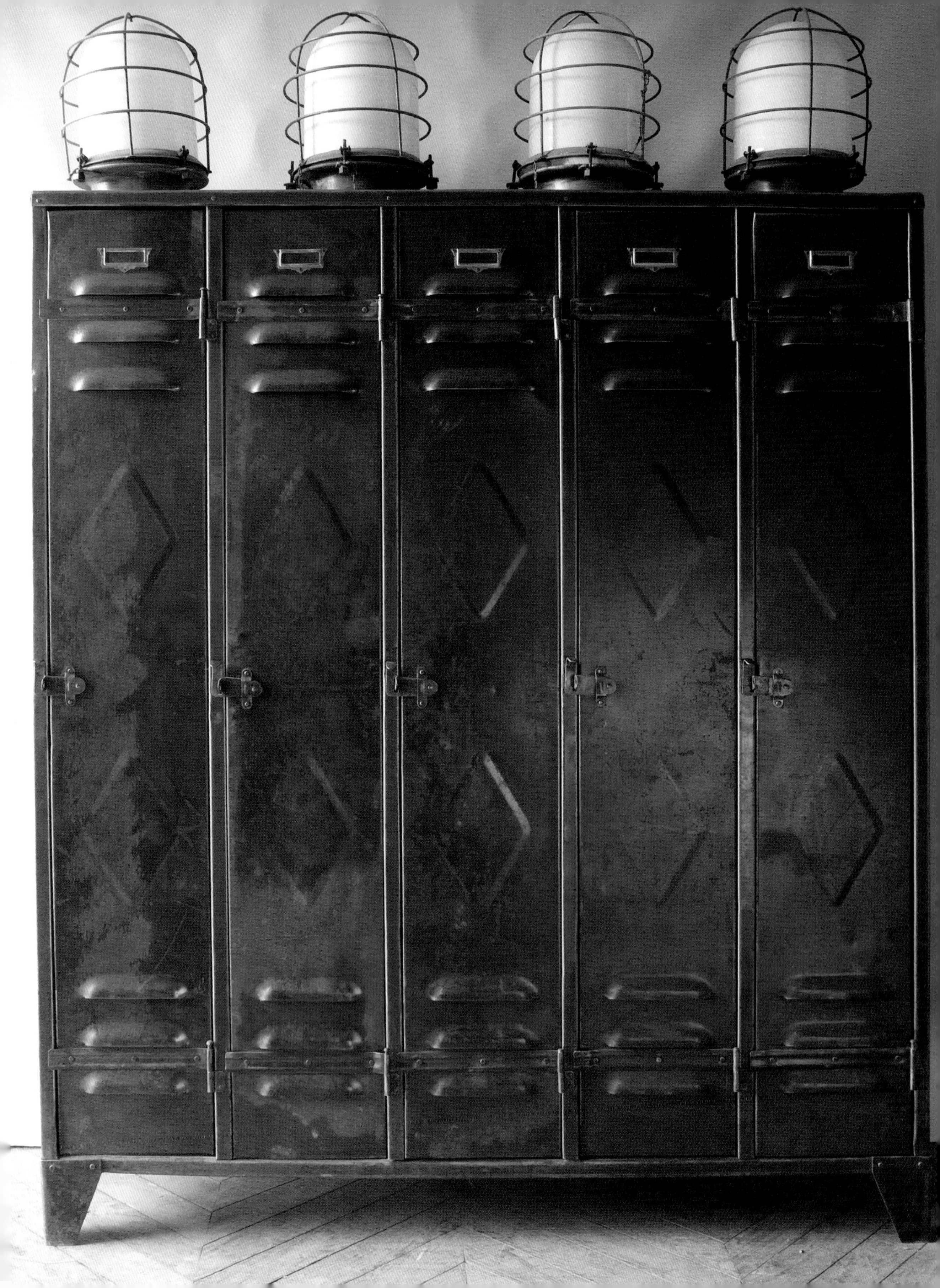

«
벨기에에서 사용되었던 사물함. 독특한 라벨 홀더가 달려 있다. 문은 맹꽁이자물쇠로 잠그는 타입이고 아래위로 환기구가 있다. 사물함 위에 놓인 램프에는 파손 방지용 금속 보호대가 달려 있다.

»
복원을 마친 후 내부를 세련된 주홍색으로 칠한 사물함.

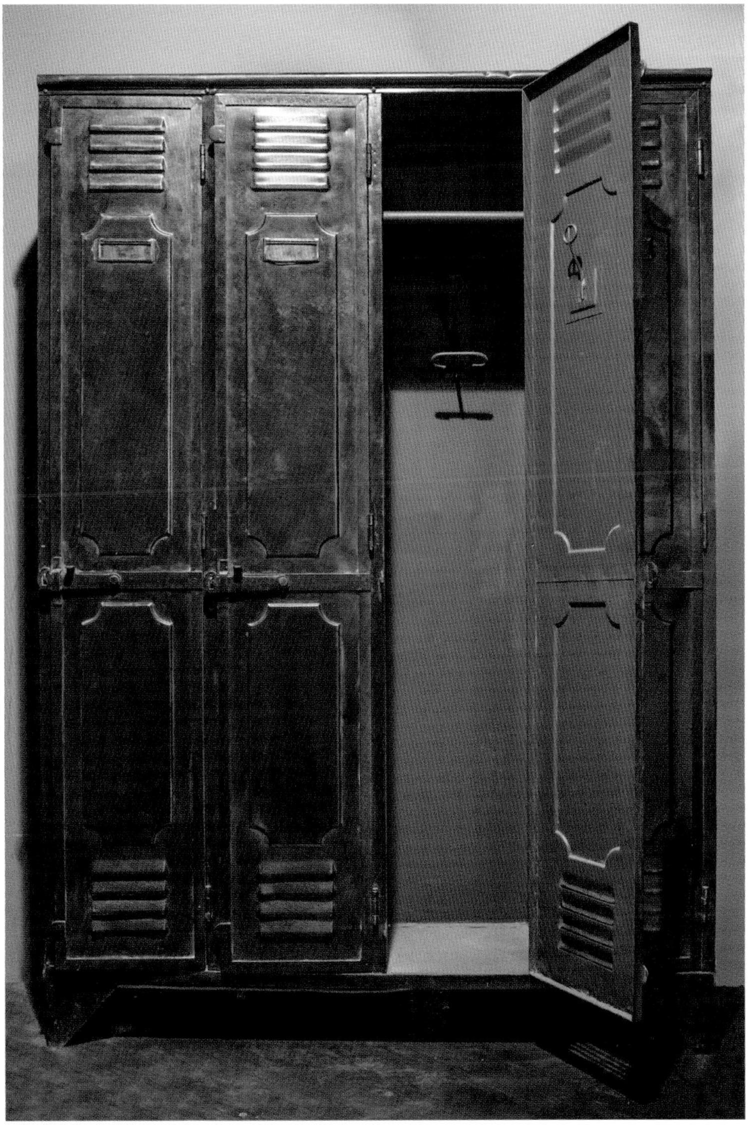

얇게 늘인 강철 STRETCHING STEEL

공업화로 공구의 종류가 급증하면서 중요한 장비를 안전하게 보관하기 위해 제작된 맞춤형 금속 가구

금속으로 만든 사물함과 공구 보관함은 안전하고 튼튼했지만 작업자는 자기 장비가 어디에 있는지 곧바로 확인할 수 있어야 했다. 1902년, 회전하는 롤 사이에 금속을 통과시켜 얇게 늘이는 압연 기술이 개발되면서 철망이 등장했다. 문이 철망으로 되어 있으면 빛과 공기가 통하므로 음식을 보관하기에도 적합하고, 걸쇠나 맹꽁이자물쇠를 달면 손에 익은 공구를 안전하게 보관할 수도 있다. 게다가 여러 개를 쌓아 올려 사용할 수도 있어서 공구 보관함으로는 물론 집에서 싸온 점심 도시락을 보관해두는 사물함으로도 활약했다.

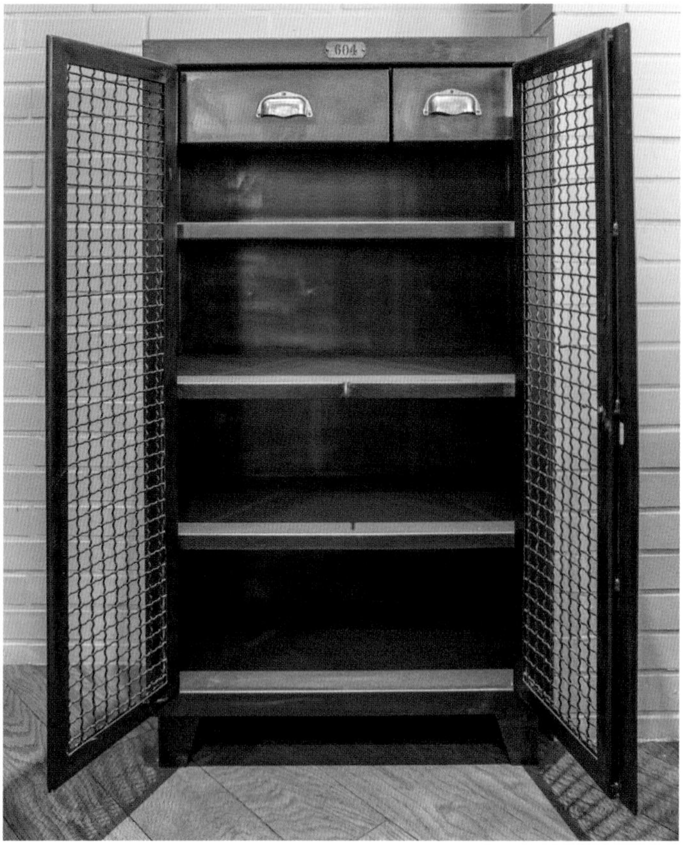

«
서랍과 철망문이 달린 캐비닛. 파리의 한 레스토랑에서.

»
연장 보관함의 전체 사진과 문의 금속망 부분을 가까이에서 찍은 사진. 복잡하게 엮인 철망은 통풍이라는 실용적인 목적을 위해 만들어졌지만 기계 제작 특유의 깔끔한 아름다움을 갖추고 있다.

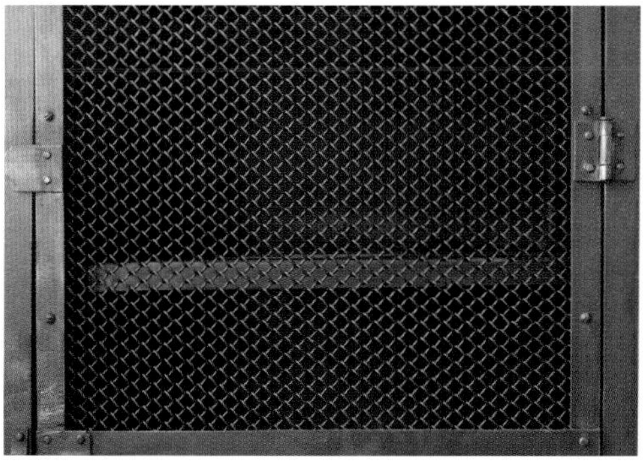

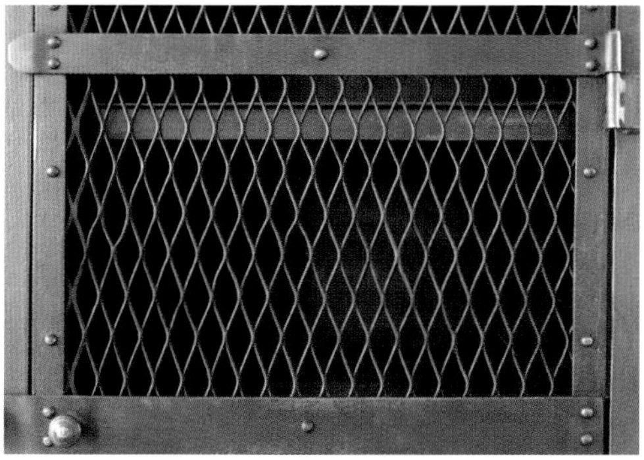

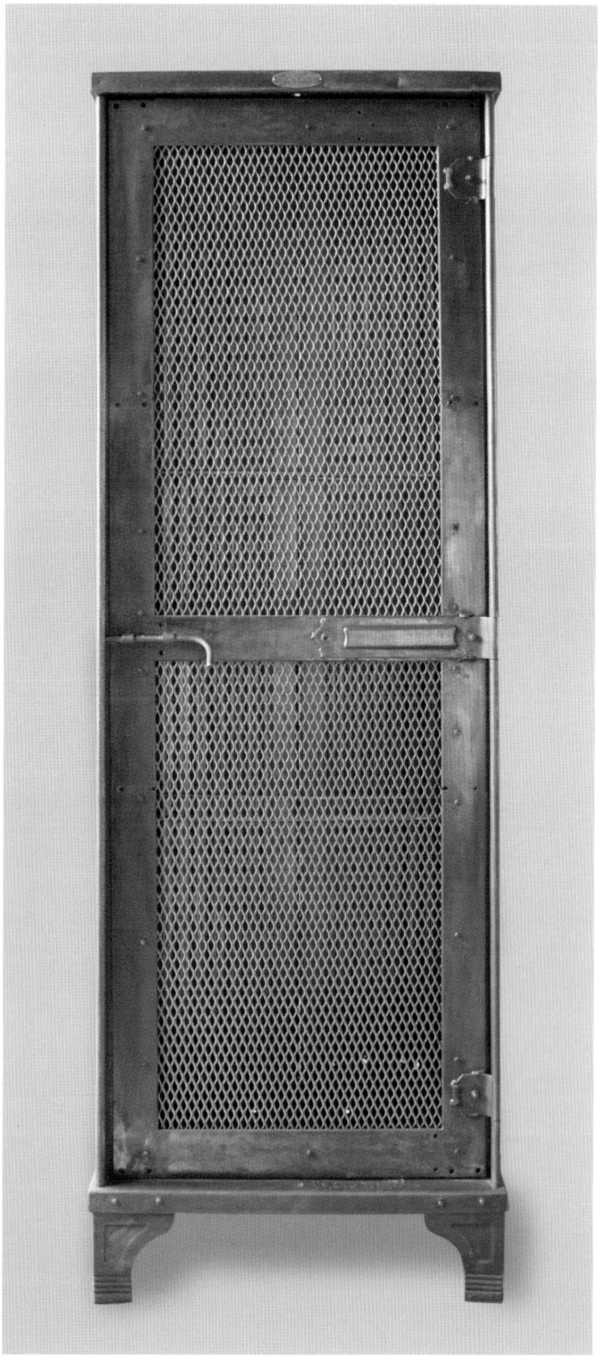

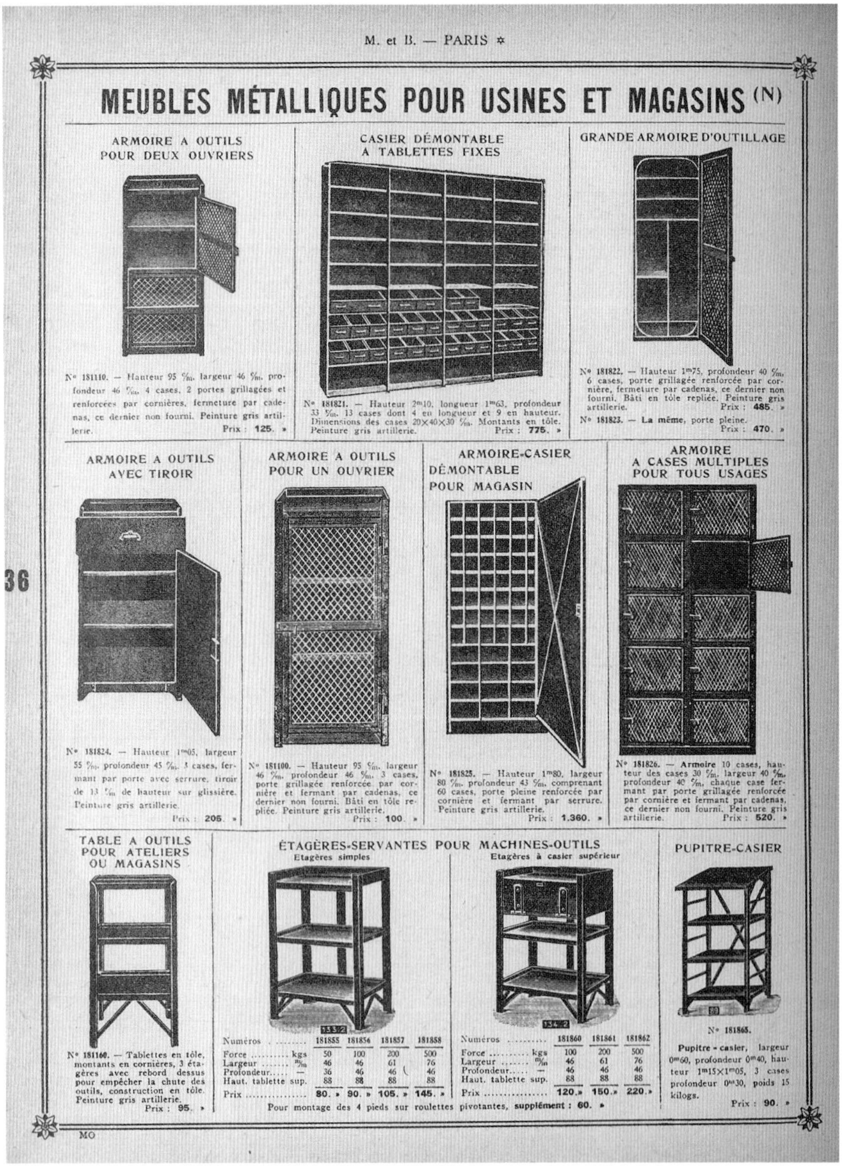
M. et B. — PARIS

MEUBLES MÉTALLIQUES POUR USINES ET MAGASINS (N)

ARMOIRE A OUTILS POUR DEUX OUVRIERS

N° 181110. — Hauteur 95 %m, largeur 46 %m, profondeur 46 %m, 4 cases, 2 portes grillagées et renforcées par cornières, fermeture par cadenas, ce dernier non fourni. Peinture gris artillerie. Prix : 125. »

CASIER DÉMONTABLE A TABLETTES FIXES

N° 181821. — Hauteur 2m10, longueur 1m63, profondeur 33 %m. 13 cases dont 4 en longueur et 9 en hauteur. Dimensions des cases 20×40×30 %m. Montants en tôle. Peinture gris artillerie. Prix : 775. »

GRANDE ARMOIRE D'OUTILLAGE

N° 181822. — Hauteur 1m75, profondeur 40 %m, 6 cases, porte grillagée renforcée par cornière, fermeture par cadenas, ce dernier non fourni. Bâti en tôle repliée. Peinture gris artillerie. Prix : 485. »

N° 181823. — **La même**, porte pleine. Prix : 470. »

ARMOIRE A OUTILS AVEC TIROIR

N° 181824. — Hauteur 1m05, largeur 55 %m, profondeur 45 %m, 3 cases, fermant par porte avec serrure, tiroir de 13 %m de hauteur sur glissière. Peinture gris artillerie. Prix : 205. »

ARMOIRE A OUTILS POUR UN OUVRIER

N° 181100. — Hauteur 95 %m, largeur 46 %m, profondeur 46 %m, 3 cases, porte grillagée renforcée par cornière et fermant par cadenas, ce dernier non fourni. Bâti en tôle repliée. Peinture gris artillerie. Prix : 100. »

ARMOIRE-CASIER DÉMONTABLE POUR MAGASIN

N° 181825. — Hauteur 1m80, largeur 80 %m, profondeur 43 %m, comprenant 60 cases, porte pleine renforcée par cornière et fermant par serrure. Peinture gris artillerie. Prix : 1.360. »

ARMOIRE A CASES MULTIPLES POUR TOUS USAGES

N° 181826. — **Armoire** 10 cases, hauteur des cases 30 %m, largeur 40 %m, profondeur 40 %m, chaque case fermant par porte grillagée renforcée par cornière et fermant par cadenas, ce dernier non fourni. Peinture gris artillerie. Prix : 520. »

36

TABLE A OUTILS POUR ATELIERS OU MAGASINS

N° 181160. — Tablettes en tôle, montants en cornières, 3 étagères avec rebord dessus pour empêcher la chute des outils, construction en tôle. Peinture gris artillerie. Prix : 95. »

ÉTAGÈRES-SERVANTES POUR MACHINES-OUTILS

Etagères simples

Numéros	181855	181856	181857	181858
Force .... kgs	50	100	200	500
Largeur ...... %m	46	46	61	76
Profondeur..... —	36	46	46	46
Haut. tablette sup.	88	88	88	88
Prix	80. »	90. »	105. »	145. »

Etagères à casier supérieur

Numéros	181860	181861	181862
Force .... kgs	100	200	500
Largeur ...... %m	46	61	76
Profondeur..... —	46	46	46
Haut. tablette sup.	88	88	88
Prix	120.»	150.»	220.»

Pour montage des 4 pieds sur roulettes pivotantes, **supplément : 60. »**

PUPITRE-CASIER

N° 181865.

Pupitre-casier, largeur 0m60, profondeur 0m40, hauteur 1m15×1m05, 3 cases profondeur 0m30, poids 15 kilogs. Prix : 90. »

MO

산업 장비 전문 회사인 메스트르 에 블랏제의 카탈로그에서. 공구 보관용 선반과 철망문이 달린 캐비닛이 소개되어 있다.

맹꽁이자물쇠로 잠글 수 있게 디자인된 철망 캐비닛. 칸마다 번호가 매겨져 있다.

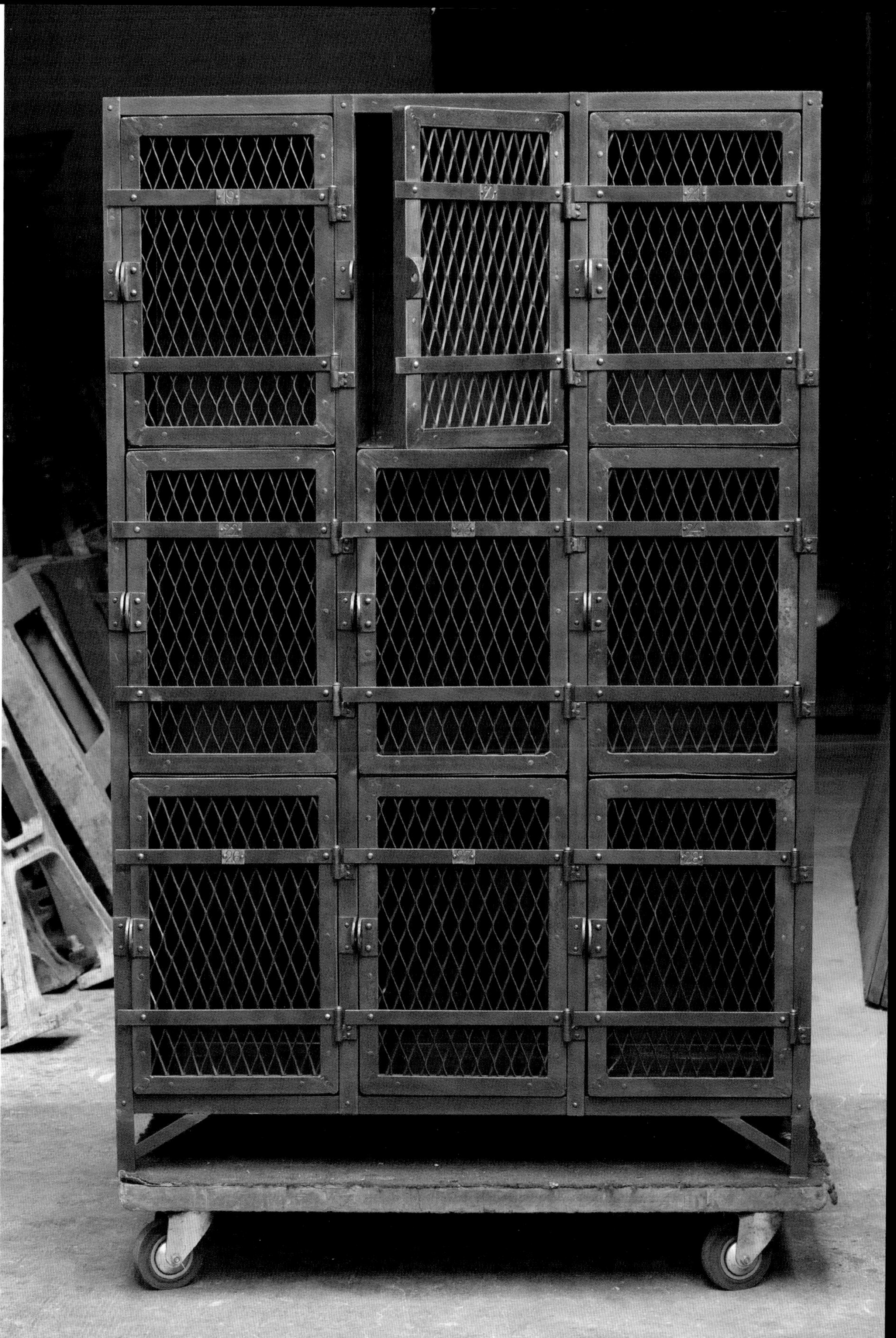

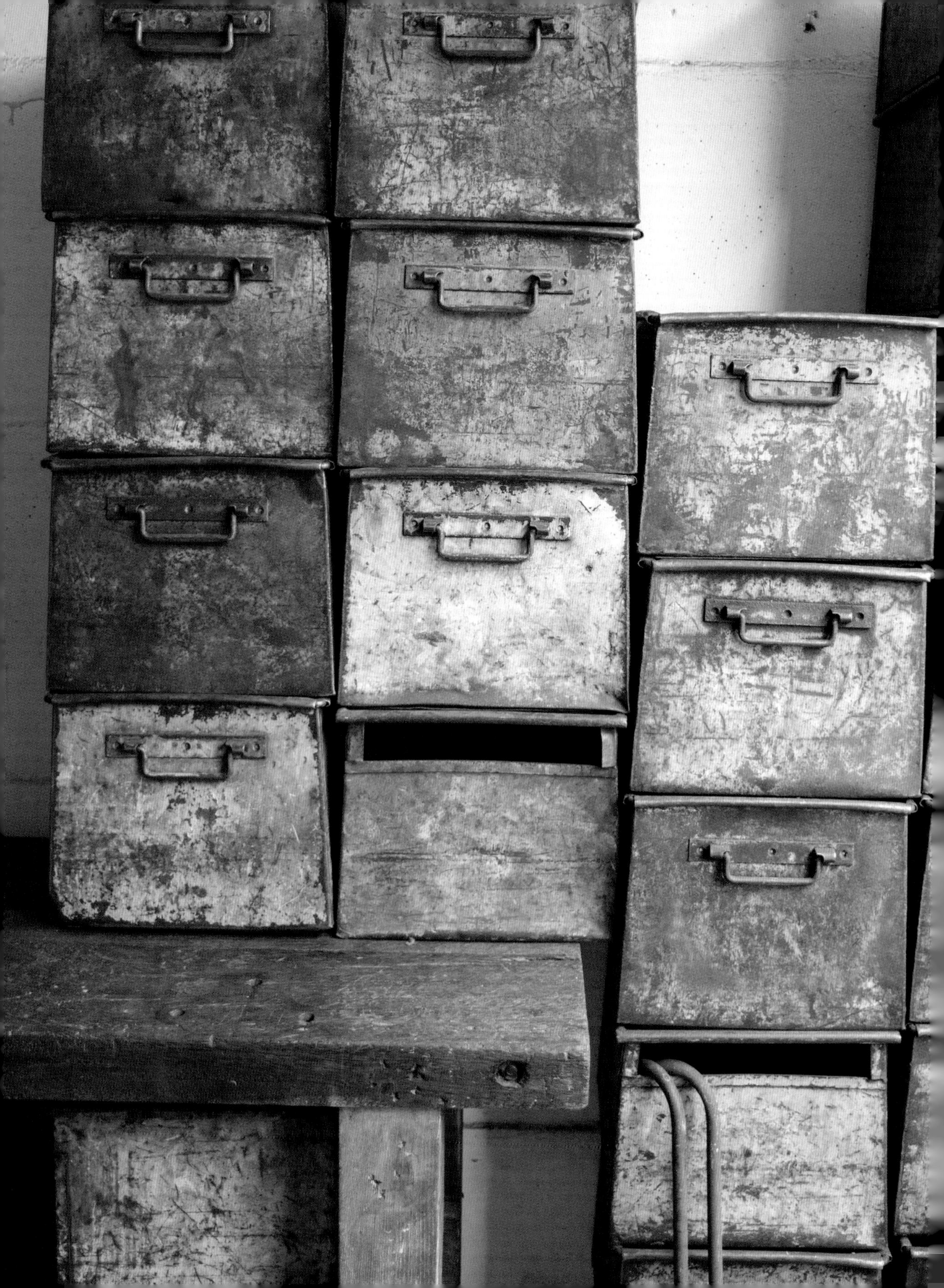

맞춤형 수납 도구 TAILOR-MADE STORAGE

창고나 공장에서 재료와 제품을 대량으로 운반하는 컨테이너, 상자, 선반

공장에서는 내구성이 강하고 손잡이나 라벨, 바퀴가 달려 이동하기 편한 강철 상자와 선반이 사용되었다. 금속 조각을 용액조에 담가 화학 처리할 때 쓰기 위해 펀칭 가공된 상자도 있었다. 섬유업계에서는 섬세한 옷감을 안전하게 운반하기 위해 판지로 만든 상자가 사용되었다. 당장 필요하지 않은 공구나 납품을 앞둔 제품은 공장의 벽에 일렬로 설치된 선반에 보관되었다.

«
판금으로 만들어진 운반용 상자. 제조할 때 사용할 금속 조각을 보관하는 용도로 쓰였으며 당시 상태 그대로다.

»
판지로 만든 바퀴 달린 상자. 프랑스 북부에 위치한 섬유 공장에서 쉬루아(Suroy)의 옷감을 운반하는 데 사용되었다.

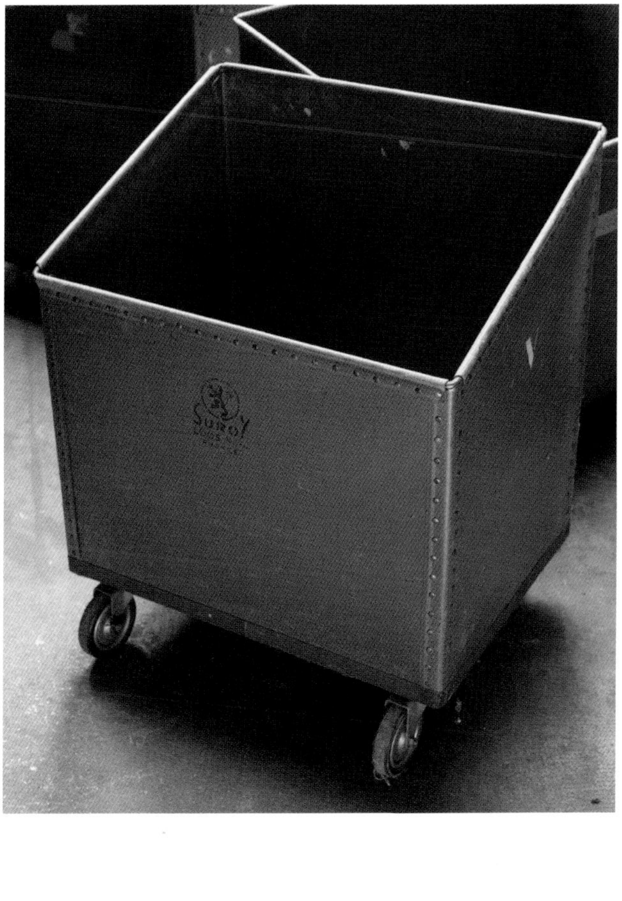

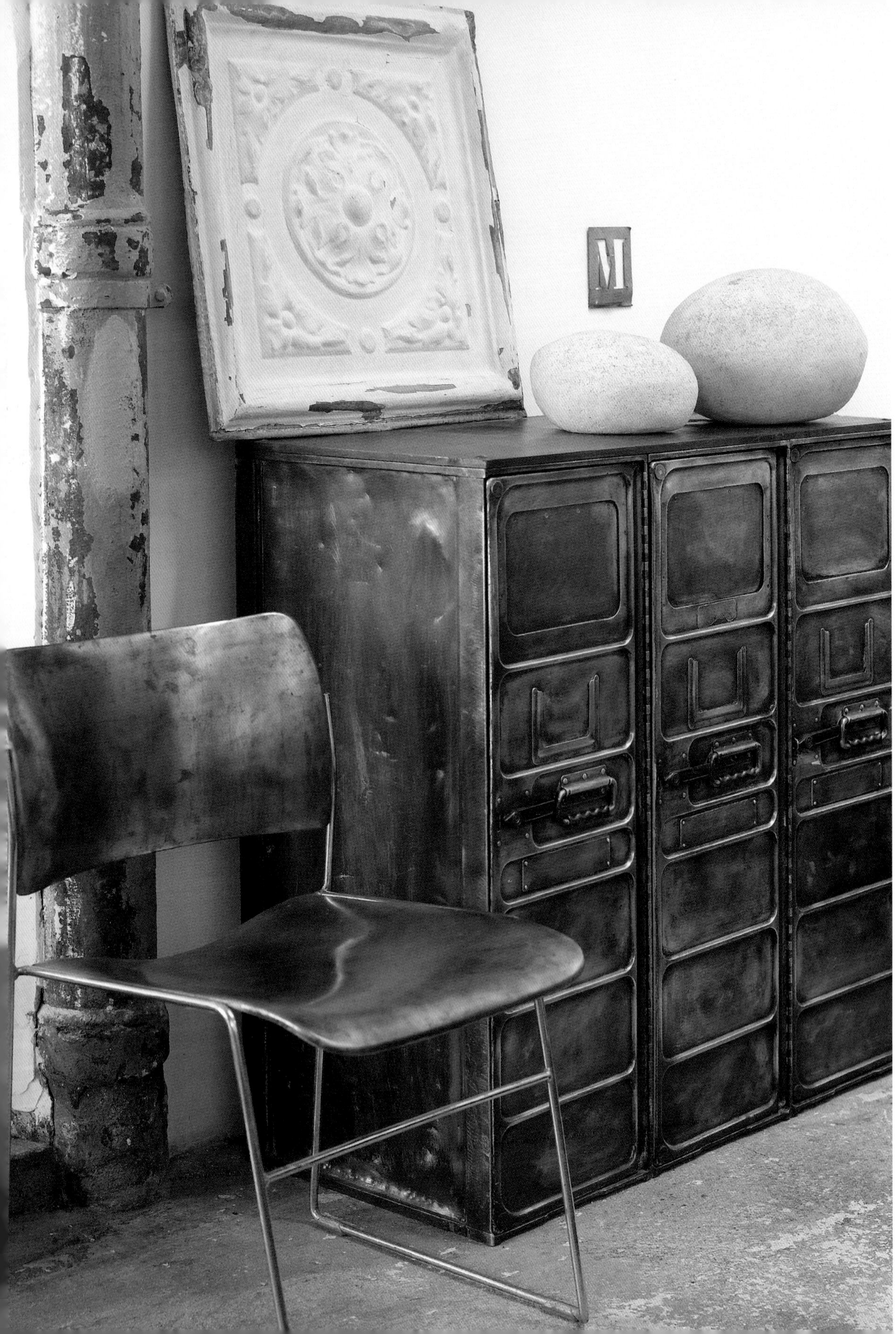
M

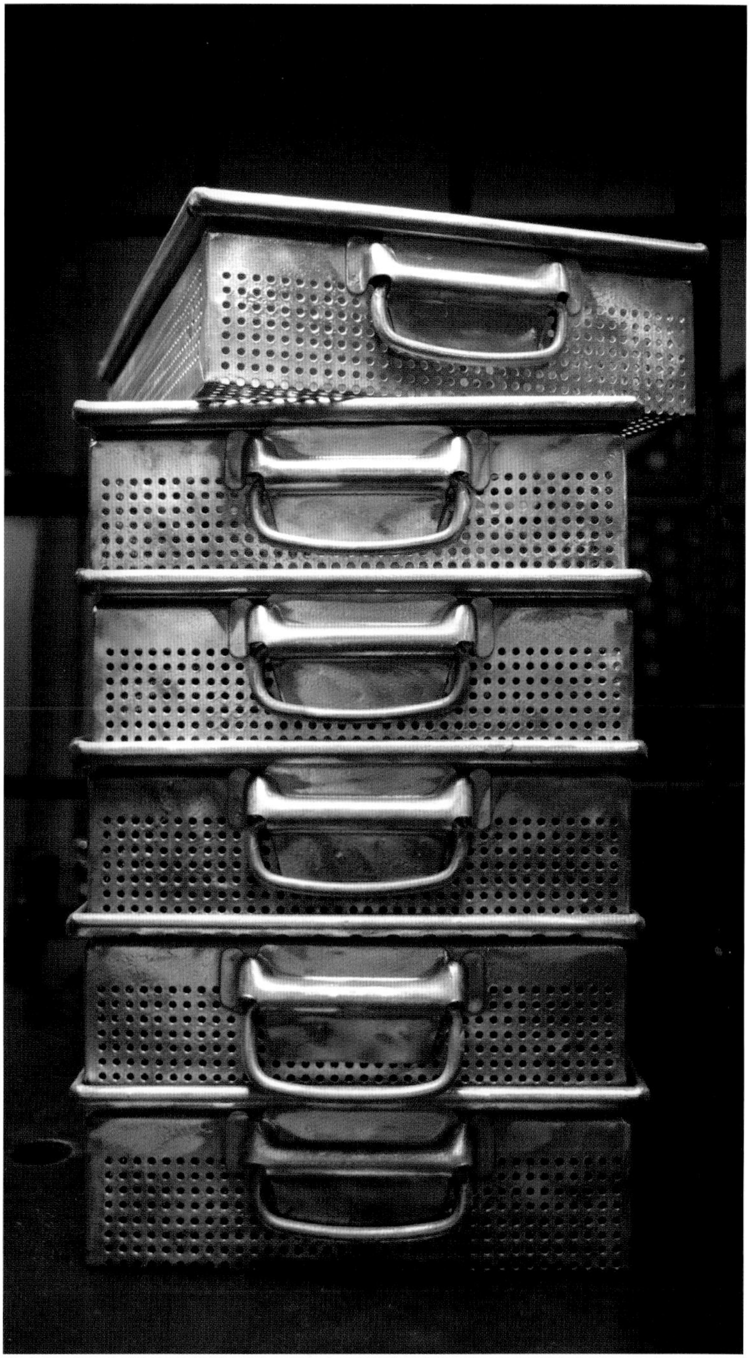

»
펀칭 가공한 철제 상자. 금속 조각을 운반해서 상자째 용액조에 담그는 용도로 사용했다.

«
항공기로 식품을 수송할 때 사용했던 광택이 도는 철제 상자. 상자 위에는 프레스 가공한 금속판에 치장 회반죽을 바른 천장 패널이 오브제로 놓여 있다.

오래도록 사용할 수 있는 가구들 UNLIMITED LIFESPAN

오랜 시간 험하게 써도 망가지지 않도록 설계된 산업용 금속 가구

금속 캐비닛과 수납함은 작업장의 필수 가구로 자리 잡았고 크면 클수록 좋다고 여겨졌다. 캐비닛에는 서랍이 많이 달려 있어서 나무나 금속을 가공할 때 사용하는 다양한 공구류를 정리하기 편하고, 윗면은 작업대로도 사용할 수 있다. 가장자리와 모서리, 경첩 부분이 보강된 수납 캐비닛은 튼튼한 맹꽁이자물쇠를 달면 안전까지 확보된다. 쓰기 편하고 견고하게 설계된 이런 가구들은 이동 중에도 안에 든 물건을 안전하게 보호했다.

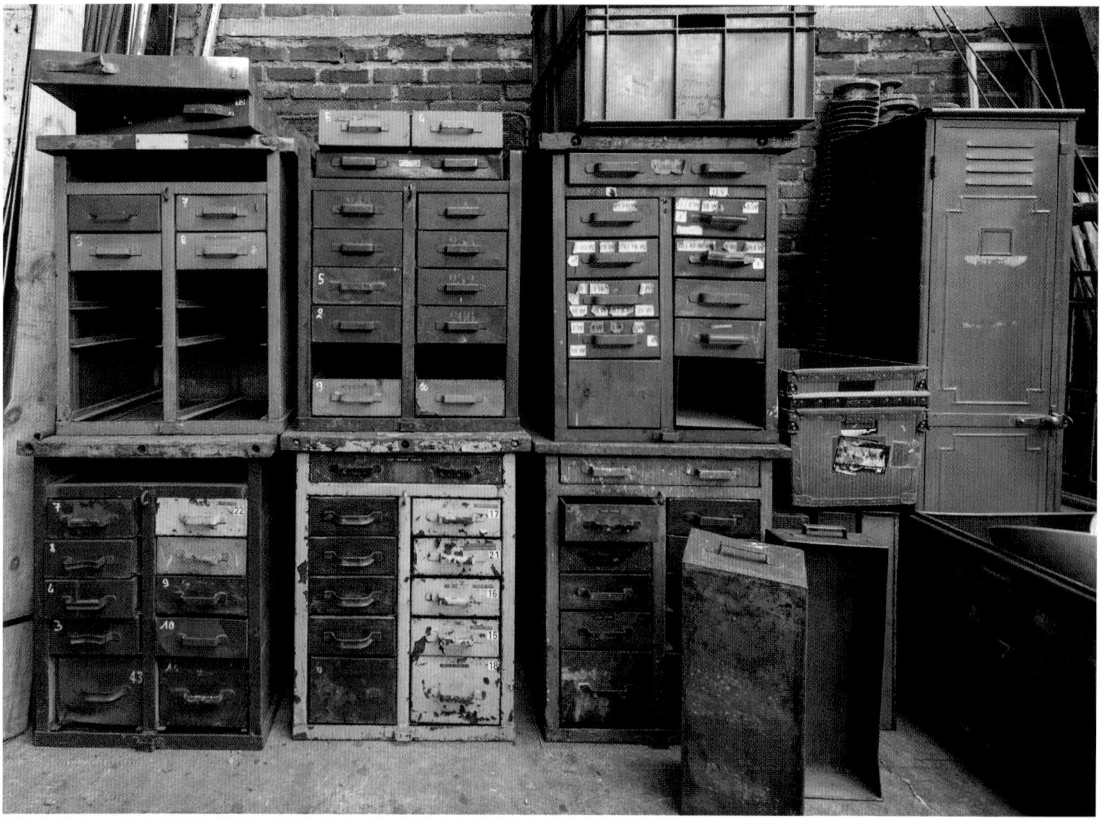

«
골동품 딜러의 공방에 놓인 수납장들. 프랑스군의 작업장에서 사용되었던 것으로 과거의 흔적이 고스란히 남아 있다.

»
프랑스 군대에서 사용했던 수납장. 복원을 마친 이 수납장은 민간에서 쓰일 예정이다.

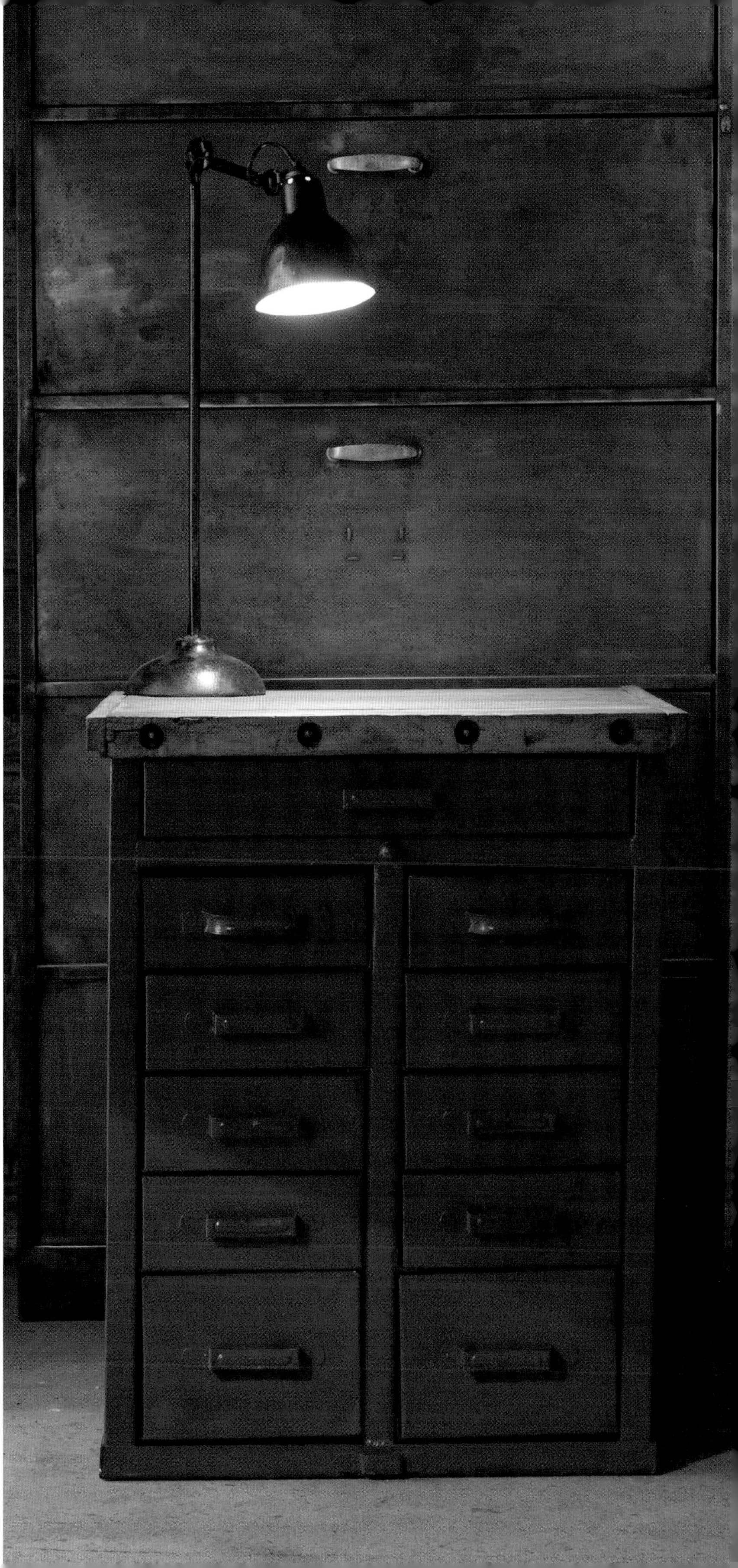

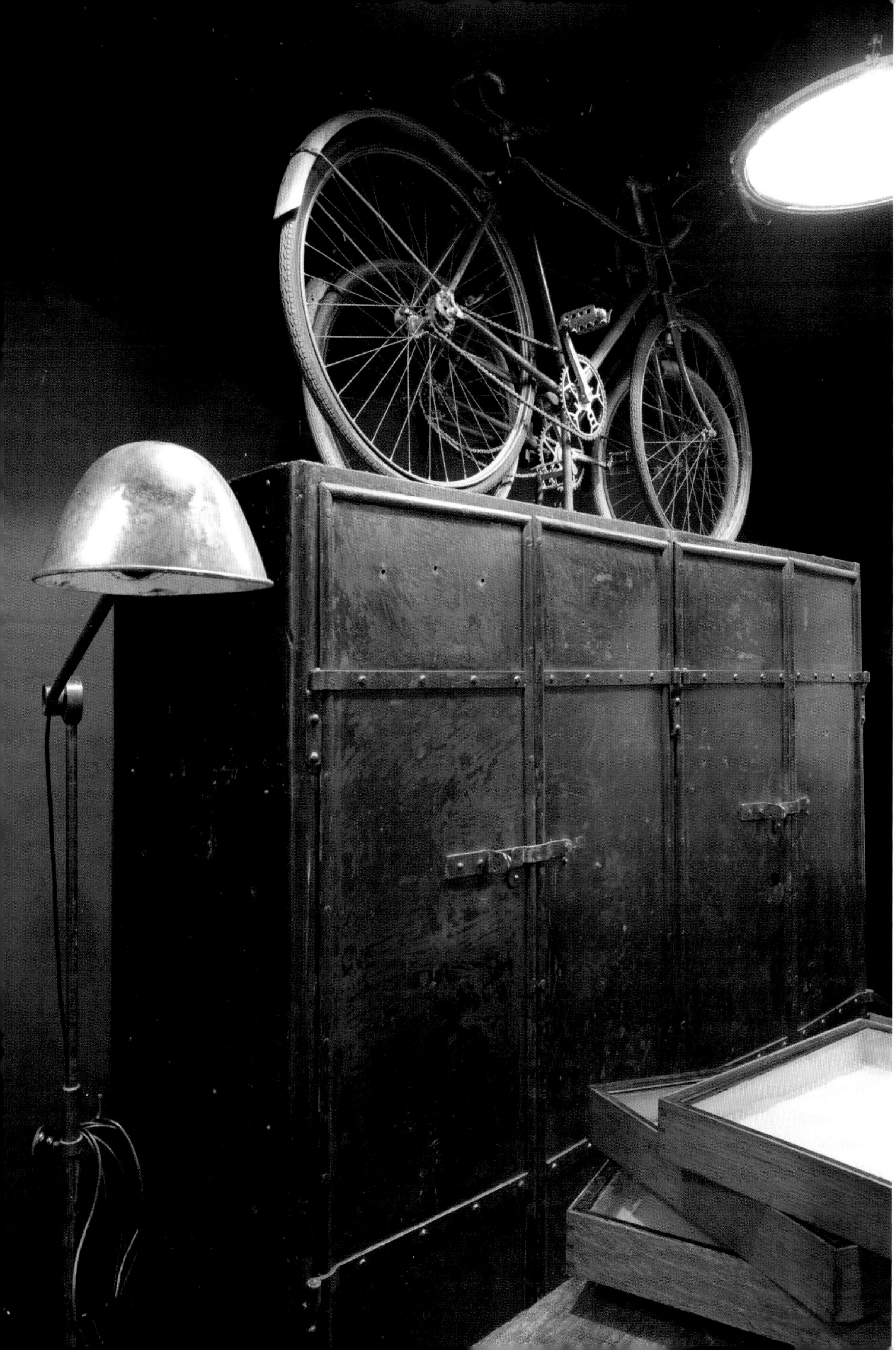

«
파리 생투앙 벼룩시장에 진열된 대형 캐비닛. 상품을 보관하는 용도로 쓰였으며 내구성이 강하고 자물쇠가 달려 있다.

강철판으로 만든 큼지막한 캐비닛. 작업장과 사무실에서 서류나 공구, 부품을 정리하는 용도로 사용되었으며 서랍이 여러 개 달려 있다.
»

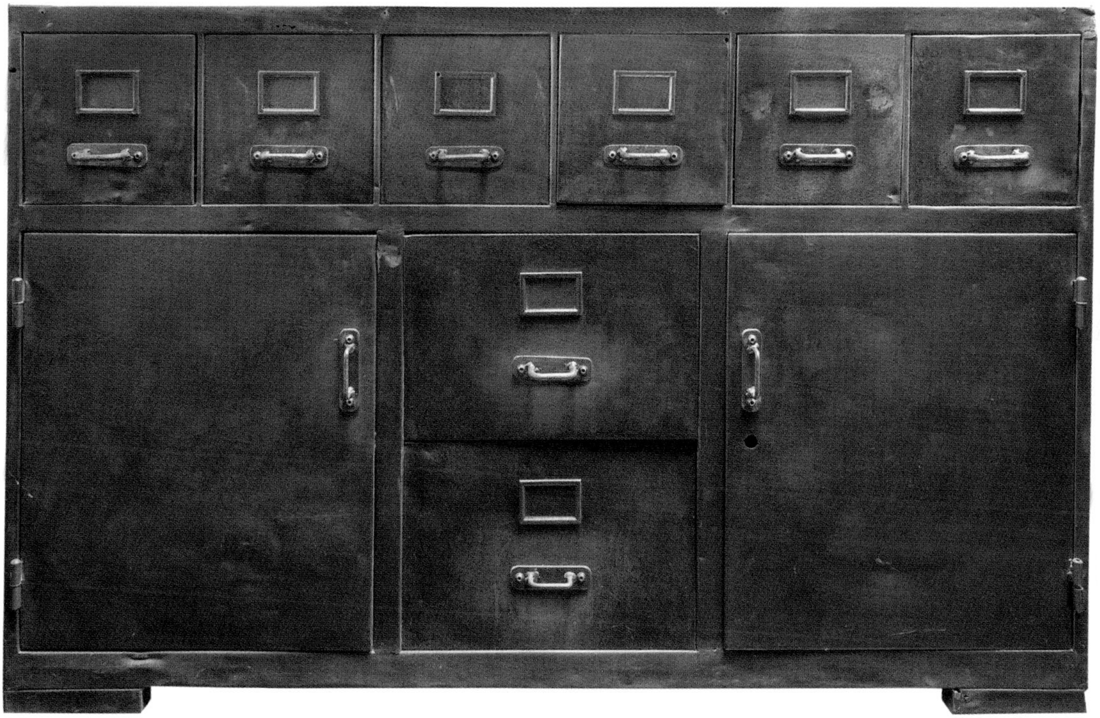

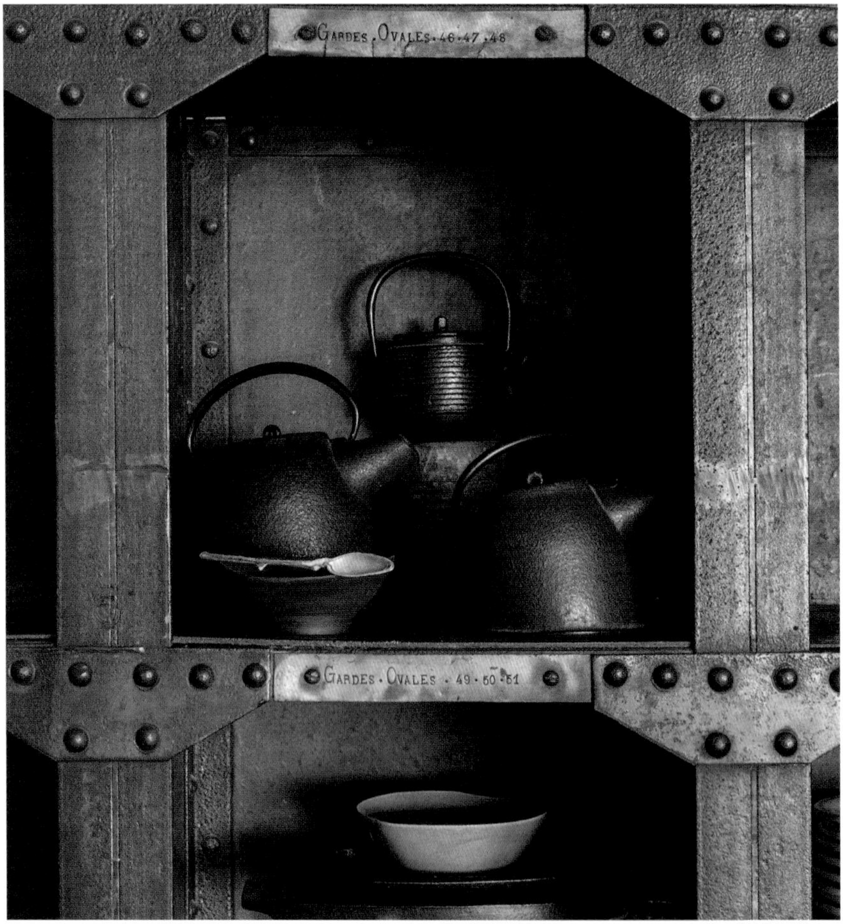

︽
금속 제조 공장에서 사용되었던 자그마한 보관 선반. 현대의 주방에 완벽하게 어울린다.

»
파티용 백열전구를 보관하는 용도로 사용되었던 수납 컨테이너. 버려져 있던 것을 이벤트 코디네이터가 발견했다.

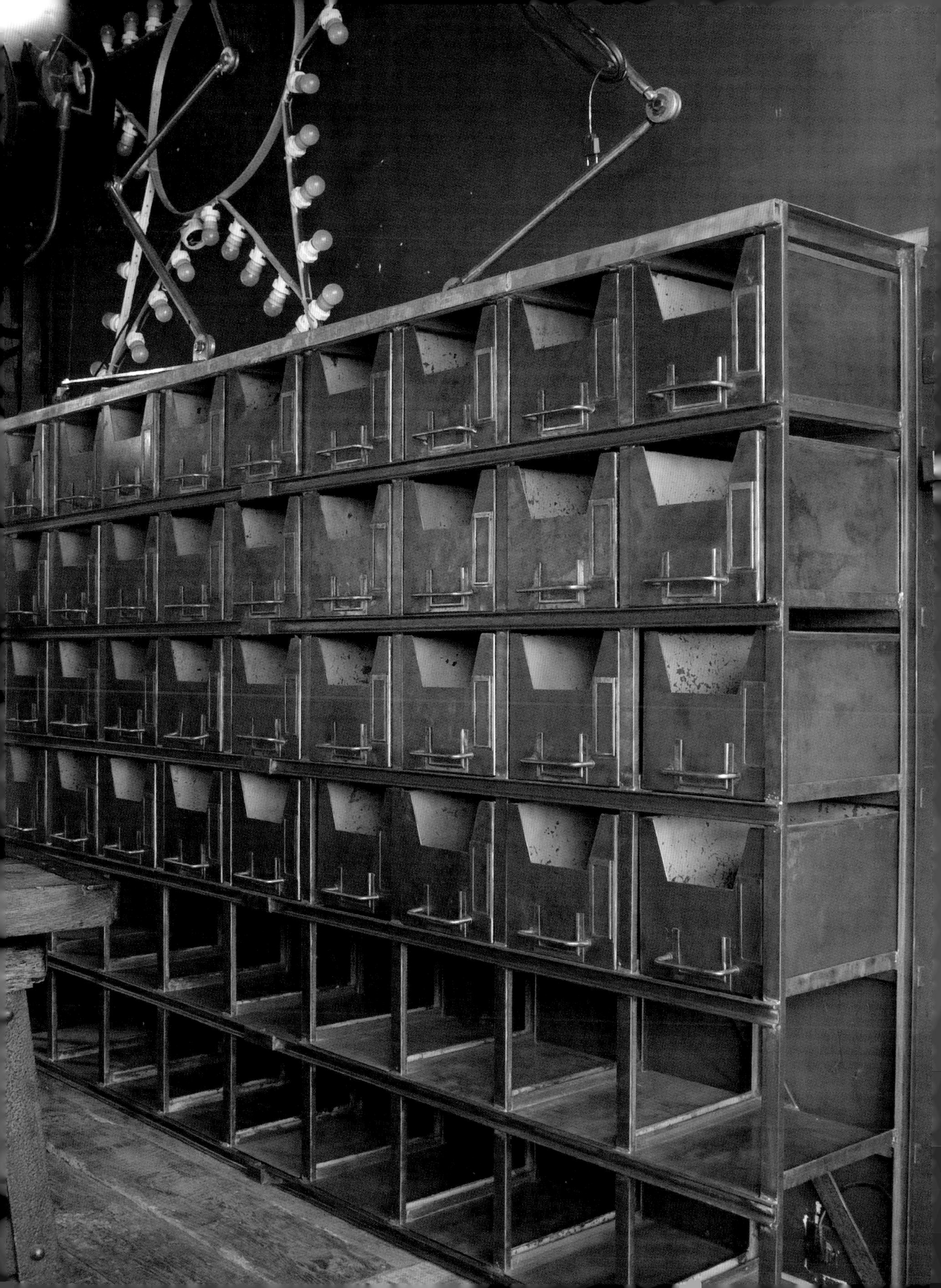

LIGHTING
조명

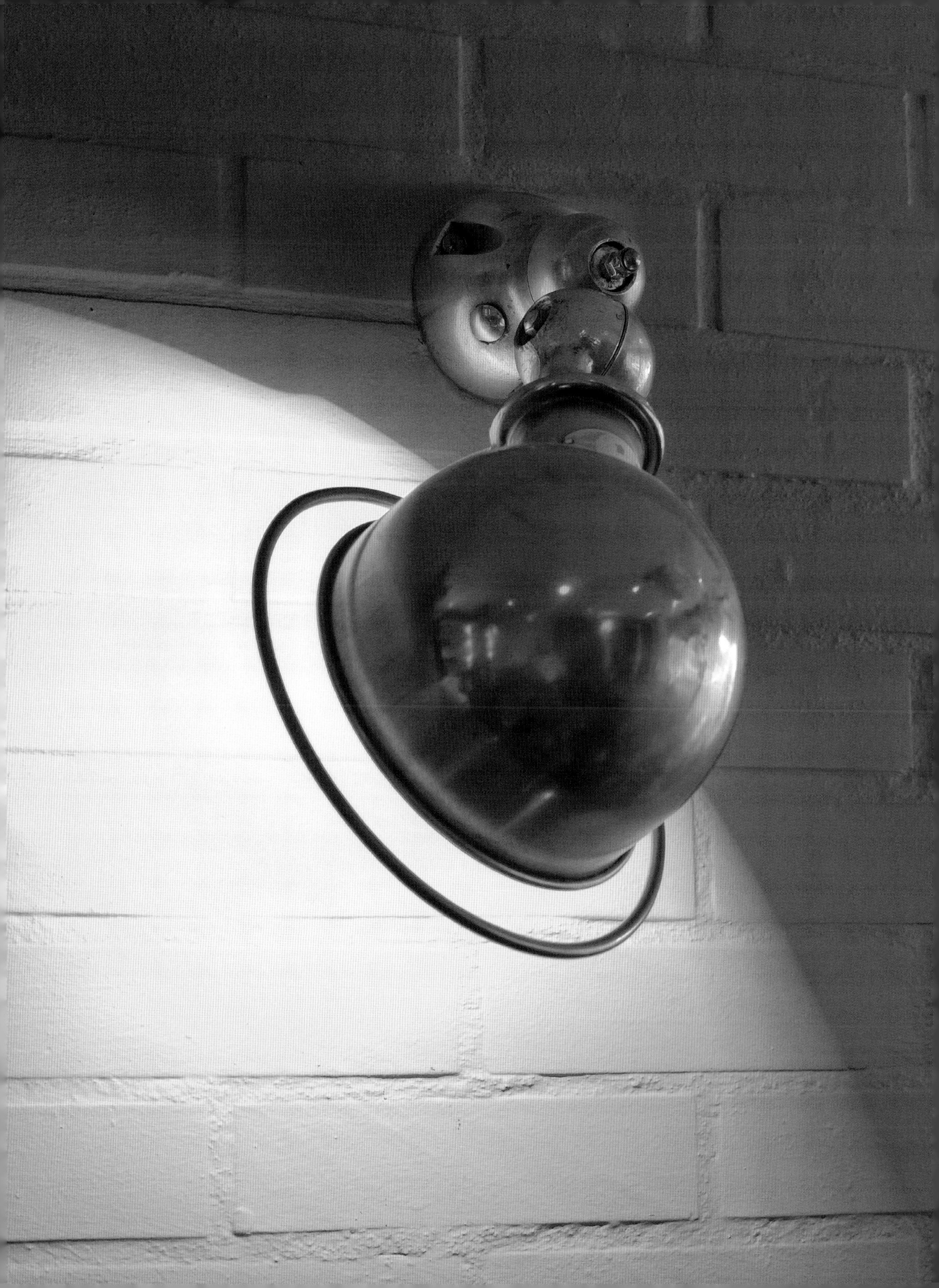

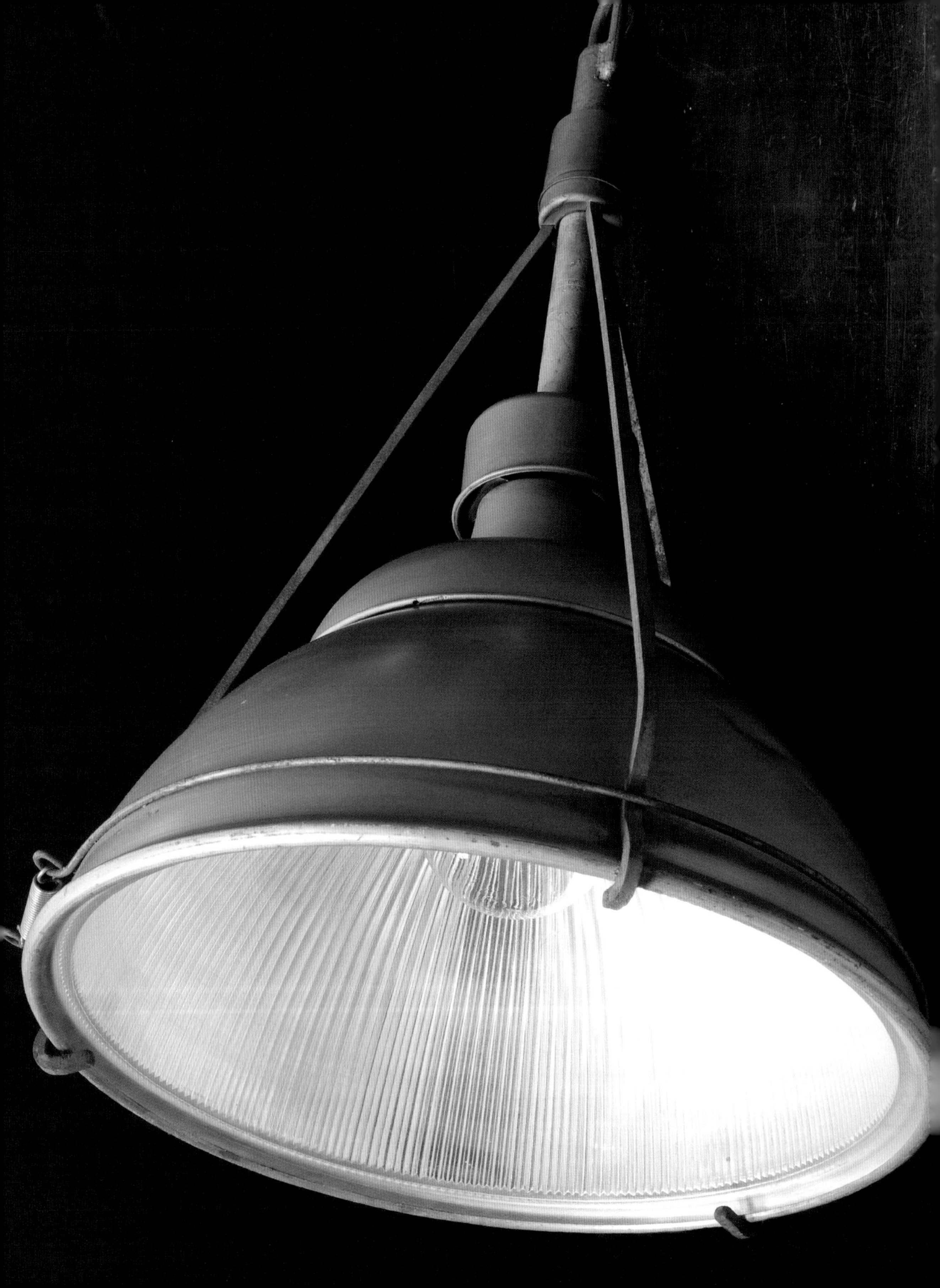

진보와 디자인 PROGRESS AND DESIGN

엔지니어와 발명가들의 창조 정신으로 크게 진보한 조명

«
공장과 공공장소에서 사용된 할로페인 전등. 색을 입힌 판금과 각기둥 모양으로 성형한 유리 재질의 산광기로 이루어져 있다.

1840년, 방돔 광장과 뤼드라페 거리에 가스등이 설치되자 파리는 어둠에서 벗어났다. 19세기 말까지 수많은 거리에 가스등이 보급되면서 파리는 '빛의 도시'로 떠올랐다.

이윽고 '전기'라는 새로운 에너지가 등장하면서 주철로 만든 가스등은 각국의 대도시에서 자취를 감추게 되었다. 1900년 개최된 파리 만국 박람회와 교통 체증을 해소하기 위해 건설된 파리 지하철은 전기라는 새로운 기술을 한껏 뽐낼 절호의 기회였다. 역에 들어서면 배의 둥근 창처럼 생긴 할로페인(Holophane) 조명이 일렬로 늘어서서 승강장까지 가는 통로를 비추었다. 당시 발명된 프리즘 유리로 만든 이 조명은 파리 지하철역 대부분에 설치되어 오늘날까지도 밝은 빛을 뿜어내고 있다.

조명은 빠르게 변화하는 근대 사회의 흐름에 발맞춰 이동이 간편하고 빛의 방향을 쉽게 조절할 수 있으며 환경에 유연하게 대처할 수 있도록 진화했다. 인더스트리얼 디자인과 인테리어 디자인을 처음으로 접목시킨 인물 중 하나인 엔지니어 베르나르 알뱅 그라(Bernard-Albin Gras)는 수많은 혁신적인 램프를 개발해 열광적인 지지를 얻었다. 지지자 중 한 사람인 르 코르뷔지에는 자신의 사무실에서 그라 램프만 사용했을 정도였다. 한편 영국에서 앵글포이즈(Anglepoise)라는 브랜드명으로 출시된 독창적인 태스크 램프는 지금까지도 꾸준한 인기를 누리고 있다.

모더니즘에서는 효율이 좋고 신뢰성이 높은 전기를 사회 발전의 필수 요소로 여겼다. 화가 라울 뒤피(Raoul Dufy)는 1937년 파리 만국 박람회를 위해 로베르 말레스테뱅스가 설계한 빛의 궁전(Palais de la Lumiére)을 장식할 〈전기 요정〉(*La Fée Électricité*)이라는 제목의 거대한 벽화를 제작했다. 전기의 역사에 발자취를 남긴 학자와 과학자를 실물 크기로 묘사한 이 작품은 높이 10미터, 너비 60미터에 이르는 대작으로 근대 과학 기술의 진보에 바치는 찬가였다. 제1차 산업 혁명의 추진력이 석탄이었다면 20세기 제2차 산업 혁명의 원동력은 전기였던 것이다.

P.125
파리의 한 레스토랑 벽에 설치된 지엘드 램프.

성능이라는 이름의 과학 THE SCIENCE OF PERFORMANCE

인더스트리얼 조명에 최대의 성능을 요구한 대량 생산 방식

제2차 산업 혁명 이후 공장과 사무실에는 더 효율적이고 유연성이 뛰어난 조명이 필요해졌다. 전기가 보급되면서 고정 장치부터 갓에 이르기까지 창의적인 제품이 쏟아져 나오는 등, 20세기 초의 엔지니어들은 조명 개발에 자신의 과학 지식을 활용하여 급속히 발전하는 산업에서 중요한 역할을 했다.

그들이 안고 있던 큰 문제 중 하나는 '빛이 고루 퍼지게 하는 효율적인 방법'이었다. 1893년 초, 프랑스 과학자 앙드레 블롱델(André Blondel)과 그리스 엔지니어 스피리돈 프사로우다키(Spiridon Psaroudaki)는 프레넬 렌즈의 원리(principle of a Fresnel lens; 볼록 렌즈의 곡면에 자잘하게 홈을 내어 빛의 손실은 최소화하고 효율성은 극대화한 방식. 프랑스 과학자 프레넬이 개발했다_역자 주)를 이용해 주조 유리로 만든 산광기를 개발했다. 빛이 강하면서도 골고루 퍼지게 하는 프리즘이 복잡하게 배열된 유리 갓은 할로페인 제품의 근간이며 깔끔한 잔물결 라인은 20세기 초 인더스트리얼 미학의 전형이다.

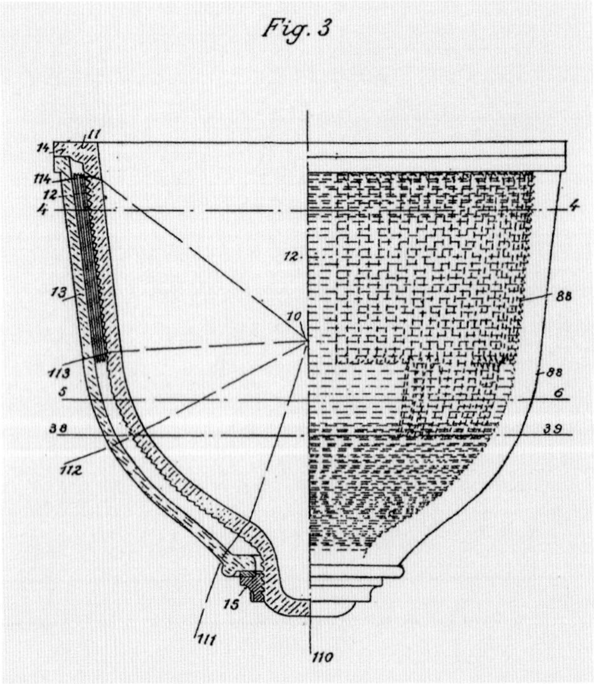

«
프랑스 할로페인사가 1923년 특허를 취득할 때 첨부한 도면. 빛이 더 강해지도록 설계된 프리즘 유리의 단면도가 그려져 있다.

»
배의 둥근 창처럼 생긴, 주조 알루미늄으로 만든 할로페인 전등. 주조 유리로 만든 갓이 달려 있다. 1900년 파리의 지하철역 입구를 비추는 조명으로 디자인되어 지금까지 사용되고 있다.

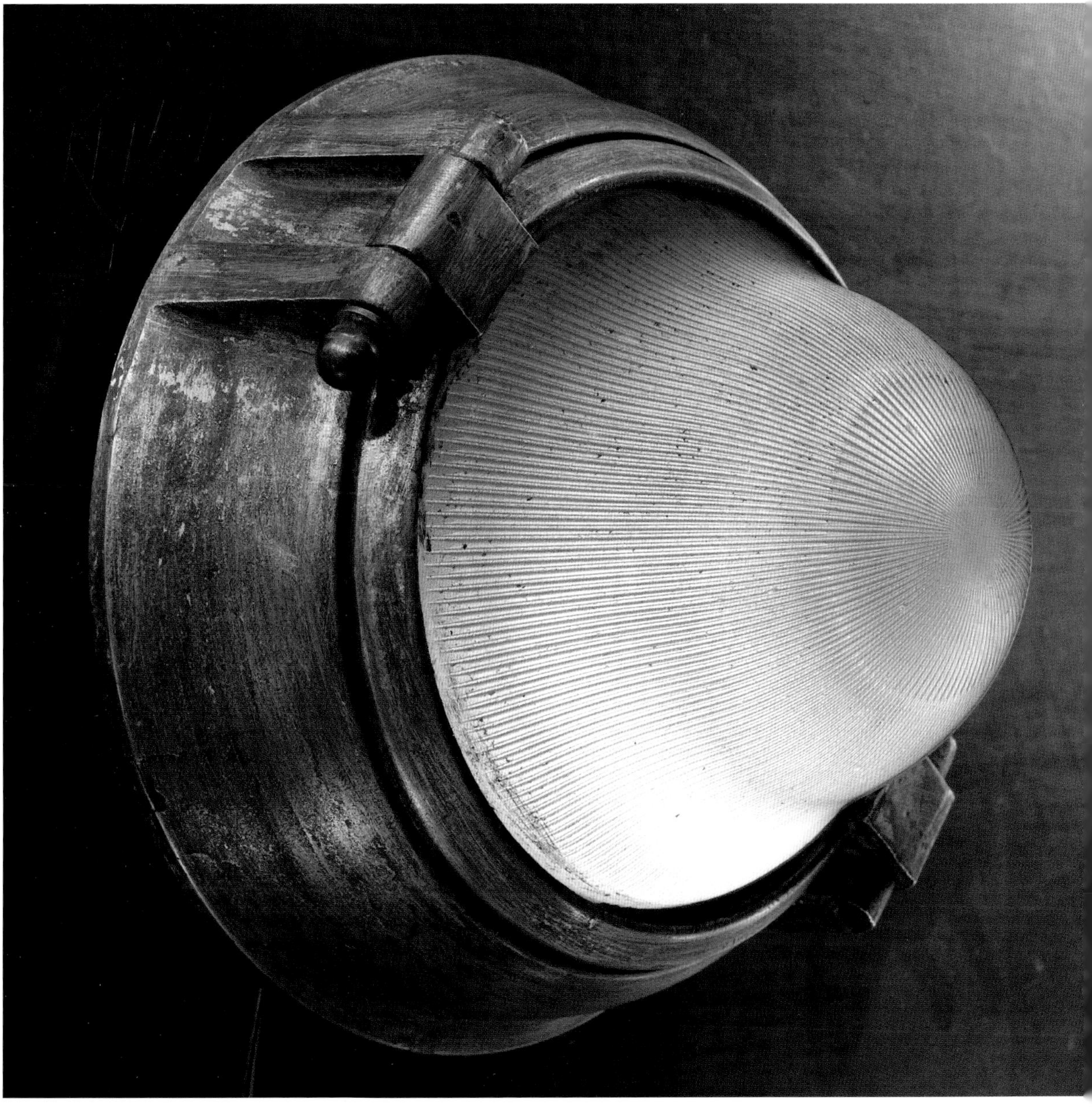

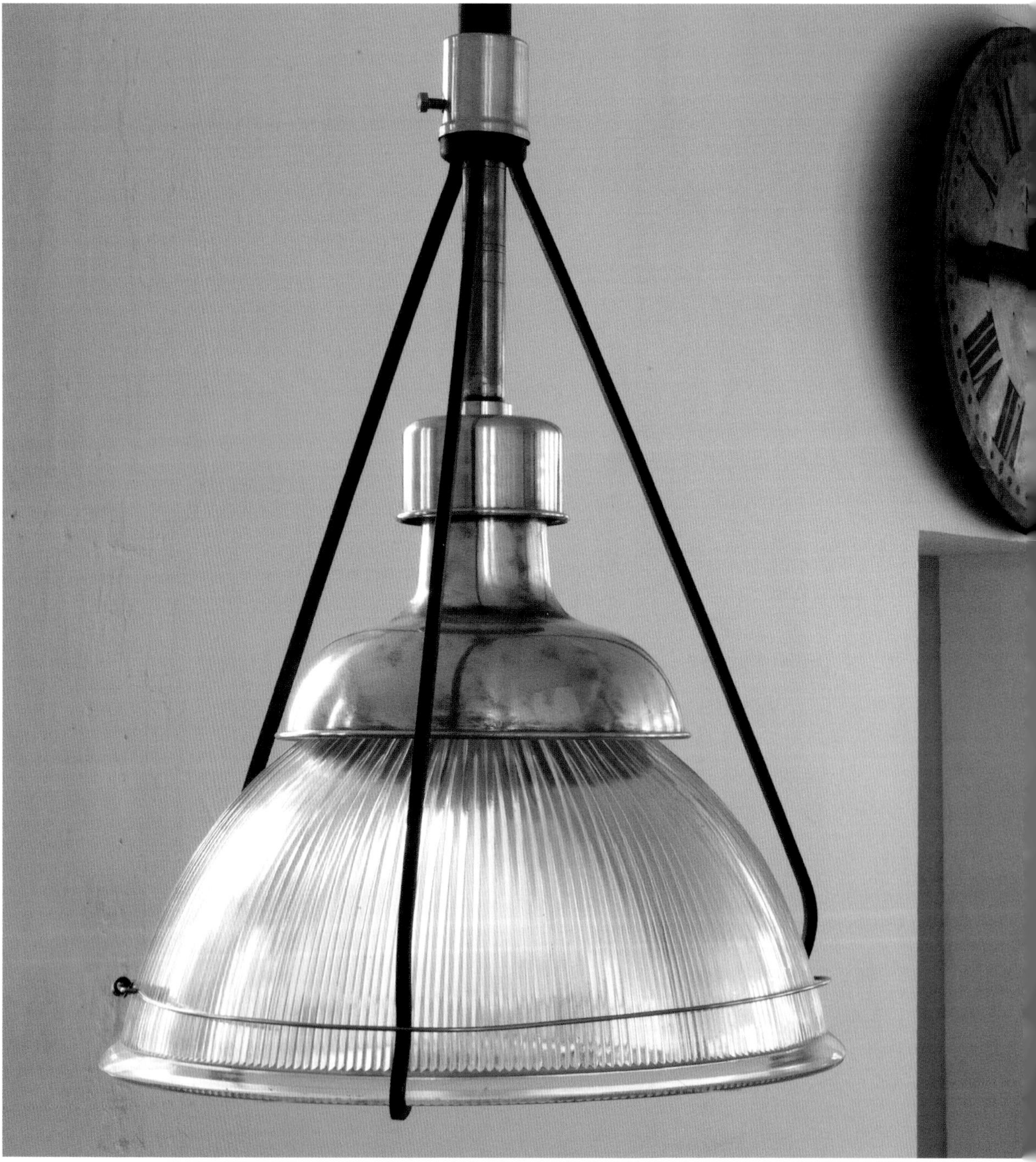

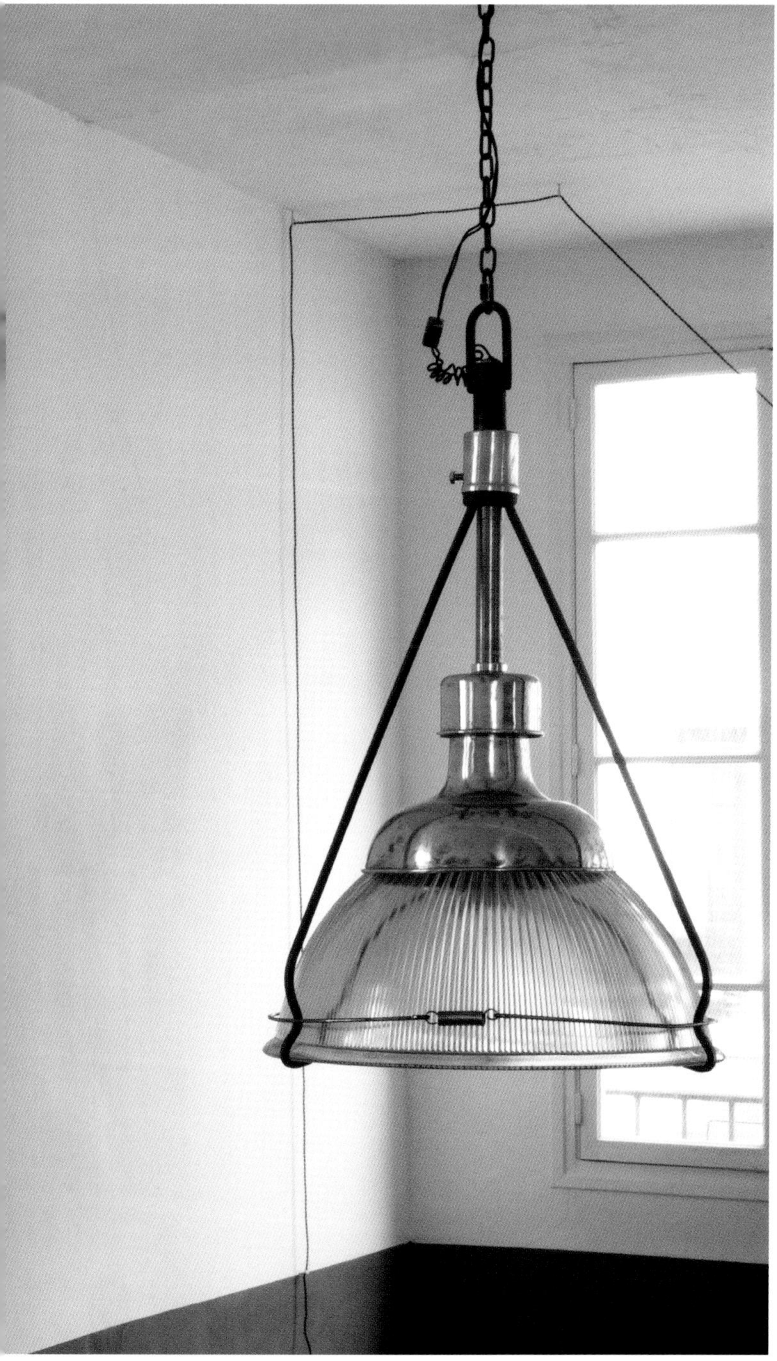

«
주조 유리 겉면의 금속 케이스를 떼어 낸 할로페인 전등이 식탁을 밝힌다. 디자이너 파올라 나보네의 파리 아파트에서.

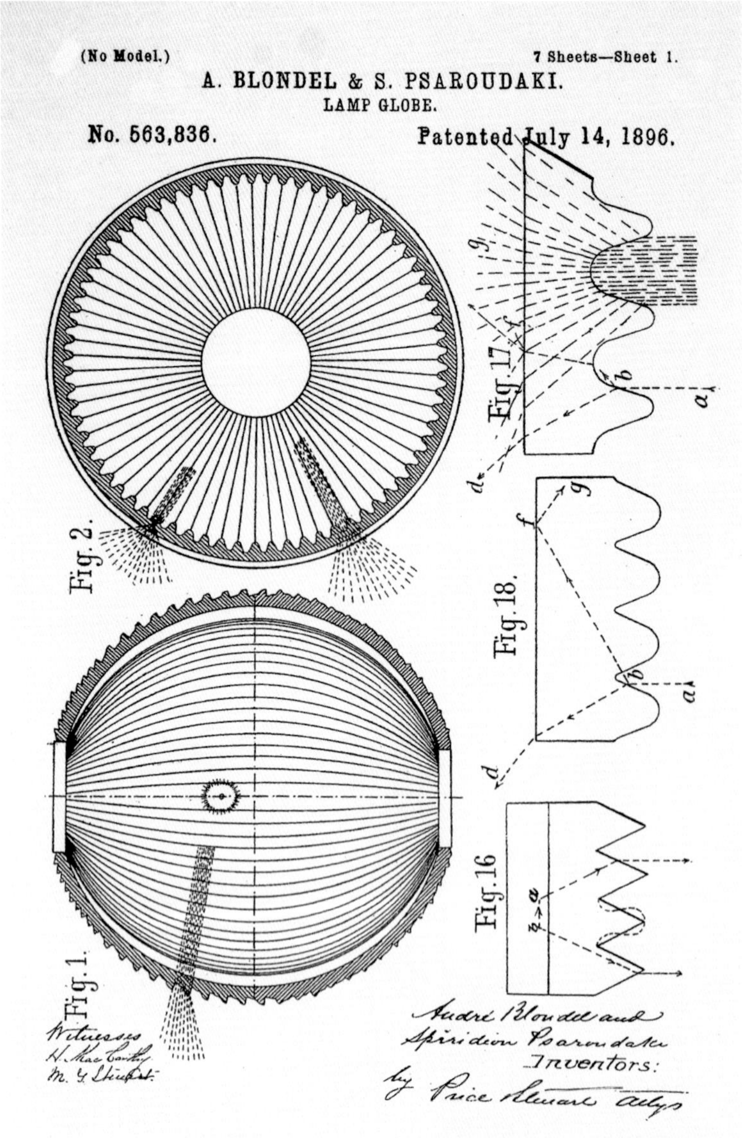

«
1896년 7월 14일 앙드레 블롱델과 스피리돈 프사로우다키가 미국에서 특허를 취득할 때 첨부한 도면. Fig.1은 아크등(arc lamp; 전극 사이에 전류가 흐를 때 생기는 아크의 발광을 이용한 등_역자 주) 용으로 설계된 갓의 수직 단면도. 바깥면의 홈이 빛을 갓 전체에 반사, 굴절시키는 구조다. Fig.2는 수평 단면도. 안쪽 면의 홈 형태와 갓 내부의 프리즘이 빛을 어떻게 분포시키고 굴절시키는지 알 수 있다.

»
유리의 홈 모양이 잘 보이도록 가까이에서 찍은 사진. 갓 가장자리에 '할로페인 프랑스'(Holophane France)라는 회사명이 새겨져 있다.

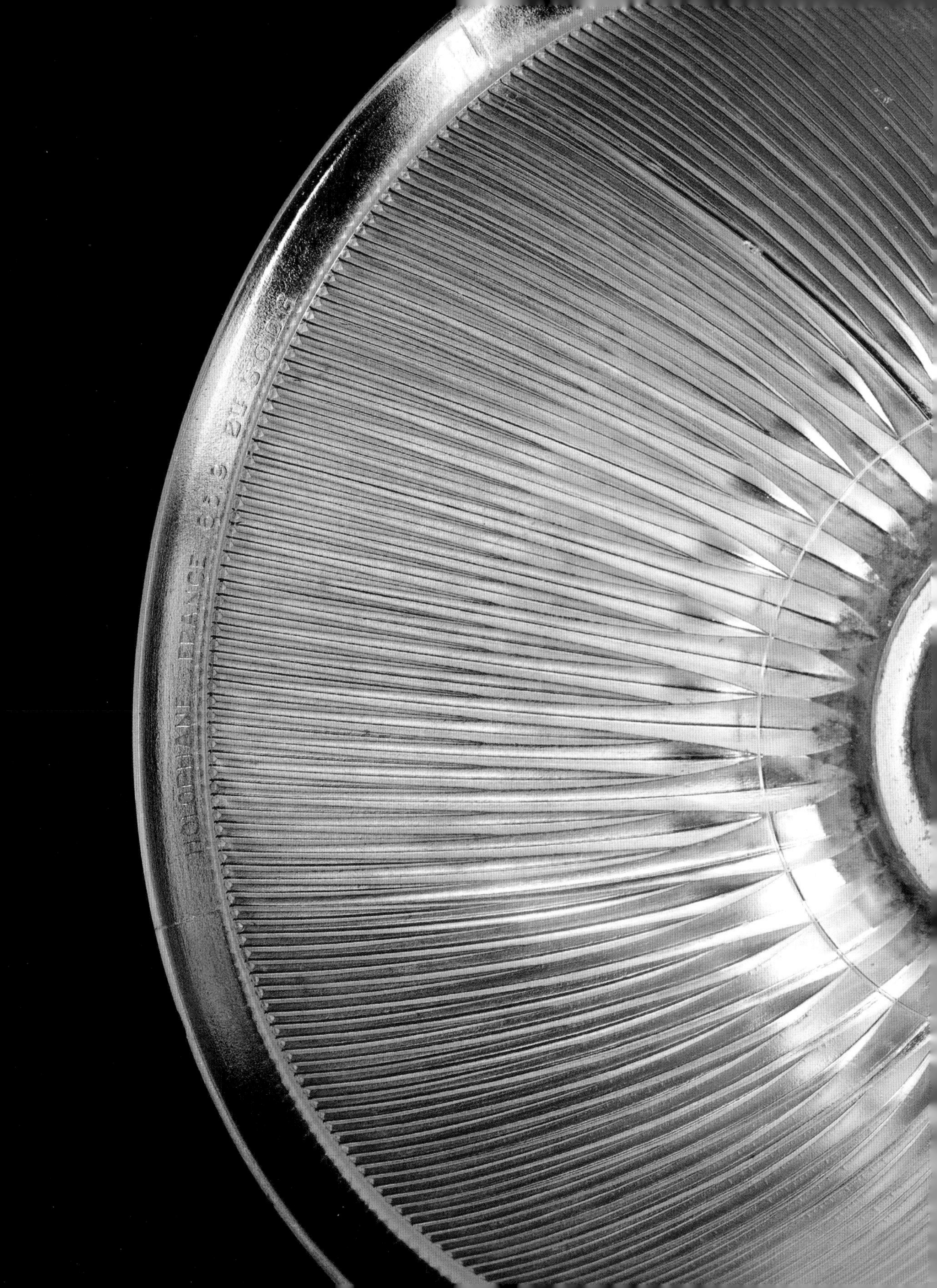
HOLOPHANE FRANCE

선명하게 빛을 발하는 갓 THE LUMINESCENT GLOBE

수 세기에 걸쳐 빛의 강화를 추구한 끝에
1893년 드디어 실현된 강한 빛과 효율의 만남

앙드레 블롱델과 스피리돈 프사로우다키는 세계 각국에서 자신들이 개발한 산광기의 특허를 취득했다. 1896년 7월 미국 특허국에 등록된 특허번호 563.836에는 갓의 자잘한 프리즘이 빛을 반사하고 굴절시키는 방법을 일곱 장에 걸쳐 설명한 복잡한 계산과 도면이 첨부되어 있다. 이 갓은 프리즘이 홈 형태로 배치되어 있고 두꺼운 유리의 안팎에 골이 파여 있어서 전력 손실 없이 주위를 밝게 비출 수 있다. 뿐만 아니라 이 가느다란 홈 덕에 구석구석까지 고르게 빛이 닿는다. '할로페인'(Holophane)이라는 이름은 그리스어 '할로스'(holos)와 '파네인'(phanein)에서 유래했으며 '완벽하게 빛나다'라는 의미가 담겨 있다. 두 사람은 이 발명을 이용해 상품을 개발하지 않고 미국 기업에 지적 재산권을 양도했다.

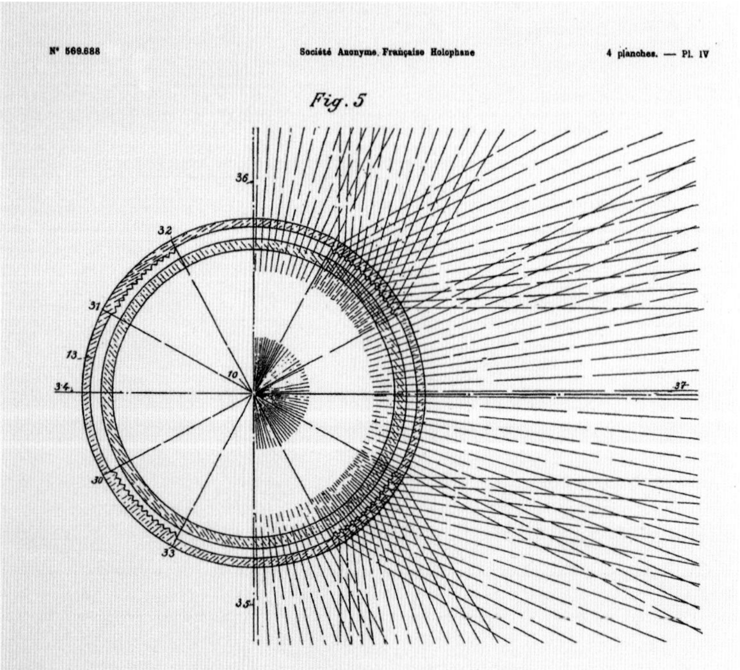

«
프랑스 할로페인사가 파리에서 특허를 취득할 때 첨부한 도면. 광선의 궤도가 설명되어 있다.

»
주조 알루미늄과 구리로 만든 할로페인 프로젝터 램프.

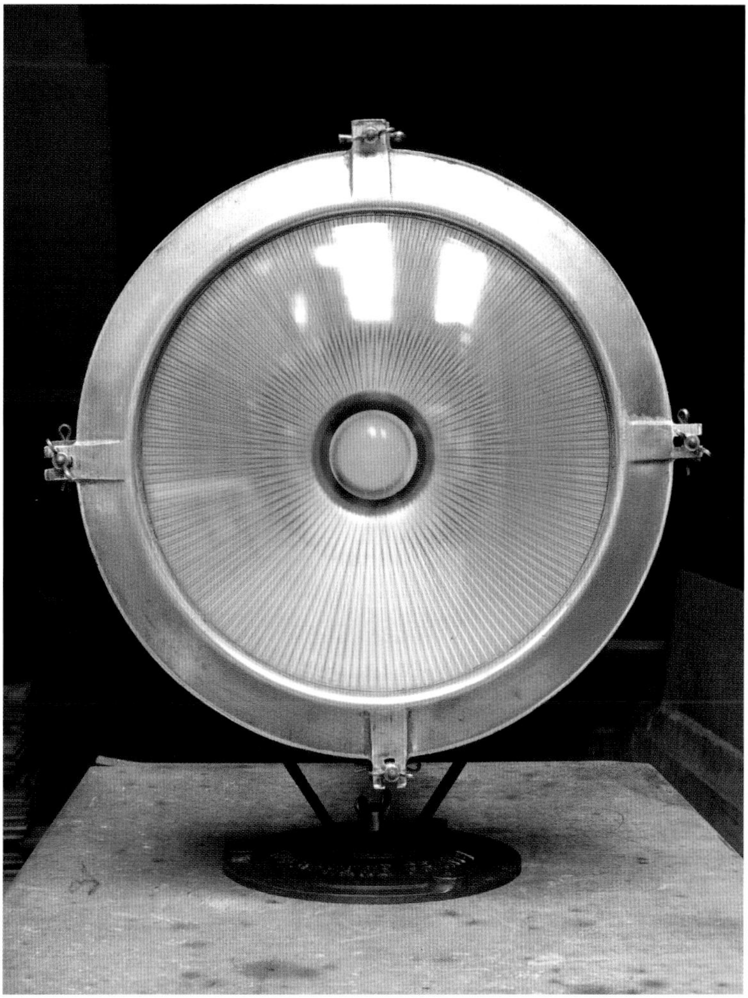

1896년 오티스 마이거트(Otis Mygatt)가 런던에 설립한 할로페인사는 1898년 뉴욕에 본사를 둔 할로페인 글래스사로 성장한다. 할로페인 조명은 은행과 대형 호텔, 고급 상점 등에 설치되었다. 1921년에는 장식용 유리, 자동차 헤드라이트, 공공 조명을 전문으로 하는 할로페인 프랑스사가 설립되어 할로페인 조명은 출발점인 프랑스로 되돌아갔다. 할로페인사는 설립한 지 1세기 이상 지난 지금까지도 계속해서 최첨단 조명 및 광학 제품을 출시하고 있다.

도시 공간과 공공 조명 URBAN SPACES: PUBLIC LIGHTING

대도시 가로등용으로 설계된 할로페인 원형 갓

1940년대, 지름 45센티미터 또는 60센티미터짜리 가로등용 할로페인 원형 갓이 쇠 기둥에 설치되었다. 이 가로등은 1970년대에 생산이 중단되었지만 지금까지도 아파트 등의 주거 공간에서 우아하게 빛을 발하고 있다.

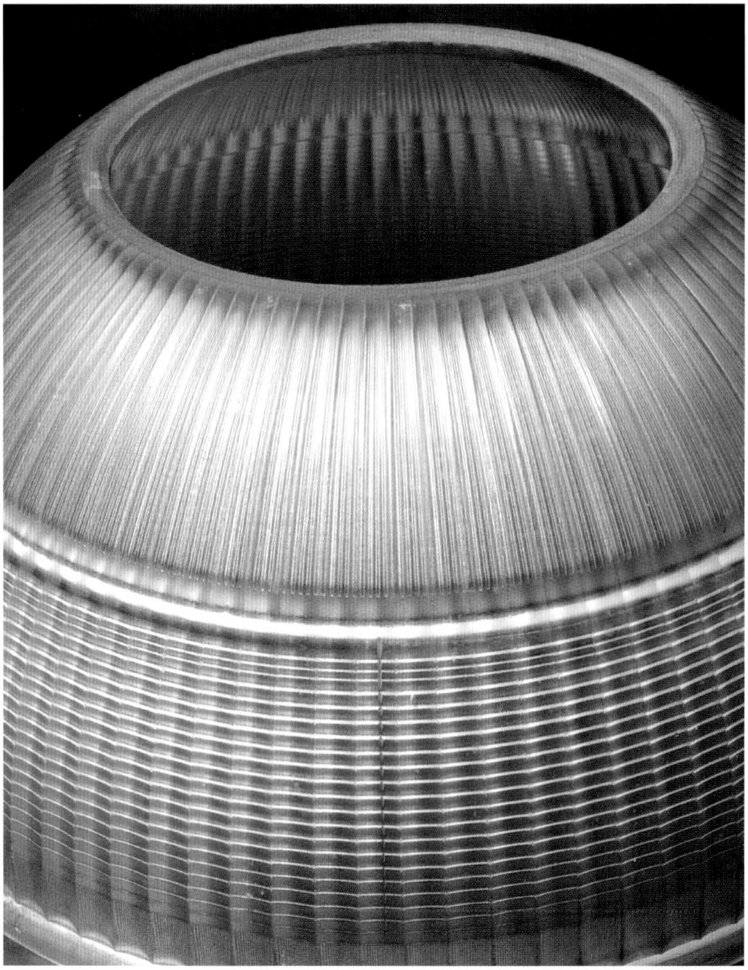

«
갓 안팎에 새겨진 프리즘은 빛을 더욱 밝게 하고 아름다운 조명 효과까지 가져다준다.

»
골동품 딜러 마르티네 발리(Martine Valli)가 파리 자택에 장식한 할로페인 원형 갓. 주변에는 공장에 있던 계단과 19세기에 사용된 주철 베란다의 일부가 놓여있다.

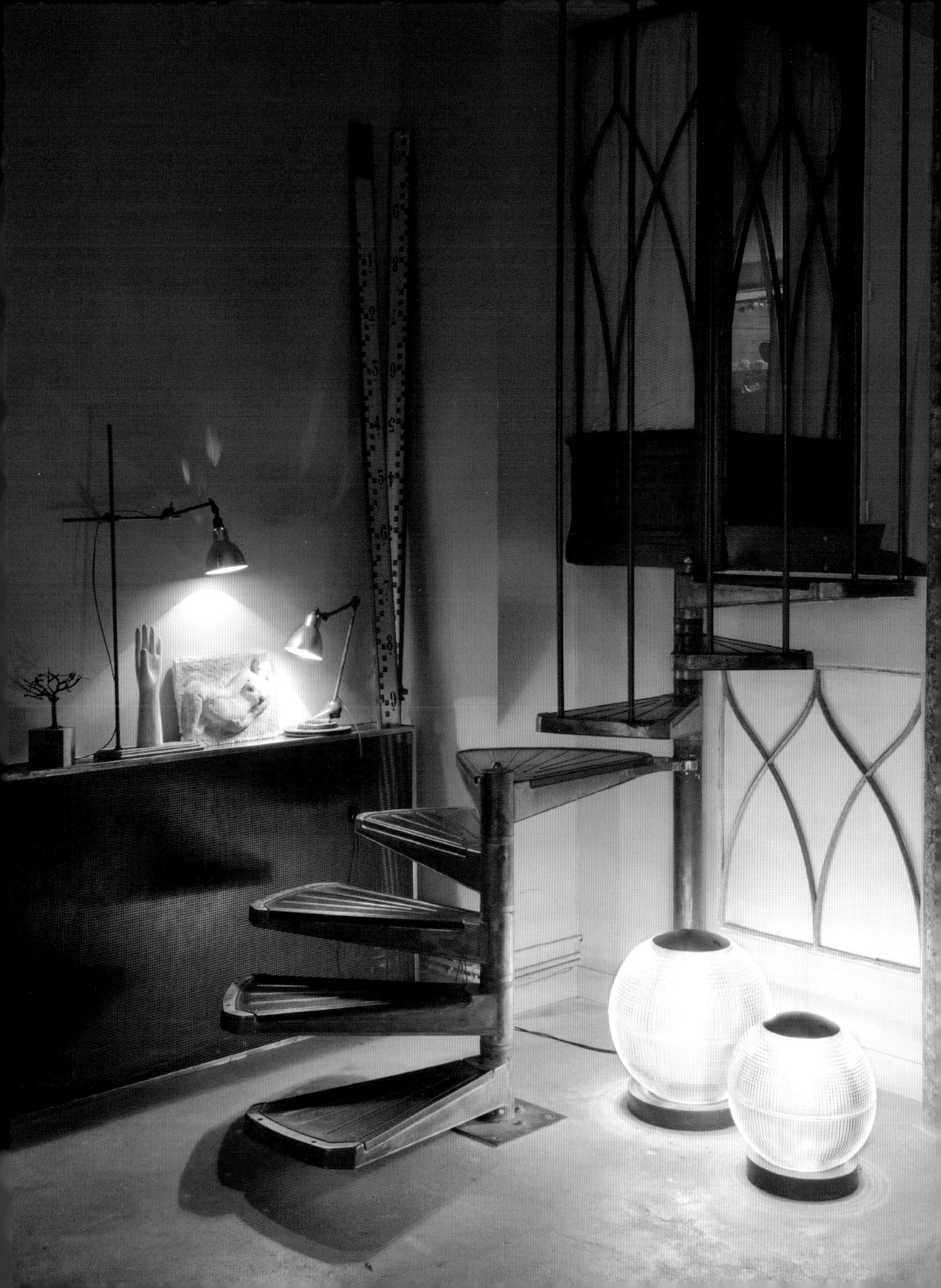

모든 요구를 충족시키는 능력 ADJUSTABLE FOR ANY PURPOSE

앙리 마티스부터 르 코르뷔지에, 코코 샤넬에 이르기까지 예술가들에게 사랑받은 베르나르 알뱅 그라의 혁신적인 조명

1921년 베르나르 알뱅 그라가 특허를 취득한 후 '그라 조절식 램프'(Gras Adjustable Lamp)가 탄생하면서 조명 분야에 혁명이 일어났다. 이동식 램프를 비롯해 벽에 고정하는 램프, 바닥에 세워두고 사용하는 플로어 램프(floor lamp) 등 제품군이 다양해서 공장이나 사무실, 과학 단체 등 어떤 작업 조건에도 대응할 수 있었던 것이다.

그라 램프는 조명 분야의 고민거리였던 '이용 환경의 제한'이라는 과제를 해결했다. 테이블 위에 두거나 고정할 수 있을 뿐 아니라 나사, 집게, 바이스 등의 고정 장치로 벽이나 천장에 매달 수도 있었다. 한 개 또는 여러 개의 관절형 접합부와 각도를 조절할 수 있는 갓을 갖춘 이 기능성 조명은 사용하기 쉽고 작업하기에도 편리했다.

1922년 베르나르 알뱅 그라는 자신의 발명품을 발명가인 디디에 데 가숑(Didier des Gachons)에게 매각했다. 가숑은 사업 파트너인 앙드레 르네 라벨(André-René Ravel)과 함께 그라 램프의 제품군을 확장하고, '그라 시스템 R.A.V.E.L. 조절식 램프'(Gras System R.A.V.E.L. Adjustable Lamp)라는 브랜드명으로 사무 장비 카탈로그를 통해 판매를 개시했다. 심플한 디자인, 인체 공학적 설계, 내구성, 기능미가 결합된 전례 없는 이 조명은 인더스트리얼 디자인이 크게 발전했음을 보여주는 전형적인 사례다.

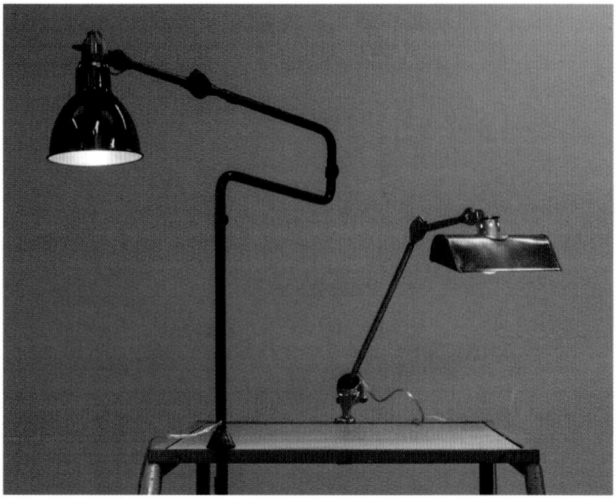

«
디자인 테이블용 그라 조절식 램프. 왼쪽의 모델 No.211은 검은색 에나멜을 입혔고 세 마디로 이루어진 지지대와 일반적인 갓이 달려 있다. 오른쪽의 모델 No.204는 직사각형 갓이 달려 있다.

»
그라 컬렉션의 주요 모델을 보여주는 광고용 스케치. 1922년.

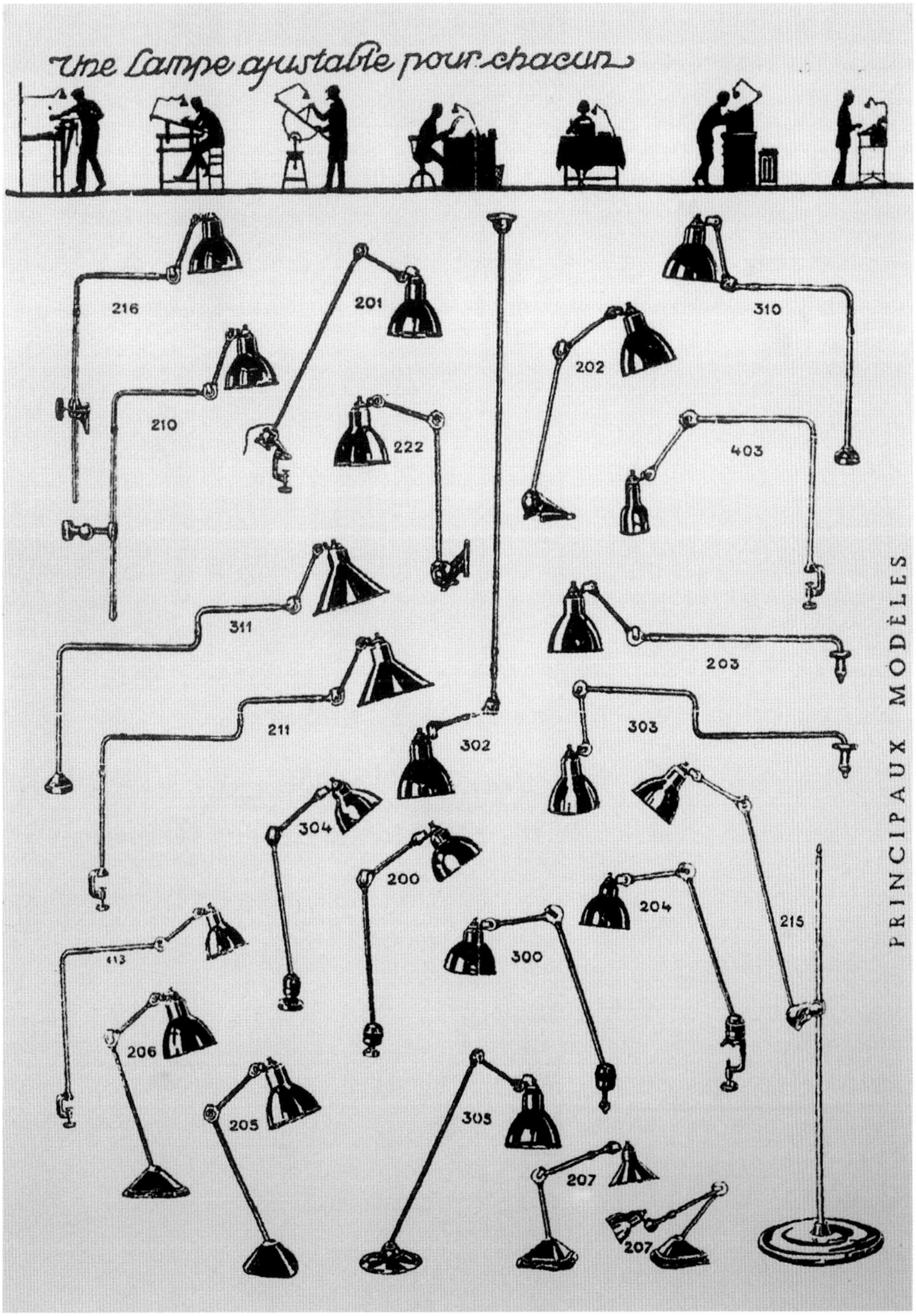
Une Lampe ajustable pour chacun
216
201
310
202
210
222
403
311
203
211
303
302
304
200
204
215
413
300
206
205
305
207
207
PRINCIPAUX MODÈLES

»

골동품 수집가인 미셸 페라슈(Michel Peraches)와 에릭 미엘(Eric Miele)의 복원 아틀리에에서. 그라의 플로어 램프와 테이블 램프가 크리스털 샹들리에, 의자와 어우러져 있다. 의자 디자인은 왼쪽부터 해리 베르토이아(Harry Bertoia), 미스 반 데어 로에(Mies van der Rohe), 찰스&레이 임스(Charles & Ray Eames).

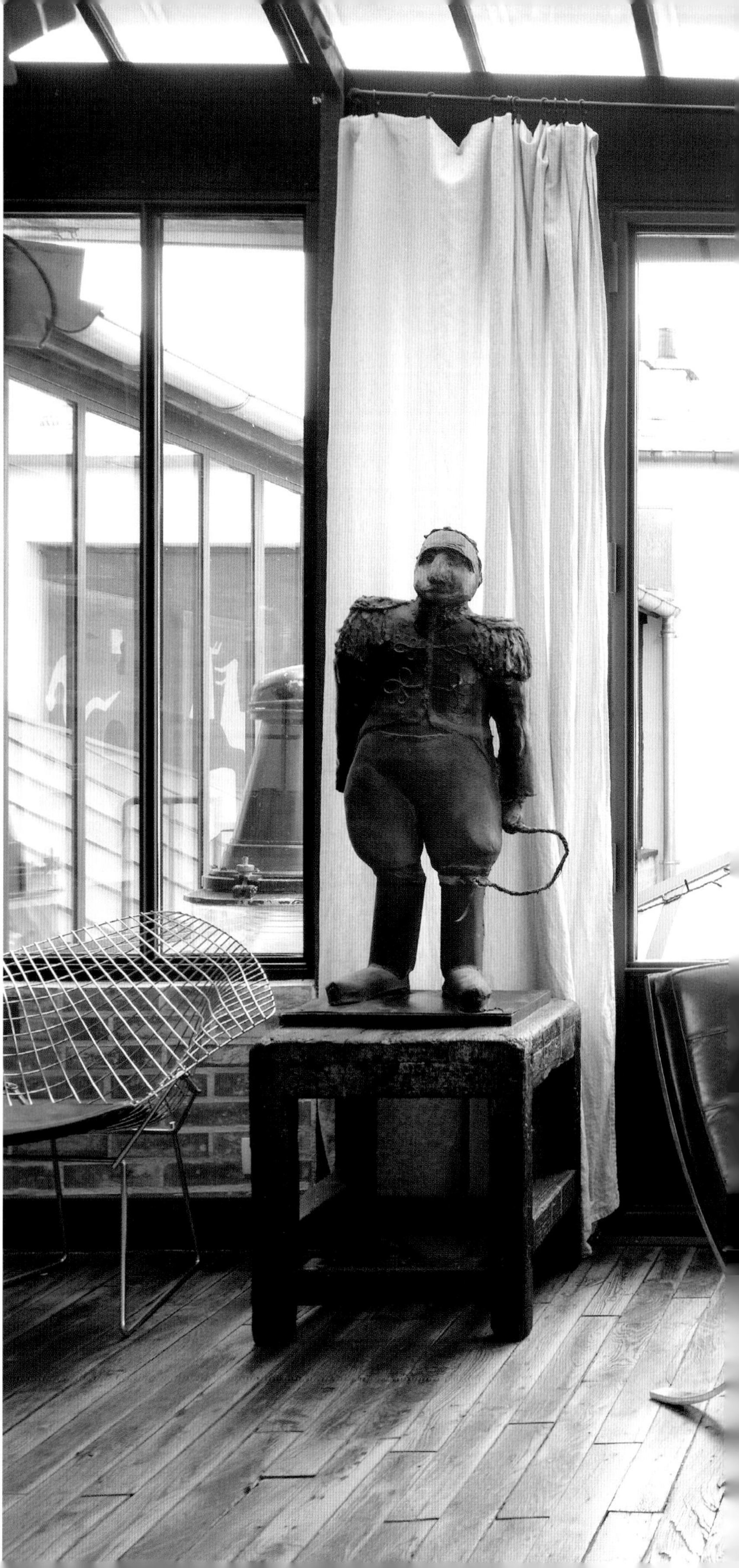

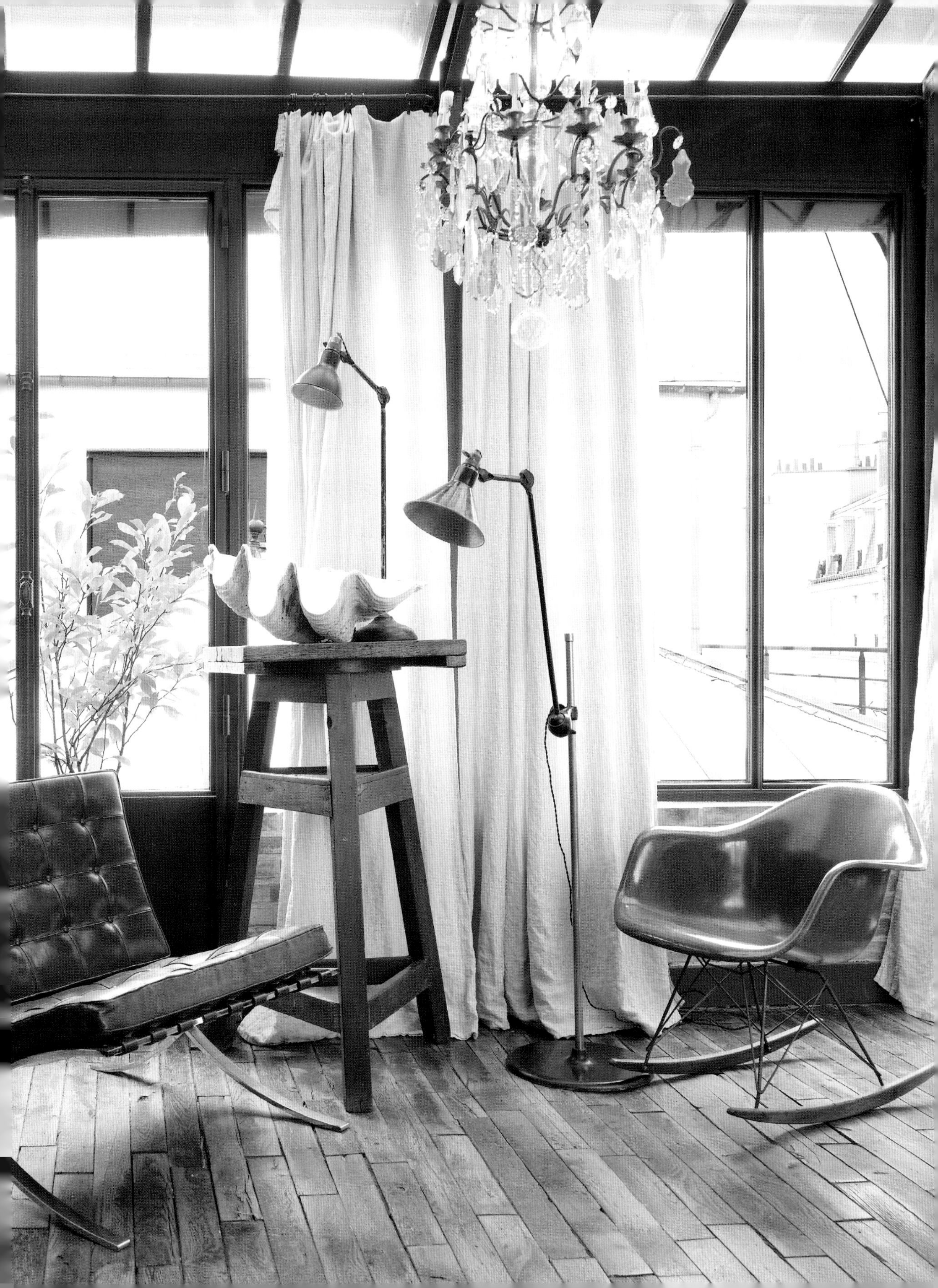

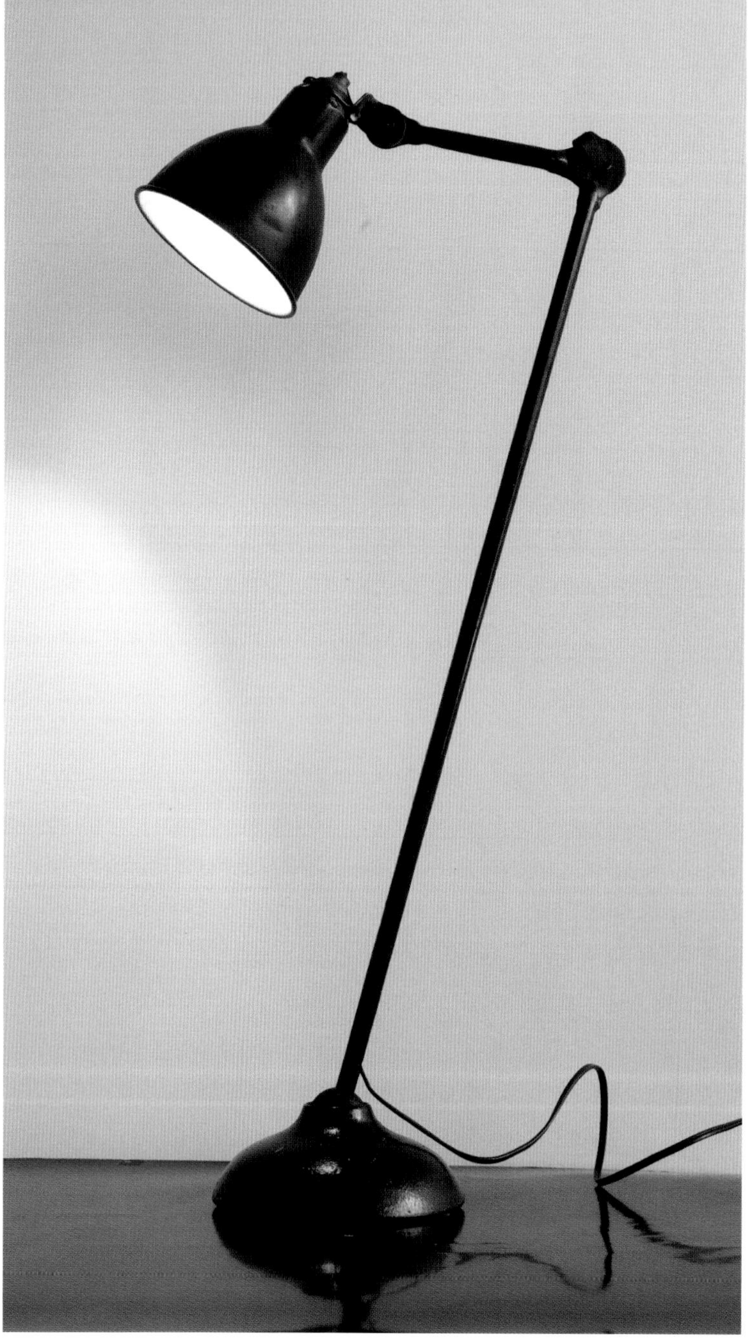

제도대에 놓인 그라 램프 No.305. 중공업 공장의 기계 작업용으로 설계되었다.

(위) 초기 모델에는 마디 부분에 램프 이름이 새겨져 있다.

(아래) 주물 받침대와 원형 조인트 부분. 143쪽에 실린 특허 신청서의 Fig.2에 자세히 그려져 있다.

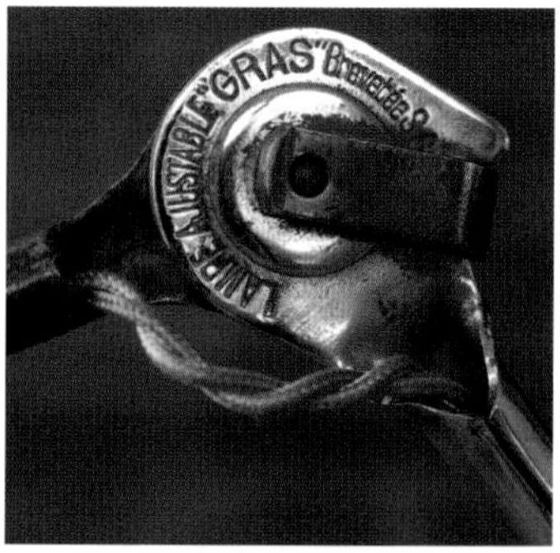

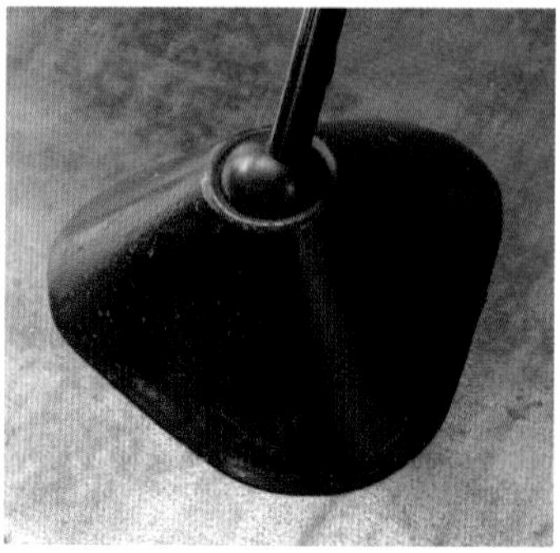

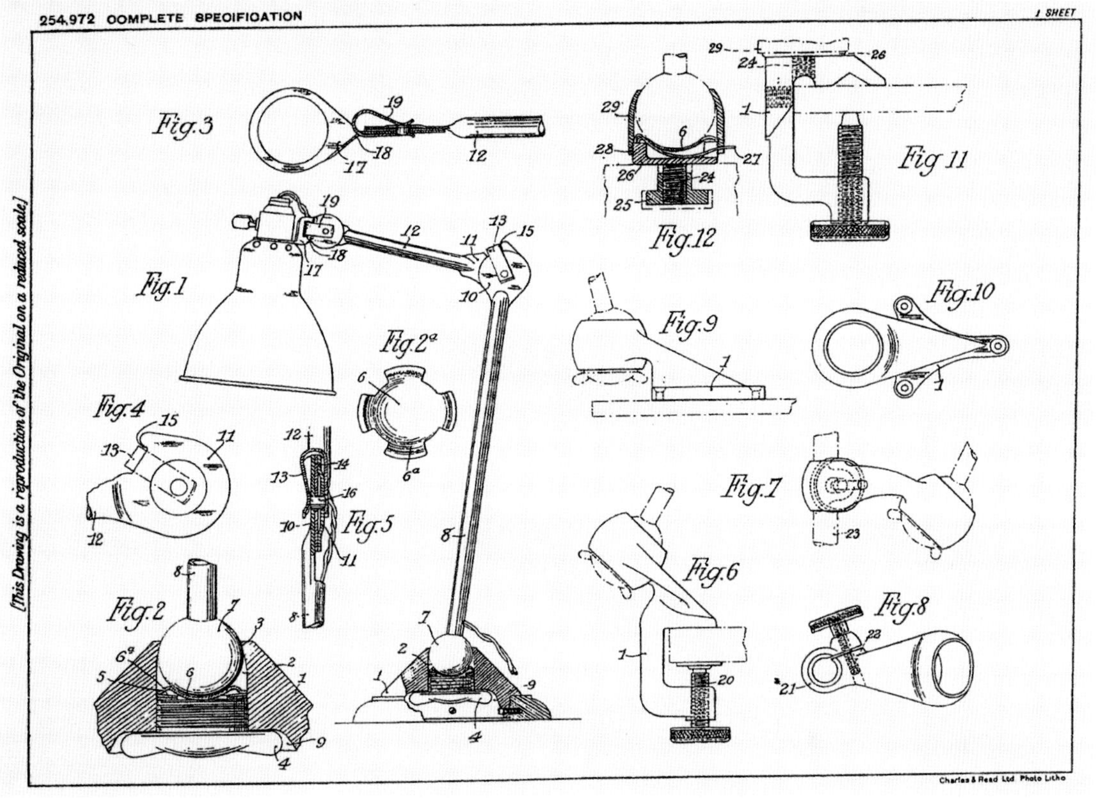

1921년 디디에 데 가숑이 영국에서 특허를 신청할 때 제출한 도면.

단순함과 조화 SIMPLICITY AND HARMONY

시시각각 변화하는 시대의 혁신 정신을 디자인에 반영한 그라 조절식 램프

산업 시대에 접어들면서 단순함과 기능성이 디자인의 중심이 되었다. 르 코르뷔지에는 그라 램프의 현대적인 감각에 매료되어 자신의 사무실에서 사용했을 뿐 아니라 파리 국제 대학도시(파리 소재 대학의 유학생을 위한 기숙사촌_역자 주)의 스위스관을 포함한 수많은 건축 프로젝트에 적용했다. 또 로베르 말레 스테뱅스, 미셸 루-스피츠(Michel Roux-Spitz), 에밀-자크 룰만(Émile-Jacques Ruhlmann), 르네 에르뷔스트(René Herbst), 앙리 마티스(Henri Matisse), 조르주 브라크(Georges Braque), 코코 샤넬(Coco Chanel)을 비롯한 수많은 실내 장식가와 예술가가 자신의 아틀리에와 제도대에 그라 램프를 장식했다. 이들 컬렉션은 1세기가 지난 오늘날 프랑스의 조명 및 가구 디자인 회사인 DCW에서 재출시되었으며, 인체 공학을 중시한 심플한 램프는 현대 인테리어와 아름다운 하모니를 이루고 있다.

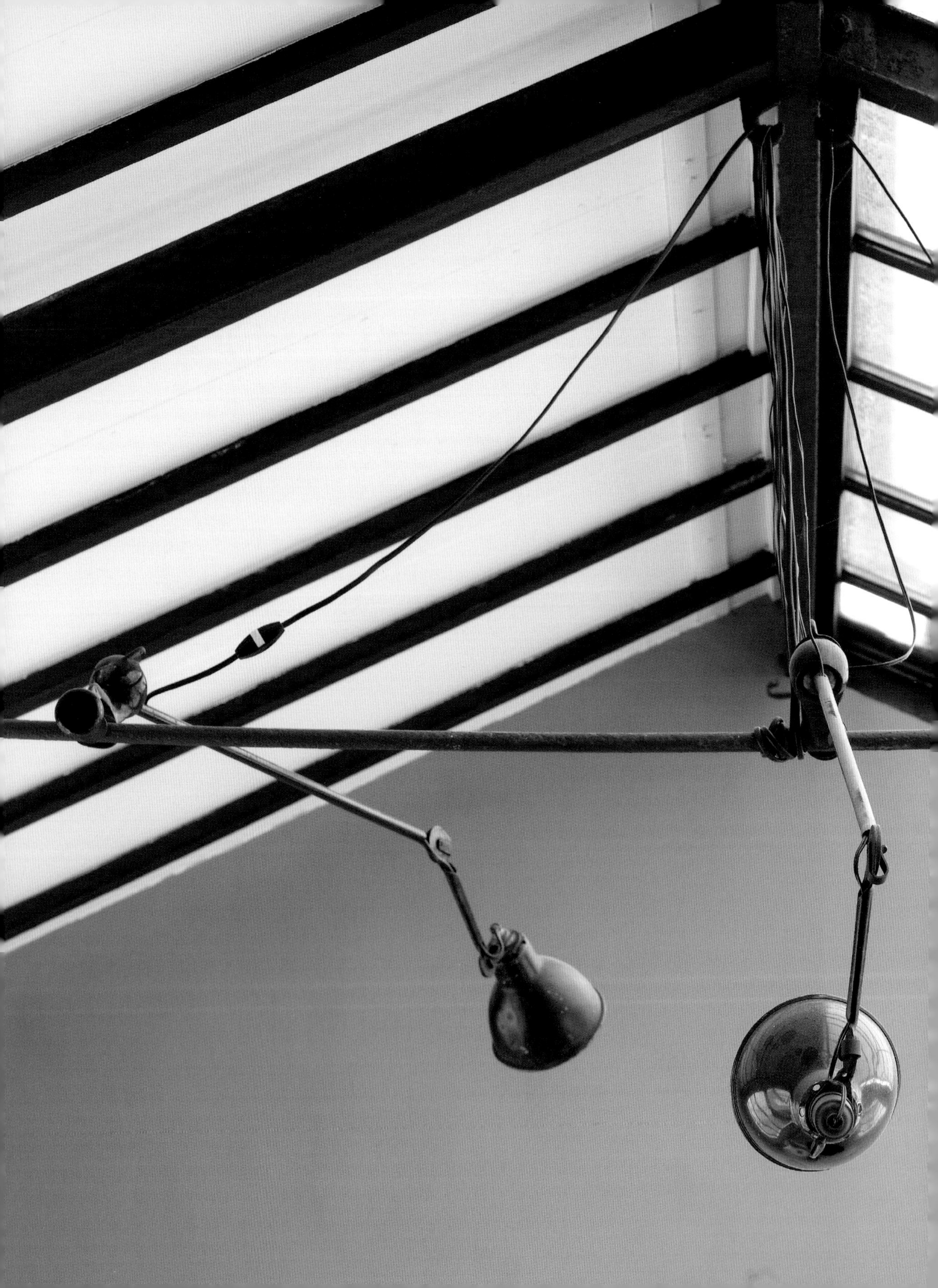

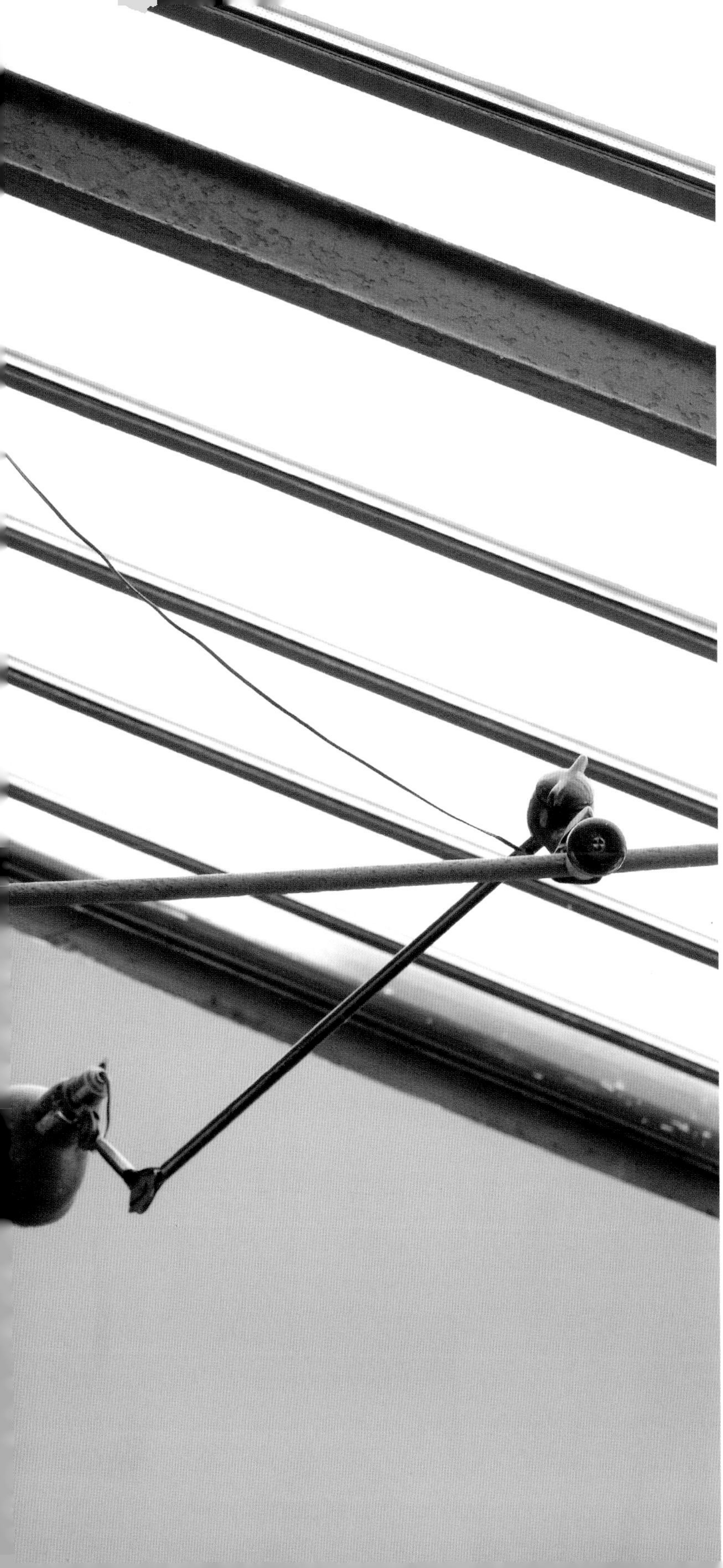

«
파리의 한 아파트에서. 천장 채광창 아래에 설치된 금속 바에 암(arm)이 긴 그라 램프 No.201이 여러 개 달려 있다.

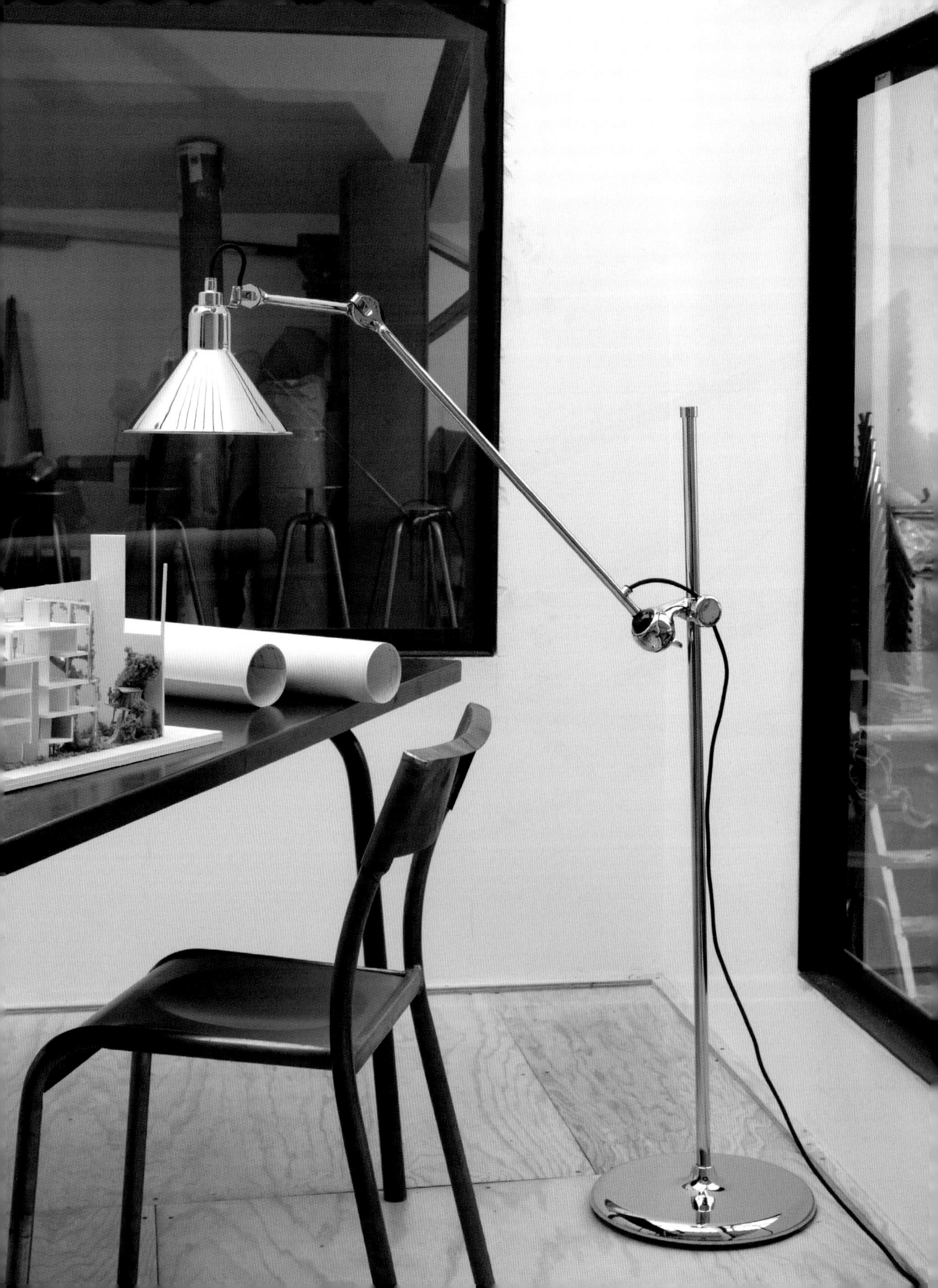

«
DCW에서 재출시된 그라 플로어 램프 No.215. 크롬으로 도금한 강철로 제작되었으며 설계 작업을 수월하게 해주는 제도용 갓이 달려 있다.

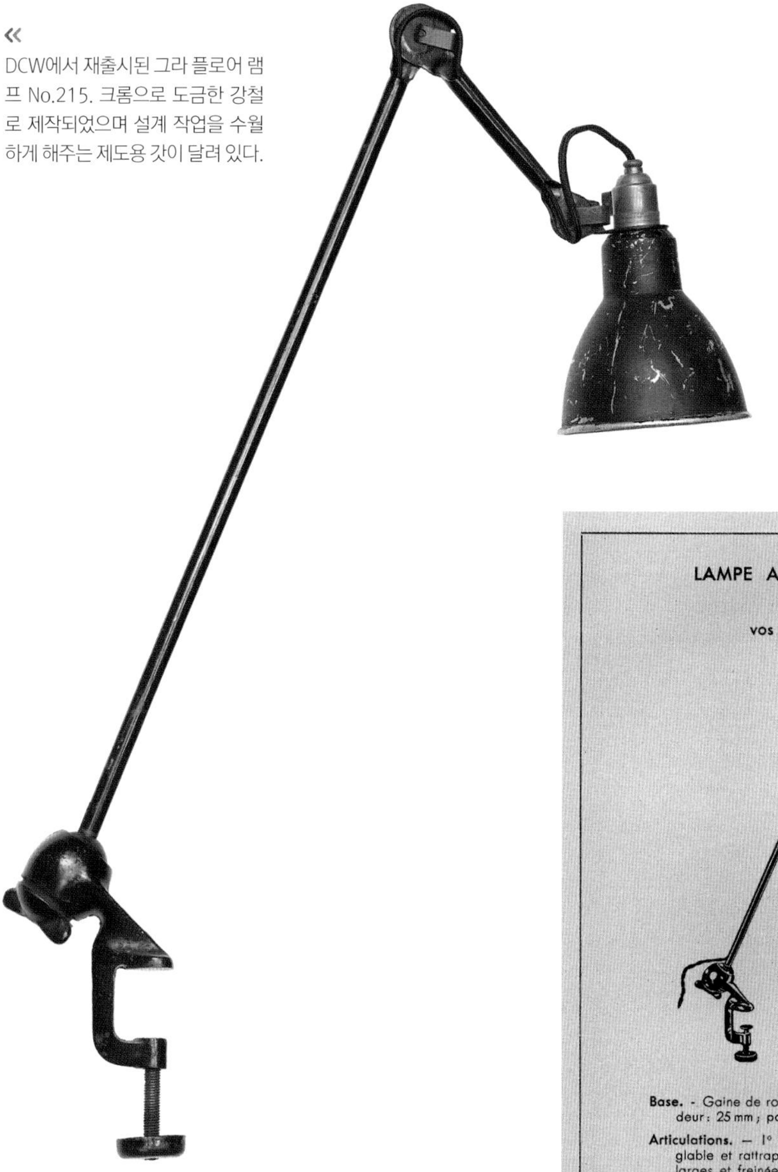

«
테이블에 고정할 수 있는 No.201은 1927년 R.A.V.E.L. 브랜드로 출시되었다. 사진 속 램프는 복원하지 않은 당시 상태 그대로다.

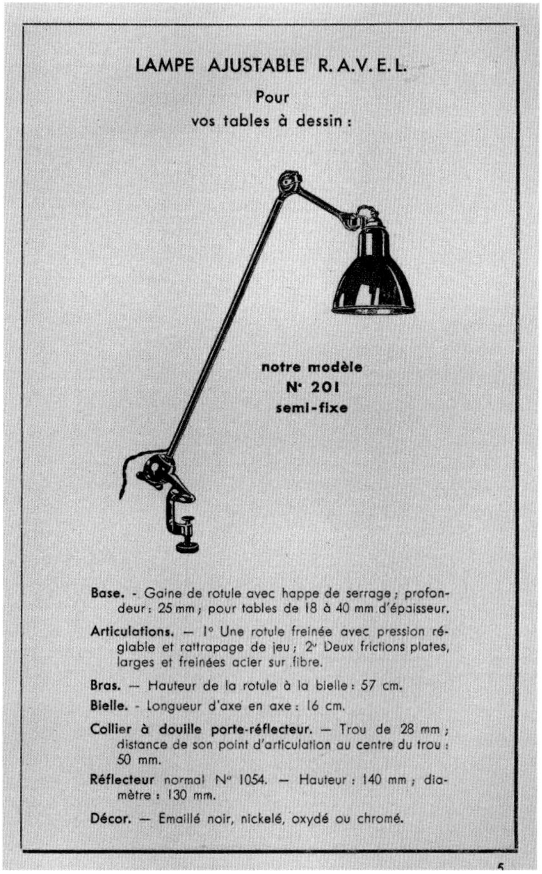

LAMPE AJUSTABLE R. A. V. E. L.

Pour
vos tables à dessin :

notre modèle
N° 201
semi-fixe

Base. - Gaine de rotule avec happe de serrage ; profondeur : 25 mm ; pour tables de 18 à 40 mm d'épaisseur.

Articulations. — 1° Une rotule freinée avec pression réglable et rattrapage de jeu ; 2° Deux frictions plates, larges et freinées acier sur fibre.

Bras. — Hauteur de la rotule à la bielle : 57 cm.

Bielle. - Longueur d'axe en axe : 16 cm.

Collier à douille porte-réflecteur. — Trou de 28 mm ; distance de son point d'articulation au centre du trou : 50 mm.

Réflecteur normal N° 1054. — Hauteur : 140 mm ; diamètre : 130 mm.

Décor. — Emaillé noir, nickelé, oxydé ou chromé.

5

»
R.A.V.E.L. 카탈로그에서. No.201의 제품 사양이 자세히 적혀 있다.

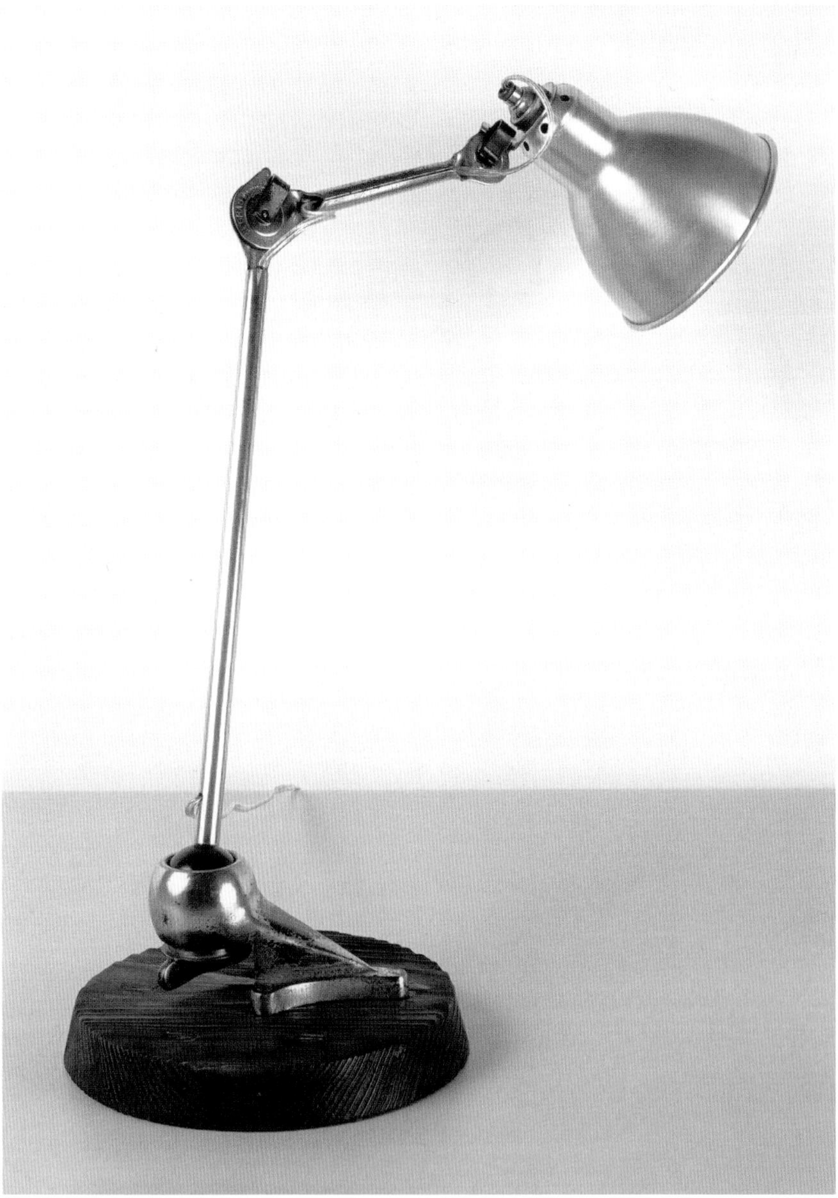

⌃

사포로 문질러 닦은 미송나무 받침대 위에 놓인 램프 No.222. 가구 디자이너 아이린 그레이(Eileen Gray)가 그라 램프를 재해석한 작품으로 수집가의 개인 소장품이다. 파리의 갤러리 안-소피 뒤발(Galerie Anne-Sophie Duval)에서.

갤러리 뒤오에 전시된 희소성이 높은 360 램프. 축을 중심으로 360도 회전한다. 디자인은 르네 에르뷔스트.

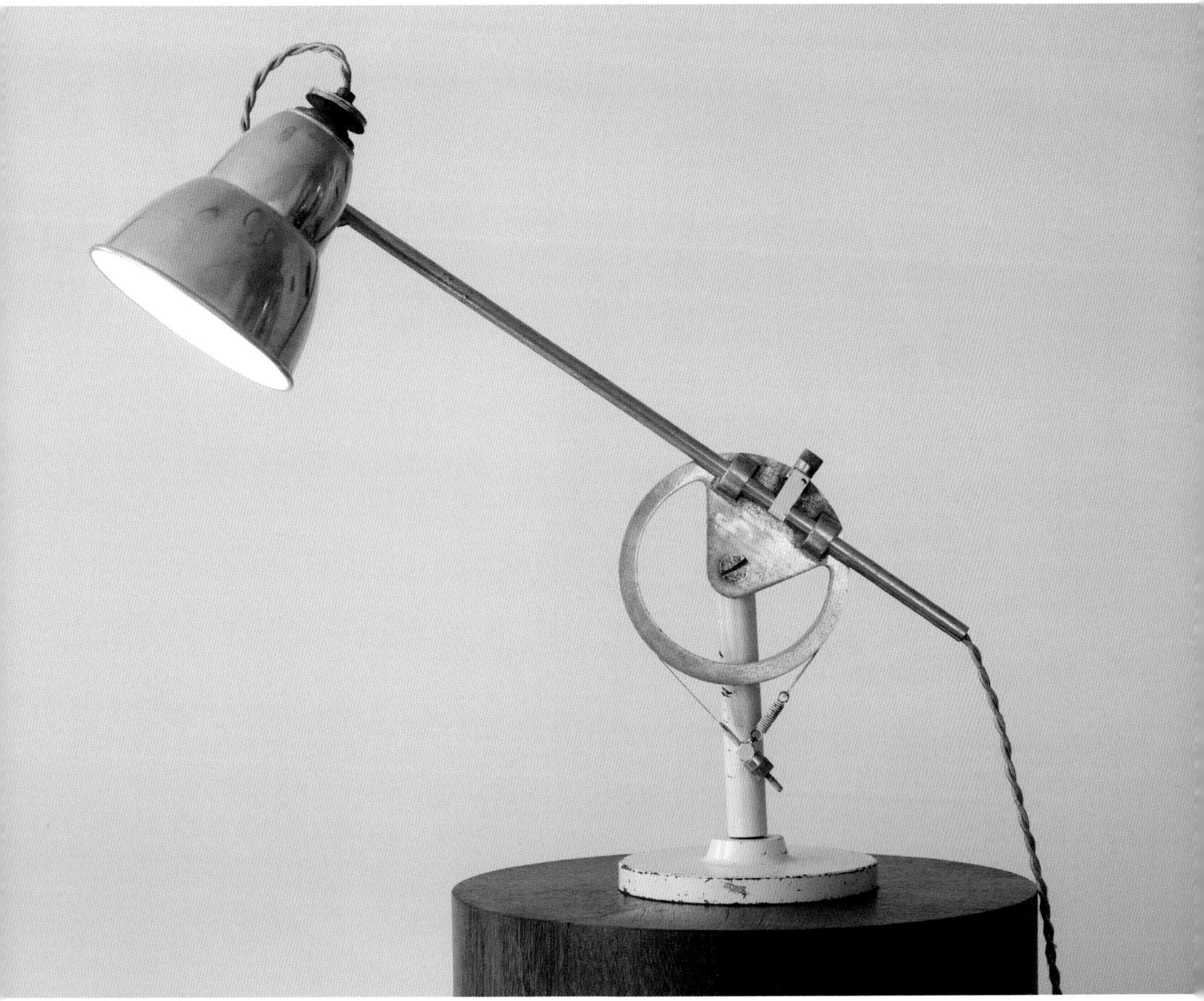

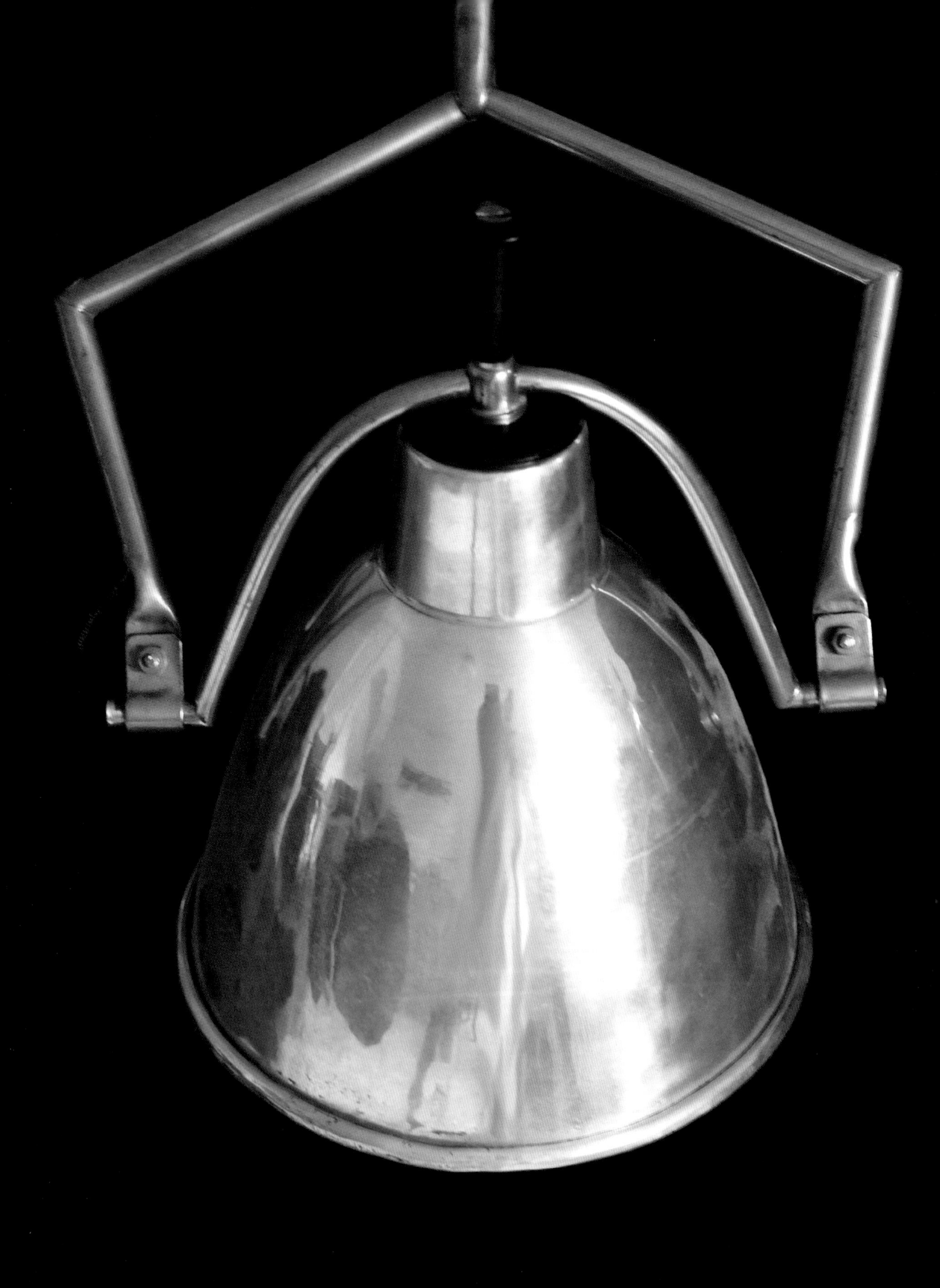

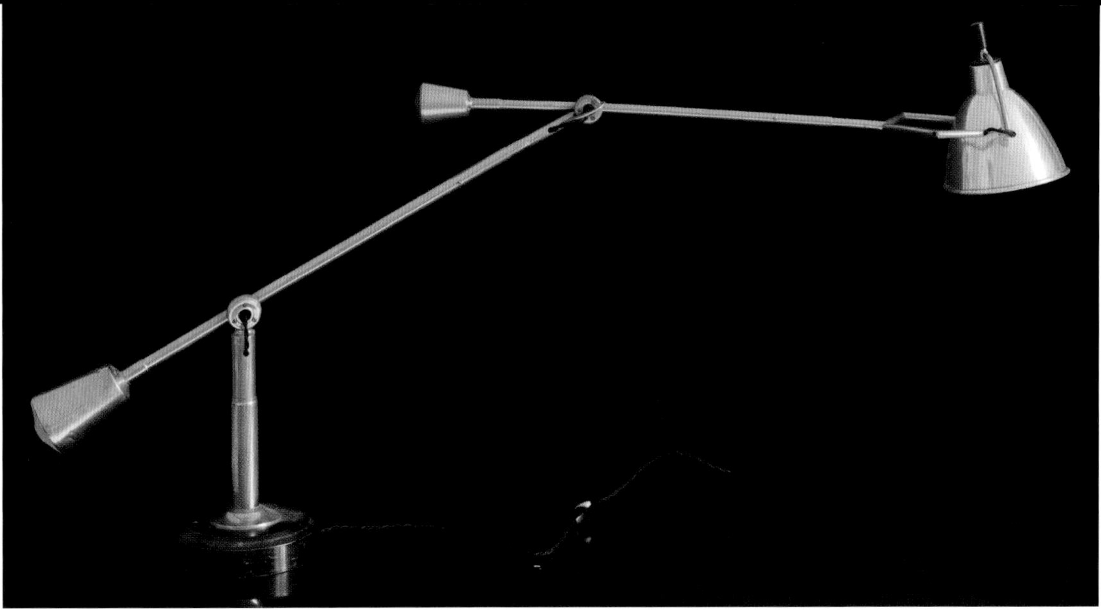

≈
독일의 조명 브랜드인 테크노루멘(Tecnolumen)에서 재출시된 타입 A 램프(Type A lamp). 건축가와 엔지니어, 디자이너용으로 설계되어 방향을 큰 폭으로 변환할 수 있다. 받침대는 래커를 칠한 나무로 만들었고, 니켈 도금된 암에는 납으로 된 평형추가 달려 있다. 테크노루멘에서는 부케 램프 컬렉션을 하나도 빠짐없이 모두 재출시했다.

«
부케 램프의 알루미늄 갓. 방향을 조절하기 위한 베이클라이트(Bakelite; 1907년 베이클랜드가 발명한 페놀 수지. 베이클라이트라는 상품명이 페놀 수지를 통틀어 이르는 말로 정착했으며 전기 절연성, 기계적 강도, 내열성이 우수하다 _역자 주) 핸들이 달려 있다.

기능미 FUNCTIONAL BEAUTY

미와 기능이 완벽하게 조화를 이룬 에두아르-윌프리드 부케의 시소(Seesaw) 램프

1923년 에두아르-윌프리드 부케(Édouard-Wilfrid Buquet)는 파리에서 조명 기구의 균형 유지 장치에 관한 특허를 취득했다. 이 장치는 지지대, 접합부, 평형추가 매우 정교하게 설계되어 수학적으로 정확한 균형을 잡을 수 있었다. 원래 지렛대 역할을 하는 이 장치는 빛의 방향을 쉽게 바꿀 수 있고 안정적으로 고정할 수 있어서 램프 설계에 응용할 수 있었다.

그로부터 5년 후, 부케는 자신이 취득한 특허로 제품을 제작하여 실용신안을 등록했다. 그는 이 제품에 랑프 에키리브레(Lampe Equilibrée; 밸런스 램프)라는 이름을 붙이고 "관절형 암(arm)으로 방향을 바꿀 수 있는 조명 기구"라고 설명했다. 이 램프는 한 손으로 빛의 방향이나 세기를 조절할 수 있도록 설계되어 건축가나 디자이너, 사진가, 장인, 치과 의사 등 다양한 직종에서 사용하기에 적합했다. 또 무게 중심을 잡아주는 지지대와 평형추로 인해 어떤 각도나 위치에서도 안정적으로 균형을 유지했고, 각각의 암은 제각기 다른 방향으로 돌릴 수 있었다. 광고 문구는 "모든 요구를 충족시키는 랑프 에키리브레"였다.

건축가 르 코르뷔지에와 샬로트 페리앙은 1929년 파리에서 개최된 살롱 도톤느(Salon d'Automne; 1903년부터 이어져 온 파리의 연례 미술 전시회_역자 주)를 포함한 다양한 설치 예술에 이 램프를 도입했고, 실내 장식가 에밀 자크 룰만(Émile-Jacques Ruhlmann)도 우아한 부케의 디자인에 매료되어 자신의 사무실을 꾸미는 데 사용했다.

이 전설적인 램프는 여전히 생산되고 있으며 독창적인 디자인과 미의 모범적인 조합으로 인정받아 뉴욕현대미술관에도 소장되어 있다.

프로토타입의 역사 THE HISTORY OF A PROTOTYPE

호기심 왕성한 엔지니어의 실험 부산물로 탄생하여 큰 영향을 미치게 된 앵글포이즈 램프

자동차의 서스펜션 시스템(노면의 충격이 차체나 탑승자에게 전달되지 않게 충격을 흡수하는 장치_역자 주)을 전문으로 하는 영국의 엔지니어 조지 카워딘(George Carwardine)은 실험을 대단히 좋아했다. 그는 영국 남서부 바스에 위치한 공장에서 작업을 하던 도중 새로운 유형의 스프링을 발명했다. 그가 발명한 스프링은 신축성이 뛰어나서 어느 방향으로 움직여도 제자리로 되돌아오는 특성이 있었다.

그 후 카워딘은 자신의 발명품을 이용해 서스펜션 시스템의 특정 부분을 비추거나 사무실에서 서류 작업을 할 때 사용할 램프를 설계했다. 팔의 균형과 안정성을 확보하려면 근육과 근육의 지속적인 긴장이 필요하듯 카워딘이 발명한 스프링은 램프의 균형을 유지하고 램프의 접합부(인체에서는 손목, 팔꿈치, 어깨에 해당)를 원하는 위치에 고정할 수 있었다. 묵직한 받침대, 방향 조절 기능, 작업 시 시야를 넓게 확보할 수 있는 유연성을 두루 갖춘 20세기 최초의 관절식 램프가 탄생한 것이다.

»
1935년 카워딘이 취득한 특허의 일부.

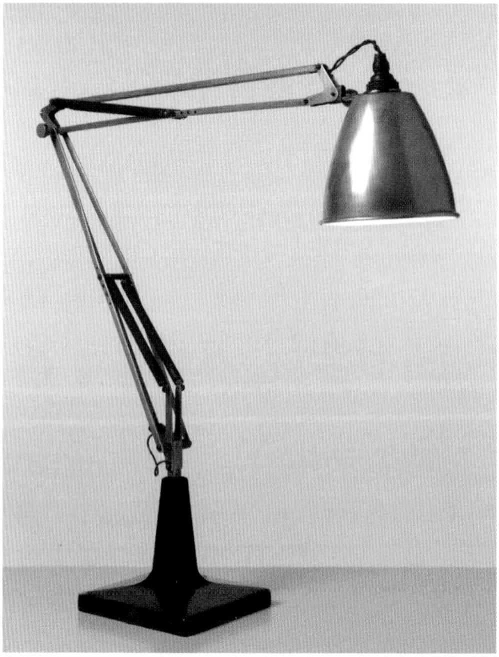

«
1931년 카워딘이 인간의 팔 움직임에서 힌트를 얻어 디자인한 최초의 관절식 램프 앵글포이즈.

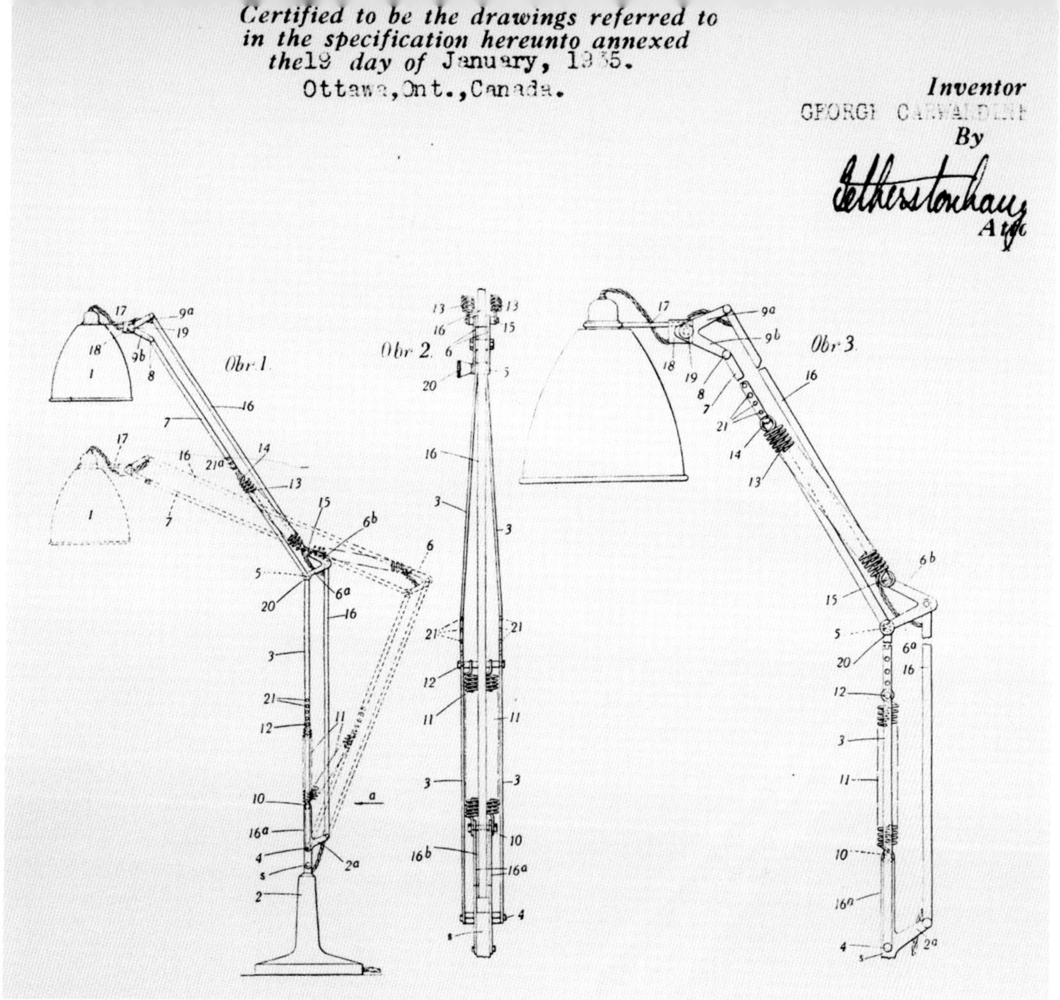

1932년 첫 특허를 취득한 카워딘은 몇 년 후 이 새로운 램프를 생산하고 판매하기 위해 기업가인 허버트 테리(Herbert Terry)와 제휴를 맺었다. 테리가 운영하는 허버트 테리 앤 선즈(Herbert Terry and Sons)사는 1855년 설립되어 6대에 걸쳐 가족 경영을 이어온 기업이었다. 처음에는 이퀴포이즈(Equipoise; '균형'이라는 뜻_역자주)라고 이름 붙일 계획이었지만 이미 상품명으로 등록되어 있어서 유연성을 연상시키는 앵글포이즈(Anglepoise)로 결정했다.

원래 카워딘이 만든 램프에는 스프링이 4개 달려 있었지만 카워딘과 테리 팀은 가정용 신규 모델을 개발했다. 이 램프가 바로 오랜 세월이 흐른 지금까지도 변함없이 사랑받는 '앵글포이즈 1227'이다. 2009년에는 앵글포이즈 램프 탄생 75주년을 기념하여 동일한 모델이 재출시되었다.

참신한 디자인과 흠잡을 데 없는 기능성을 갖춘 카워딘의 관절식 램프는 기계 시대의 혁신 정신을 멋지게 구현했다. 앵글포이즈 1227은 창의성의 본보기이며 여전히 태스크 램프의 왕좌를 굳건히 지키고 있다.

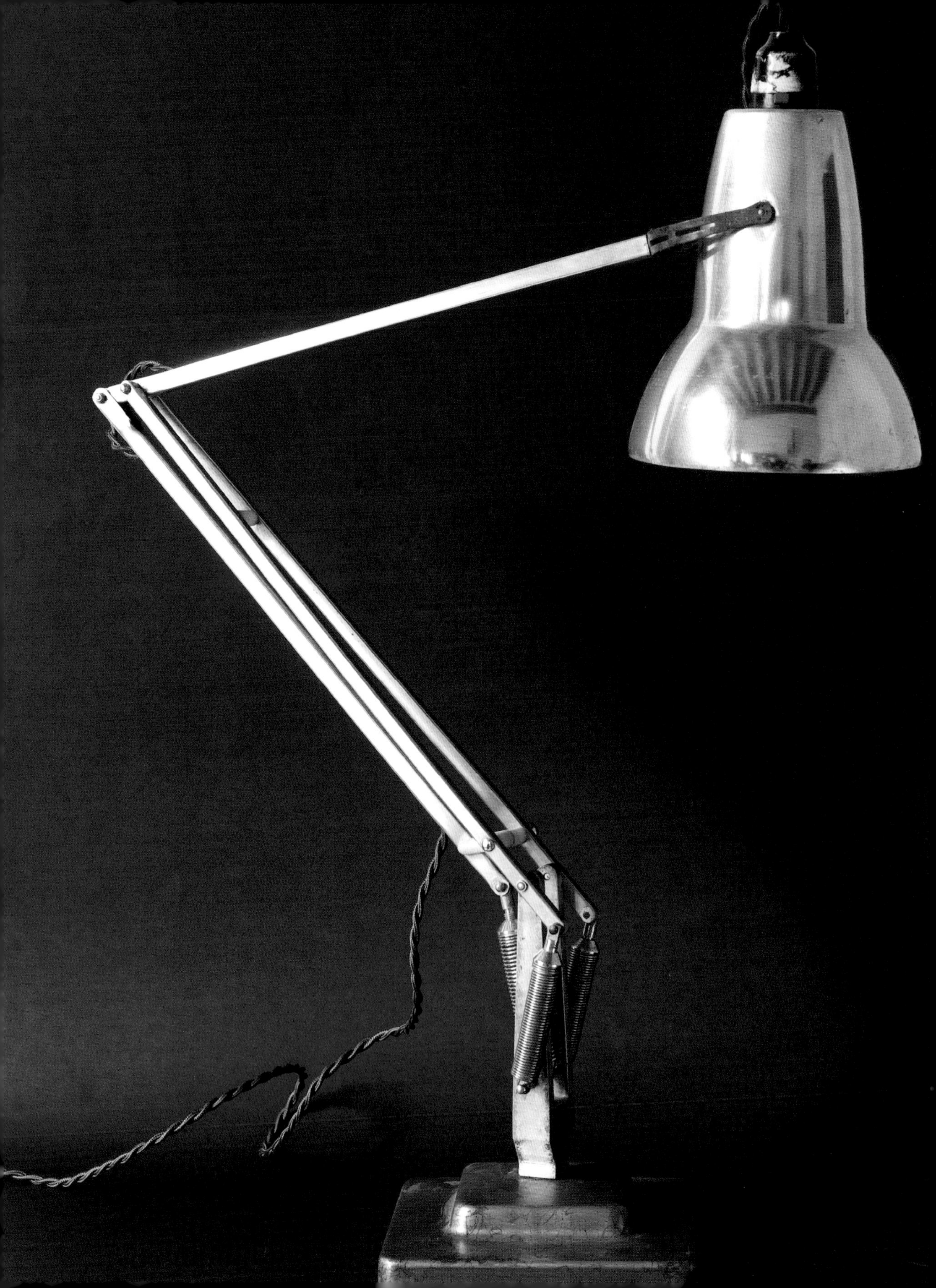

«
앵글포이즈 램프는 원래 산업용으로 설계되었지만 스프링이 세 개 달린 앵글포이즈 1227은 가정용으로 개발되었다.

»
앵글포이즈의 스프링 시스템. 유연하면서도 원하는 위치에 단단히 고정할 수 있다. 축 부분에 '디 앵글포이즈'(The Anglepoise)라는 로고가 새겨져 있다.

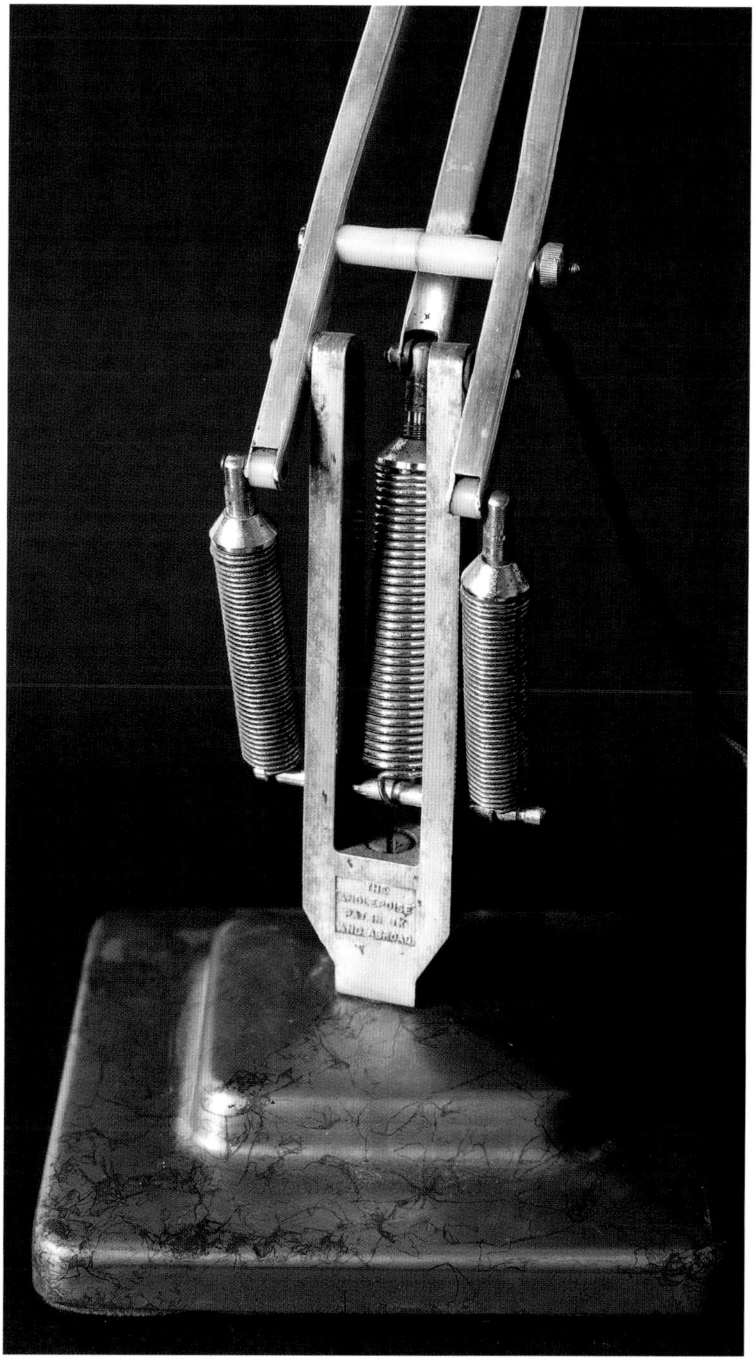

이상적인 램프 THE IDEAL LAMP

잘 고장 나지 않고 수명이 길며 방수가 되는 완벽한 작업용 조명 지엘드 스탠더드 램프

지엘드 램프는 콘셉트부터가 획기적이다. 관절식 구리 커넥터를 통해 전기를 공급받으므로 선이 없고 360도 회전이 가능하다. 규격화된 네 개의 부품으로 이루어져 있는데, 이들 부품은 교체가 가능해서 용도에 맞게 개조할 수도 있다. 어떤 위치에든 고정할 수 있으므로 작업 조건에 맞춰 길게 펴거나 짧게 구부릴 수 있다. 클램프로 작업대에 단단히 고정할 수 있어서 안정성이 높고, 갓 가장자리에 금속 링이 둘러져 있어서 쉽게 방향을 조절할 수도 있다.

제조 회사들은 작업에 필요한 조건을 두루 갖춘 이 램프를 대량으로 주문했다. 램프 발명자인 프랑스 리옹의 엔지니어 장 루이 도메크(Jean Louis Domecq)는 이 성공을 계기로 1953년 자신의 이니셜을 따서 '지엘드'(Jieldé)라는 이름의 회사를 설립했다. 원래 지엘드 스탠더드 램프는 도메크가 자신의 작업장에서 쓸 목적으로 설계해 산업용으로 제작되었지만, 지금은 사무실과 디자인 스튜디오에서 널리 쓰이고 있다. 수많은 장점을 가진 이 램프는 지금도 리옹에서 생산되고 있으며 꾸준한 인기를 누리고 있다.

» 포장대 위에 놓인 지엘드 플로어 램프. 포장을 마친 후에는 일본에 새로운 둥지를 틀 예정이다.

기술과 기능에 혁신을 가져온 무선 지엘드 스탠더드 램프. 방향을 쉽게 조절할 수 있도록 갓 가장자리에 둘러진 금속 링이 특징이다. 프랑스 지도가 그려진 금속 로고판이 리벳으로 박혀 있다.

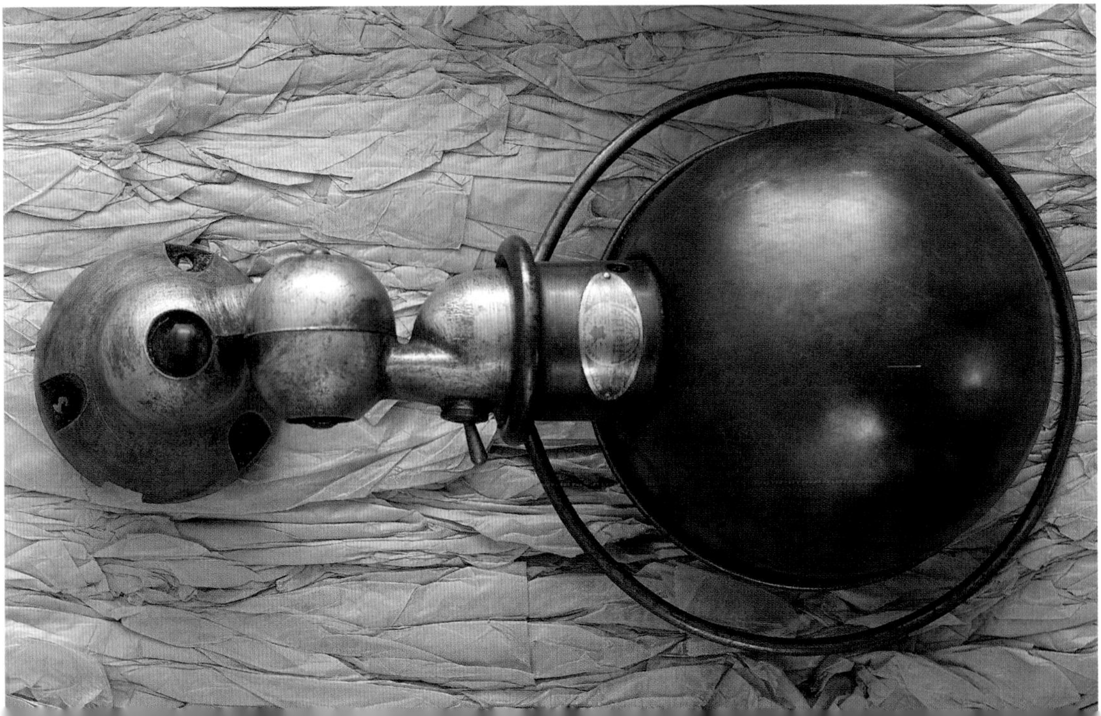

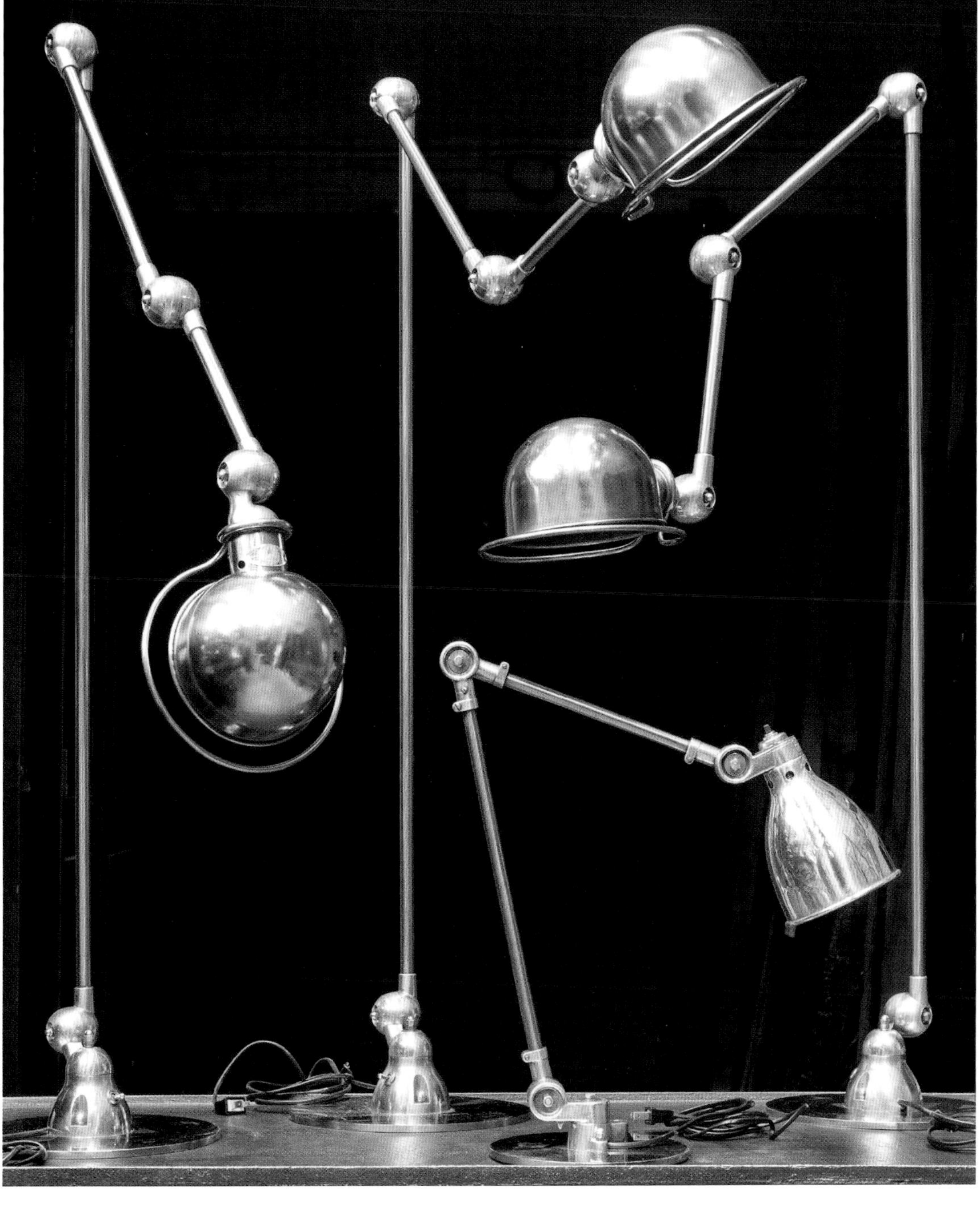

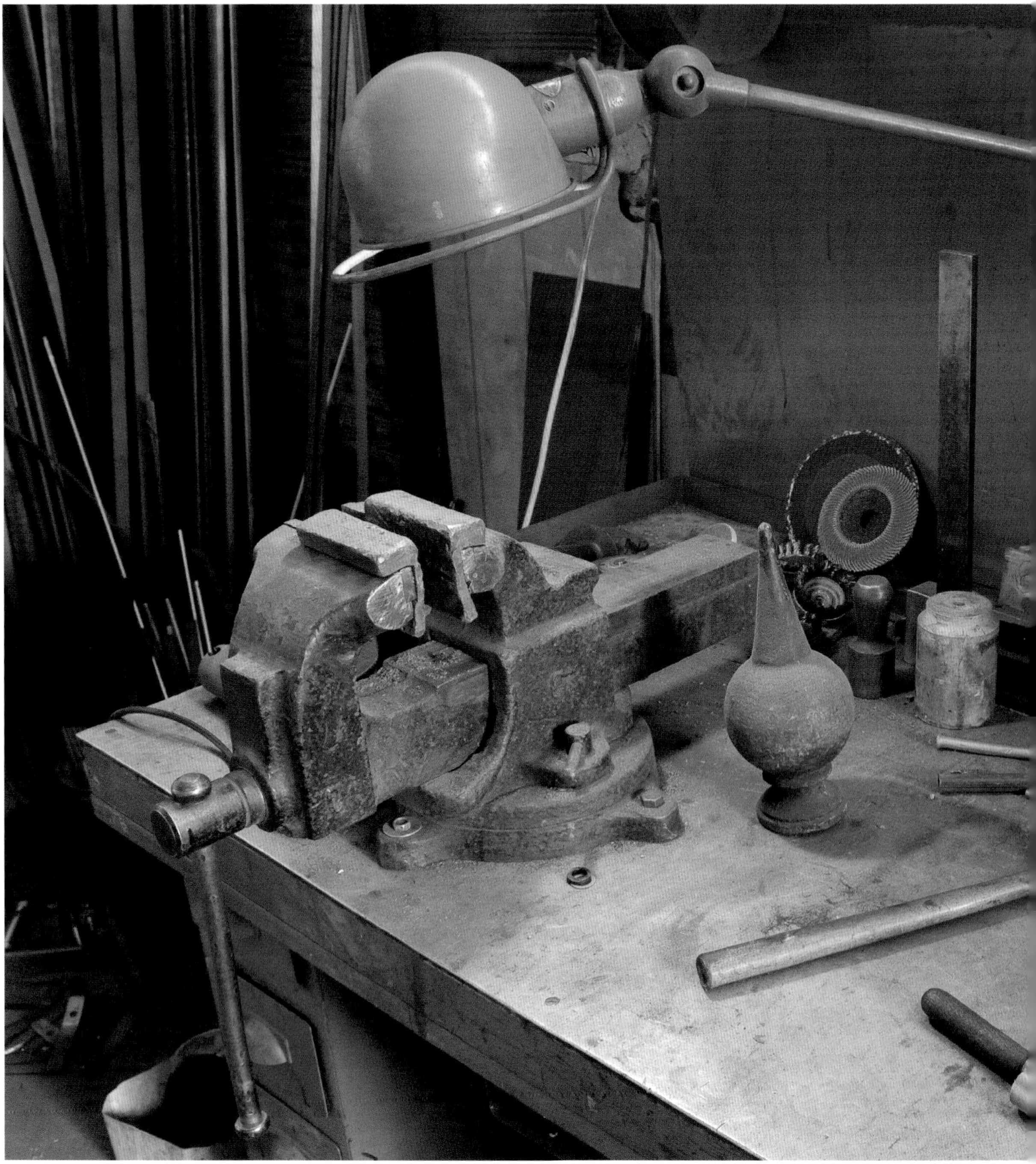

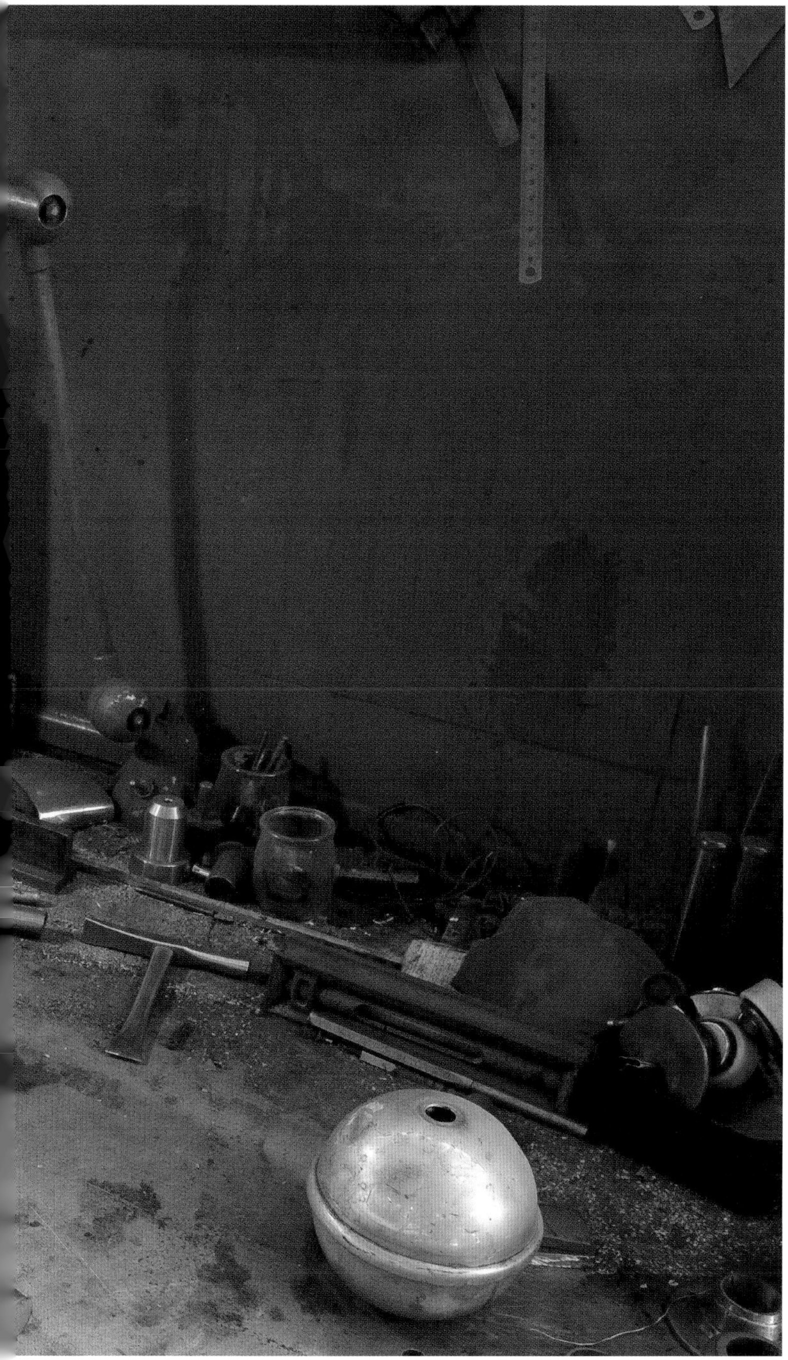

«
골동품 딜러의 작업대에 놓인 지엘드 스탠더드 램프. 원래부터 이러한 목적으로 설계된 램프로 본연의 기능을 충실히 수행하고 있다.

사라진 그림자: 과학용 조명

DISSOLVING SHADOWS: SCIENTIFIC LIGHTING

엄청난 혁신을 이룬 의료용 조명

의료용 조명 분야에서 최초이자 최고의 혁신을 실현한 사람은 알제리의 의과 대학에 근무했던 외과 의사이자 엔지니어인 루이-프랑수아 브랭(Louis-François Verain)이다. 1919년 브랭은 그림자가 생기지 않는 조명을 발명해 파리에서 특허를 취득했다. 광학 부품과 원뿔형 거울을 조합해 만든 이 발명품은 작업 영역에 균등하면서도 강한 빛을 비출 수 있어서 외과 의사와 디자이너에게 이상적인 조명이었다.

그리스어로 '그림자를 없애다'라는 의미를 가진 '서이얼리틱 램프'(Scialytic lamp)는 바르비에 베나르 에 튀렌느사(Barbier, Benard & Turenne; 약칭 BBT사)에서 제조, 판매되었다. 이 획기적인 조명은 의학의 진보에 크게 이바지하여 수술용 조명의 대명사가 되었다.

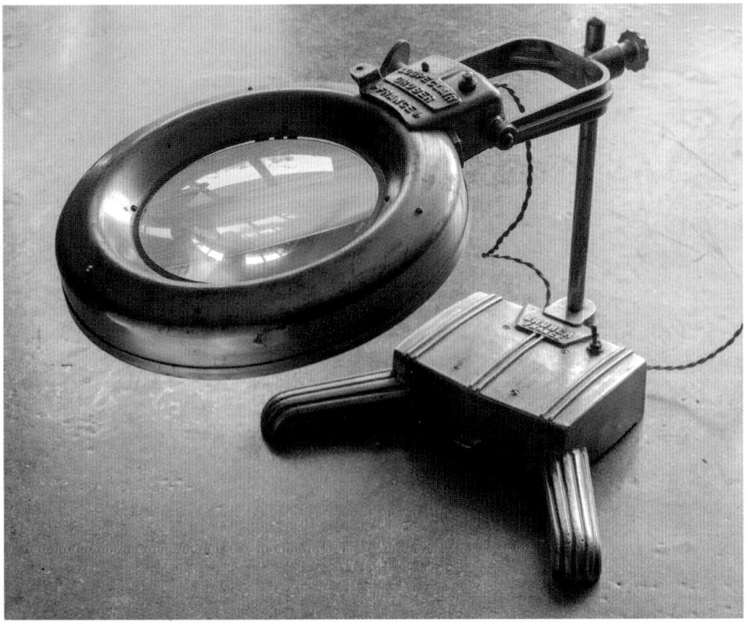

«
그림자가 지지 않는 수술실용 서이얼리틱 램프. BBT사 제조.

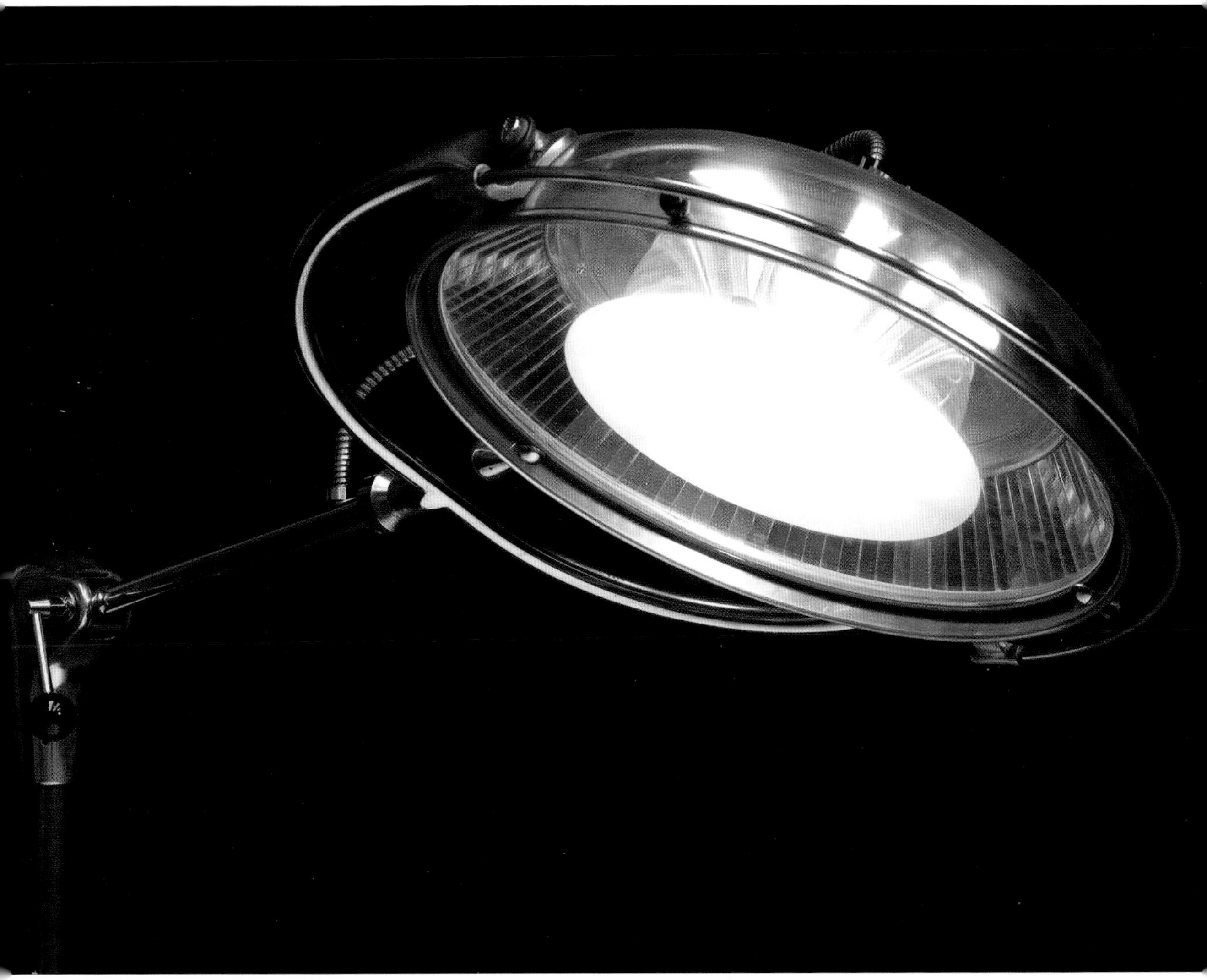

⌃
강력한 빛과 확대경을 결합한 그루버(Gruber)의 루프클레어(Loupeclaire). 시계 기술자나 보석 세공사가 정교한 작업을 하기에 이상적이다.

빛으로 그린 그림: 예술가를 위한 조명

DRAWING WITH LIGHT: ARTISTIC LIGHTING

빛을 투사하고 반사하는 기술의 발전은 그리스어 '포토스'(photos)와 '그라포스'(graphos)가 더해져 '빛으로 그린 그림'이라는 뜻을 가진 새로운 예술 형태 '사진'(photography)을 탄생시켰다

19세기 말, 프랑스 사진가 나다르(Nadar)는 사진을 찍으면서 새로운 기술을 실험했다. 파리 길거리 아래에 펼쳐진 카타콤(Catacombs; 지하 납골당)을 최초로 인공조명을 이용해 사진에 담아낸 것이다.

사진가라는 새로운 직업이 탄생하면서 거리에는 잇달아 사진관이 등장하였고 사진가들은 조명의 다양한 효과를 탐구했다. 자연광은 부드럽고 명암의 대비도 약하지만 사진을 촬영하려면 장시간의 노출이 필요하다. 반사경과 빛 가리개가 진보하면서 사진가들은 대상에 초점을 맞춰 빛의 양이나 노출 시간을 조절할 수 있게 되었다. 조명이 발전하면서 진정한 '빛으로 그린 그림'이 가능해진 것이다.

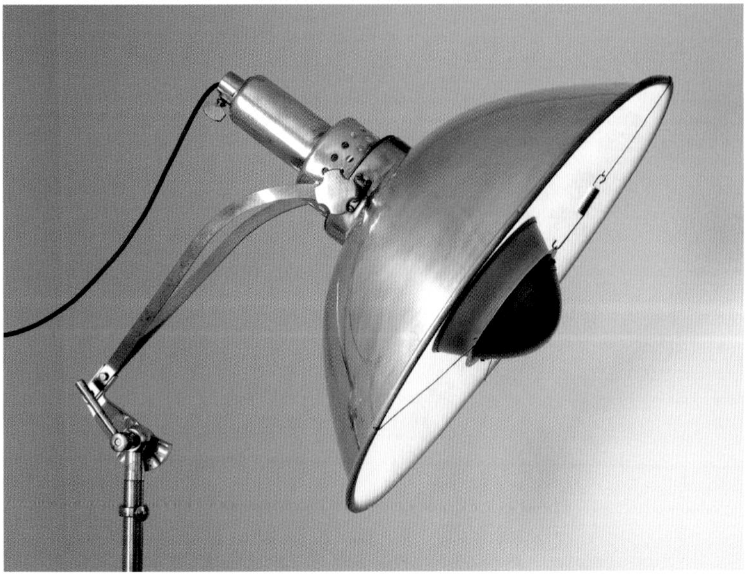

«
빛을 확산시켜 주는 코다솔 프로젝터 램프(Kodasol projector lamp). 사진관용으로 제작되었다.

»
파리의 앤티크숍 오브제 앙 트랑지트(Objets en Transit)에 전시된 리타 프로젝터 램프(Lita projector lamp). 높이 조절이 가능하다.

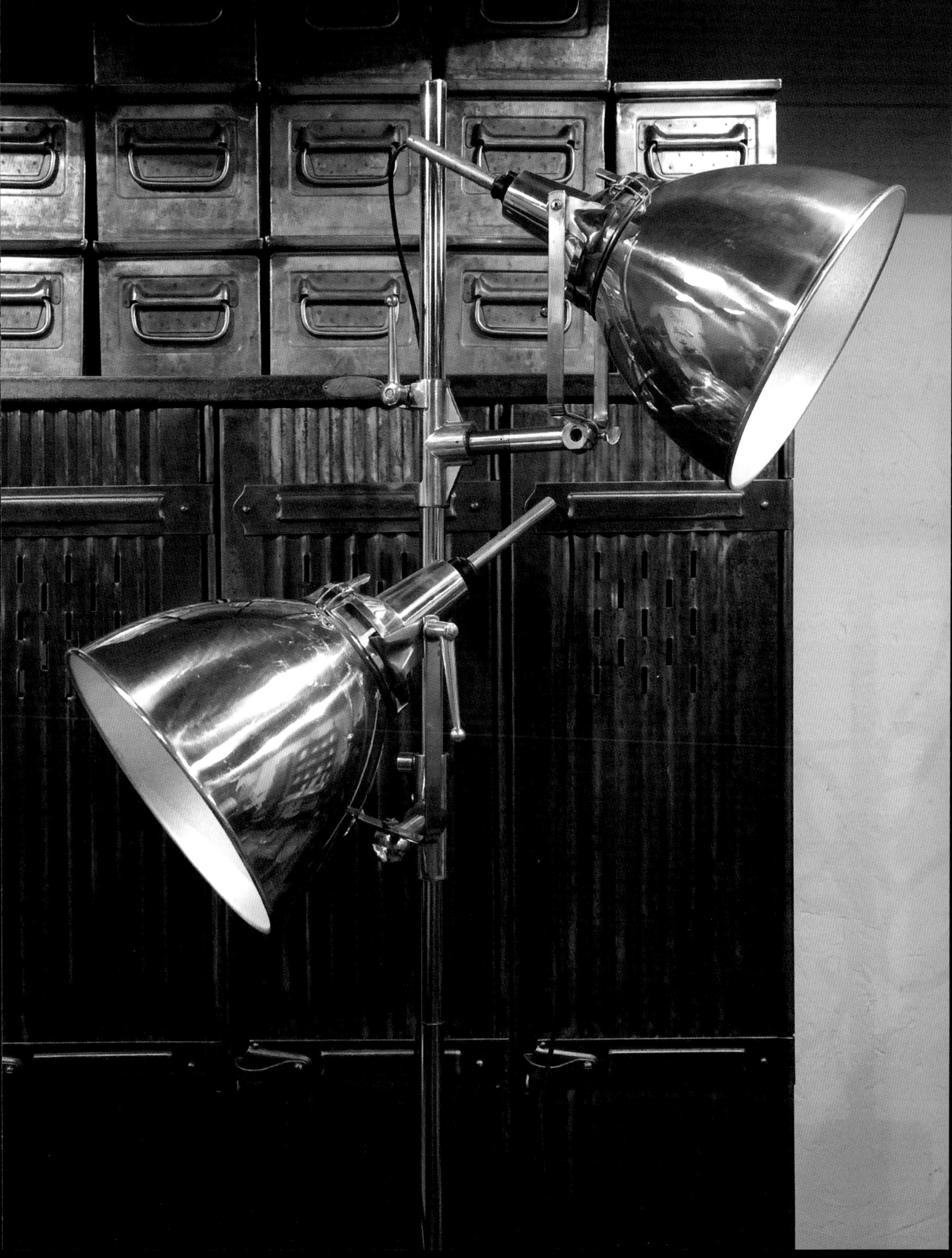

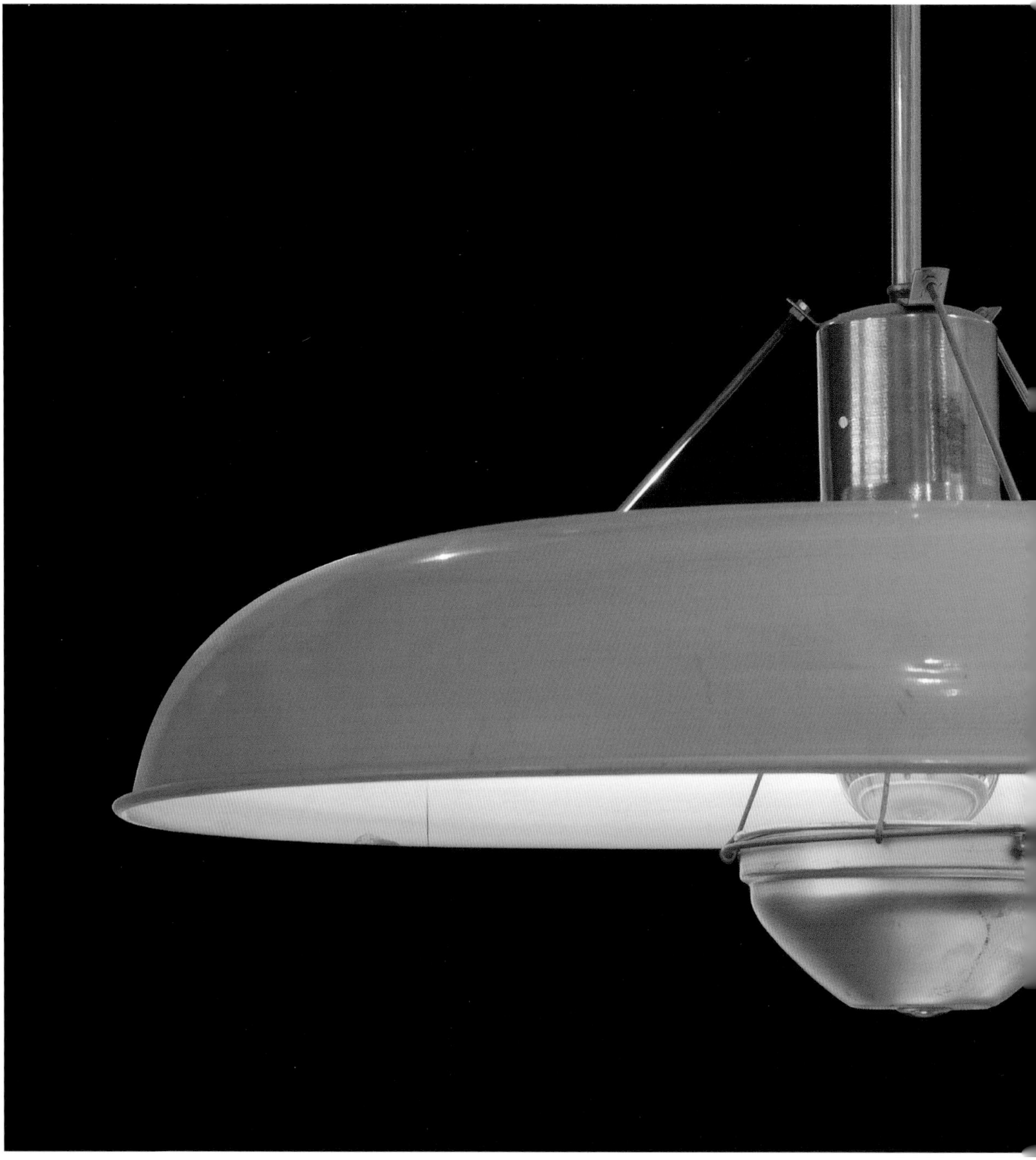

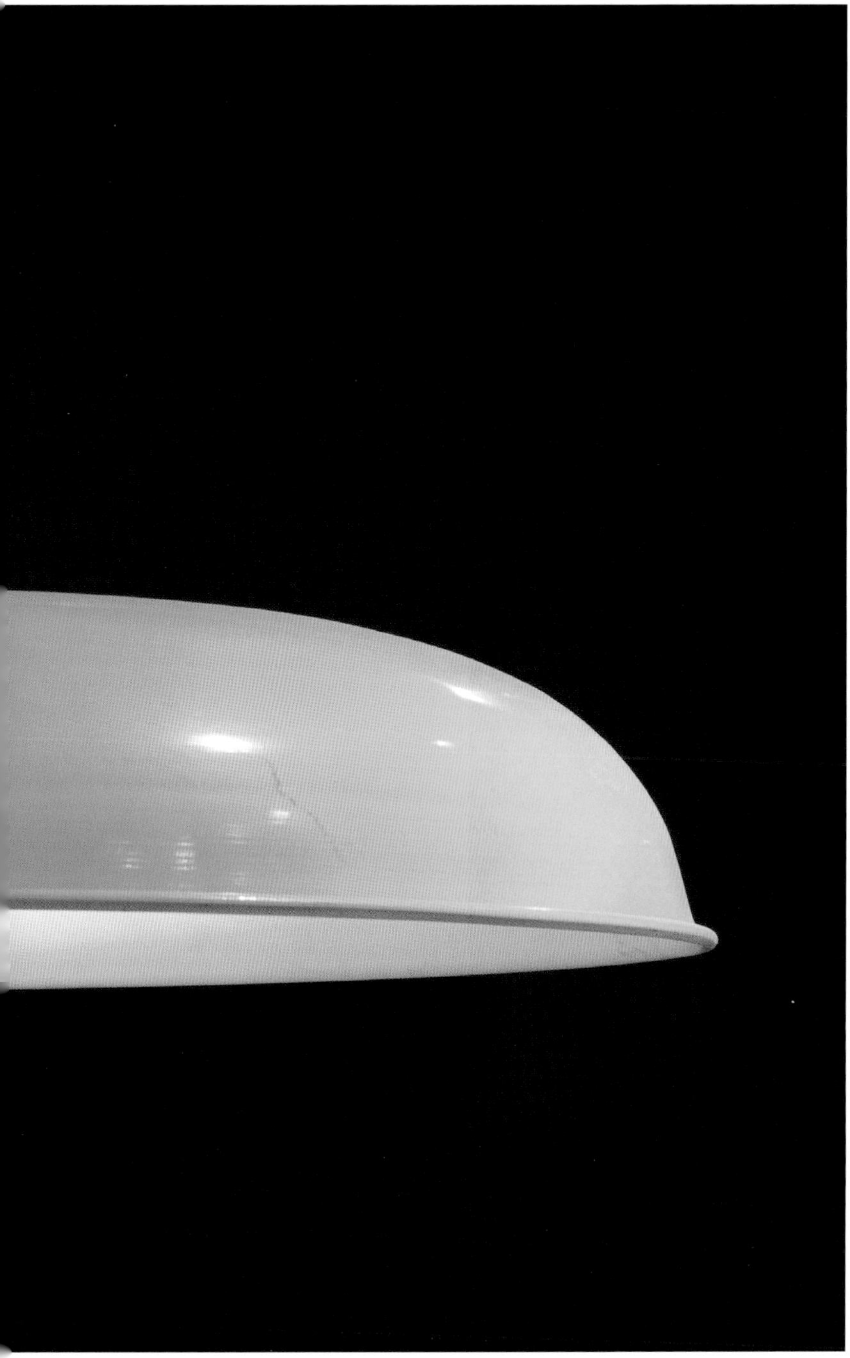

«
프랑스의 조명 브랜드인 GAL사에서 제작한 아시아럭스 전등(Ascialux light)의 갓. 지름이 75센티미터나 된다. 스포츠 센터와 교실용으로 설계되어 색상이 다양하다. 수집가들 사이에서 인기가 높은 사진 속 선명한 색상의 램프는 카탈로그에 "시각적으로 매우 편안하다"고 소개되어 있다.

형태와 기능: 인더스트리얼 조명

FORM AND FUNCTION: INDUSTRIAL LIGHTING

공장의 규모가 거대해지면서 더욱 강력하고 전문적인 조명이 필요해진 20세기 초

과거의 작업장은 사람이 일하기에 적당한 크기였지만 중장비를 설치하거나 재료와 제품을 대량으로 보관하게 되면서 공장의 면적은 점점 넓어졌다. 그에 따라 콘크리트와 금속으로 지은 새로운 형태의 산업 건축물이 등장하였다.

공장에서 일하는 수많은 노동자는 신속하면서도 정확하게 작업을 소화해야 했다. 그로 인해 공장 구석구석을 비춰줄 조명이 필요해졌고, 대규모 공장과 공공시설을 밝히기 위한 특수하고 강력한 조명 제품이 탄생했다.

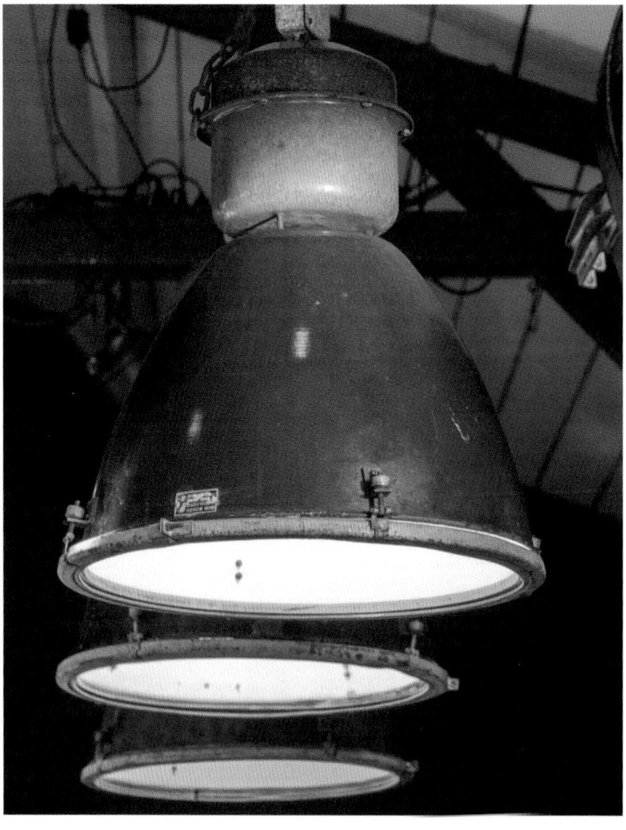

« 인더스트리얼 앤티크 스탠드의 프레임에 설치된 공장용 램프. 파리 생투앙 벼룩시장에서.

» 강력한 브란트 프로젝터 램프(Brandt projector lamp). 역이나 창고, 공공장소에서 쓸 목적으로 제작되어 튼튼하고 실용적이다.

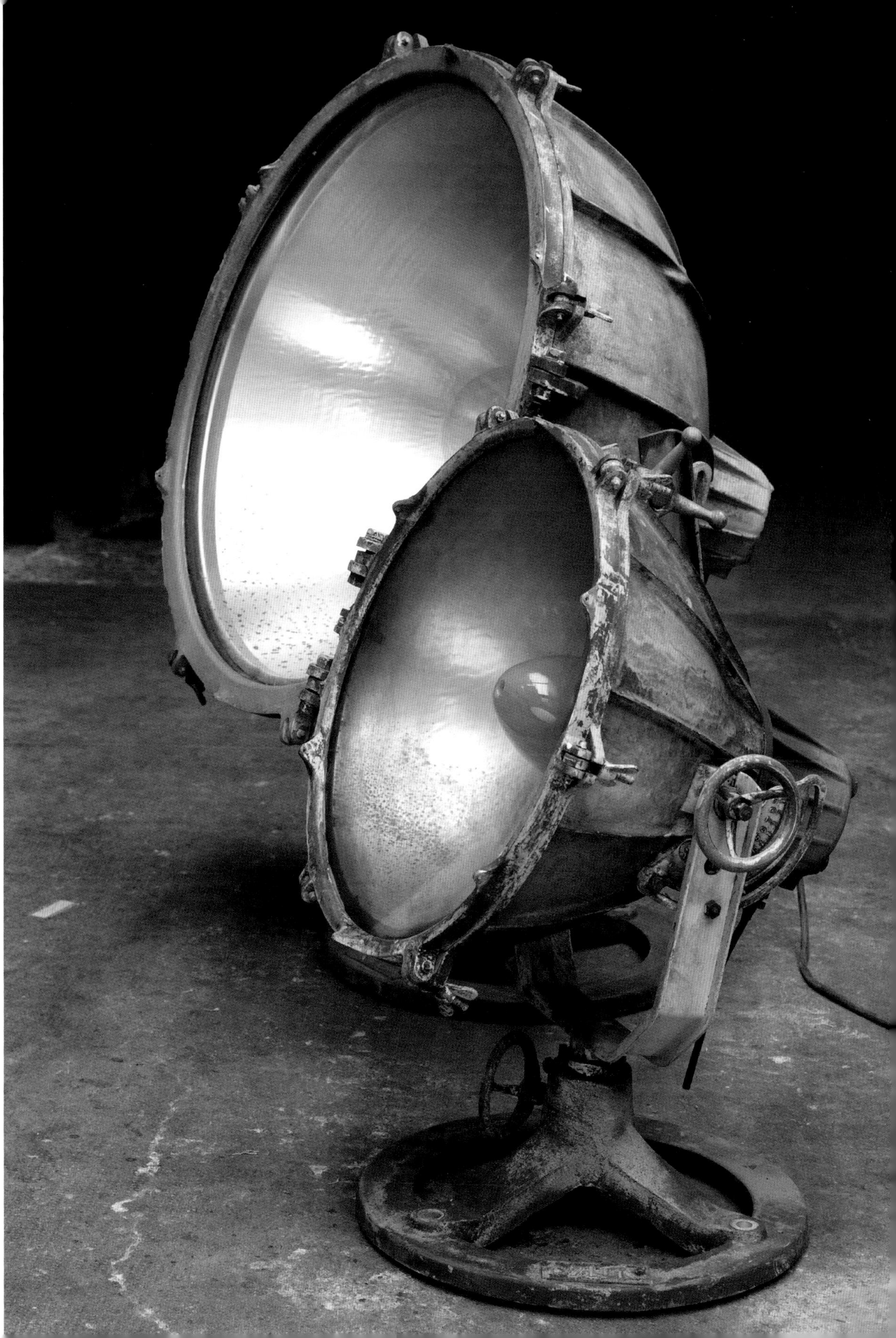

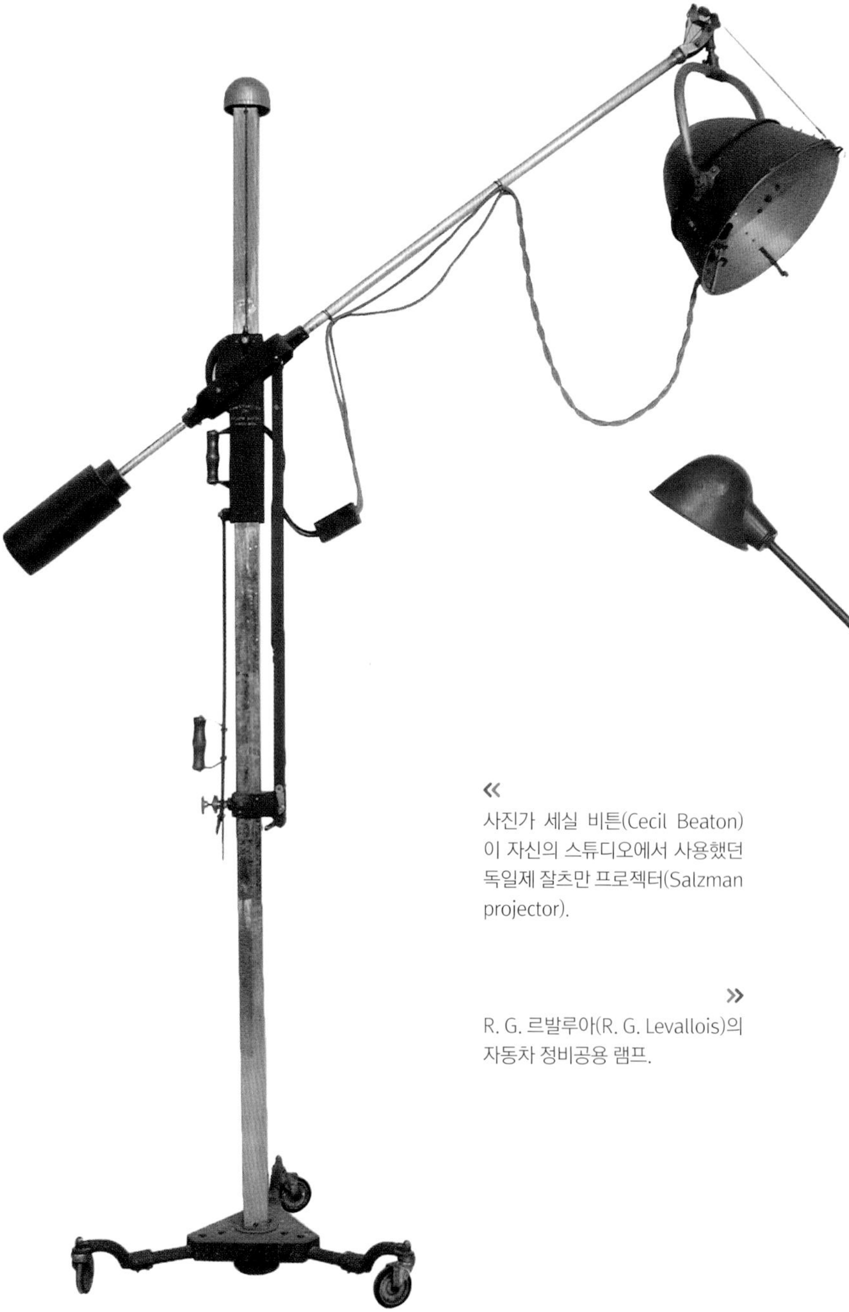

«
사진가 세실 비튼(Cecil Beaton)이 자신의 스튜디오에서 사용했던 독일제 잘츠만 프로젝터(Salzman projector).

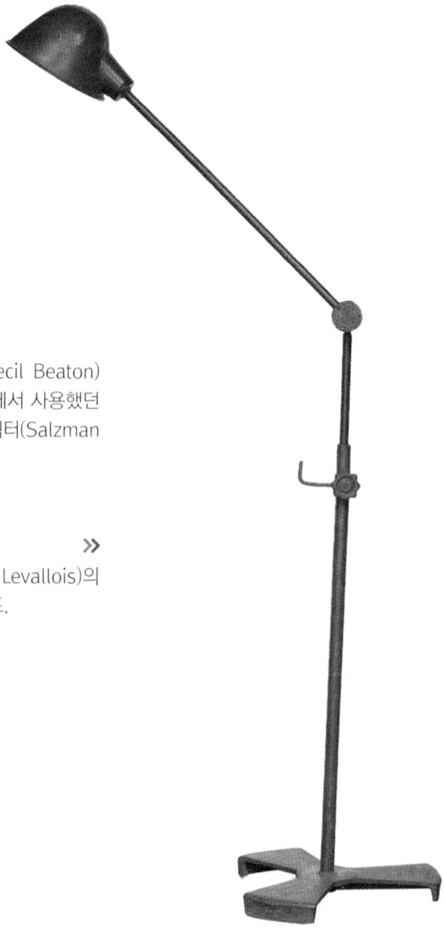

»
R. G. 르발루아(R. G. Levallois)의 자동차 정비공용 램프.

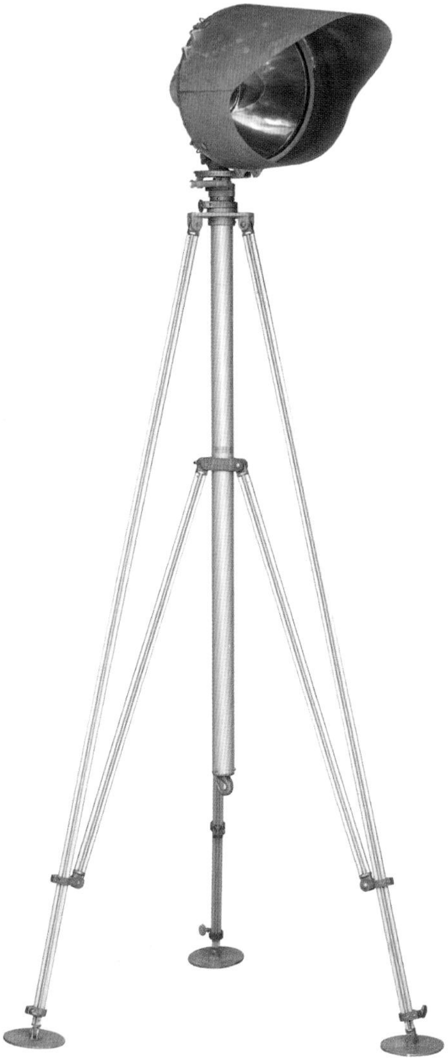

«
아마추어 비행사들이 사용하는 비행장에서 활주로를 표시하는 데 쓰던 조명.

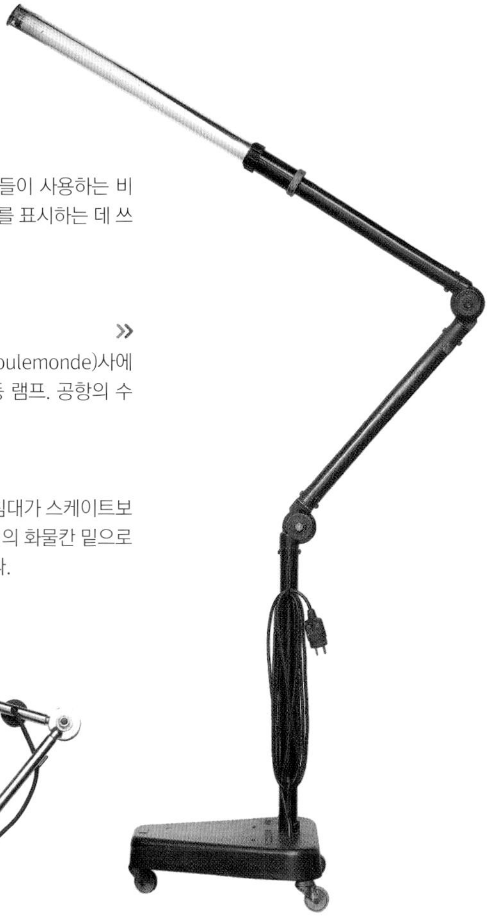

»
J. 투르몽드(J. Toulemonde)사에서 제작한 형광등 램프. 공항의 수하물 검사용.

차고용 조명. 받침대가 스케이트보드 형태라서 트럭의 화물칸 밑으로 밀어 넣을 수 있다.
︾

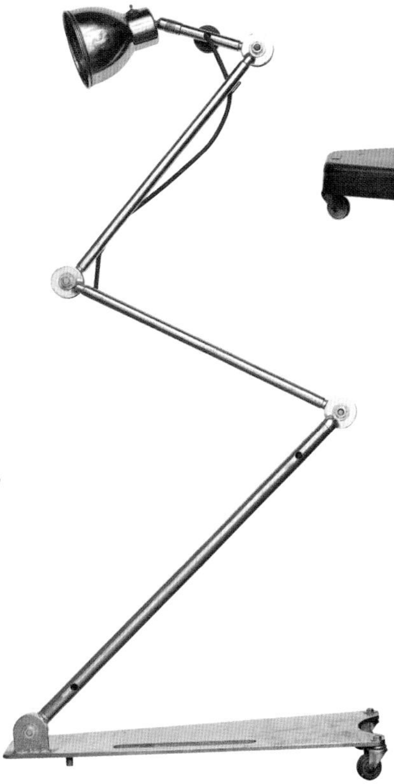

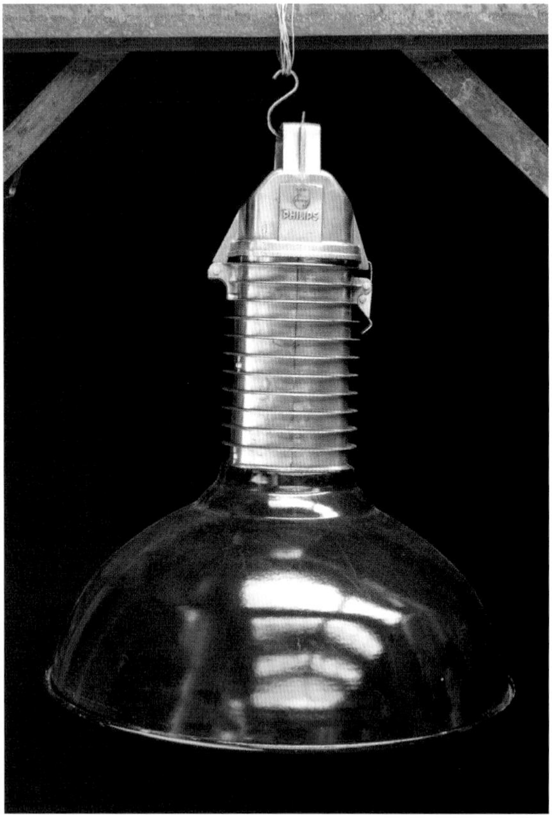

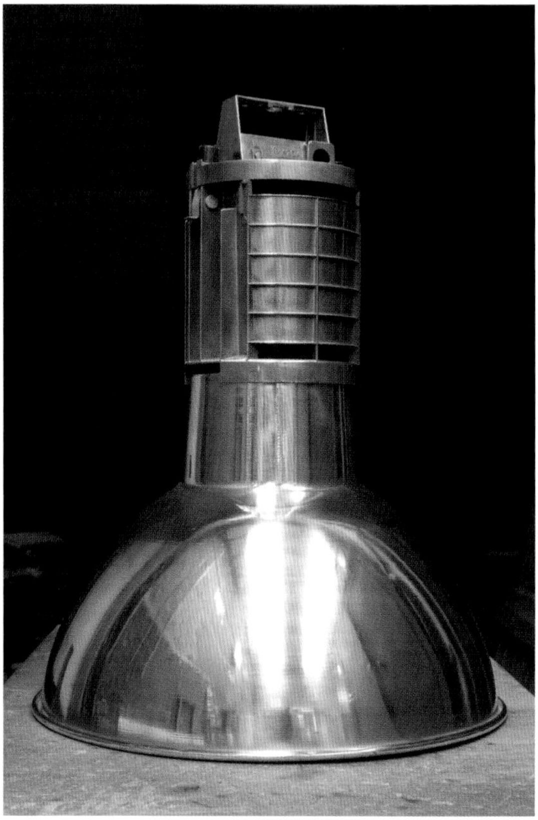

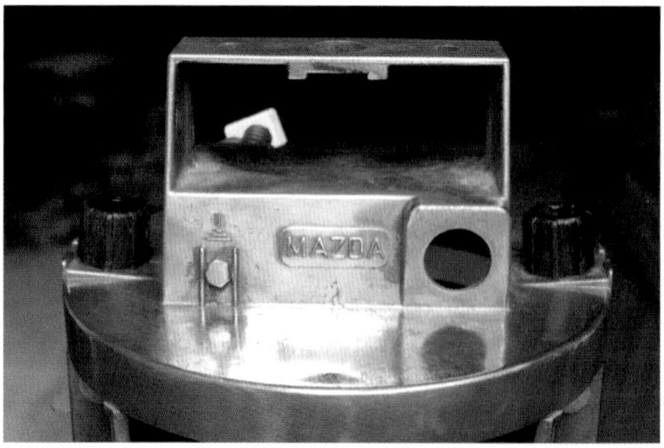

필립스(Philips), 마스다(Mazda), LG, 레플렉토 럭셀(Reflecto-Luxelles) 등의 회사 로고가 찍힌 인더스트리얼 조명들. 저마다 독특한 개성이 있다. 복원을 마친 이 유선형 조명들은 다시 일상 풍경의 일부로 되돌아갈 예정이다.

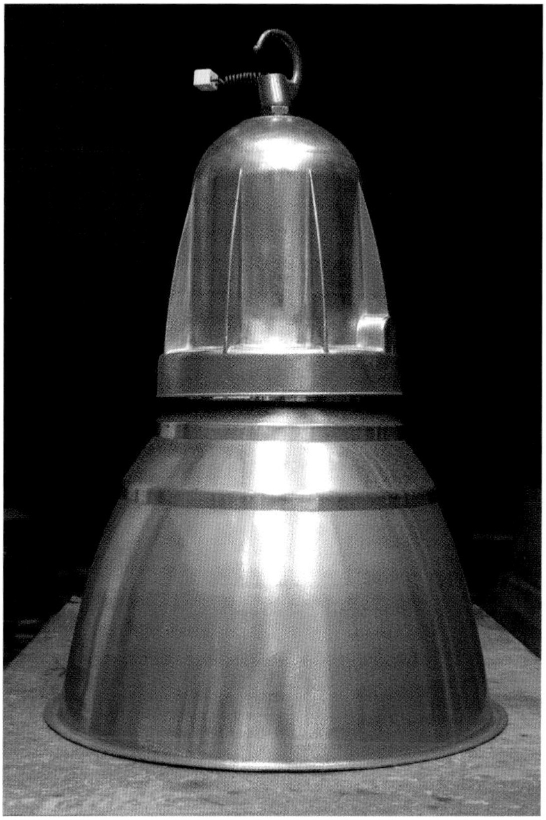

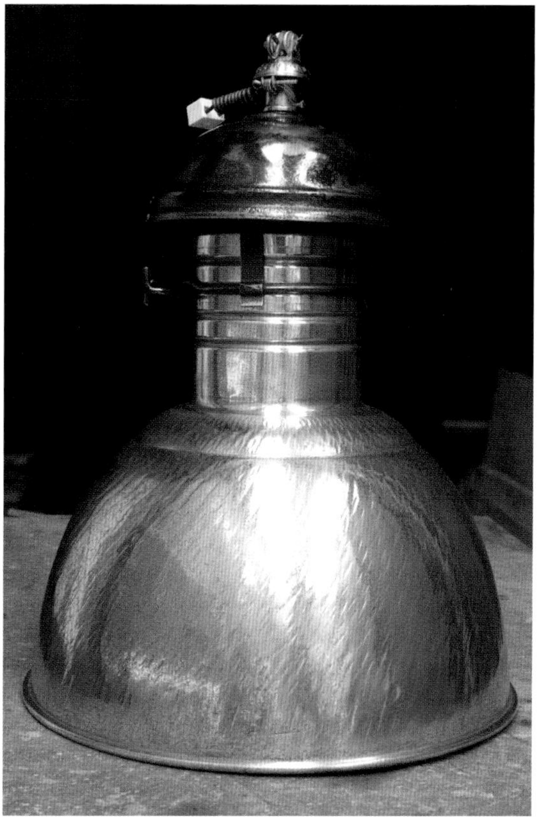

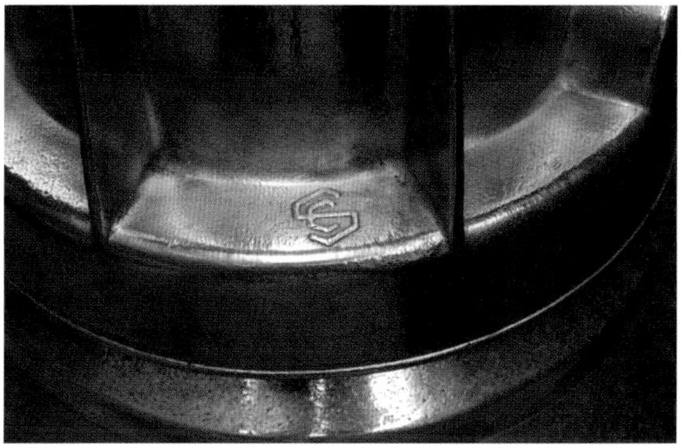

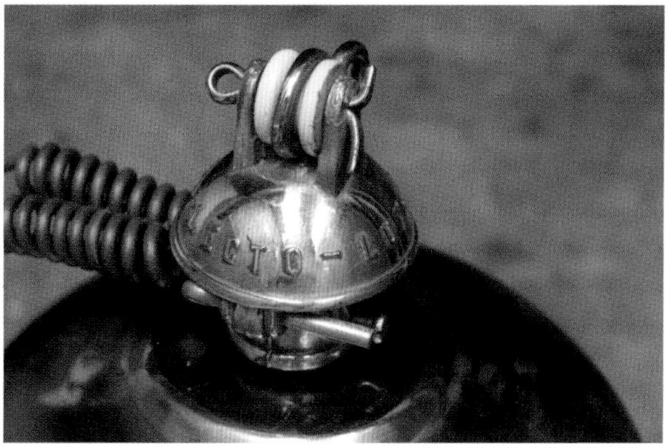

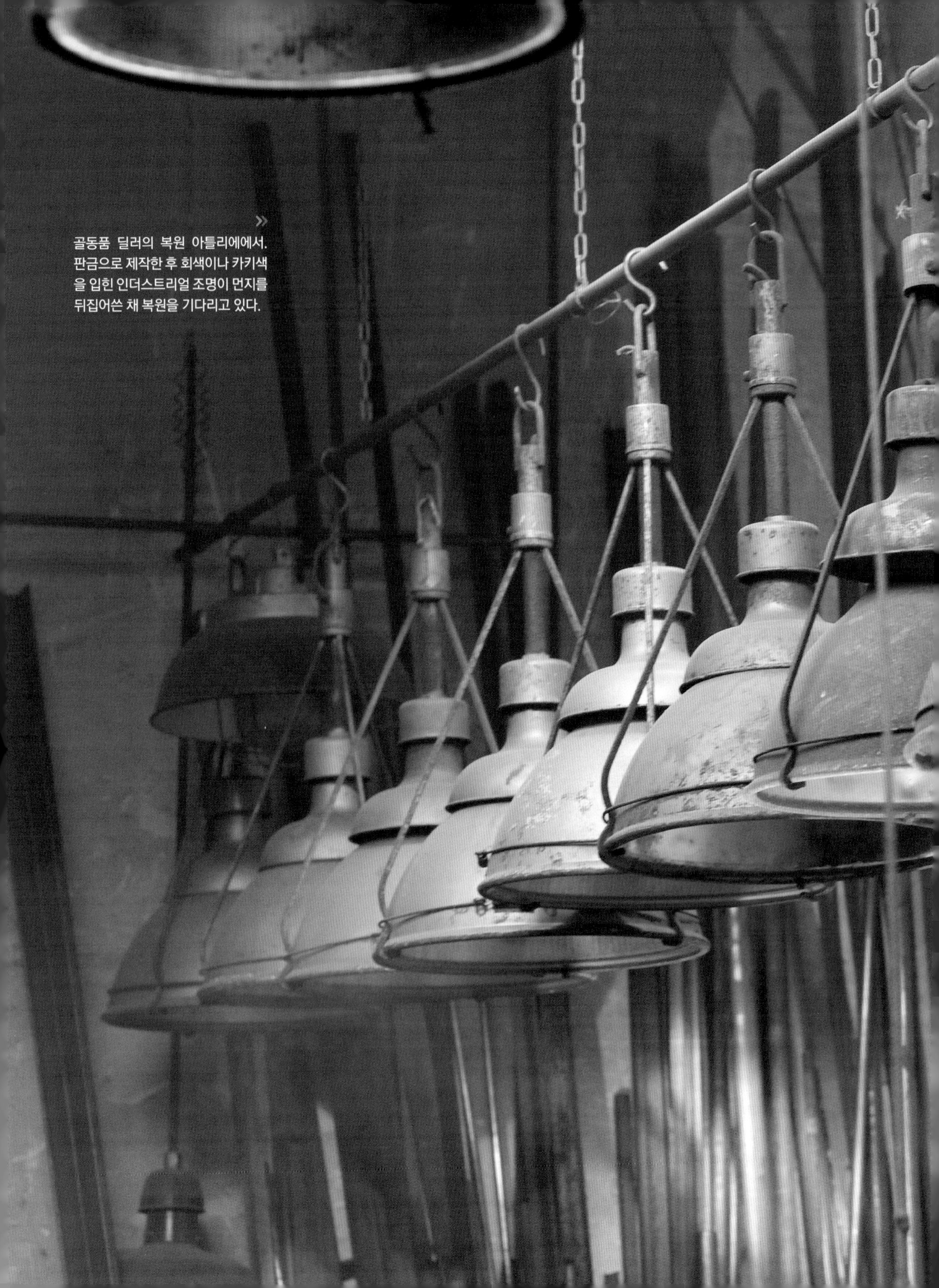

»
골동품 딜러의 복원 아틀리에에서. 판금으로 제작한 후 회색이나 카키색을 입힌 인더스트리얼 조명이 먼지를 뒤집어쓴 채 복원을 기다리고 있다.

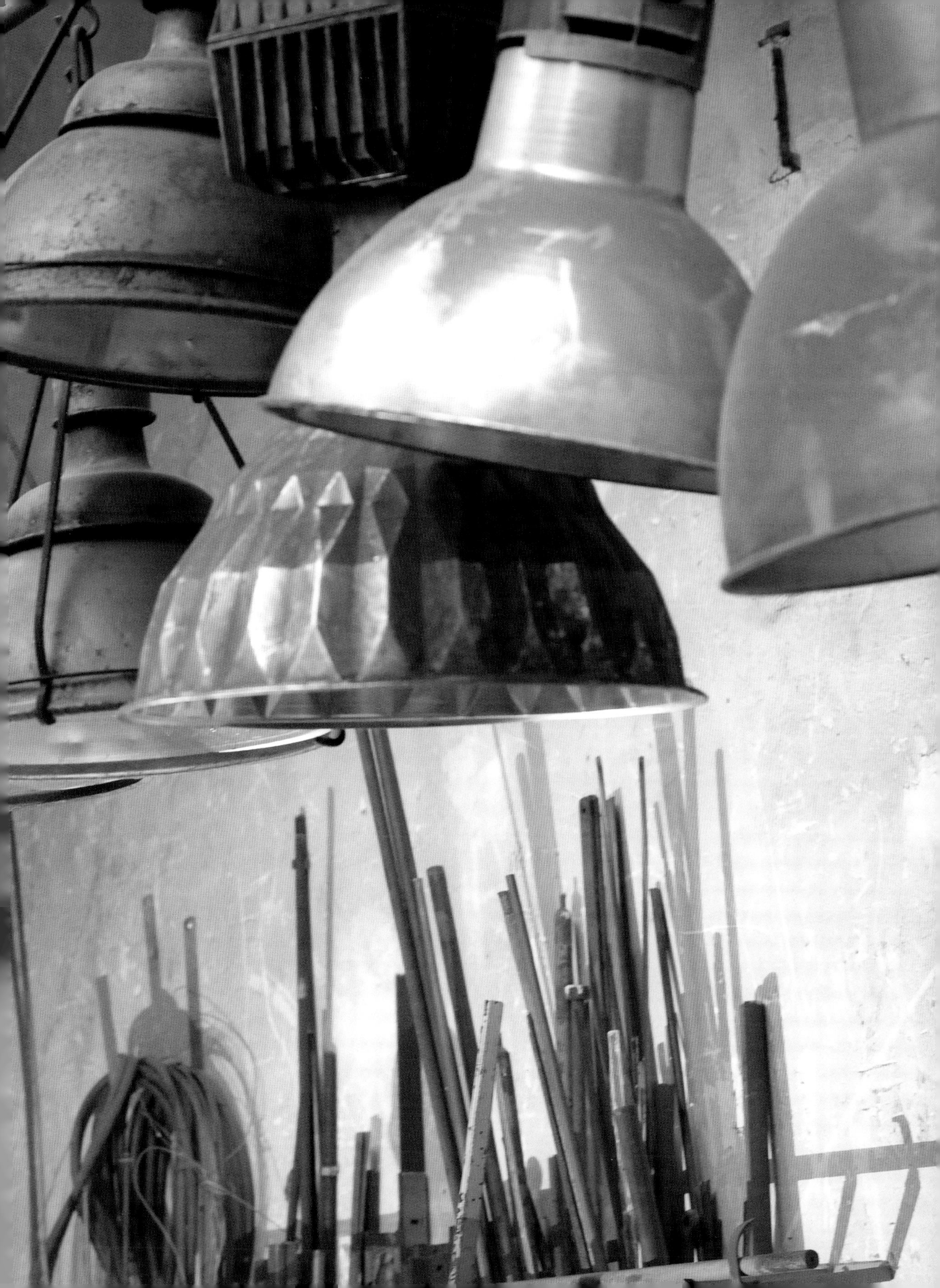

CURIOSITIES
소품

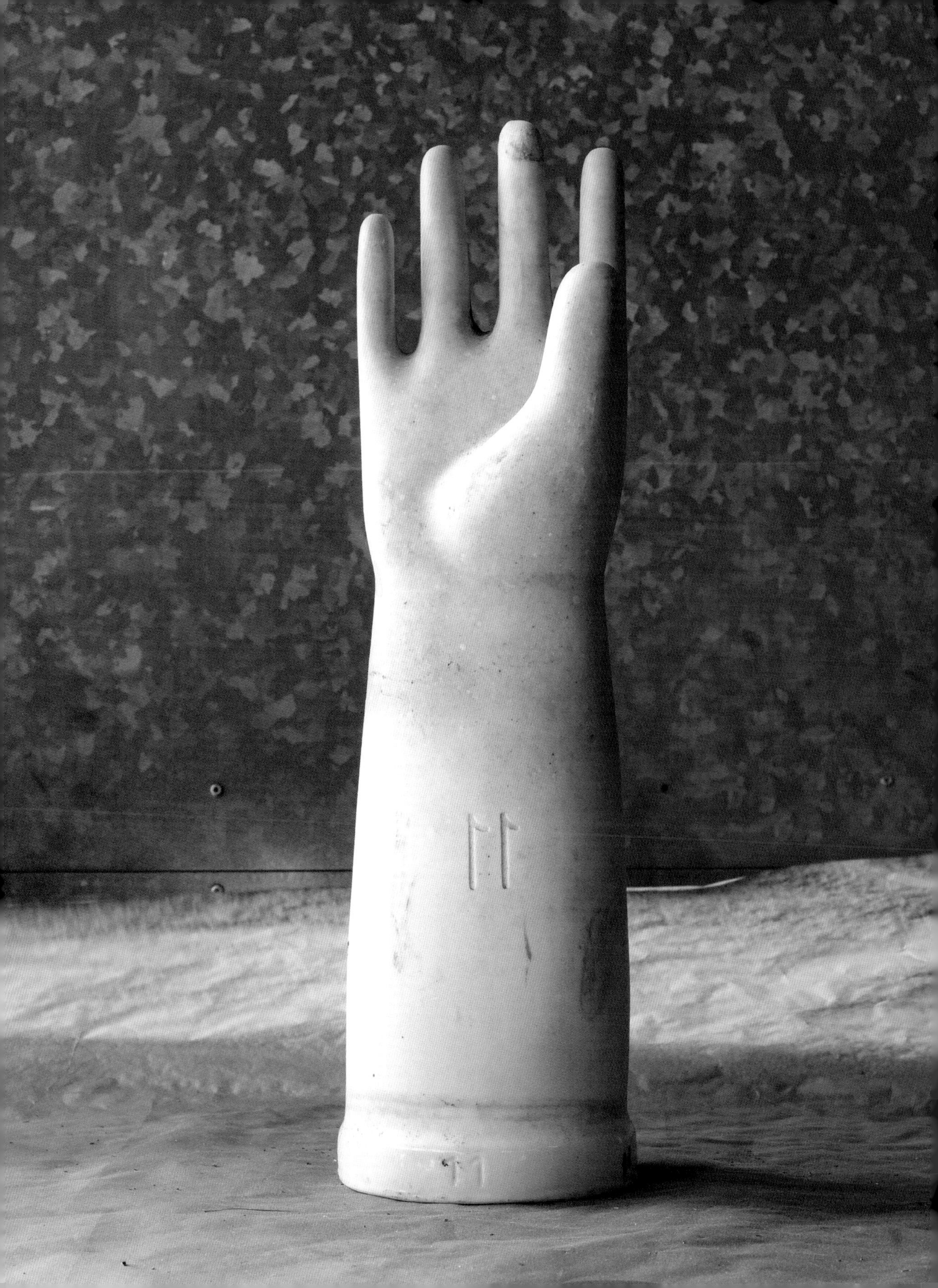

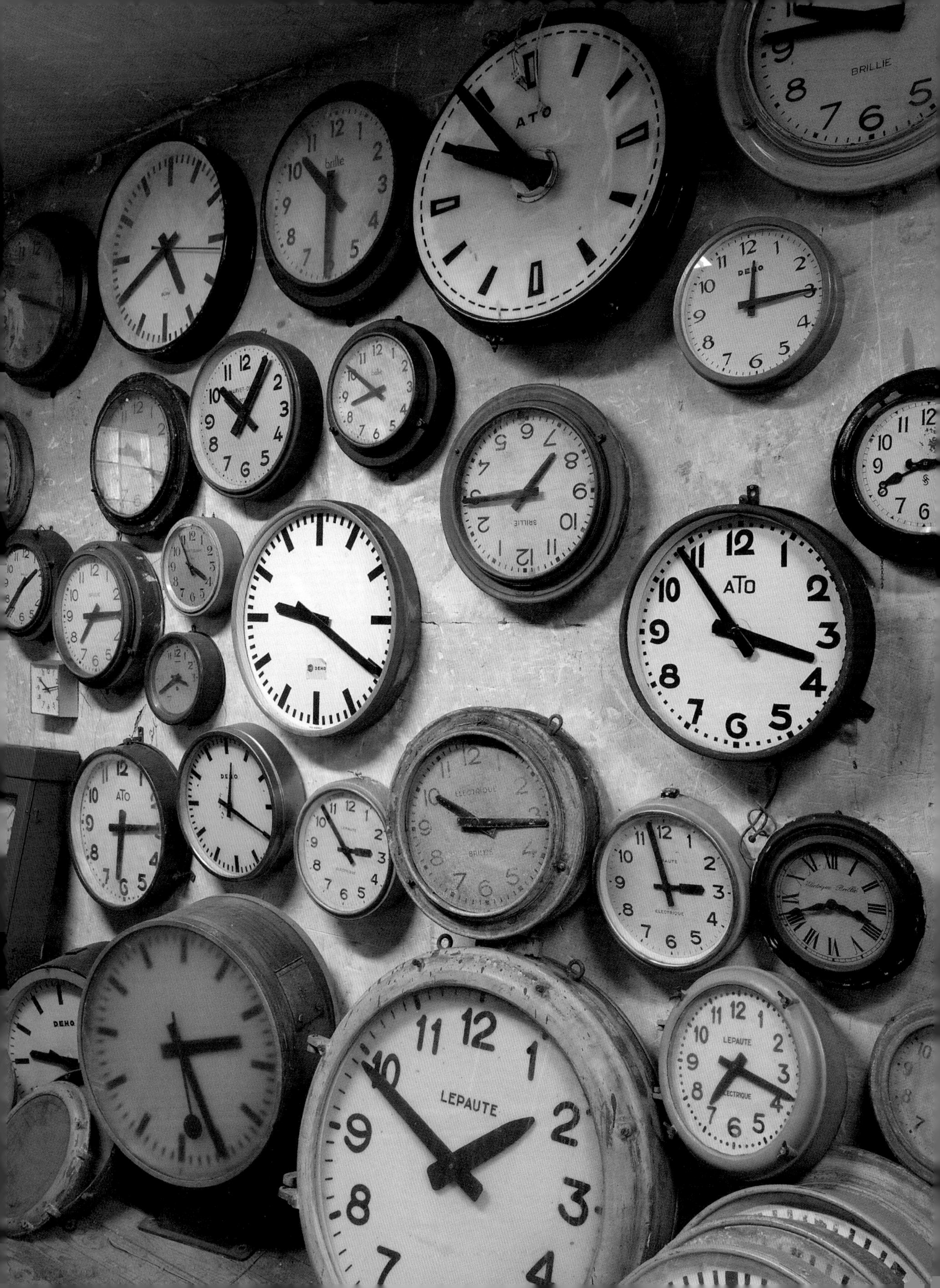
BRILLIE
ATO
DEHO
BRILLIE
ATO
DEHO
LEPAUTE
LEPAUTE

산업 제품에 대한 향수 INDUSTRIAL NOSTALGIA

장인적인 수공업이 기계 생산으로 전환되면서 실용성을 목적으로 탄생했지만 오늘날 예술적인 오브제로 승화한 물건들

«
골동품 딜러의 작업실에서 복원을 기다리고 있는 멈춰 선 시계들.

공장 설비는 제조 공정의 필수 장비든 특수 목적용 보조 장치든 모두 실용적이면서도 효율적이라는 공통점이 있다. 이들 설비는 작업을 단순화하고 생산 속도를 높여 완제품의 품질이 균일해지도록 치밀하게 설계되었다.

공공장소와 공장에는 일정에 맞춰 움직일 수 있도록 눈에 잘 띄는 곳에 전기 시계가 설치되었다. 예전에는 장인들이 개인 단위로 작업했지만 시대가 변하면서 팀을 이뤄 공동으로 작업하는 일이 늘어났다. 이런 상황에서 전기 시계는 작업을 예정대로 진행하는 데 중요한 역할을 했다. 시계를 기준으로 하루의 작업량과 출퇴근 시간, 일상생활을 결정하게 되었기 때문이다.

한편 설비와 도구의 혁신, 편의성과 현대성에 대한 요구, 제품의 다양화 같은 조건이 겹쳐지면서 쇼핑이라는 새로운 취미가 생겨났다. 소비자가 힘을 갖게 되자 브랜드를 홍보하기 위한 광고물이 출현하였다. 기업과 상인들은 앞 다투어 간판이나 광고판에 크고 화려한 광고를 붙여 자신의 브랜드와 제품을 홍보했다. 상업 예술의 전성기가 도래한 것이다.

오늘날 이런 물건들은 개척 시대의 기억이 고스란히 담긴 오브제로서 매력을 발산하고 있다. 이제는 제 기능을 잃어버린 것, 현대를 사는 우리 눈에는 기이하고 묘하게 보이는 것도 있지만, 모두 극적인 진보를 이룬 20세기의 귀중한 증인임에는 틀림이 없다. 수집가들은 이들 오브제를 발굴해 호기심의 방(Cabinet of Curiosities; 진귀한 예술 작품, 골동품, 장식품 등 주목할 만한 오브제를 소장해 전시하는 공간을 뜻하는 말_역자 주)을 채우고 있다.

P.175
고무장갑을 제작할 때 사용했던 자기로 된 거푸집.

시계 TIMEKEEPERS

상업과 사회의 움직임을 일치시키는 데에 크게 이바지한 전기 시계

전기 시계는 산업 사회의 바삐 돌아가는 생활을 조각했다. 프랑스에서는 이미 1740년에 왕실의 시계 장인이자 훗날 유명한 시계 제조사 르포트를 설립한 장-앙드레 르포트(Jean-André Lepaute)가 만든 대형 시계가 공공장소에 설치되어 있었다. 공동체의 생활 리듬을 맞추었던 르포트의 공공 시계는 지금도 루브르 박물관과 팔레 루아얄(Palais-Royal; 루이 14세가 거주했던 건물_역자 주) 같은 웅장한 건축물의 정면을 장식하고 있다. 또 1933년에는 에펠탑에 기업 광고용으로 지름 20미터짜리 야광 시계가 설치되기도 했다.

모시계(master clock; 큰 건물이나 공장 등에서 여러 장소에 설치된 자시계에 전기 신호를 보내 시간을 일치시키는 시계_역자 주)를 이용해 시간이 동일하게 맞춰진 시계가 학교와 기업에 설치되면서 학생부터 노동자까지 누구나 일정에 맞춰 생활할 수 있게 되었다. 당시 공공 시계로 사용되었던 큼지막한 숫자판이나 톱니바퀴가 달린 시계, 세련되고 효율적인 산업용 시계들은 지금도 작업공간과 생활공간에서 시간을 가리키고 있다.

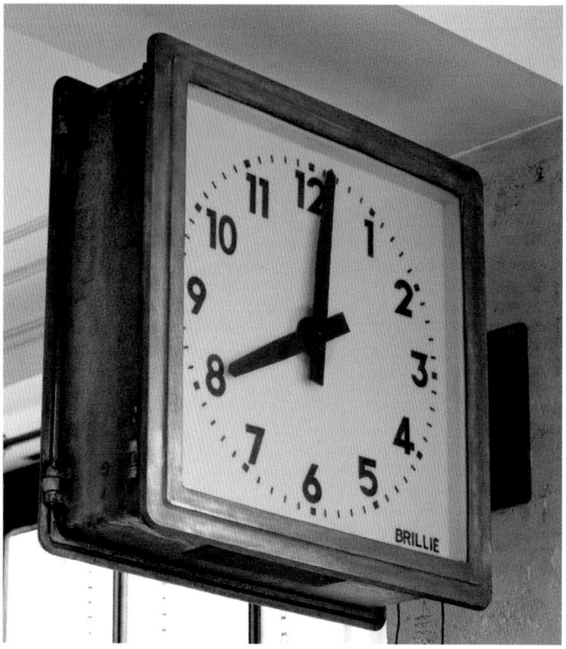

«
각각 브리에(Brillié)와 르포트(Lepaute)의 브랜드명이 새겨진 두 개의 모시계. 주조 알루미늄으로 만들어졌으며 사진 속 시계는 복원을 거친 상태다. 예전에는 철도역, 관공서, 공공장소에 설치되어 있었으며 지금은 파리의 사무실과 카페 르 누벨 앵스티튀(Le Nouvel Institut)를 장식하고 있다.

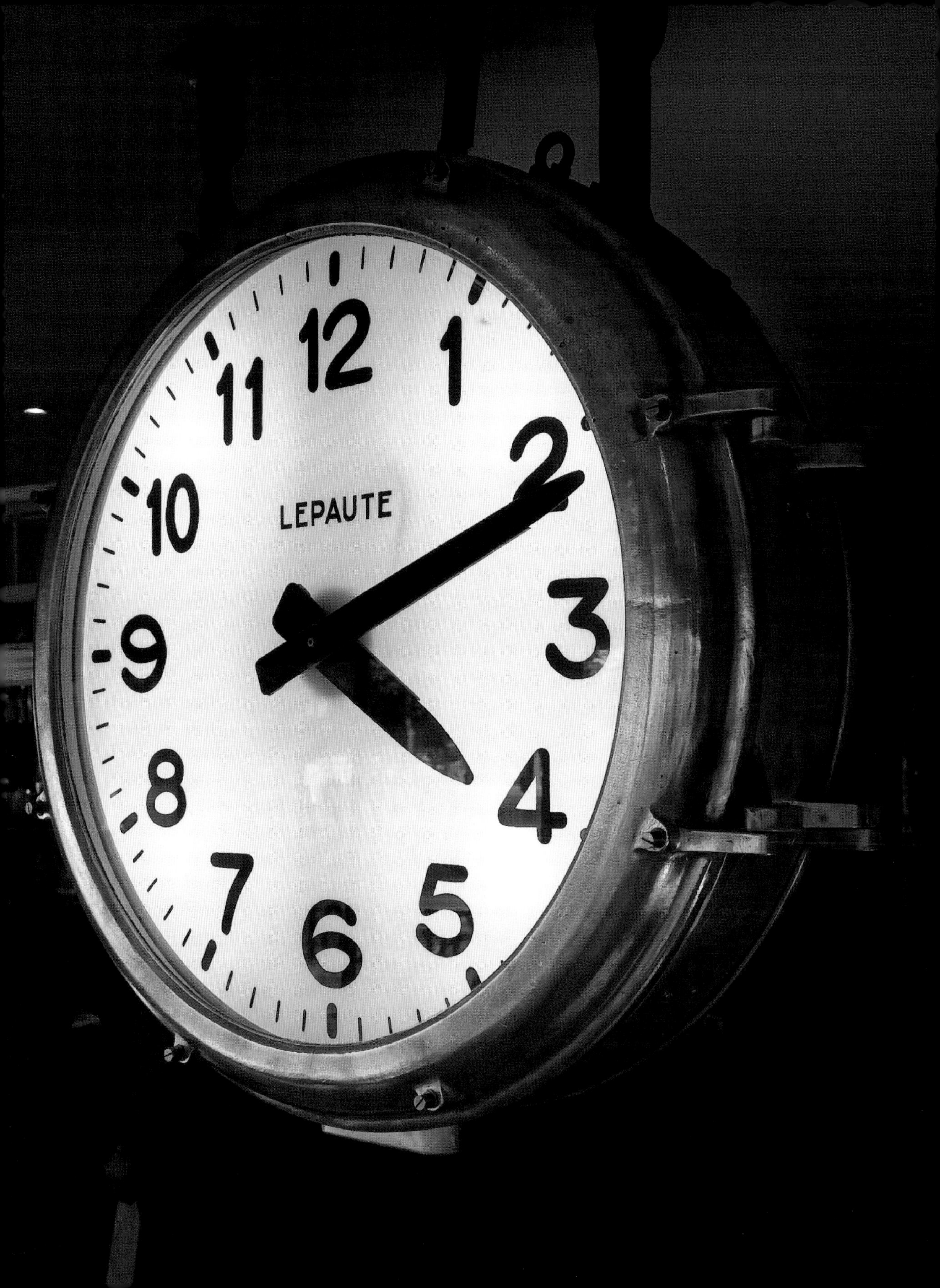
LEPAUTE

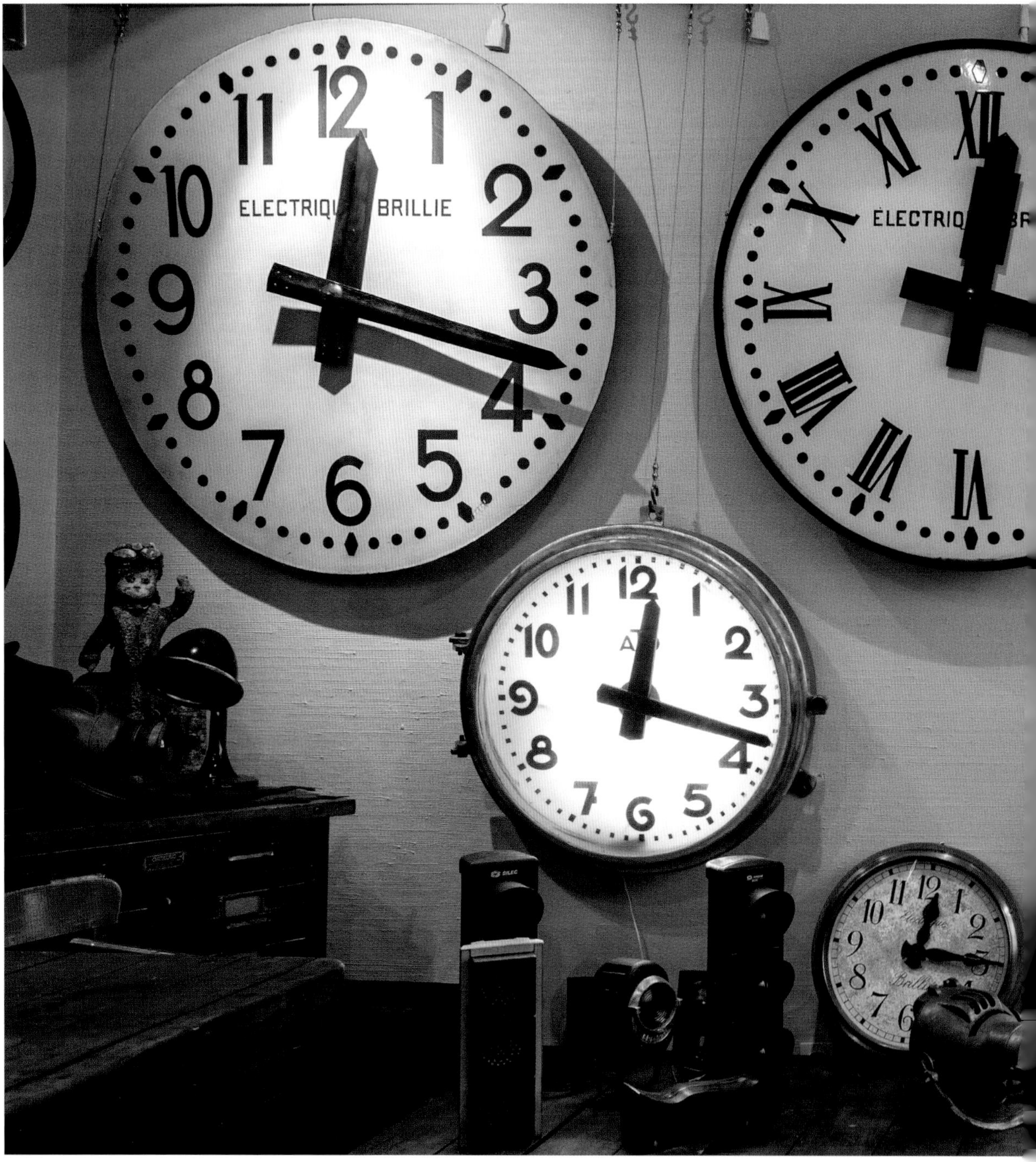
ELECTRIQU BRILLIE
ELECTRIQ

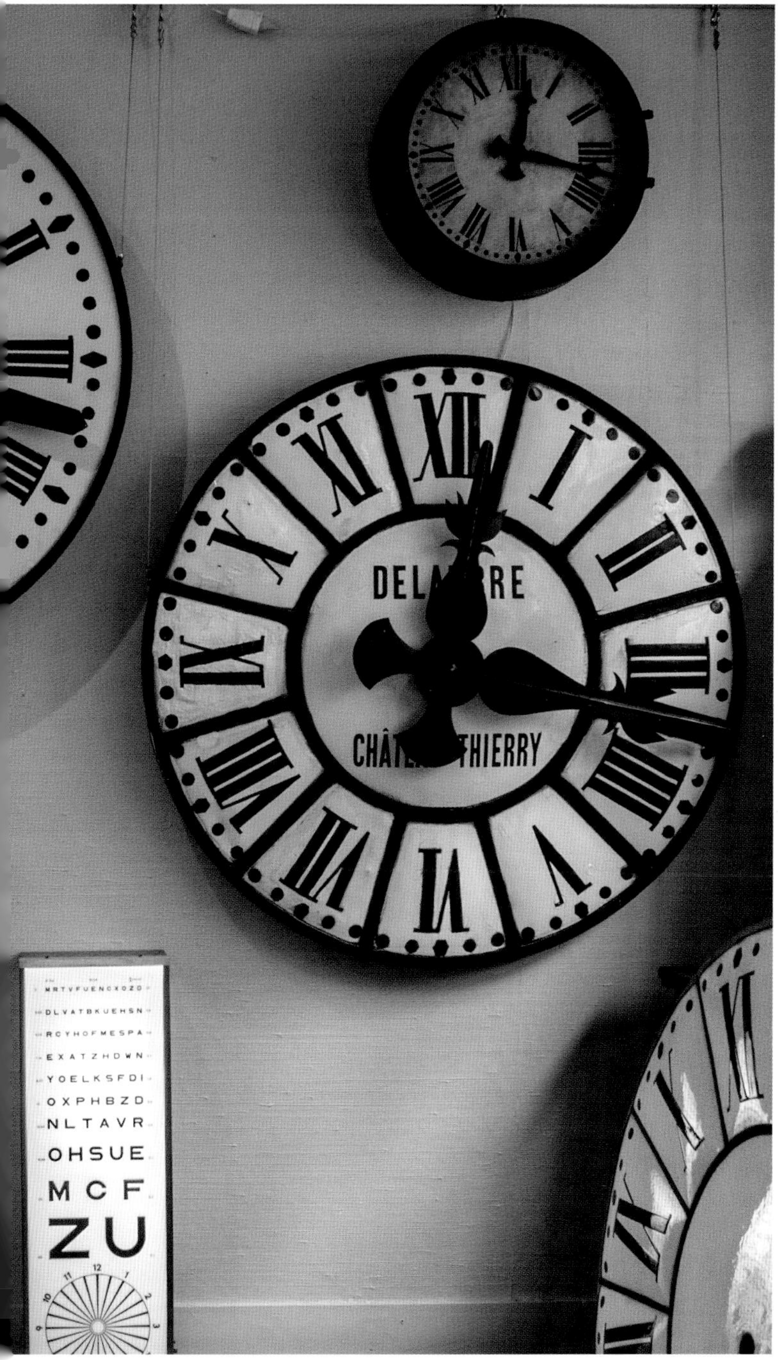

«
복원을 마친 브리에, 아토(Ato), 들랑브르(Delambre) 브랜드의 시계들.

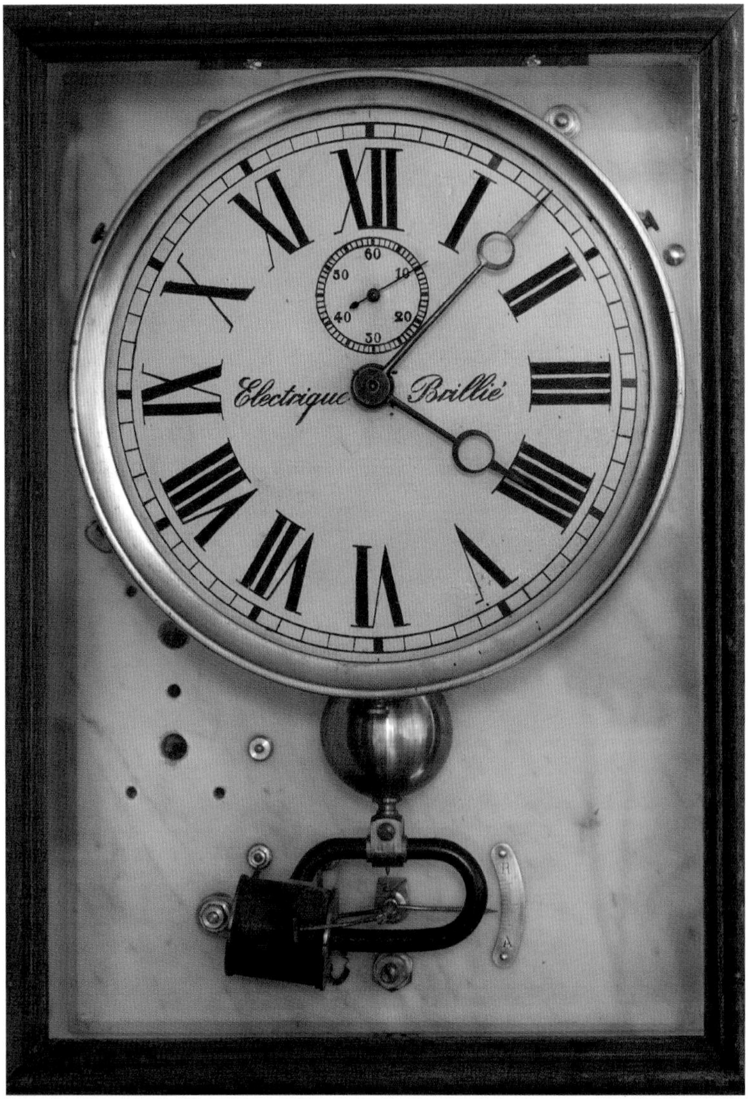

«
무려 열두 개나 되는 자시계를 제어했던 모시계.

»
지금도 한 가정집에서 시간을 알려주고 있는 지름 약 1.5미터의 시계. 문자판은 금속으로 만든 후 금박을 입혔다.

중앙 제어로 여러 시계를 통제하는 동기화 시스템(synchronization system)은 엔지니어 뤼시앵 브리에(Lucien Brillié)가 발명했다. 이 시계들은 세월이 지나면서 버려져 부서지고 망가졌지만 골동품 딜러들이 정성스럽게 복원하여 다시 시계로 부활시켰다.

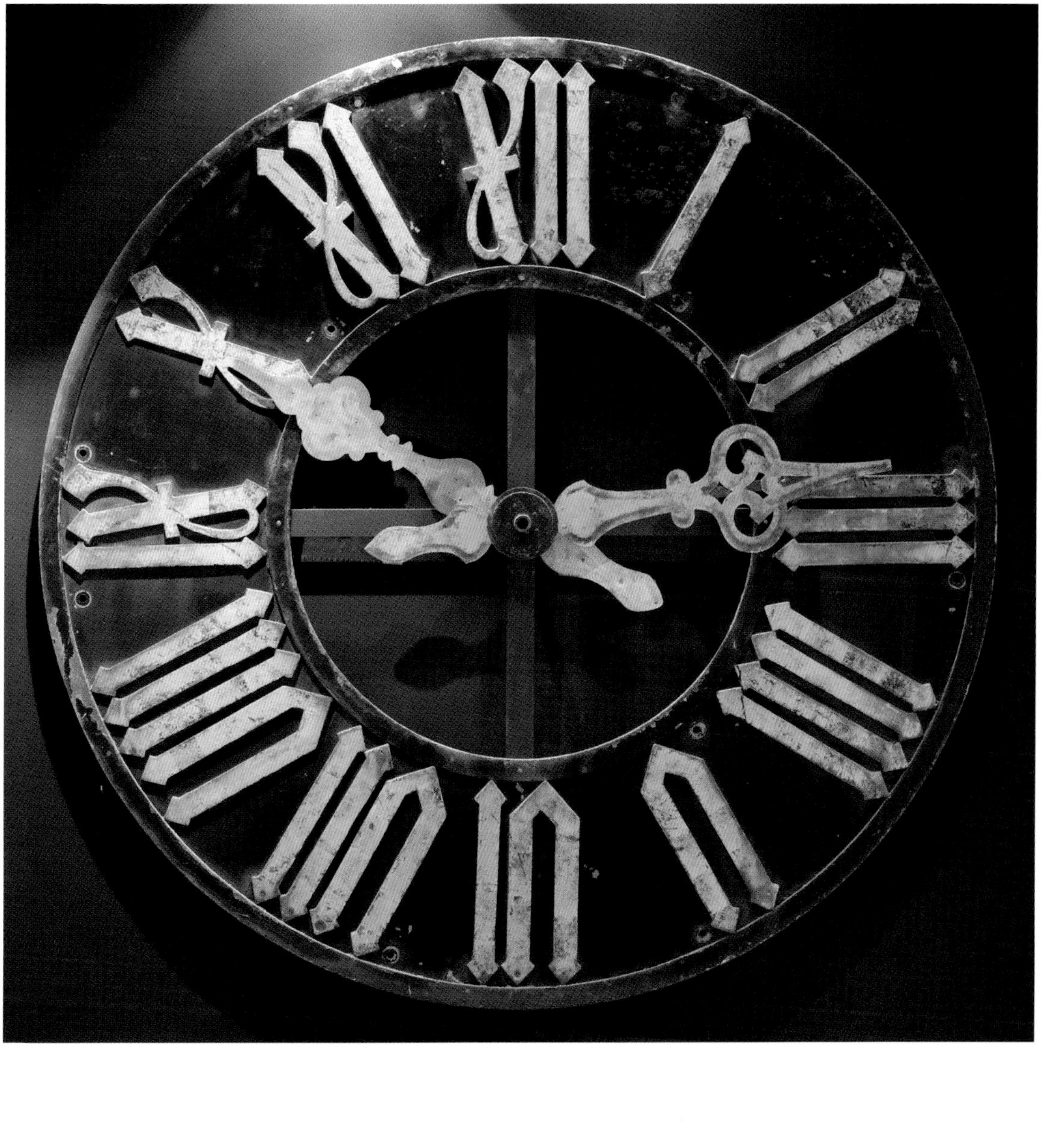

연구실의 유리기구 SCIENTIFIC GLASSWARE

아름답고 기능적이며 세련된 실험도구와 의료기구

중요한 과학적 발견이 뒤를 이었던 20세기 초, 과학 전문대학과 의학 연구소에는 측정 장치와 시험관, 플라스크 등이 갖춰져 있었다. 이 기구들은 이제 원래 용도로는 쓰이지 않지만 수집가들 사이에서 높은 인기를 누리고 있다.

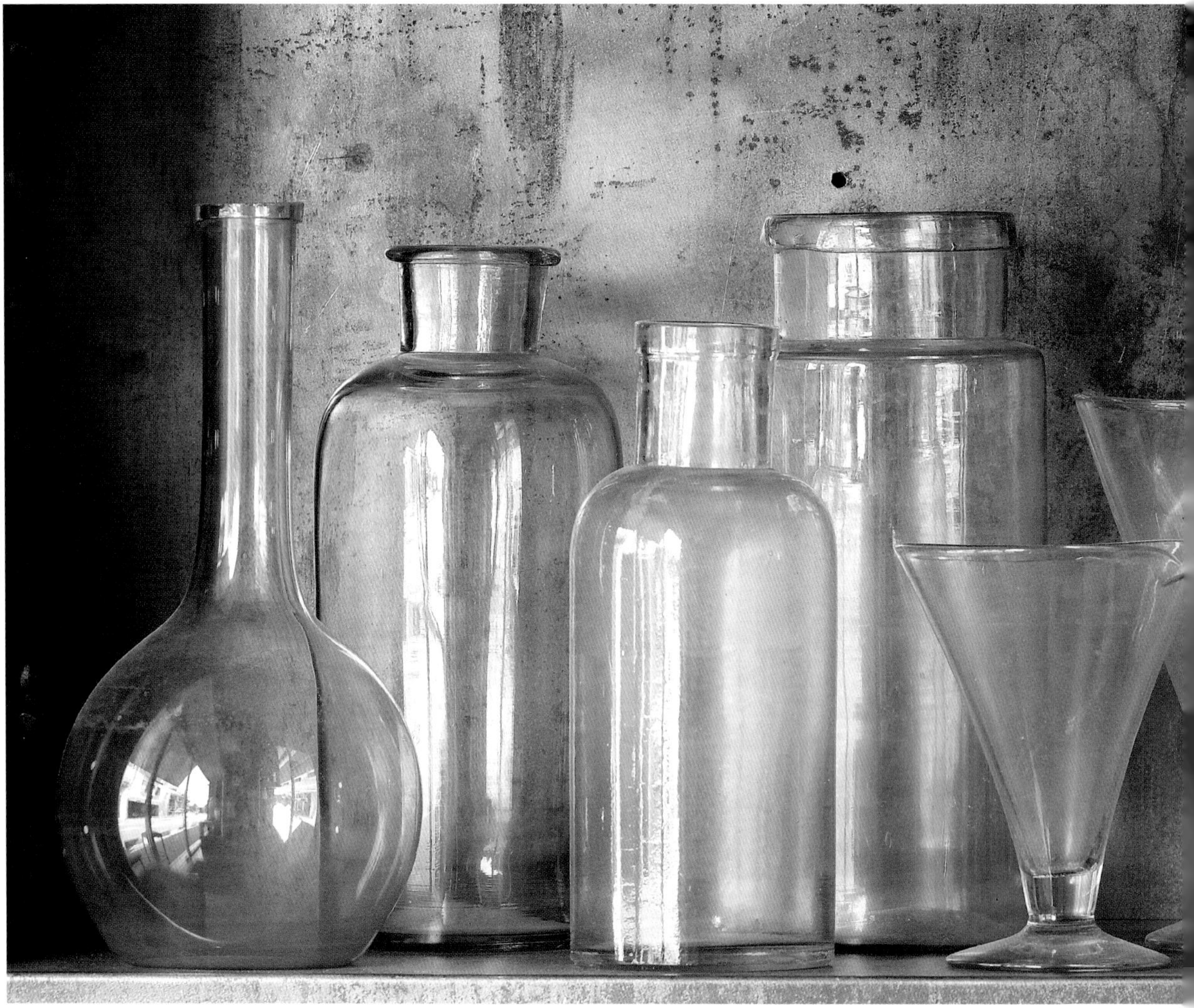

실험실에서 사용되었던 유리기구들. 파리 생투앙 벼룩시장에 위치한 앤티크숍 지슬랭 앙티크(Ghislain Antiques)에 전시되어 있다.

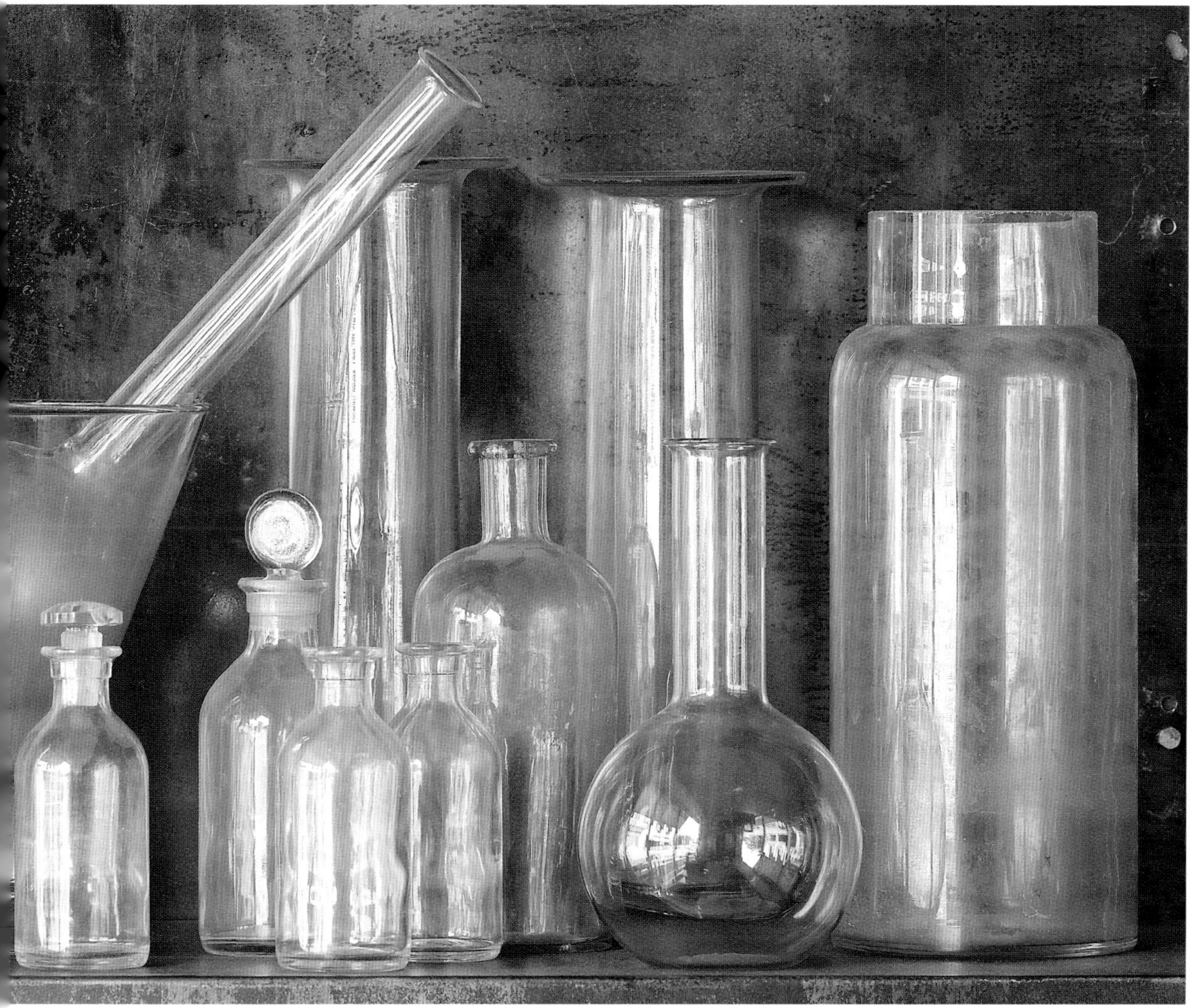

19세기의 자취 VESTIGES OF THE NINETEENTH CENTURY

강철, 중장비, 대량 생산뿐 아니라 전통적인 장인 정신도 공존했던 근대

20세기 초, 상업과 과학이 발전하고 철도망이 확장되면서 비즈니스의 모습도 크게 변화했다. 그 결과 근대 기술을 활용해 직종별로 필요한 기능을 갖춘 제품이 다양하게 제작되었지만 디자이너들은 사소한 부분도 소홀히 여기지 않았다. 예를 들어 의사나 치과 의사가 사용했던 의료용 캐비닛은 약품이나 기구에 쉽게 접근할 수 없도록 제작되었는데 미적으로도 완성도가 높았다.

»
파리 근교 뇌이의 한 학교 실험실에서 사용되었던 병.

약사가 사용했던 용기. 약의 성분이 빛에 노출되지 않도록 보호해 준다.

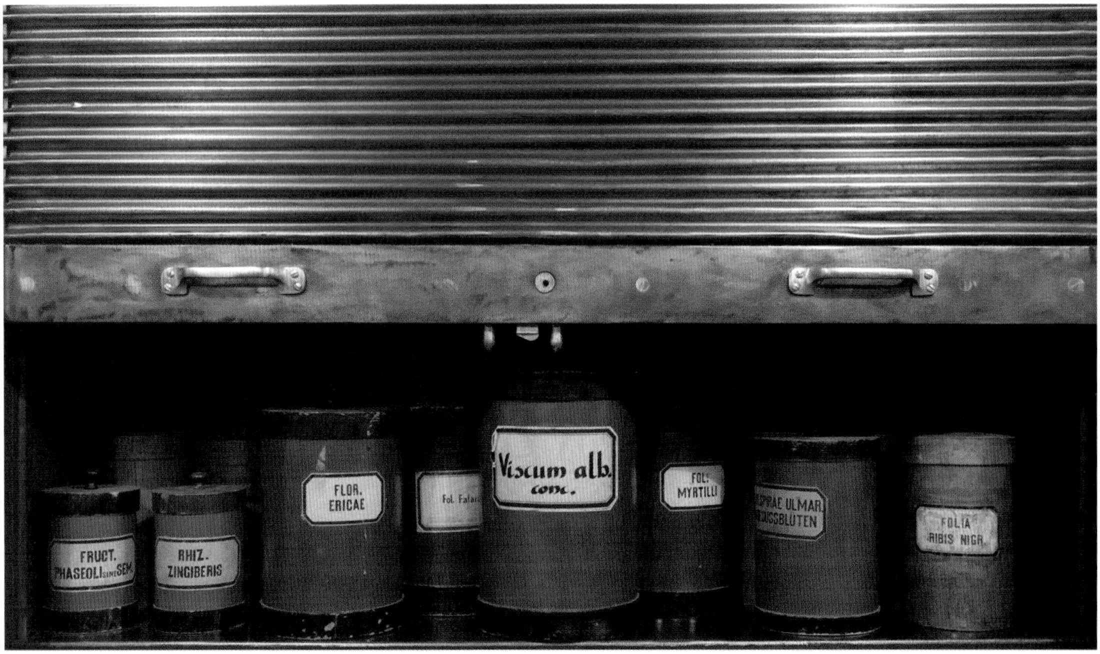

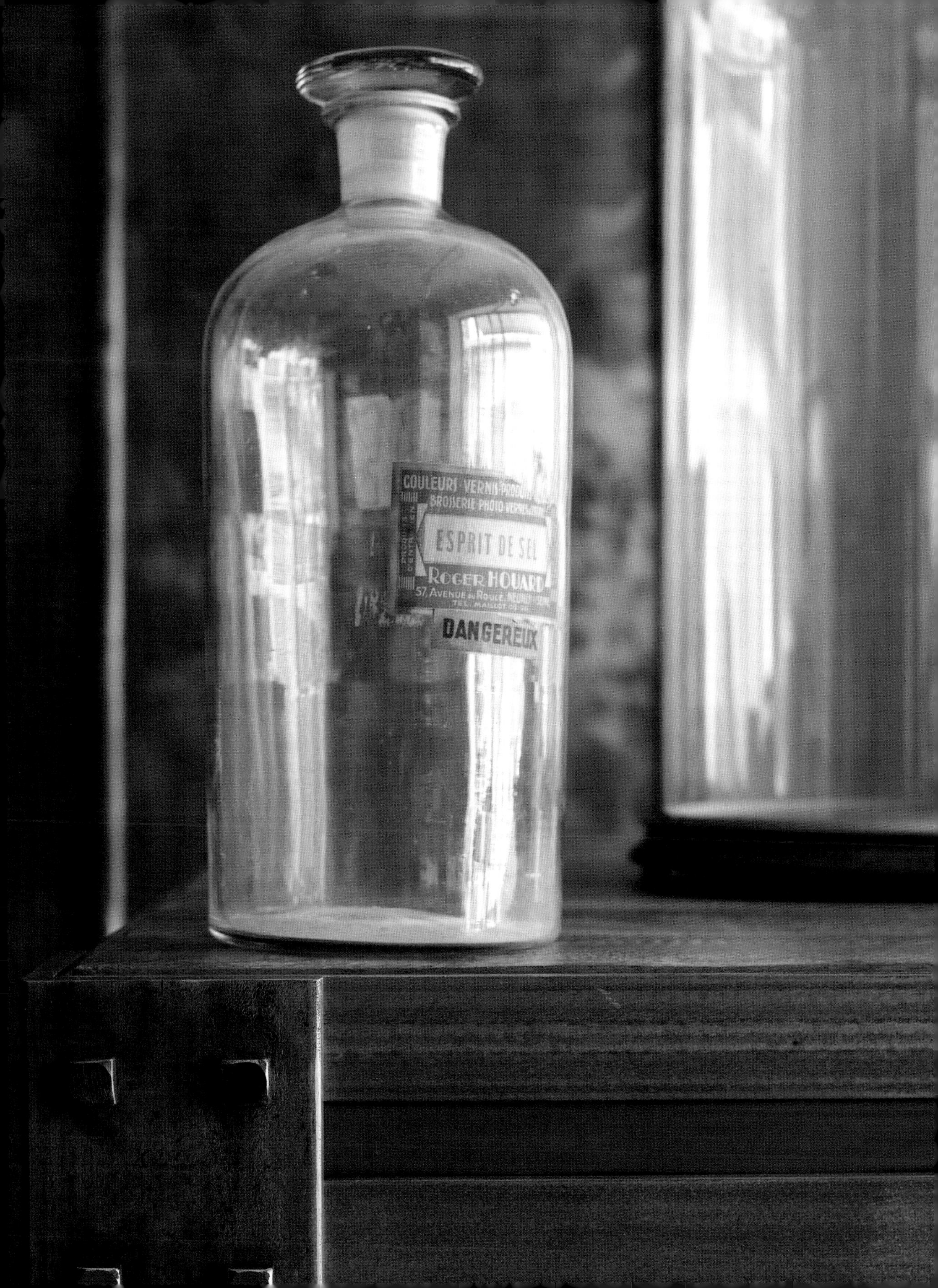
ESPRIT DE SEL
ROGER HOUARD
57, AVENUE DU ROULE
DANGEREUX

실용적인 물건들 USEFUL OBJECTS

작업자의 편의성을 높여서 작업의 질을 유지할 수 있도록 세심하게 설계된 비품들

(왼쪽) 타이피스트를 위한 서류 홀더. 지지대는 앞뒤로 늘였다 줄였다 할 수 있고 높낮이도 조절할 수 있다. 수평 바가 달려 있어 작업이 얼마나 진행되었는지 한눈에 알 수 있다.

(오른쪽) 선로를 점검할 때 사용했던, 주조 알루미늄으로 만든 전등. BBT사의 로고가 보인다. 1930년경 제작.

선로에서 일하는 철도 근로자를 위한 특수 조명이나 사무실에서 일하는 타이피스트를 위한 비품 등 사무실과 작업장에서 사용하는 도구는 특정한 기능이 있어서 작업 효율을 높여주는 든든한 존재였다. 이러한 용품들은 모두 늘 손이 닿는 가까운 곳에 놓여 있었다.

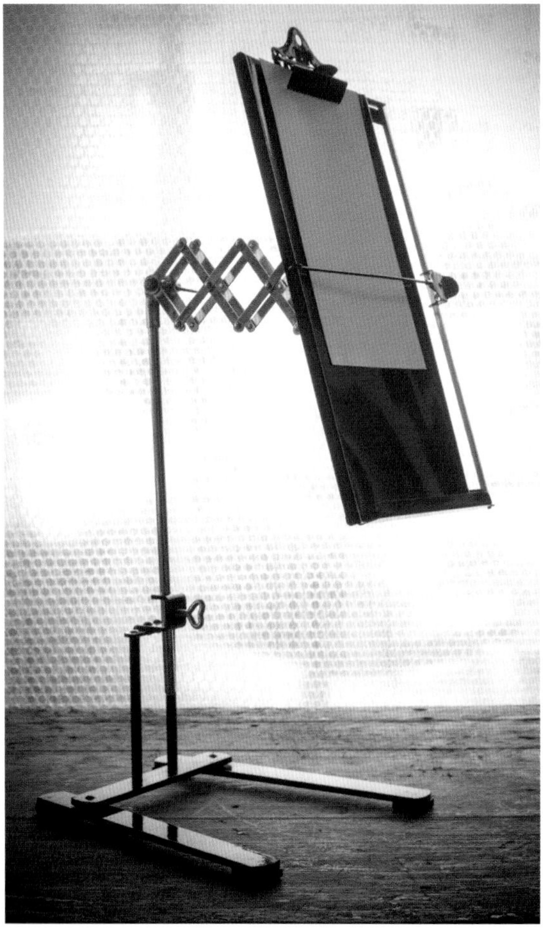

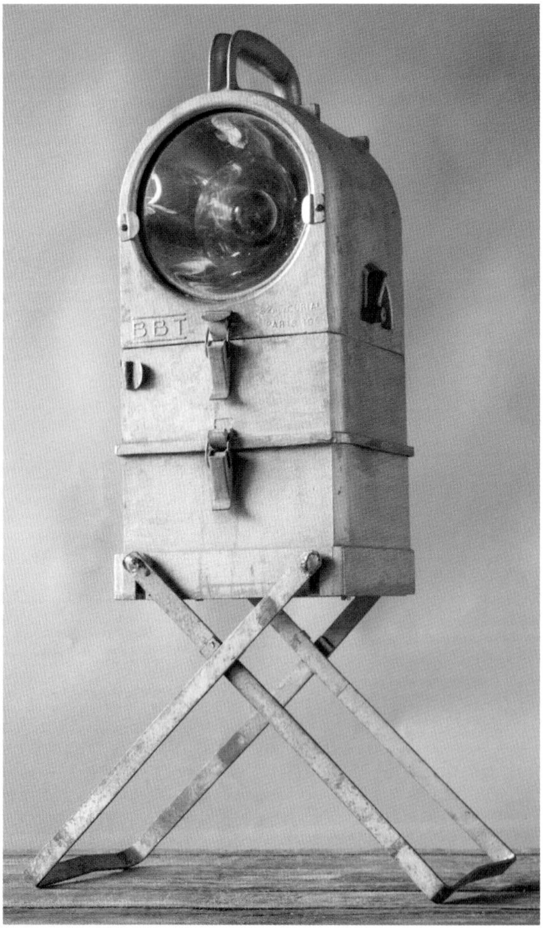

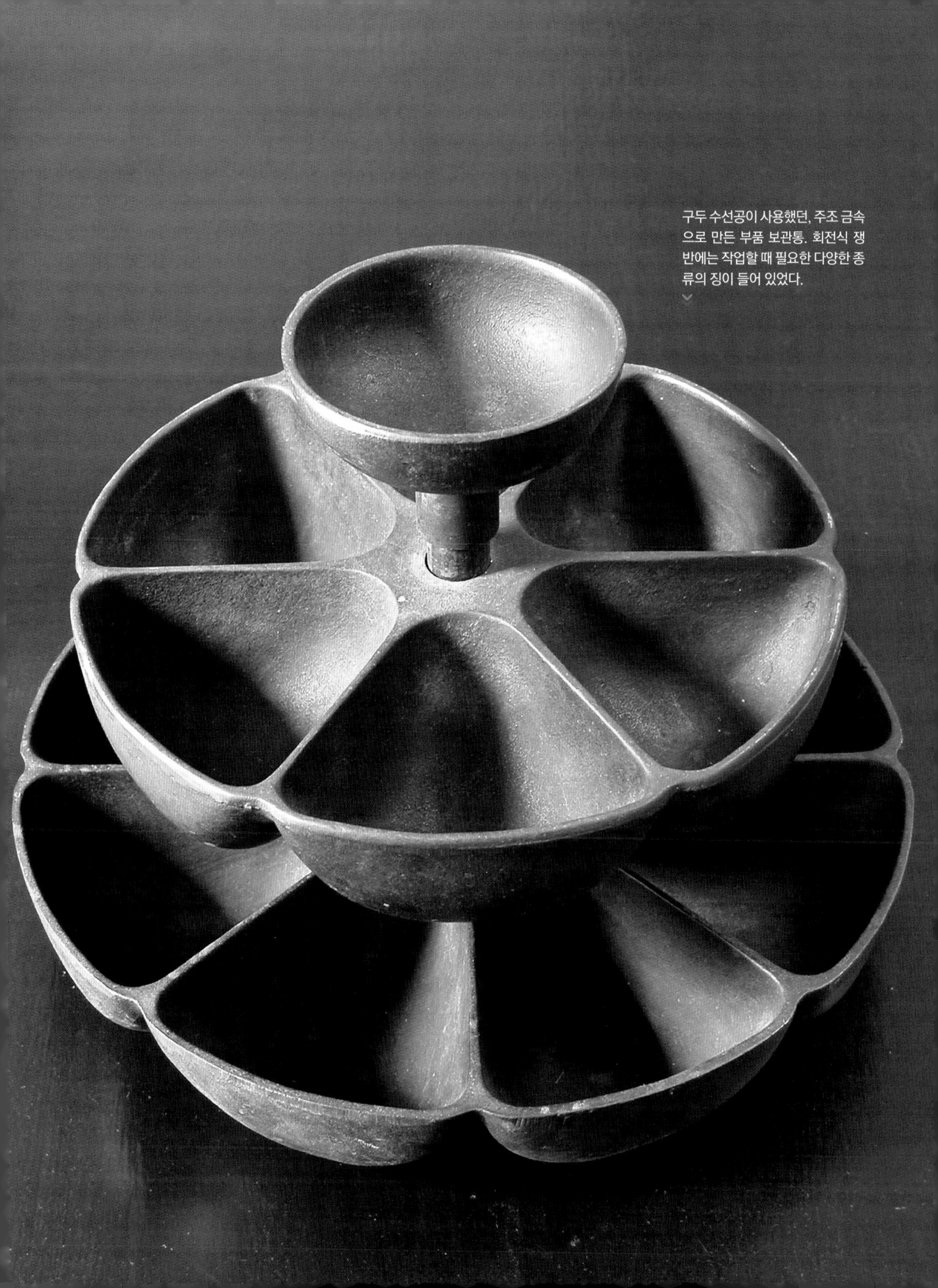

구두 수선공이 사용했던, 주조 금속으로 만든 부품 보관통. 회전식 쟁반에는 작업할 때 필요한 다양한 종류의 징이 들어 있었다.

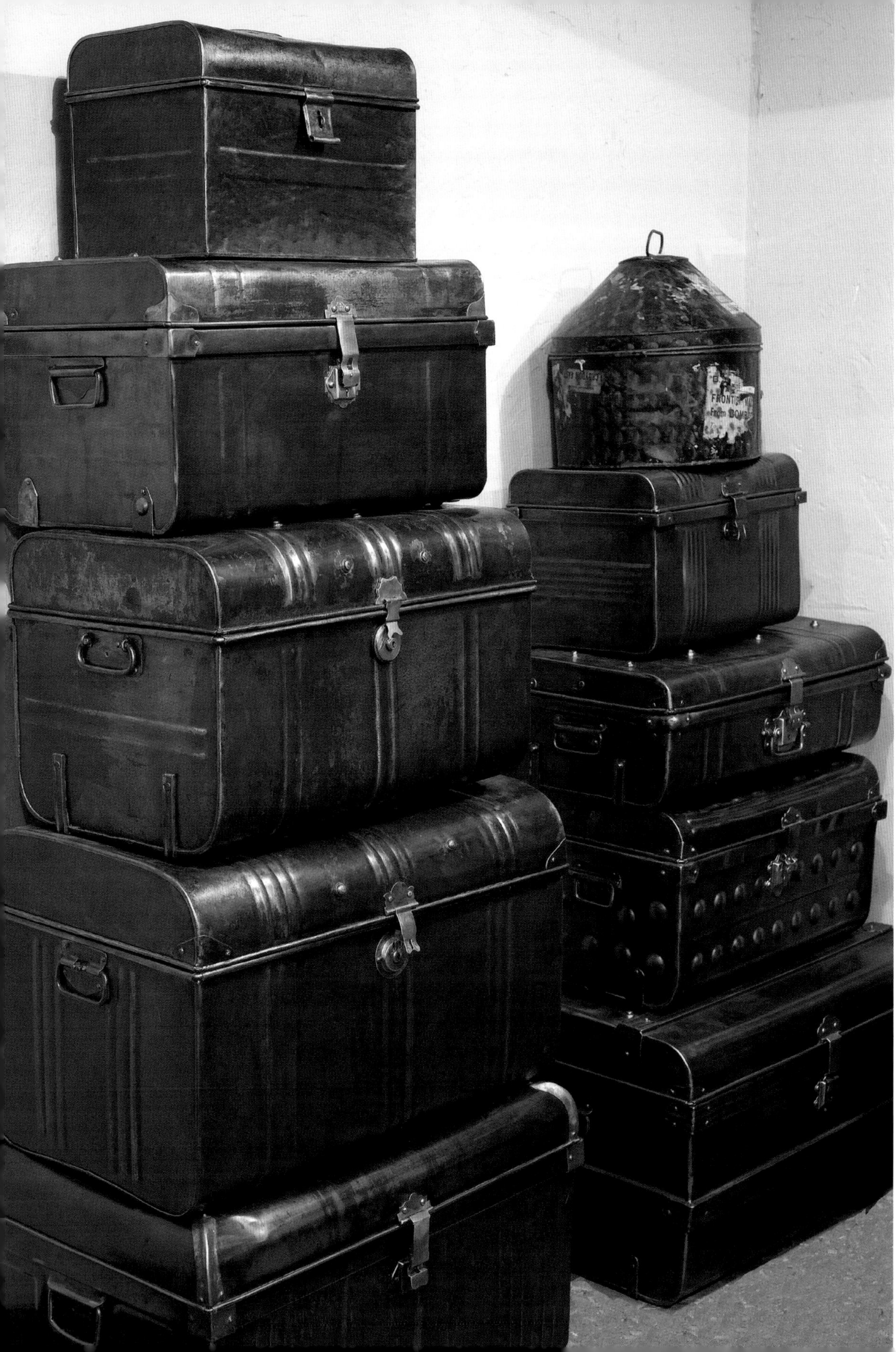

»
구리와 주철로 만든 선풍기. 20세기 초 제작.

«
전쟁터로 향하는 병사가 사용했던 트렁크. 프레스 가공한 강철판으로 만들었고 청동으로 된 자물쇠가 달려 있다.

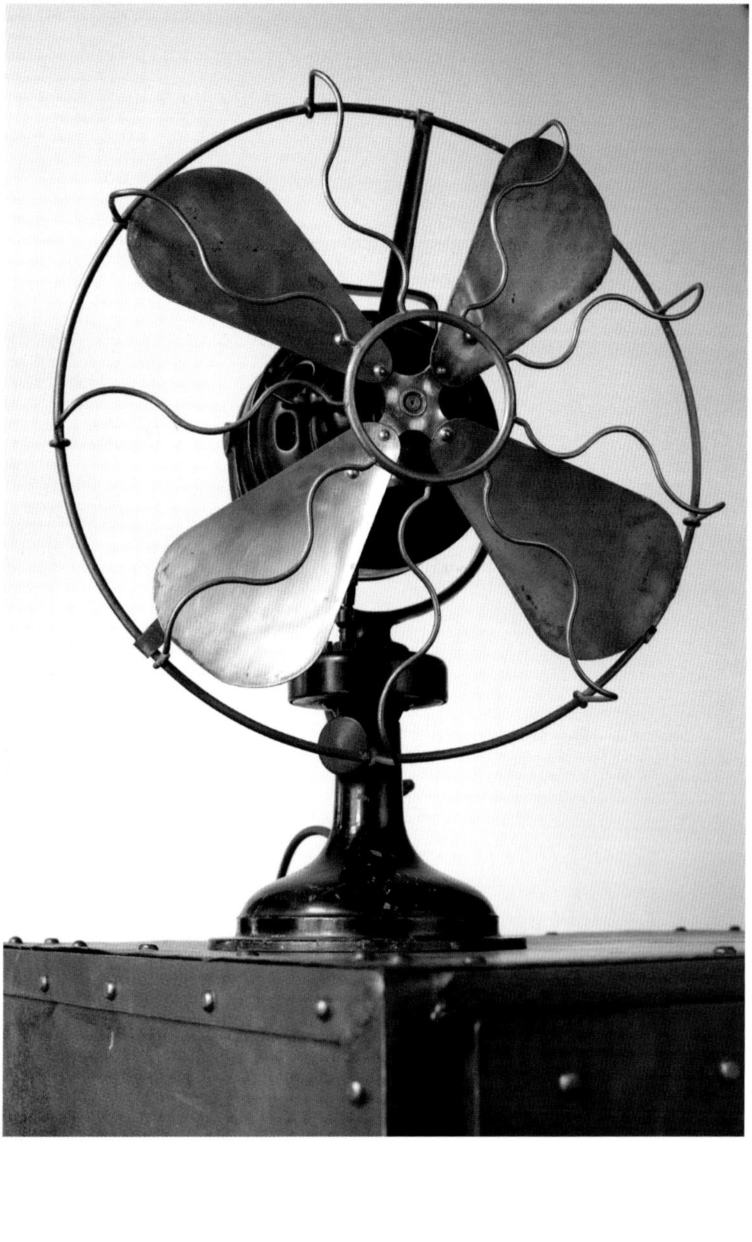

목재 디자인 WOODEN DESIGNS

공장에서는 금속 가구에 밀려났지만 전통적인 작업장에서 꾸준히 명맥을 이어온 목가구

전통적이고 유행을 타지 않는 목가구는 소규모 재봉 공장이나 섬유 공장에서 꾸준한 인기를 누렸다. 나무로 된 계산대, 진열장, 진열 선반에 유리나 금속 프레임을 추가해서 나무의 따뜻함과 유리나 금속의 차가움을 조합하기도 했다. 지난 시대의 추억을 자아내는 이들 가구 중 일부는 지금까지도 상점 등에 소중히 보관되어 있다.

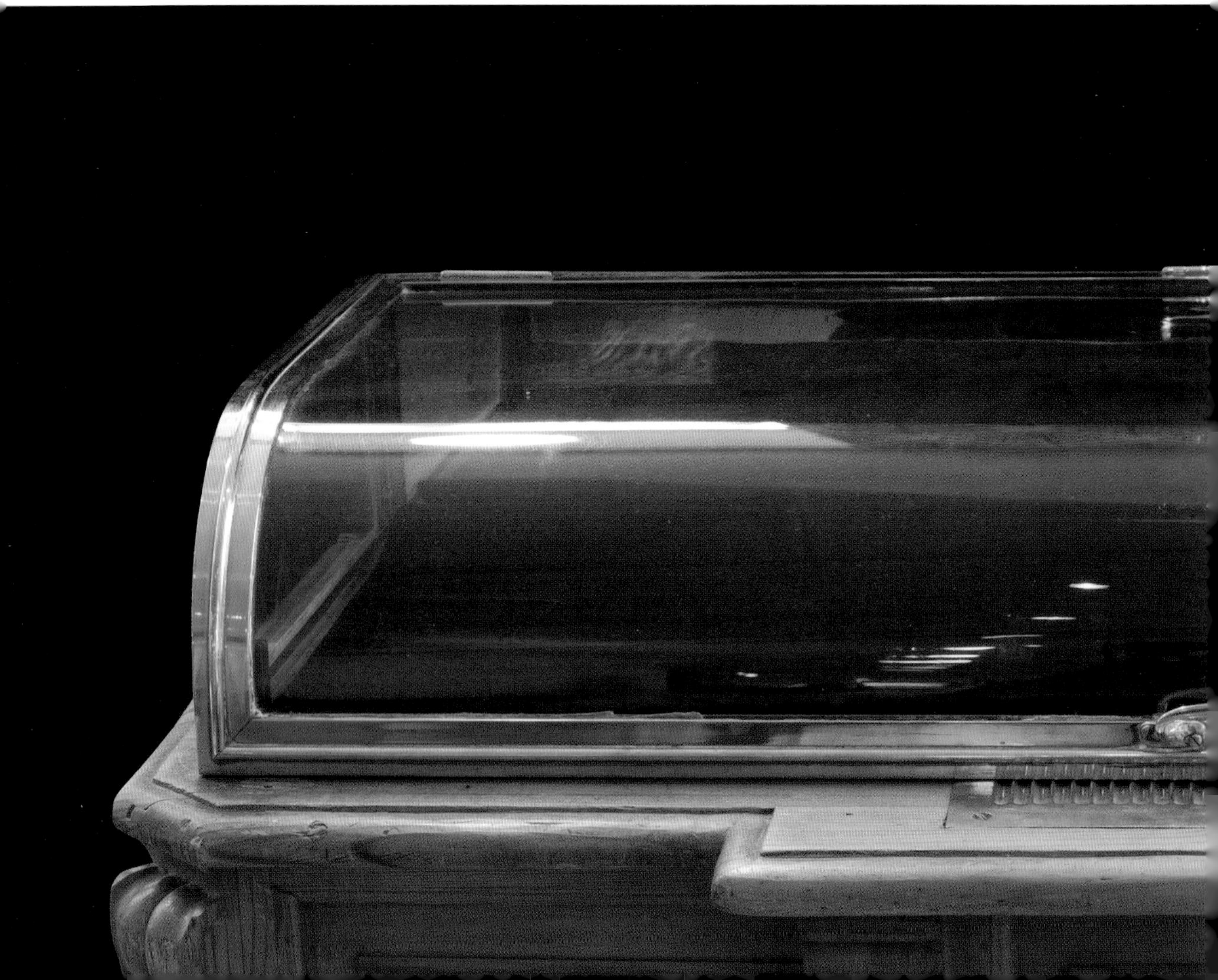

상점 앞에 놓여 있었던 유리 진열장. 곡선 가공한 구리와 유리가 사용되었다. 지금은 파리 마레 지구에 위치한 패션숍 아 라 본 르노메(A la Bonne Renommée)에서 액세서리 진열장으로 활약하고 있다.

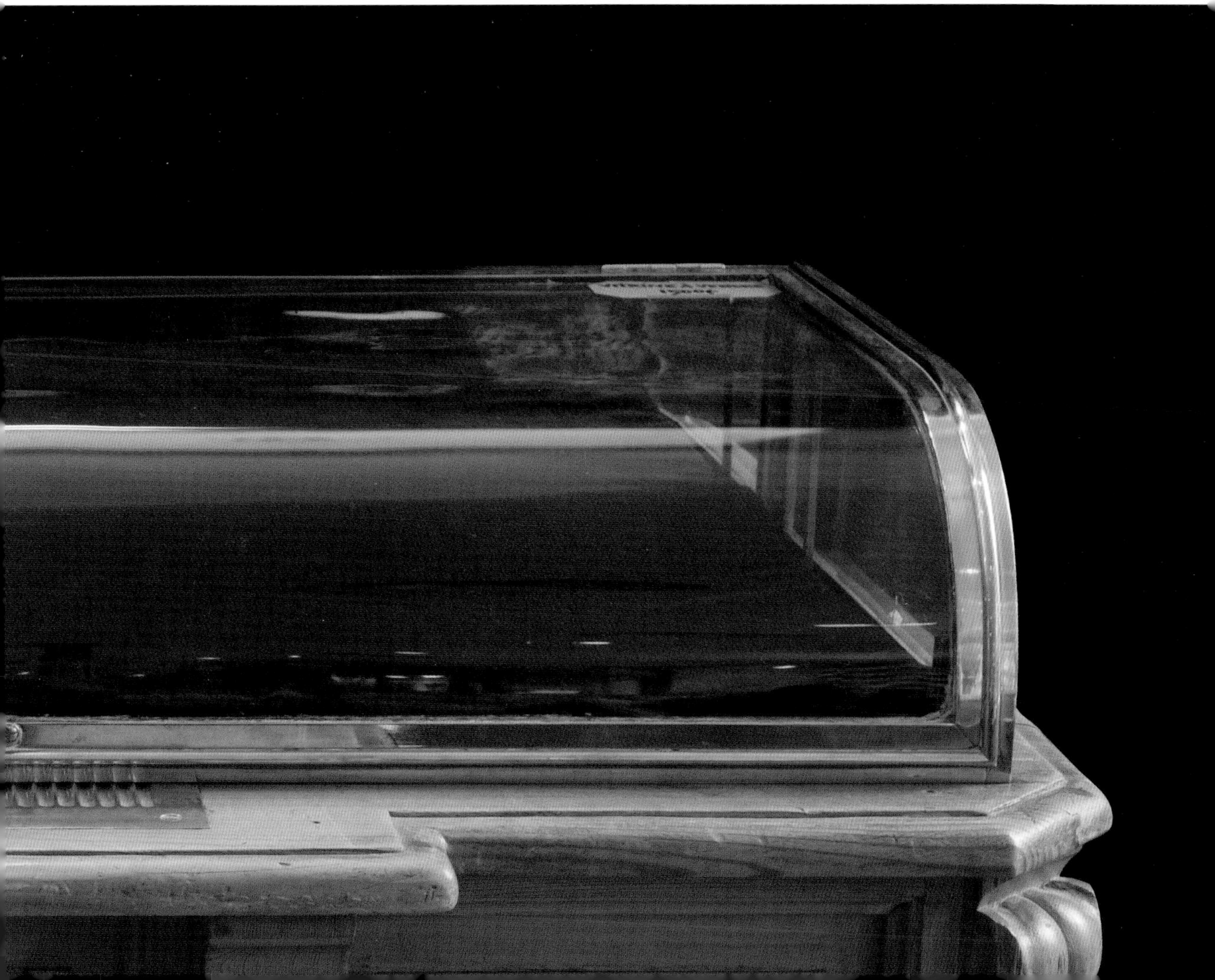

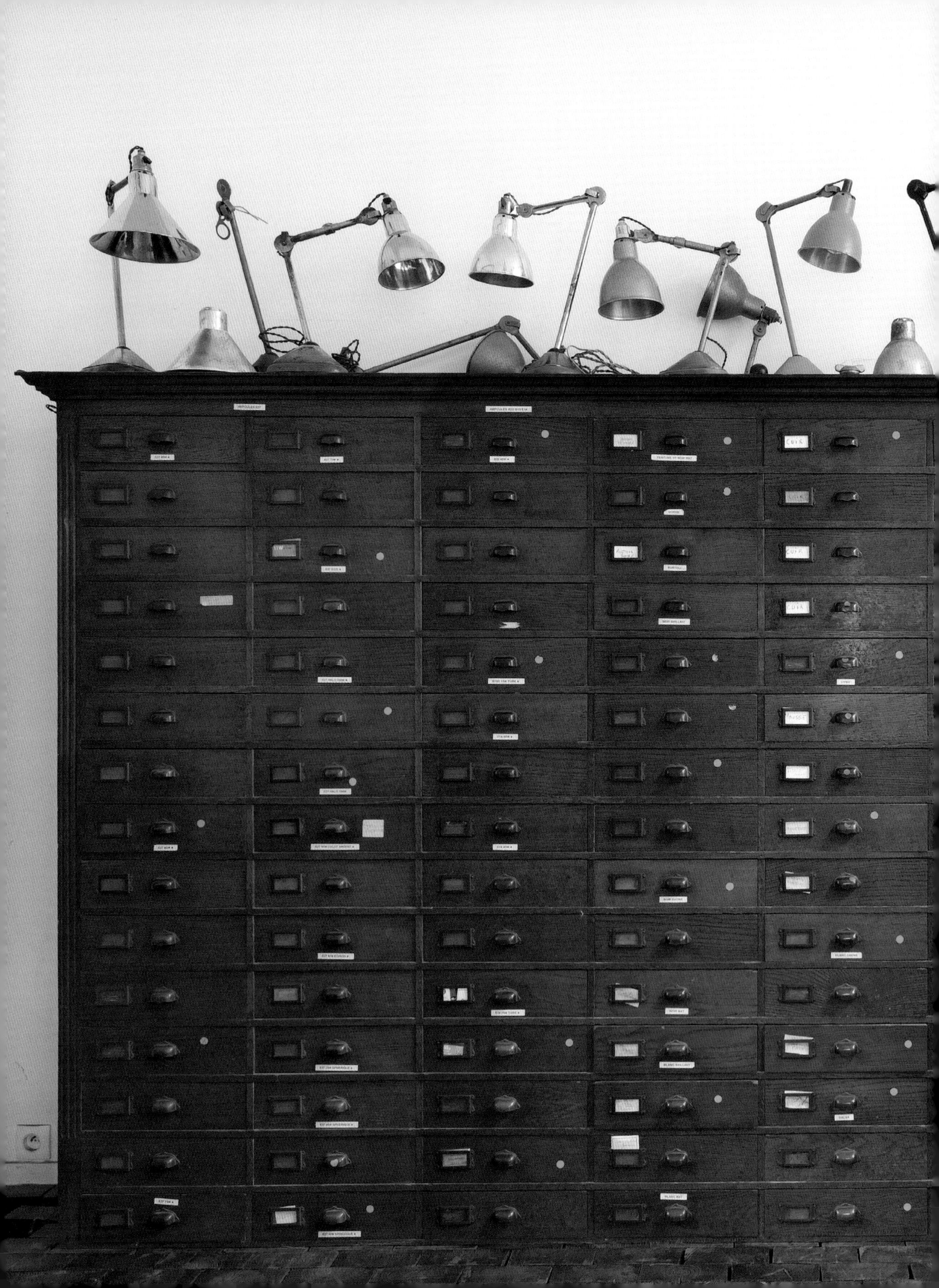

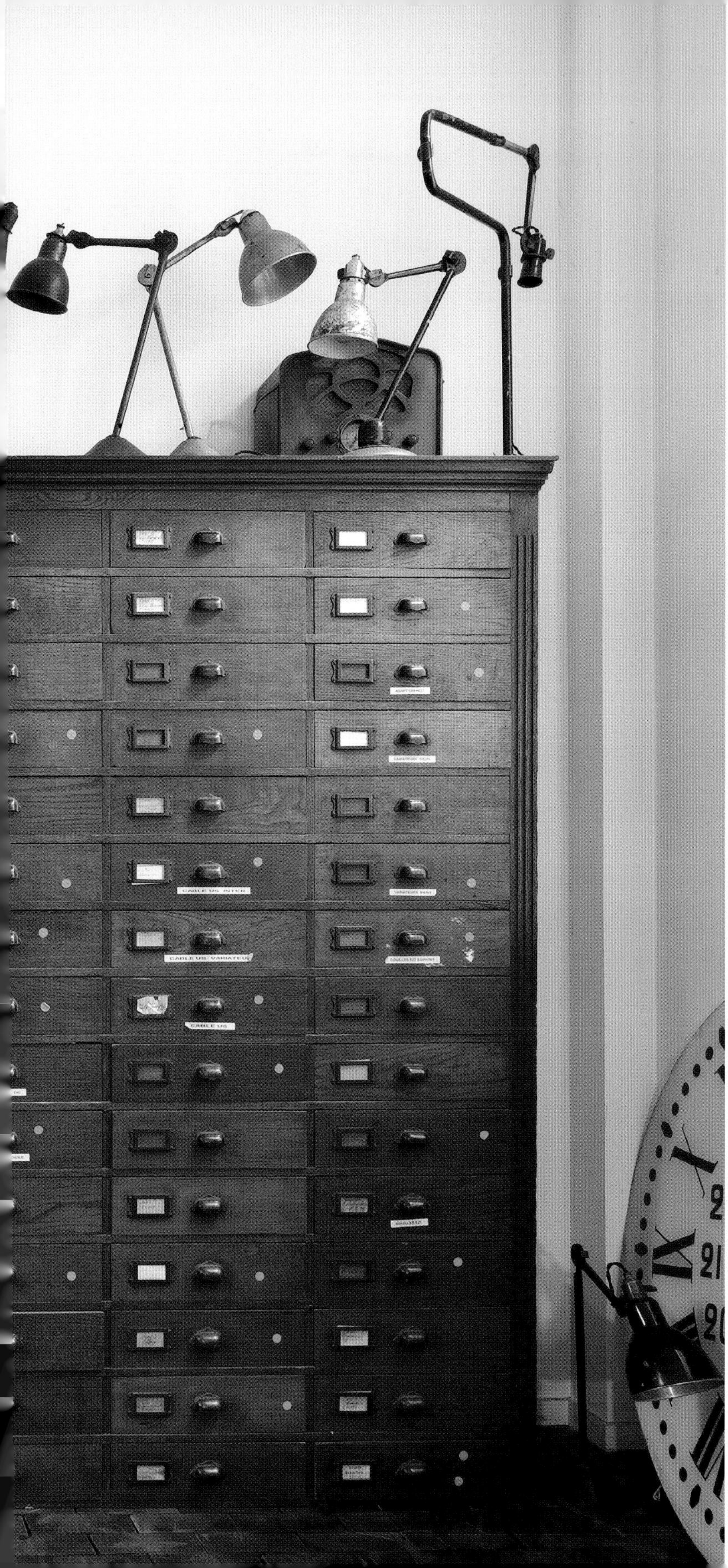

«
단추 제조 공장에서 사용되었던 근사한 나무 서랍장. 120개의 서랍에는 각각 라벨 홀더가 달려 있다. 서랍장 위에는 희소가치가 높은 그라 램프 컬렉션이 놓여 있다.

대량 생산 MASS PRODUCTION

제품을 성형할 때 사용했던 금형과 거푸집은 그 자체로도 아름다운 오브제

20세기의 제조 방식은 전통적인 장인 정신과는 거리가 멀었다. 장인이 하나하나 수작업하던 방식은 기계를 사용한 대량 생산으로 전환되었다. 금속 제품은 강력한 기계와 주형을 이용해 판금을 스탬핑(판금에 형상을 찍어내는 가공_역자 주)하거나 압착하는 방식으로 제작되었다. 고무와 같은 유연한 재질도 침지 공정을 거쳐 성형할 수 있었다.

»
자기 제품 제조사인 코케(Coquet)에서 고무장갑을 만들 때 사용했던, 자기로 된 거푸집. 코케사 근로자들은 미끄럼 방지 처리된 장갑을 끼고 작업했다.

장식 단추를 제작할 때 쓰던 금형. 사교 단체나 직업 단체의 엠블럼을 넣어 맞춤 제작되었다.
︾

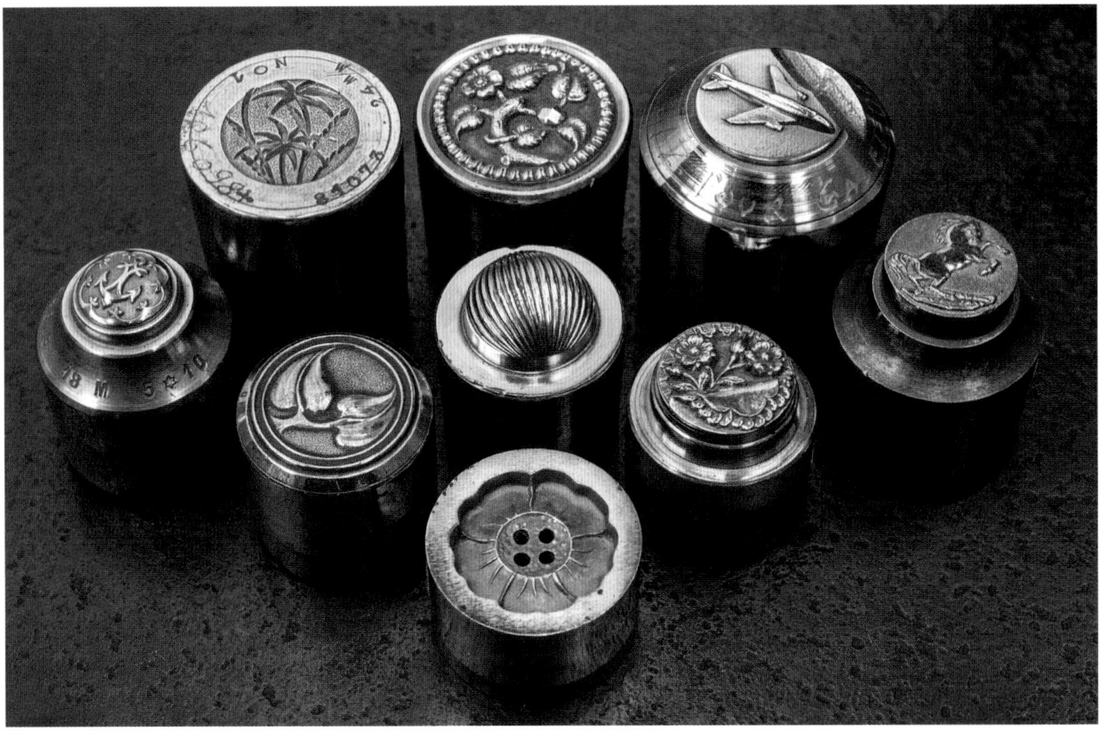

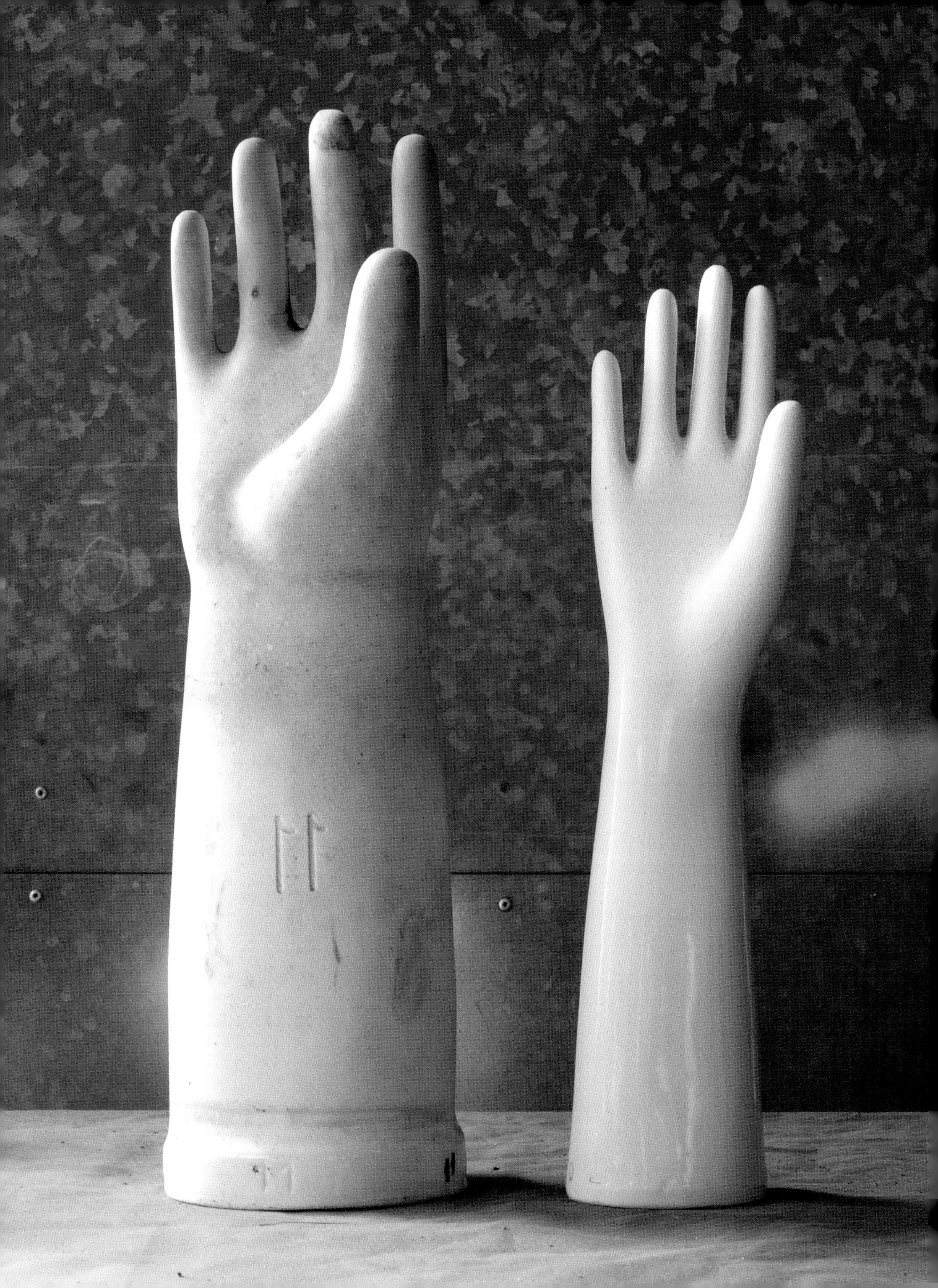

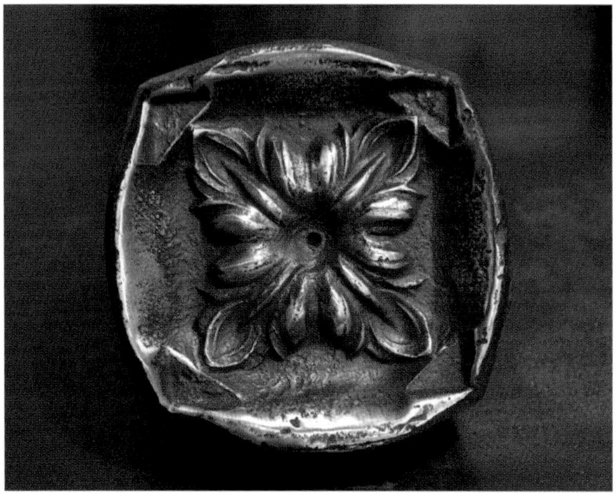

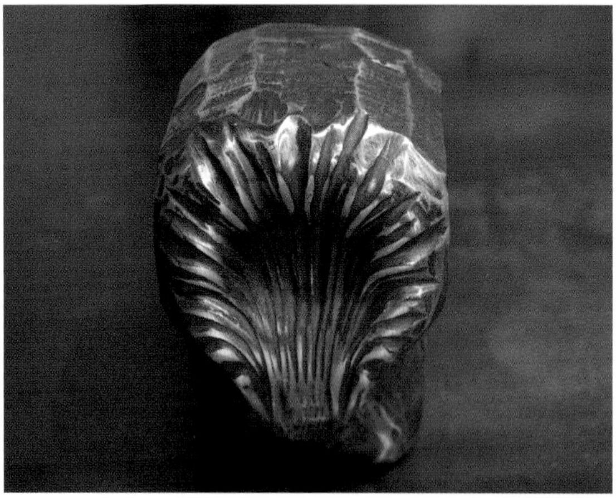

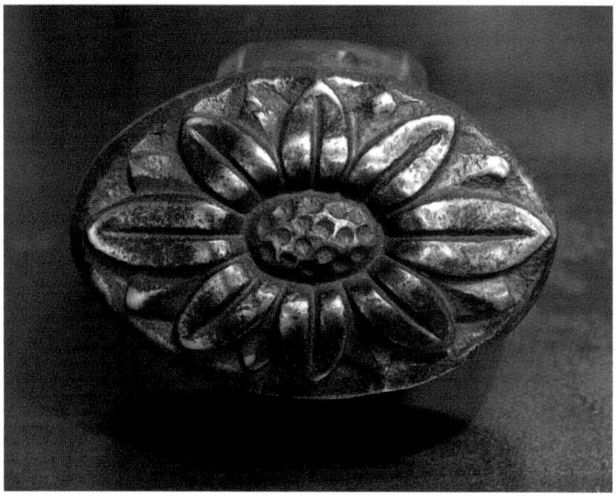

«
장신구를 제조할 때 쓰던 금형. 양각 펀치와 음각 거푸집으로 구성된 금형 사이에 판금을 넣고 압축, 성형한다.

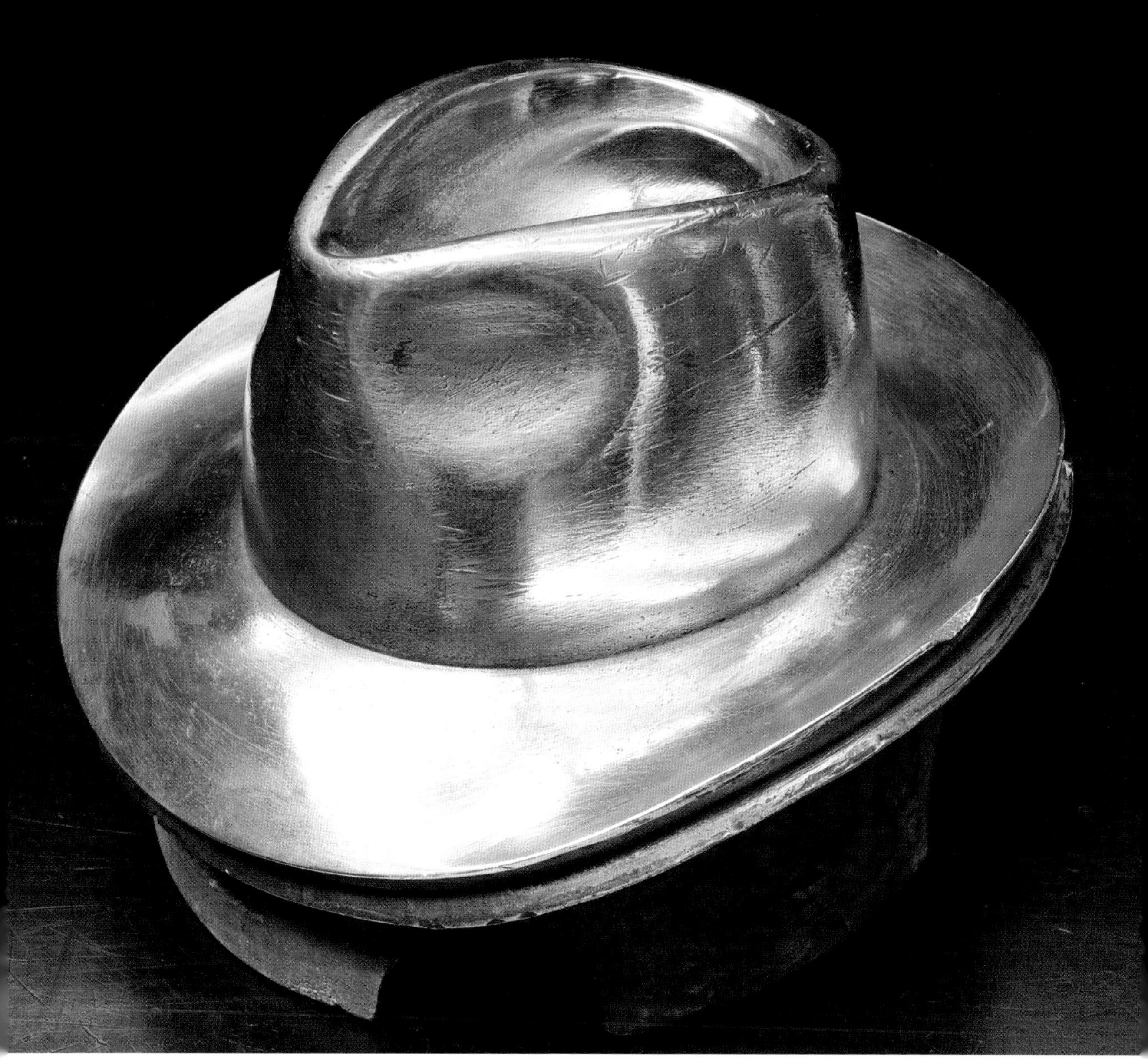

^

모자를 제조할 때 사용했던, 강철로 된 금형. 양각 펀치와 음각 거푸집으로 이루어진 금형 사이에 젖은 펠트를 넣고 압축한다.

조명과 상업 LIGHTING AND COMMERCE

화려한 조명이 반짝이는 거리와 백화점으로 몰려드는 쇼핑객들

환하게 조명을 밝힌 쇼윈도는 쇼핑이라는 현대의 오락을 한층 더 즐겁게 해주었다. 산업화로 합리적인 가격의 신제품이 잇달아 진열대에 오르면서 소비자의 지갑도 활짝 열렸다.

19세기에 처음 등장한 백화점은 대성황을 이루었다. 유리와 금속으로 지어진 현대적인 쇼핑의 전당에는 고객들이 아름다운 조명 아래 진열된 상품을 마음껏 둘러볼 수 있도록 엘리베이터와 연결 통로가 설치되었다. 백화점에 모이는 사람은 쇼핑객뿐만이 아니었다. 새로운 것을 보고 싶어 하는 사람, 주목받고 싶어 하는 사람들도 이 매력적인 공간을 매일 같이 드나들었다.

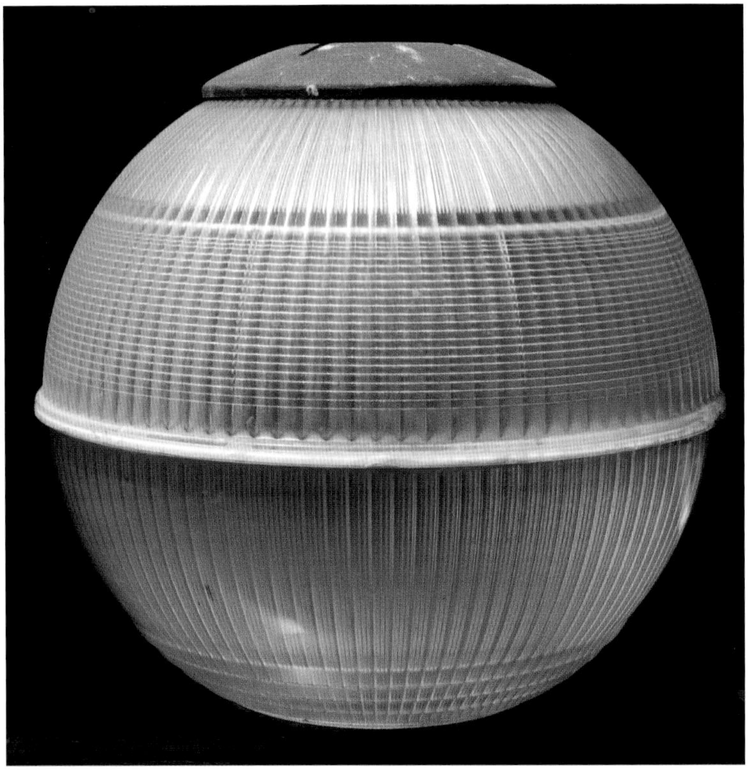

«
지름 45센티미터의 가로등. 주조 유리로 만들어졌으며 할로페인 로고가 새겨져 있다. 광장이나 대로, 인도 등 탁 트인 넓은 공간을 비추는 목적으로 설계되었다.

»
은색으로 도금한 반사기. 진열대를 밝히는 조명으로 사용되었다.

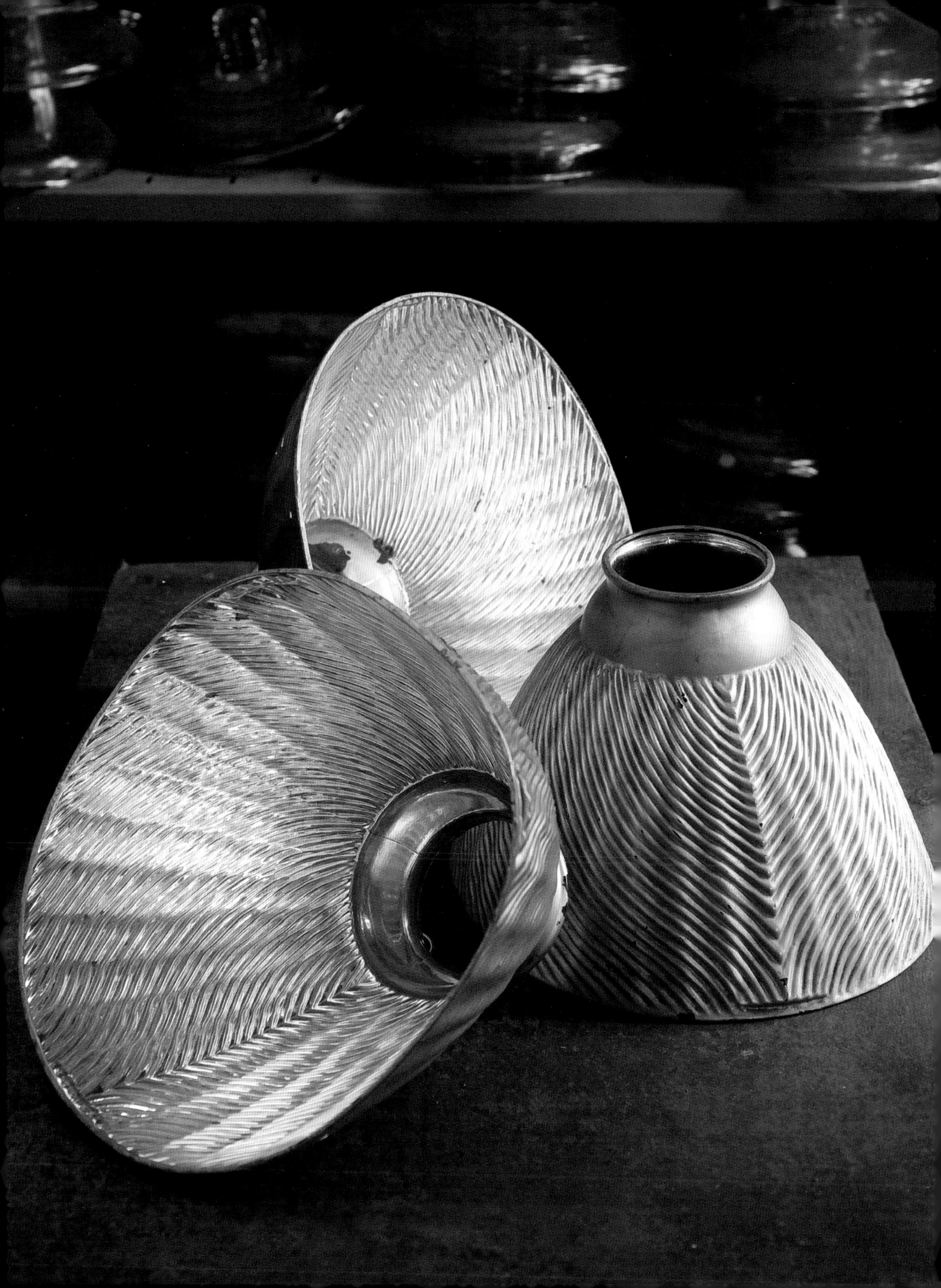

광고 예술 THE ART OF PUBLICITY

눈이 부실 만큼 강렬한 색상과 매혹적인 이미지에 정신을 빼앗긴 소비자들

포스터나 간판, 카탈로그는 효과적인 광고 수단이었다. 그래픽 아트는 몇 년 사이에 크게 번성하였고, 툴루즈 로트레크(Toulouse-Lautrec)를 비롯한 유명 예술가들은 브랜드 이미지를 높이는 데 적극적으로 참여했다.

상인들은 쇼윈도와 매장 안에 상품을 아름답게 진열해 지나가는 이들의 구매욕을 돋우었다. 조명이 반짝이는 간판과 쇼윈도에 전시된 매력적인 상품은 거리의 분위기를 완전히 바꿔놓았다. 당시 사람들의 호기심을 자극하며 활약했던 많은 물건은 시간과 함께 잊혀 갔지만 오늘날 앤티크숍에서 인기를 누리는 오브제로 거듭났다.

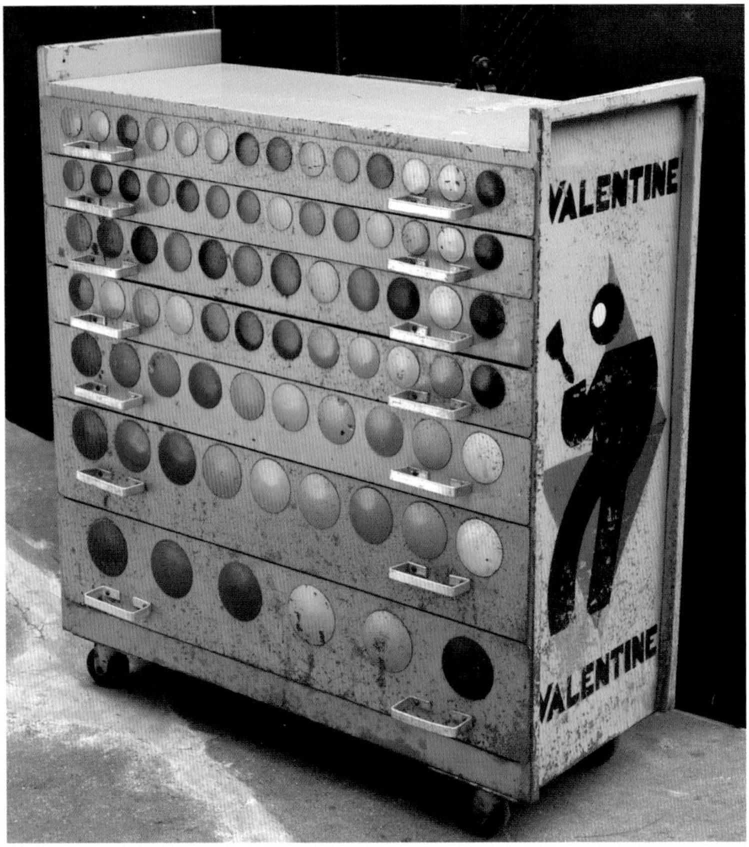

« 페인트 가게에서 사용되었던 서랍장. 서랍마다 동그랗게 칠해진 색상 견본이 붙어 있다.

»
싱어(Singer) 재봉틀의 로고판. 아연판에 양각으로 글자가 새겨져 있다

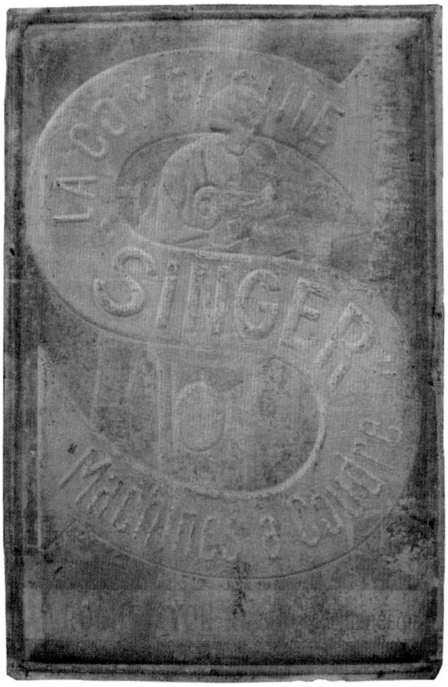

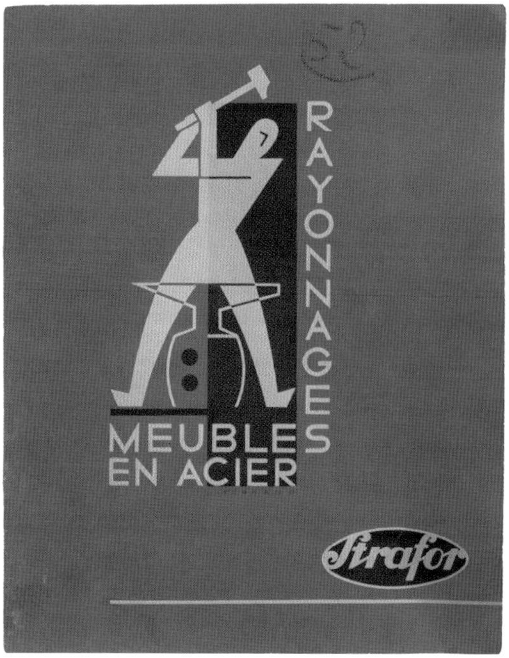

«
스트라포사의 카탈로그 표지. 1920년대의 역동적인 그래픽 스타일이 잘 나타나 있다.

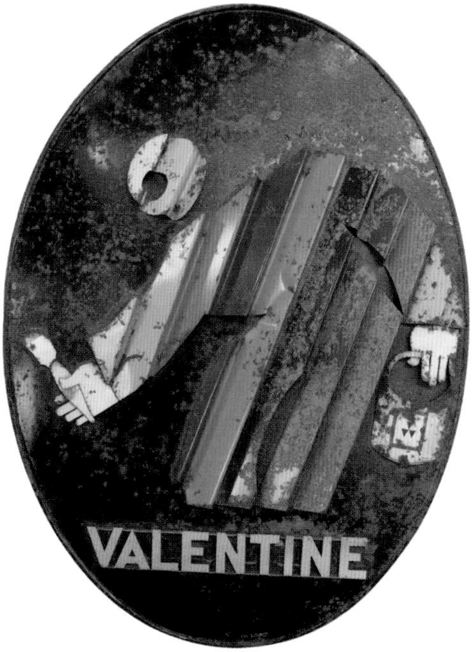

»
에나멜을 입힌 광고판. 1929년 유명 예술가인 샤를 뤼포(Charles Loupot)가 디자인한 이 광고에는 기계 시대 미학의 특징이 잘 나타나 있다.

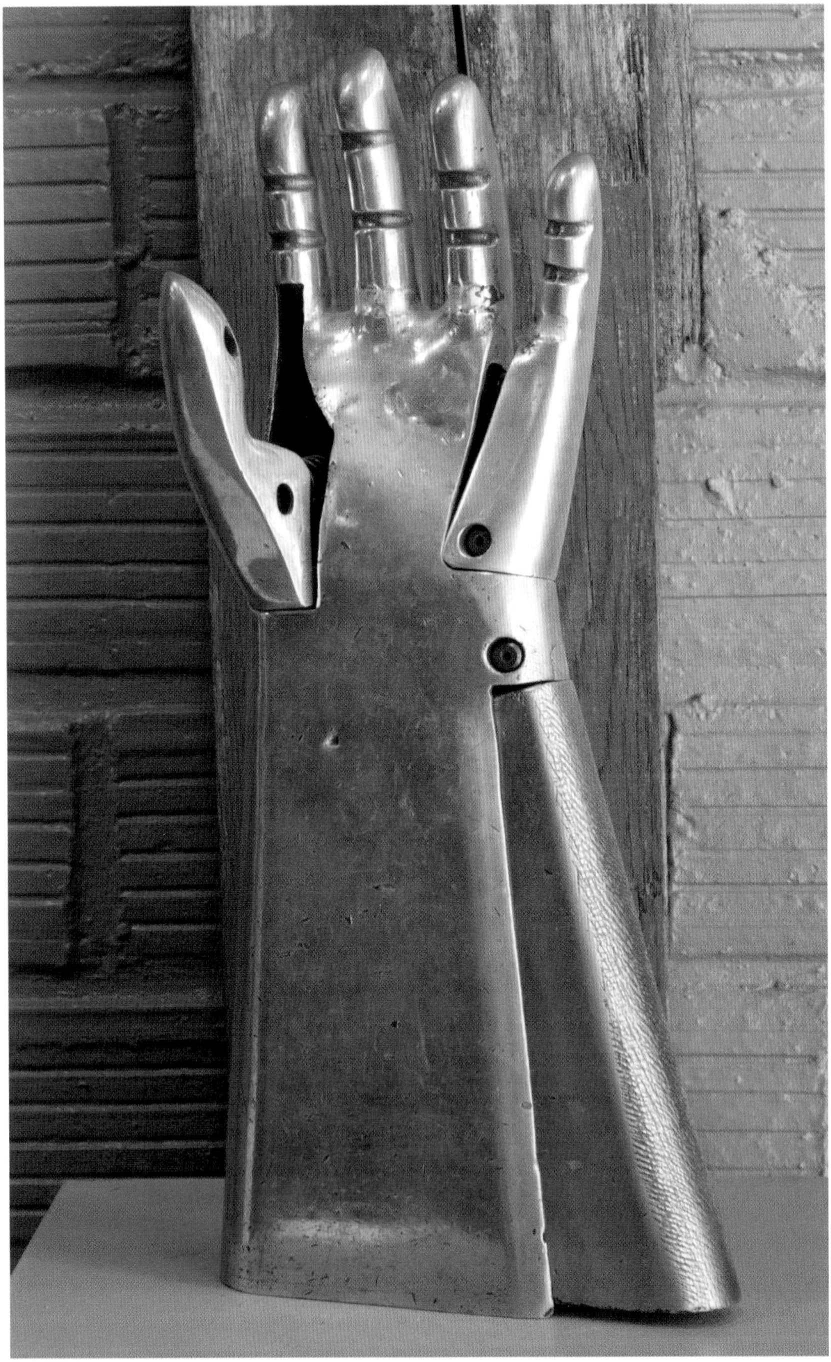

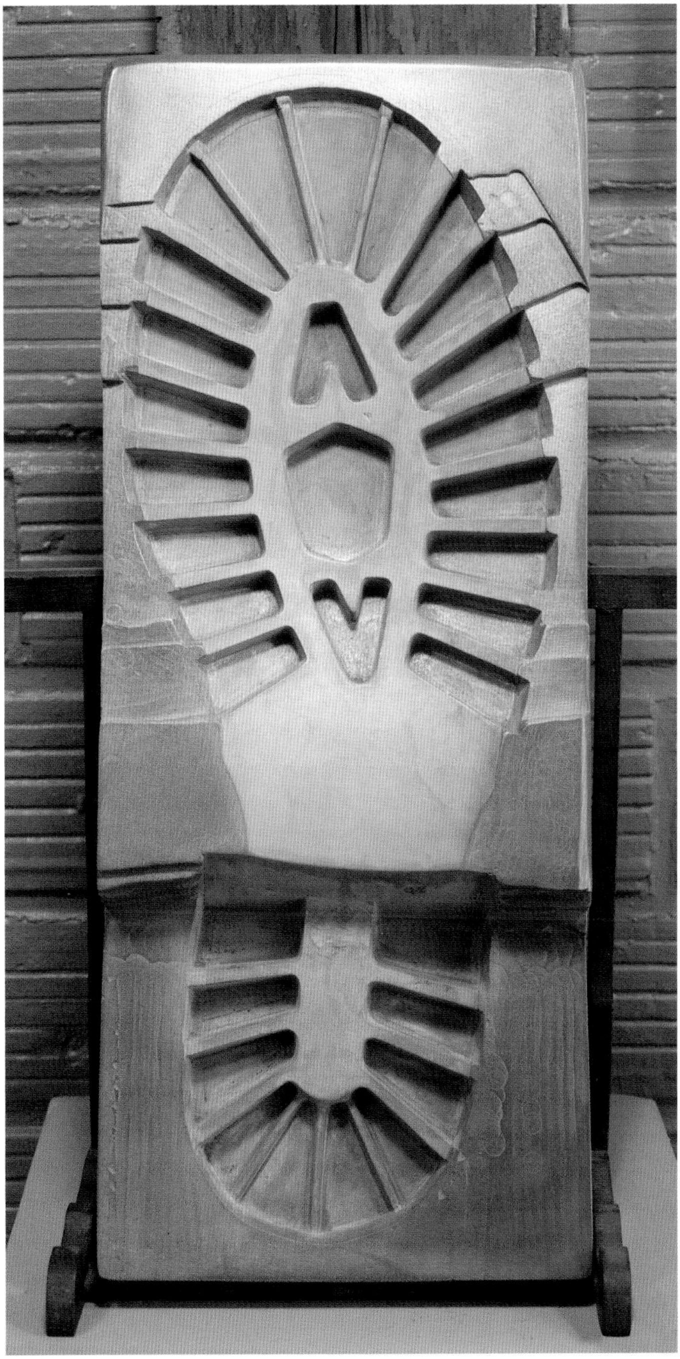

«
골동품 딜러 질 우댕(Gilles Oudin)이 파리 생투앙 벼룩시장에 진열한, 강철로 만든 거대한 손과 발자국. 멋진 오브제지만 원래는 장갑 가게에 있던 것이다.

시간과 함께 더해지는 멋 THE PATINA OF AGE

지난날 얼마나 유용하게 쓰였는지를 말해주는 여러 겹의 페인트칠과 긁힌 자국, 그리고 패인 상처

여러 번 덧바른 페인트 자국이나 닳아서 흐릿해진 각인 같은 시간의 흔적은 물건과 그 물건을 사용했던 사람의 밀접한 관계를 말해준다. 시간과 함께 쌓인 이런 흔적은 실용적인 물건에 인격을 부여해 인더스트리얼 제품에 숨겨진 풍부한 인간미를 느끼게 한다.

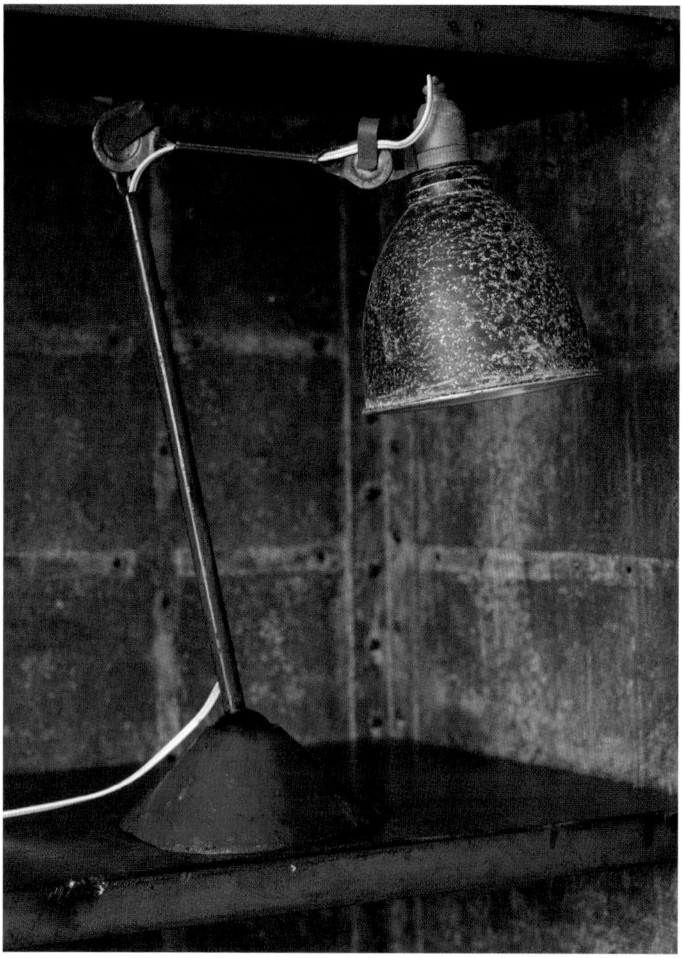

«
작업실 선반 위에 놓인 그라 램프. 예전 주인이 칠한 색이 남아 있다. 벽에 남아 있는 하얀 선은 과거에 다른 선반이 놓여 있던 흔적이다.

»
아연판으로 만들어진 캐비닛. 습기에 노출되어 청록빛을 띤다. 옆에는 원래 색상 그대로인 R. G. 르발루아 차고용 램프가 놓여 있다.

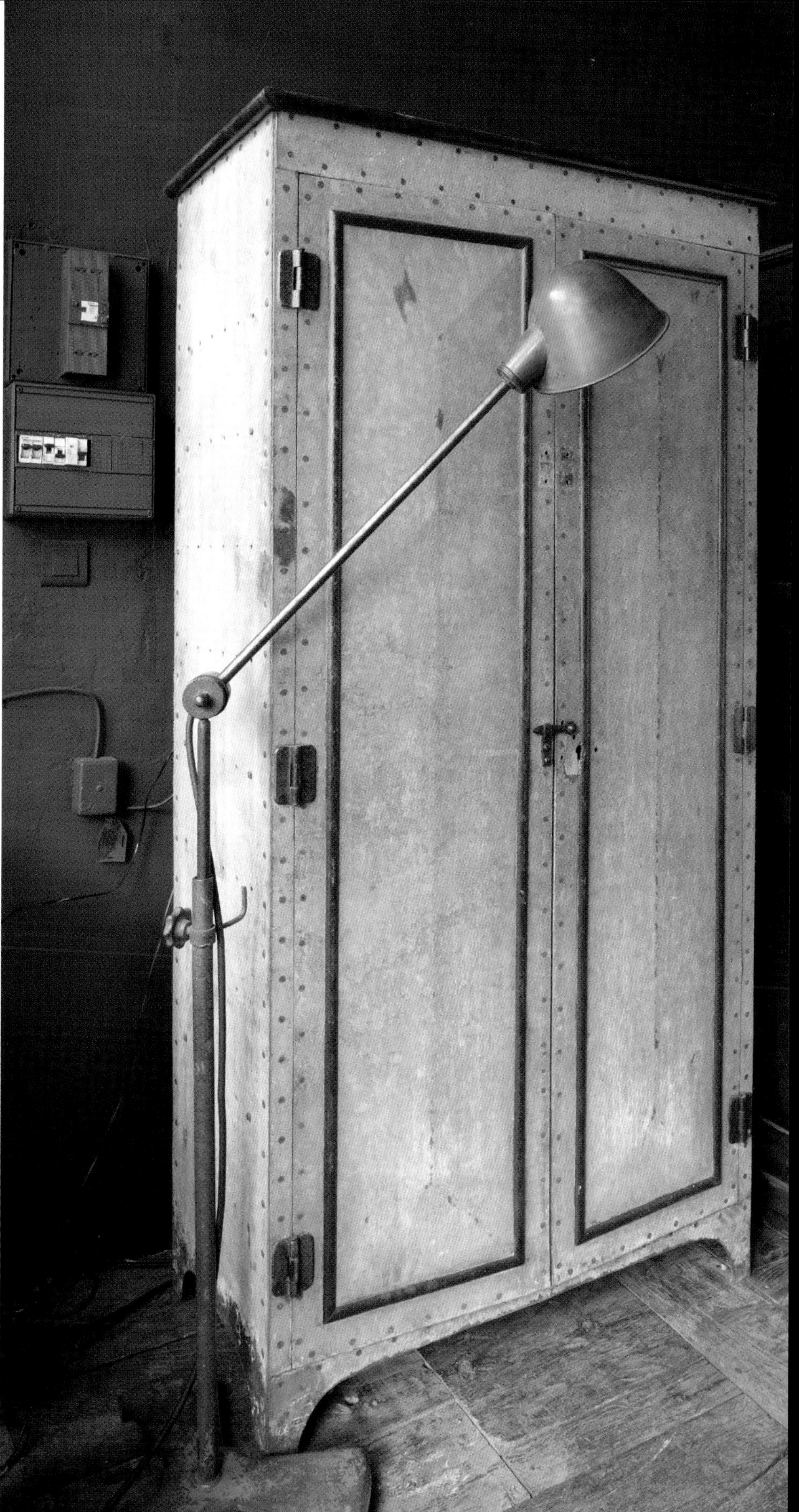

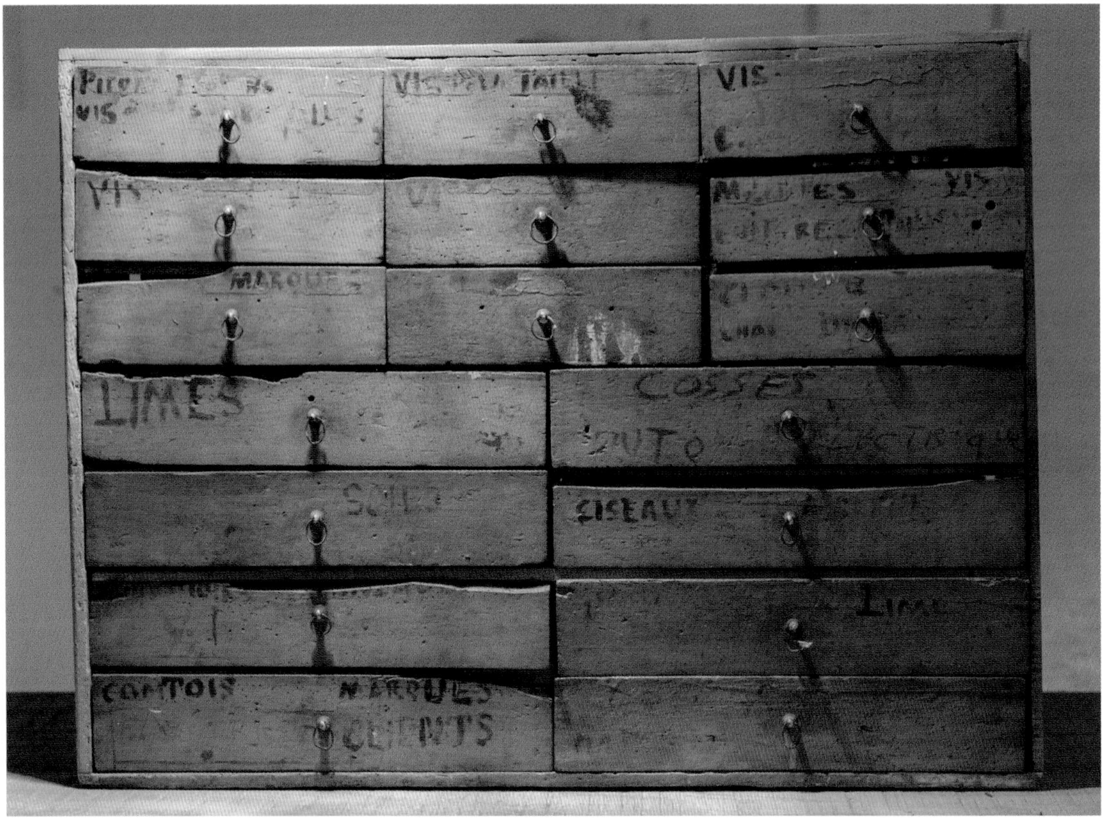

︽
공구를 분류해 둘 수 있도록 서랍
이 여러 개 달린 서랍장.

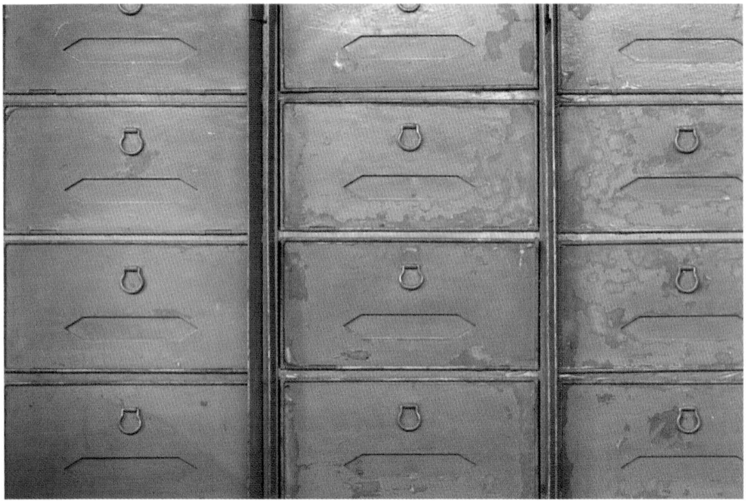

«
사무실에서 사용되었던 파일 캐비
닛. 문은 밑으로 당겨 여는 드롭다
운식이다. 페인트가 몇 겹이나 덧
발라져 있어 주인이 여러 차례 바
뀐 것으로 보인다.

»
이 파일 캐비닛도 페인트가 몇 층
이나 덧씌워져 있다.

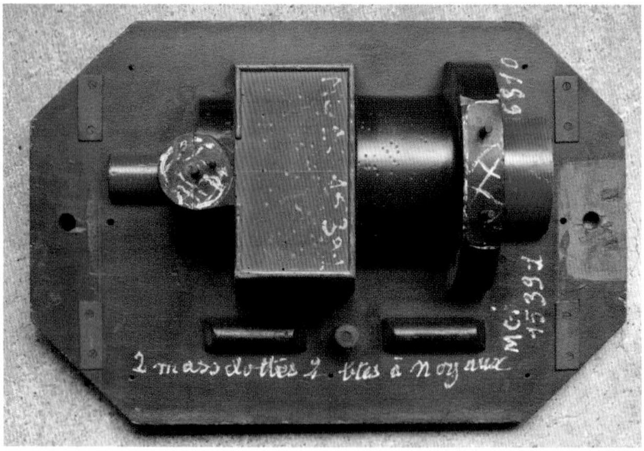

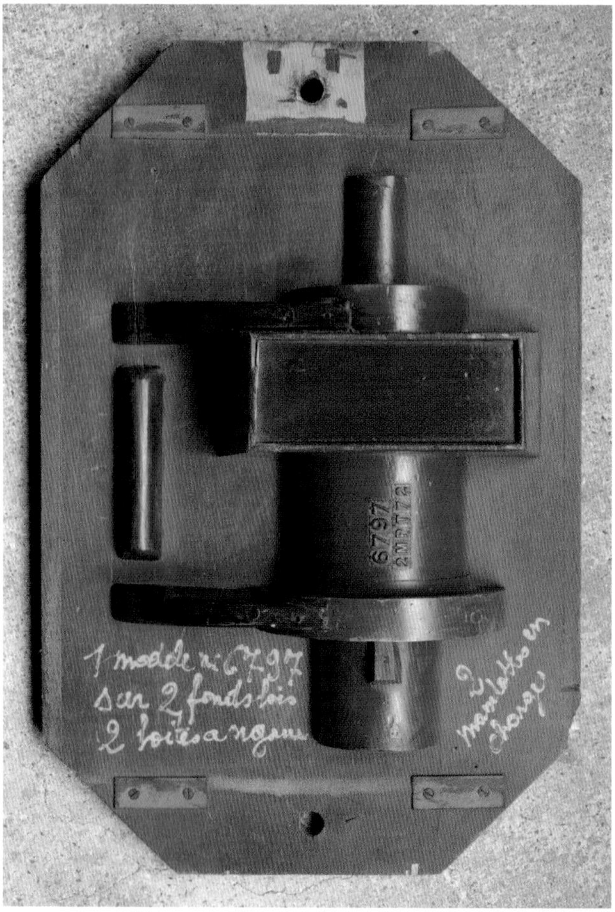

«
녹인 금속을 부어서 배관을 성형할 때 쓰던 목제 거푸집. 이 거푸집을 사용했던 공장에서는 빨강이나 검정으로 칠해진 색상과 거푸집 위에 적힌 메모로 어떤 크기의 부품을 제조해야 하는지를 알려주었다.

»
거푸집 위에 놓인 고래 뼈. 거푸집의 빨간색은 원래 색상 그대로다. 스타일링은 골동품 딜러 마르틴 밸리(Martine Valli).

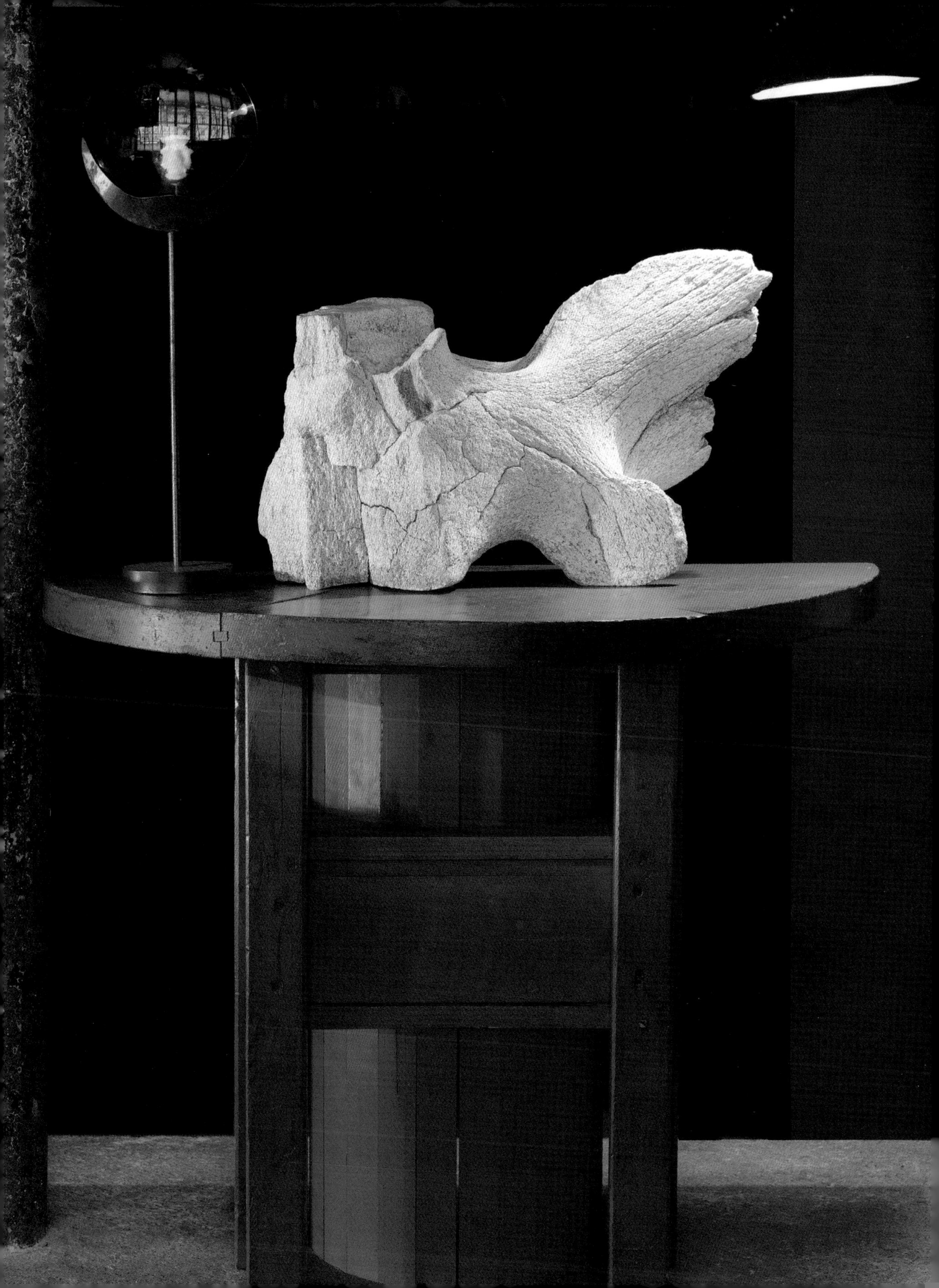

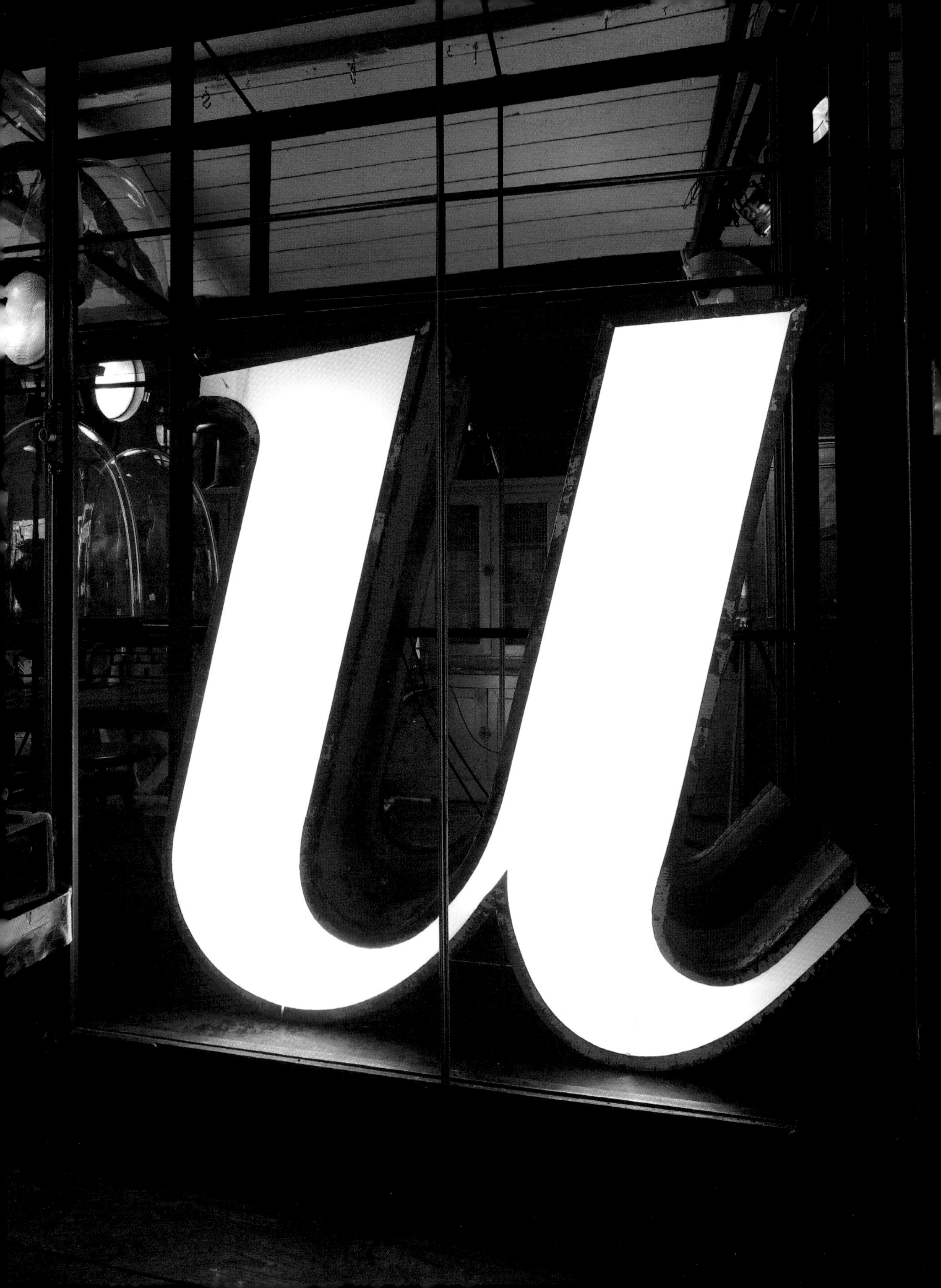
u

문자의 활용 WORDPLAY

광고나 공장에서 사용했던 문자가 만들어내는 극적인 효과

상점 정면에 내걸린 화려한 간판과 광고판은 지나가는 사람의 발길을 멈춰 세웠다. 보통 나무나 금속으로 형태를 만들어 페인트를 칠한 문자를 사용했는데, 재질마다 각기 다른 개성을 뿜어내며 광고주의 메시지를 전달했다. 소박한 것부터 화려한 것까지 각양각색이었고 때로는 엄청나게 큰 문자를 사용하기도 했다. 조명이 켜지면 더 많은 이의 눈길을 사로잡았다.

»
공장용 수납장에 놓인 청동으로 만든 문자.

«
반투명 유리와 금속으로 만든 밝게 빛나는 대형 문자. 1950년대 한 쇼핑센터의 간판으로 사용되었다.

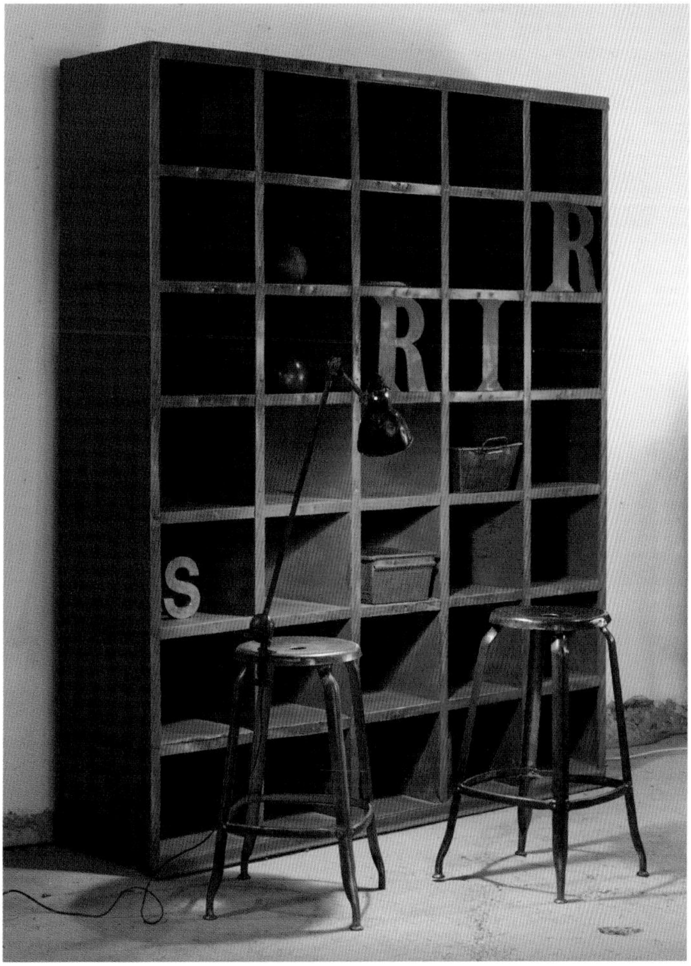

»
드롭다운식 문이 달린 파일 캐비닛과 큰 문자들. 캐비닛 위에는 그라 램프가 놓여 있다. 파리에 위치한 아틀리에 154(Atelier 154)에서.

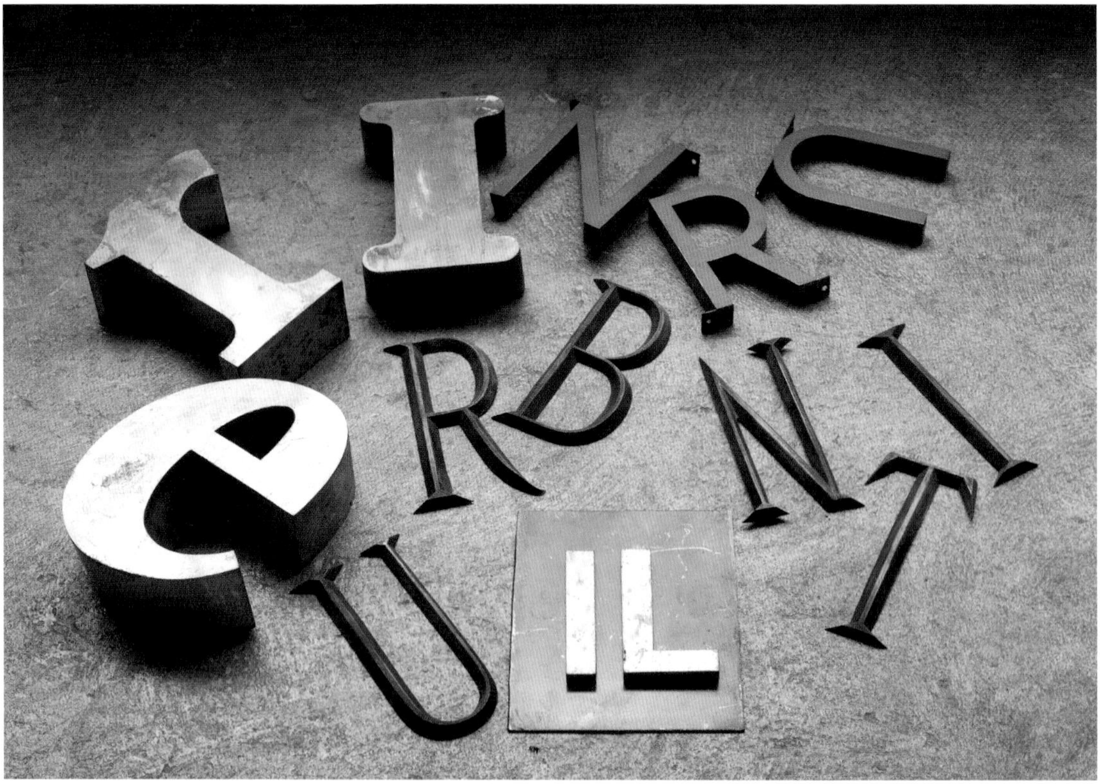

︽
투박한 것부터 광택이 나는 것까지 다양한 질감의 문자들.

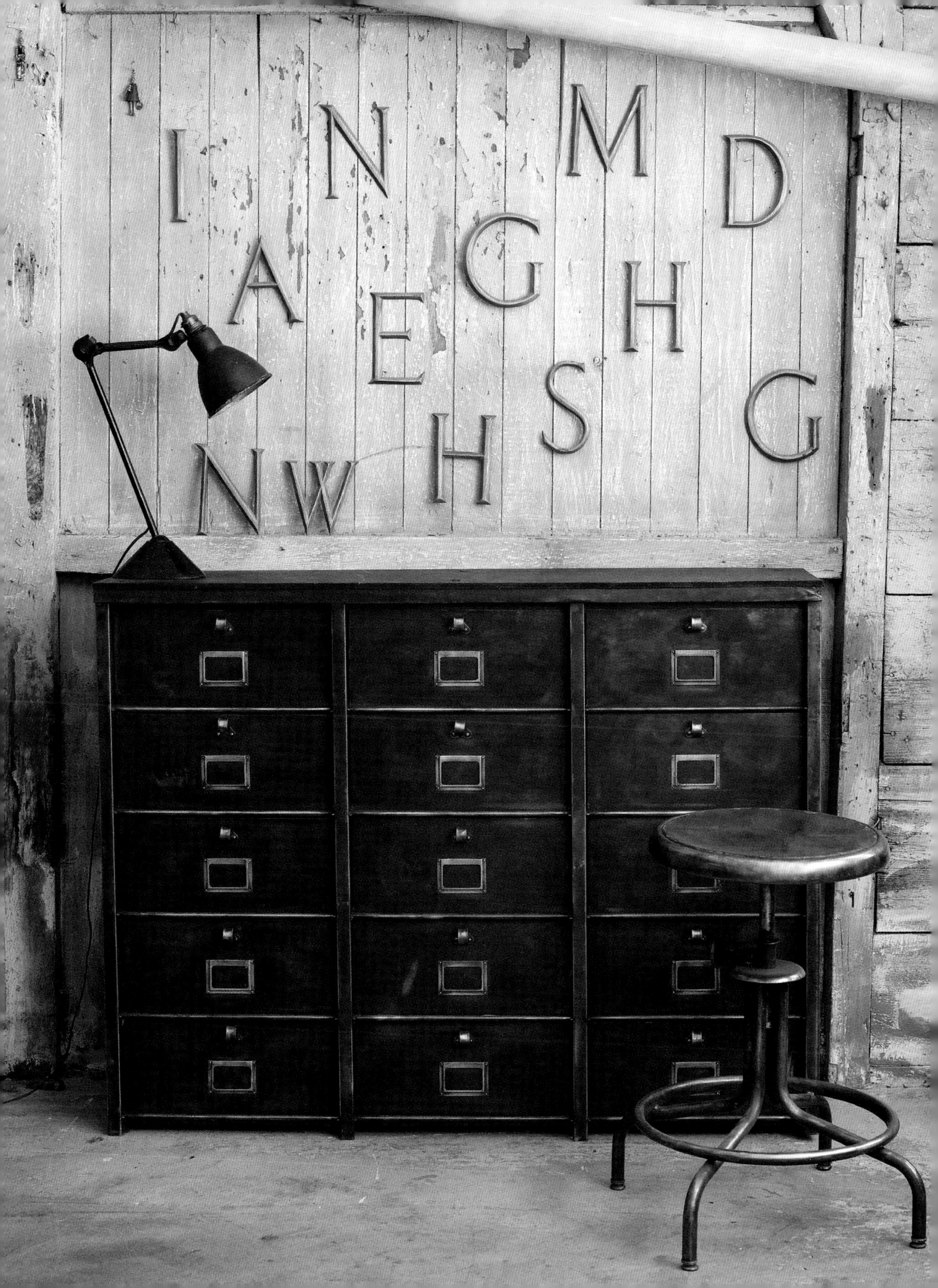

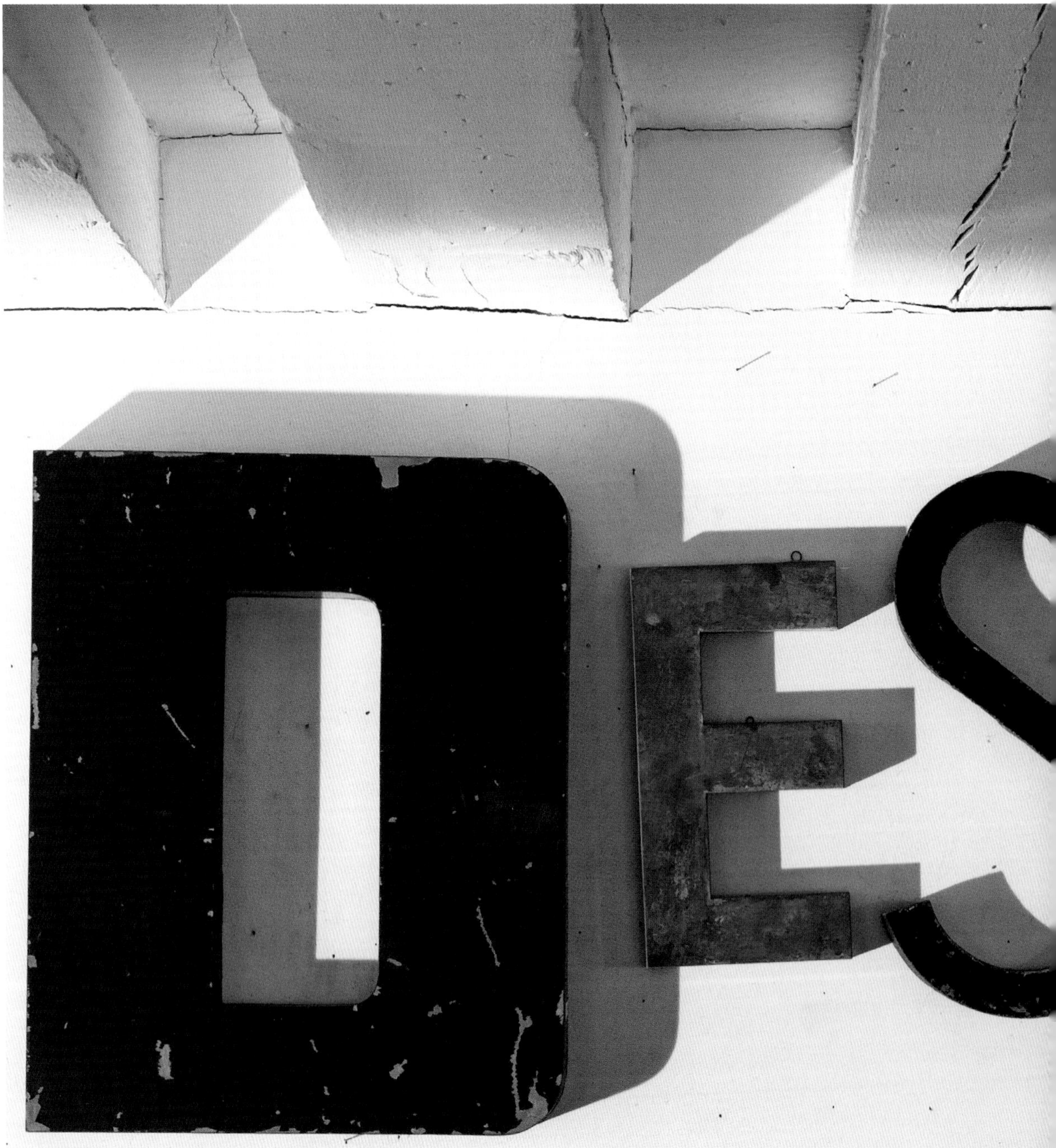
DES

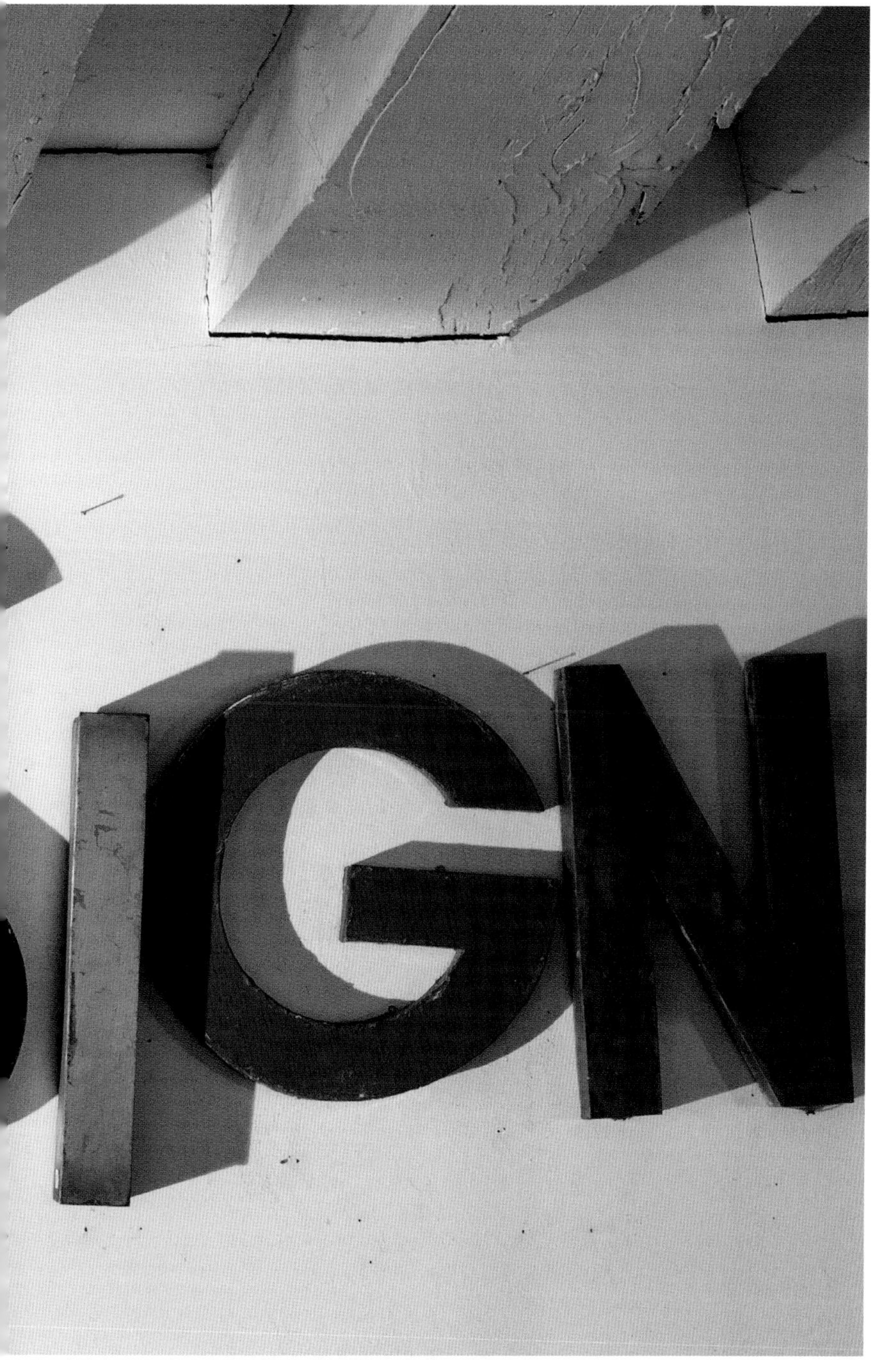

«
파리 마레 지구에 위치한 인더스트리얼 앤티크숍의 벽에 장식된 멋스러운 문자.

RESOURCES

자료출처

*최종 접속일: 2019년 10월 15일

숍&갤러리 SHOP&GALLERY

파리 PARIS

Atelier 154
14/16 rue Neuve Popincourt
75011 Paris
+33 6 62 32 79 06

Galerie Anne-Sophie Duval
5 Quai Malaquais
75006 Paris
+ 33 1 43 54 51 16
galerie@annesophieduval.com

Galerie Duo
15 rue de Lille
75007 Paris
+33 1 47 03 92 63
duocardinael@wanadoo.fr

Jousse Enterprise
18 rue de Seine
75006 Paris
+33 1 53 82 13 60
infos@jousse-entreprise.com

Jérôme Lepert
106 rue Vieille du Temple
75003 Paris
lepert.jerome@wanadoo.fr

Les Nouveaux Brocanteurs
935 rue de Paris
60520 La Chapelle en Serval
+33 6 62 75 64 85
www.lesnouveauxbrocanteurs.com

Merci
111 boulevard Beaumarchais
75003 Paris
+33 1 42 77 00 33
www.merci-merci.com

Jean-Charles Ribes
20 rue Caulaincourt
75018 Paris
+33 1 42 58 35 28
www.design-antiquites.fr

Zut!
9 rue de Ravignan
75018 Paris
+33 1 42 59 69 68

Shops and stands at the Saint-Ouen flea market

Ghislain Antiques
97 rue des Rosiers
93400 Saint-Ouen

Objets en Transit
Marché Dauphine, stand 122
www.objetsentransit.com

Gilles Oudin
Marché Paul Bert, allée 7, stand 405
+33 06 10 20 53 26
www.bravard-oudin.fr

Michel Peraches-Eric Miele
Marché Paul Bert, allée 1, stand 21
peraches.miele@gmail.com

Quintessence
14 rue Paul Bert
www.quintessenceplayground.com

Valli
Marché Paul Bert, allée 3, stand 159
martinevalli@noos.fr

Vanity Lifestyle
3 rue Paul Bert
+33 6 13 59 93 88

런던 LONDON

Alfies Antique Market
13-25 Church Street
Marylebone
London NW8 8DT
www.alfiesantiques.com

Andrew Nebbett Antiques
35-37 Church Street Marylebone
London NW8 8ES
+44 207 723 2303
www.andrewnebbett.com

Brick Lane Market
Brick Lane, Shoreditch
London E1 6QR
www.visitbricklane.org

Elemental
130 Shoreditch High Street
London E1 6JE

Encore Reclamation
The Old Spratts Factory
Unit 4 Block B, 2 Fawe Street
London E14 6PD
By appointment only
+44 207 001 7605
www.encorereclamation.co.uk

LASSCO Brunswick House
30 Wandsworth Road
Vauxhall, London SW8 2LG
www.lassco.co.uk

Old Spitalfields Market
16 Horner Square, Spitalfields
London E1 6EW
www.oldspitalfieldsmarket.com

Little Paris
39 Park Road
London N8 8TE
+44 208 340 9008

262 Upper Street
London N1 2UQ
+44 207 704 9970

Portobello Market
Portobello Road
London W10 5TD
www.portobelloroad.co.uk

Retrouvius
1016 Harrow Road
Kensal Green
London NW10 5NS
+44 208 960 6060
www.retrouvius.com

The Conran Shop
Michelin House
81 Fulham Road

London SW3 6RD
+44 207 589 7401

55 Marylebone High Street
London W1U 5HS
+44 207 723 2223
www.conranshop.co.uk

The Old Cinema
160 Chiswick High Road
London W4 1PR
+44 208 995 4166
www.theoldcinema.co.uk

Willesden Salvage
189 High Road, Willesden
London NW10 2SD
+44 208 459 2947

뉴욕 NEW YORK

1stdibs
269 11th Avenue, Lobby 6, 7th Floor
New York, NY 10010
www.1stdibs.com

ABC Carpet & Home
888 Broadway
New York, NY 10003
+1 212 473 3000
www.abchome.com

City Foundry
365 Atlantic Avenue
Brooklyn, NY 11217
+1 718 923 1786
www.cityfoundry.com

Crate & Barrel
611 Broadway
New York, NY 10012
+1 212 780 0004

650 Madison Avenue
New York, NY 10022
+1 212 308 0011
www.crateandbarrel.com

Design Within Reach
110 Greene Street
New York, NY 10012
+1 212 475 0001

341 Columbus Avenue
New York, NY 10024
+1 212 799 5900

957 3rd Avenue
New York, NY 10022
+1 212 888 4539

903 Broadway
New York, NY 10010
+1 212 477 1155
www.dwr.com

Hell's Kitchen Flea Market
West 39th Street and 9th Avenue
New York, NY 10018
www.hellskitchenfleamarket.com

Holler & Squall
304 Henry Street
Brooklyn, NY 11201
+1 347 405 3734
www.hollerandsquall.com

Lost City Arts
200 Lexington Ave. Suite 909
New York, NY 10016
+1 212 375 0500
www.lostcityarts.com

Olde Good Things
149 Madison Avenue
New York, NY 10016
+1 212 321 0770

302 Bowery
New York, NY 10012
+1 212 498 9922

450 Columbus Avenue
New York, NY 10024
212 362 8025

5 East 16th Street
New York, NY 10003
+1 212 989 8814

124 West 24th Street
New York, NY 10011
+1 212 989 8401
www.ogtstore.com

Paula Rubenstein Ltd
21 Bond Street
New York, NY 10012
+1 212 966 8954

RePOP
143 Roebling Street
Brooklyn, NY 11211
+1 718 260 8032

68 Washington Avenue
Brooklyn, NY 11205
+1 718 260 8032
www.repopny.com

Restoration Hardware
935 Broadway
New York, NY 10010
+1 212 260 9479
www.restorationhardware.com

Two Jakes
320 Wythe Avenue
Brooklyn, NY 11249
+1 718 782 7780

Urban Archeology
143 Franklin Street
New York, NY 10013
+1 212 431 4646

239 East 58th Street
New York, NY 10022
+1 212 371 4646

2231 Montauk Highway
Bridgehampton, NY 11932
+1 631 537 0124
www.urbanarchaeology.com

WRK Design
32 Prince Street
New York, NY 10012
+1 212 947 2281

Wyeth
315 Spring Street

New York, NY 10013
+1 212 243 3661

디스트리뷰터 DISTRIBUTORS

Anglepoise, Ltd.
Unit A10 Railway Triangle, Walton Road,
Farlington PO6 ITN, Great Britain
+44 2 392 224 450
www.anglepoise.com

Ciguë (Mullca chair)
www.cigue.net
furniture@cigue.net

DCW Entreprises (Gras lamp and Surpil chair)
71 rue de la Fontaine au Roi
75011 Paris, France
+33 1 40 21 37 60
http://www.dcw-editions.fr

Emeco (Navy chair)
805 Elm Avenue
Hannover, PA 17331 USA
800 366 5951
Int. +1 717 637 5951
www.emeco.net

Holophane
3825 Columbus Road SW
Granville, OH 43023 USA
+1 866 465 6742
www.holophane.com

Jieldé
9 rue du Dauphiné
69800 Saint-Priest, France
+33 4 78 20 10 16
www.jielde.com

Société MIJL (Nicolle chair)
21 Quai aux Fleurs
75004 Paris, France
www.chaises-nicolle.fr

Steelcase Global Headquarters
901 44th Street SE
Grand Rapids, MI 49508 USA
www.steelcase.com

Tecnolumen Gmbh & Co.KG
(Buquet lamp)
Lëtzener Str. 2-4
28207 Bremen, Germany
+49 421 430 417 0
www.tecnolumen.com

Thonet Gmbh
Michael-Thonet-Strasse 1
35066 Frankenberg, Germany
+49 6451 508 0
www.thonet.de

Tolix Steel Design
Z.I Saint-Andoche Bd. Bernard Giberstein
71402 Autun Cedex, France
+33 3 85 86 96 70
www.tolix.fr

Vitra (Jean Prouvé designs)
29 Ninth Avenue
New York, NY 10014 USA
+1 212 463 5750
www.vitra.com

BIBLIOGRAPHY

참고문헌

Francastel, Pierre. *Art et technique aux xixe et xxe siécles.* Paris, Collection Tel/Gallimard, 1988.

Kaufmann, Jr., Edgar. *What Is Modern Design?* New York : Museum of Modern Art, 1954.

Teissonniére, Didier. *La Lampe Gras.* Paris : Norma Éditions, 2008.

Woronoff, Denis. *La France industrielle : Gens des ateliers et des usines, 1890–1950.* Paris: Éditions du Chêne, 2003.

ACKNOWLEDGMENTS
감사의 말

이 책을 위해 귀중한 시간과 지식을 나눠주신 분들, 작업실과 집을 공개해주신 분들, 자료를 제공해주신 분들께 진심으로 감사드린다.

빈티지 인더스트리얼 분야의 선구자이자 골동품 딜러인 질 우댕과 제롬 르페르는 이 책을 집필하는 내내 아낌없는 격려와 지지를 보내주었다. 15년 전 '빈티지 인더스트리얼'의 길을 개척한 두 사람의 컬렉션은 이 책에도 여럿 실려 있다.

인테리어 디자이너 장-마르크 디망슈, 파올라 나보네, 미셸 페라슈, 에릭 미엘, 마르티네 발리, 프레데릭 윙클러(Frédéric Winkler)의 영감으로 가득한 인테리어 디자인, 그리고 르 누보 브로캉퇴르(Les Nouveaux Brocanteurs)의 에리크 샹브리옹(Eric Chambrion), 오브제 앙 트랑지트(Objets en Transit)의 실비 샤토(Sylvie Château)와 델핀 에라클리(Delphine Errakli), 캉테상스(Quintessence)와 배너티 라이프스타일(Vanity Lifestyle)의 베로니크 슈발리에(Véronique Chevalier)와 루도비크 메사제(Ludovic Messager), 주트(Zut!)의 프레데릭 다니엘(Frédéric Daniel), 지슬랭 앙티크(Ghislain Antiques)의 지슬랭 부르주아(Ghislain Bourgeois), 아틀리에 154의 스테판 카트르수(Stéphane Quatresous)의 참신한 매장 디스플레이가 없었다면 일상 풍경에 자연스럽게 어우러진 개성 넘치는 가구들을 사진에 담아낼 수 없었을 것이다.

편집숍 메르시(Merci)의 풍성한 자료를 사진에 담도록 허락해준 장-뤼크 콜로나 디스트리아(Jean-Luc Colonna d'Istria)와 다니엘 로젠스트로크(Daniel Rosensztroch)에게도 감사의 말을 전한다. 메르시에서 찍은 사진에서는 인더스트리얼 가구의 새로운 재미가 생생히 전해진다.

모빌리에 앵뒤스트리엘 제롬 르페르(Mobilier Industriel Jérôme Lepert)의 제니 아르누(Jenny Arnould), 갤러리 안-소피 뒤발(Galerie Anne-Sophie Duval)의 쥘리 블룸(Julie Blum), 갤러리 뒤오의 프랑브와즈 카르디나엘(Framboise Cardinael)과 클로드 카르디나엘(Claude Cardinael), 프랑스 국립 은행(Banque de France)의 엘리자베스 코르도리아니(Elisabeth Cordoliani), 오커의 솔렌느 드 라 푸샤르디에르(Solenne de la Fouchardiére), 카페 르 누벨 앵스티튀(Le Nouvel Institut)의 디디에 이베르(Didier Hibert), 갤러리 주스(Galerie Jousse)의 필리프 주스(Philippe Jousse)와 레미 제르보(Remi Gerbeau), 유니크 기록 보관소(Unic archives)의 자크 소트로(Jacques Sautereau), 르포트 기록 보관소(Lepaute archives)의 장-이브 베르가라(Jean-Yves Vergara)가 귀중한 자료를 제공해준 덕분에 풍성한 내용이 담긴 책을 완성할 수 있었다. 수집가인 마르크 오테르망(Marc Hotermans)과 임레 바르가(Imre Varga)의 도움에도 감사드린다.

프랑스 특허청(IPNI; Institut National de la Propriété Industrielle)의 기록 보관소에서 특허를 열람하도록 허가해준 덕에 창작 과정의 핵심에 다가설 수 있었다. 훌륭한 유산이 간직되어 있는 기록 보관소의 문을 열어준 발레리 마샬(Valerie Marchal)과 마리-클로드 델마(Marie-Claude Delmas)에게 머리 숙여 감사드린다.

특히 이 책을 완성하기까지 아낌없이 지원해준 다니엘 멜라무드(Daniel Melamud)와 팀원 여러분께 깊은 감사를 표한다.

미샤 드 포테스타 Misha de Potestad

이 프로젝트를 믿고 도와주신 모든 분께 감사드린다. 무엇보다 이 책의 아이디어를 떠올리고 멋진 결과물을 완성해낸 미샤에게 감사의 말을 전한다.

패트리스 파스칼 Patrice Pascal

CREDITS
크레디트

Texts and styling by Misha de Potestad. All photographs are by Patrice Pascal except pp.14-15 by Nicolas Matheus, pp.22-23 by Stephen Clement. pp.82-83 by Philippe de Potestad, and p.146 by Ian Scigliuozzi.

pp.2(detail), 34, 35, 54, 55, 78, 106, 116, 119, 129, 158, 208(top), 212, 214, 215 photographed at Atelier 154.
pp.40(top), 91, 102(left), 103(right), 184, 185, 187 photographed at Ghislain Antiques.
pp.9, 10, 12, 19, 21, 26, 27, 29, 38, 42, 43, 46. 61, 62, 65, 66, 79, 81, 85, 88, 93(right), 99(top), 105, 110,113, 115, 117, 118, 126, 133, 135, 136, 159, 161, 162, 164, 165, 167, 170, 171, 172, 173, 176, 178, 182, 188(right), 194, 195, 196, 199, 200, 201, 202, 209, 216-217 photographed at Jérôme Lepert.
pp.73(bottom), 102, 103(center), 107, 108, 154, 155, 190 photographed at Les Nouveaux Brocanteurs.
pp.75, 76, 77, 163, 186, 189, 191, 198 photographed at Objets en Transit.
pp.16, 17, 25, 40(bottom), 72, 99(bottom), 138, 142, 147(left), 156, 157, 175, 188(left), 197, 203(bottom), 204, 205, 208(bottom) photographed at Gilles Oudin.
pp.13, 41, 64, 120, 123, 144, 145, 166, 168, 169, 183, 206, 207, 213 photographed at Michel Peraches-Eric Miele.
pp.98, 101, 121 photographed at Quintessence.
p.109 photographed at Jean-Charles Ribes
pp.180, 181 photographed at Zut!
pp.4, 143: Patent No. 254.972. "Improvements in or Relating to Supports for Electric Lamps." Louis Didier des Gachons, December 14, 1925. Courtesy of Institut National de la Propriété Industrielle(INPI), Paris.
pp.16, 112: From Matériel pour l'Industrie[Equipment for industry], Mestre&Blatge catalogue. Private collection.
p.18: Patent No. 926.150, "Dispositif nouveau pour réglage en hauteur et profondeur des dossiers de sieges[New device for adjusting the height and depth of seatbacks]." Établissements Bienaise, April, 30, 1946. Courtesy of INPI.
p.24: Patent No. 2335119, "Amélioration d'un siége[Improving a seat]." Singer Company, September 2, 1925. Courtesy of INPI.
p.28: Etablissements Jouan medical supply catalogue, 1933. Courtesy of Assistance publique Hôpitaux de Paris(AP-HP).
p.39: Patent No. 1.408.114. "Chair, Table and the Like." Joseph Mathieu. July 13, 1920. Courtesy of INPI.
p.46: Blueprint for the Nicolle chair. Courtesy of Société Mobilier Industriel Jérôme Lepert(MIJL).
p.49: "Patent drawings in the name of Mart Stam, 1929." Courtesy of Thonet.
p.56: Patent No. 1.024.060. "Meuble tel que chaise ou meuble similaire[Furniture such as a chair or similar]." Company Mullca, March 27, 1953. Courtesy of INPI.
pp.68, 69, 70: Jean Prouvé works pictured in photographs © 2014 Artists Rights Society(ARS), New York/ ADAGP, Paris.
p.73: "Equipement de bureaux: art et technique[Office equipment: art and technology]." Établissements Artec. Private collection.
p.74: Ferdinand Darnay, ed. Le bureau modern[The modern office]. 1931. Private collection.
p.76: Patent No. 54.606. "Table á dessiner[drafting table]." Lucien Sautereau, March 6, 1942. Courtesy of INPI.
p.80: "La table á dessin Mappemonde[The Mappemonde drafting table]." 1933. Private collection.
p.84: Patent No. 24685. "Perfectionnements apportés dans l'établissement des tables á dessin[Improvements made in the design of the drafting table]." Maurice Leduc and Ferdinand Darnay. September 28, 1922. Courtesy of INPI.
pp.90, 92, 93, 94, 95: Forges de Strasbourg catalogue, 1926. Private collection.
p.104: Patent No. 659.113, "Serrure de sécurité perfectionnées[Advanced locking mechanism]." Société Fermiére des coffres-forts Bauche, August 17. 1928. Courtesy of INPI.
pp.128, 134: Patent No. 569.688, "Verrerie prismatique pour l'éclairage des rues[Prismatic glass for street lighting]." Holophane S.A. France, November 8, 1923. Courtesy of INPI, Paris.
p.132: Patent No. 563.836. "Globe Lamp." André Blondel and Spiridon Psaroudaki, July 14, 1896. Courtesy of INPI.
p.139: Advertisement for the Gras lamp, 1922. Private collection.
p.147: From Lampe Ajustable[Adjustable lamp], R.A.V.E.L. catalogue. Courtesy of DCW.
p.148: Gras lamp by Eileen Gray. Courtesy of Galerie Anne Sophie Duval.
pp.152, 153: Lamp and patent for George Carwardine, Anglepoise. Courtesy of Anglepoise.
p.203(left): "Meubles en acier-Rayonnages[Steel Furniture Shelving]." Strafor catalogue. Private collection.

VINTAGE INDUSTRIAL: LIVING WITH MACHINE AGE DESIGN
This Work was originally published in English as Vintage Industrial: Living With Machine Age Design by Rizzoli International Publications, New York in 2014. Korean translation rights arranged with Rizzoli International Publications, Inc. through Shin Won Agency.

빈티지 인더스트리얼 디자인

초판 1쇄 2019년 11월 15일

지은이 미샤 드 포테스타, 패트리스 파스칼
옮긴이 남효정

발행인 전재국
대표 정의선
편집 김주현, 성스레 **디자인** 한아름
마케팅 사공성, 강승덕, 황재아 **제작** 이기성

발행처 북커스
출판등록 2018년 5월 16일 제406-2018-000054호
주소 경기도 파주시 문발로 171 (문발동, 북씨티)
서울시 종로구 평창30길 10
전화 영업 031-955-6980 편집 02-394-5981
팩스 영업 031-955-6988 편집 02-394-4587

값 20,000원
ISBN 979-11-90118-06-4-03600
